Réinsérer les femmes et les mineurs face au soupçon de danger terroriste

BIBLIOTHÈQUES DE DROIT

COLLECTION FONDÉE ET DIRIGÉE PAR JEAN-PAUL CÉRÉ

Cette collection a pour vocation d'assurer la diffusion d'ouvrages scientifiques sur des thèmes d'actualité ou sur des sujets peu explorés dans le domaine des sciences juridiques. Elle se destine notamment à la publication de travaux de jeunes chercheurs.

Dernières parutions :

P. KEUBOU, *La procédure pénale au Cameroun.*

C. MENABE et J. LEONHARD (dir.), *Femmes, mineurs et terrorisme.*

J. FALXA (dir.), *Coopération judiciaire internationale en matière pénale. France, Brésil, Suriname*

N. JOUENNE-PEYRAT, *L'encadrement pénal de la prostitution des mineurs.*

J-P. CERE, *Droit disciplinaire pénitentiaire, 2e édition*, 2020.

A. CHARRUAU, *L'avenir du juge unique.*

M. MANET, *Le devenir juridique de la dignité. Une étude de la Charte africaine des droits de l'homme et des peuples.*

M. GALIMMARD, *L'incrimination de la zoophilie.*

M. PELTIER-HENRY, *Le droit pénal à l'épreuve des neurosciences.*

T. TOUZEAU, *Recel et blanchiment. Nouvelles sources de cumul de qualifications.*

H. CAPPADORO, *Les sens de la peine.*

M. BONNARD, *Le statut juridique de l'assistance médicale à la procréation.*

C. LE ROUX, *L'infraction politique.*

E. MANGIN, *L'univers carcéral, là mère détenue et son enfant.*

P. LAURENT, *L'incohérence des lois de circonstances en matière pénale.*

P. GOASDOU, *L'impartialité du ministère public.*

M. GERMAIN, *Essai sur l'influence du pédophile à l'égard du silence des tiers.*

F. LOUISE, *Droit de grâce sous la Ve République.*

C. MORALES, *Le droit animal.*

BIBLIOTHÈQUE DE *DROIT PENAL*

Sous la direction de
Catherine Ménabé et Julie Leonhard

Réinsérer les femmes et les mineurs face au soupçon de danger terroriste

L'Harmattan

Des mêmes auteurs

C. Ménabé et Julie Leonhard (dir.), *Femmes, mineurs et terrorisme*, L'Harmattan, 2021.
C. Ménabé et Mathieu Martinelle (dir.), *L'enfant en prison*, L'Harmattan, 2017.
C. Ménabé, *La criminalité féminine*, L'Harmattan, 2014.

5-7, rue de l'Ecole-Polytechnique, 75005 Paris

http://www.editions-harmattan.fr

ISBN : 978-2-14-029076-3
EAN : 9782140290763

Principales abréviations

Art .... Article
Cass. Crim .... Chambre criminelle de la Cour de cassation
C. civ .... Code civil
Cons. d'Ét .... Conseil d'État
C. pén .... Code pénal
C. pr. pén .... Code de procédure pénale
Dr. pén .... Revue Droit pénal
Éd .... Édition
Gaz. Pal .... Gazette du Palais
Infra .... Ci-dessous
JO .... Journal officiel
JCP .... Jurisclasseur, La semaine juridique
Not .... Notamment
P, pp .... page(s)
Préc .... Précité
Rev. sc. crim .... Revue de science criminelle et de droit pénal comparé
RFD adm .... Revue française de droit administratif
RTD civ .... Revue trimestrielle de droit civil
S .... suivant
Supra .... Supra
V .... Voir

Préface

Catherine MÉNABÉ *& Julie* LEONHARD
Maîtres de conférences HDR en Droit privé et sciences criminelles,
Université de Lorraine

Partant du postulat que malgré une multiplication de recherches sur le terrorisme et la radicalisation, peu s'intéressent spécifiquement au cas des femmes et des mineurs terroristes, une journée de recherche (dont les actes ont été publiés[1]) a été organisée les 5 et 6 décembre 2018 par l'Institut François Gény à la Faculté de droit, sciences économiques et de gestion de Nancy (Université de Lorraine). Il s'agissait essentiellement d'évaluer les spécificités de la réaction sociale, dans son aspect répressif et préventif, à l'égard des femmes et des mineurs radicalisés et/ou terroristes. Les contributions s'accordent à considérer que ces populations particulières font l'objet d'un traitement judiciaire et pénitentiaire différencié, soit parce que la loi l'exige (pour les mineurs), soit parce que la pratique se l'impose (pour les femmes). Le premier ouvrage s'interroge ainsi essentiellement sur la légitimité d'une réponse judiciaire si particulière en la matière. De cette première recherche est née une nouvelle interrogation principalement axée sur le devenir des femmes et des mineurs terroristes et/ou radicalisés après l'exécution de leur peine. De nombreuses pistes de réflexion sont alors apparues.

Confronter l'après-peine et le public des femmes et des mineurs terroristes et/ou radicalisés revient d'abord à inviter à réfléchir sur la notion de dangerosité des condamnés pour une infraction terroriste et/ou des condamnés radicalisés, dans un contexte où cette notion fonde des réactions sociales spécifiques (création de mesures de sûreté après peine par

[1] C. Ménabé et J. Leonhard (dir.), *Femmes, mineurs et terrorisme*, L'Harmattan, Bibliothèques de droit, 2021.

la loi du 10 août 2020[2] ; retour incertain des femmes et des mineurs en Syrie, etc.).

Dans une première partie intitulée « Des auteurs dangereux aux témoins mineurs de la dangerosité »[3], des contributions interrogent la notion en général (son appréciation, son évaluation, sa légitimité) et mesurent sa réalité, particulièrement pour les mineurs témoins d'actes terroristes. De ce premier aspect essentiel découle une deuxième partie portant sur les liens entre la réinsertion et la dangerosité[4]. Son objet est de questionner l'existence d'un traitement post-sentenciel particulier et la réalité d'une réinsertion pour les femmes et les mineurs. Enfin, une troisième et dernière partie, « L'étiquetage "dangereux" et la vigilance »[5], éprouve la notion de dangerosité en tant que critère d'instauration de mesures particulières de précaution.

Dans la lignée du premier *opus*, les codirectrices du présent ouvrage ont maintenu leur volonté de confronter les disciplines (juridique, sociologique, philosophique, psychologique, anthropologique, etc.) et les regards des théoriciens et des praticiens sur un sujet qui ne peut pas s'appréhender pleinement sous un seul prisme.

---

[2] « Loi n° 2020-1023 du 10 août 2020 instaurant des mesures de sûreté à l'encontre des auteurs d'infractions terroristes à l'issue de leur peine », *JORF* n° 0196 du 11 août 2020.

[3] Les codirectrices de l'ouvrage ont souhaité imager les titres des parties par des références cinématographiques. Pour la première partie de l'ouvrage, le film *Léon* a été choisi du fait de l'exposition de l'héroïne au massacre de sa famille et de sa volonté consécutive de venger son frère en exécutant les auteurs des meurtres. Ce long-métrage illustre ainsi les risques de passage du mineur témoin de dangerosité au mineur dangereux.

[4] Cette deuxième partie est illustrée par le film *Le choc des titans* du fait du caractère « titanesque » des notions clés de réinsertion et de dangerosité et de la lutte incessante qui les oppose en matière pénale.

[5] Cette dernière partie est illustrée par le film *La mémoire dans la peau*. Il met en scène un homme surveillé et évoque l'idée d'un passé qui resurgit constamment dans le présent sans pouvoir y échapper.

1re partie
Des auteurs dangereux aux témoins mineurs de la dangerosité (Léon)

La dangerosité à l'épreuve du phénomène terroriste Analyse juridico-philosophique

Benjamin DZIERLATKA
Doctorant en Droit privé et sciences criminelles
(Cotutelle de thèse, Université de Bordeaux et Université de Sherbrooke)

« Face au réel, ce qu'on croit savoir clairement offusque ce qu'on devrait savoir. Quand il se présente à la culture scientifique, l'esprit n'est jamais jeune. Il est même très vieux, car il a l'âge de ses préjugés ». Gaston Bachelard. *La formation de l'esprit scientifique*

La nature du sujet et les nombreuses controverses qu'il soulève imposent une remarque préliminaire. Notre analyse relative au concept de dangerosité confronté au terrorisme n'a nullement la prétention d'explorer cette notion dans sa totalité, ni l'ambition de justifier ou de légitimer une telle institution. La littérature juridique, dans les ouvrages et les revues, est déjà riche sur ces sujets. Notre entreprise est plus modeste, elle consiste à exposer cette notion, à l'observer de l'extérieur et à tenter de mieux la comprendre par le prisme de théories juridico-philosophiques.

CONTEXTE FACTUEL – Voilà des décennies maintenant que l'attention des pénalistes s'est portée sur la coexistence de deux institutions propres à la théorie générale de l'incrimination, l'une renvoyant à la culpabilité, l'autre à la dangerosité, toutes deux faisant respectivement écho à deux aspects de la sanction criminelle : la peine et la mesure de sûreté. Cette conception dualiste de la sanction d'un comportement prohibé qualifiée de « double voie » et pratiquée dans l'ensemble des systèmes juridiques[1] permet d'ajouter aux peines présentant une certaine gravité une mesure privative de liberté, dite de « sûreté ». Originellement présentée comme une panacée préventive à l'encontre de la nocivité des comportements sexuels abusifs, la dangerosité se présente aujourd'hui sous de nouvelles apparences[2], multiple dans ses formes, versatile dans ses attitudes, intense dans ses exécutions[3]. C'est, par exemple, le risque particulier posé par certains sortants de prisons, notamment ceux condamnés pour des actes de terrorisme en lien avec la mouvance islamiste[4], ou plus récemment les questions complexes relatives au rapatriement des familles françaises de djihadistes, des femmes détenues en Syrie et leurs enfants mineurs[5], qui exhument aujourd'hui la question de la dangerosité[6].

---

[1] Ainsi en matière de répression de la dangerosité, « le Canada dispose depuis longtemps de mesures législatives prévoyant le maintien en incarcération pendant une période indéterminée des récidivistes dangereux. Les premières dispositions législatives canadiennes sur les "criminels d'habitude" de 1947 s'inspiraient de la loi britannique intitulée *Prevention of Crime Act, 1908*. Elles ont à plusieurs reprises été modifiées et mises à jour. En 1977, le Code criminel a de nouveau été modifié ; les expressions "criminel d'habitude" et "délinquant sexuel dangereux" ont été éliminées et remplacées par un article intitulé simplement "délinquants dangereux". En 1977, la notion de "lésion corporelle grave" a été introduite en vue de mettre l'accent sur la "dangerosité" apparente du délinquant. Entre 1977 et 1997, le juge qui déclarait un délinquant "délinquant dangereux" pouvait le condamner à une peine d'une durée déterminée ou indéterminée. En 1997, la loi a de nouveau été modifiée, et la peine de durée déterminée a été éliminée. De nos jours, une déclaration de délinquant dangereux entraîne automatiquement une peine de durée indéterminée ». Canada et ministère du Solliciteur général, « Les délinquants à risque élevé : guide pour les professionnels du système de justice pénale », Ottawa, Solliciteur général Canada, 2001, p. 1.
Pour des exemples de la répression de la dangerosité en droit anglais et canadien, voir Jean Pradel, *Droit pénal comparé*, 4e édition, coll. Précis, Paris, Dalloz, 2016, p. 730 & s. Voir également Geneviève Guidicelli-Delage et Christine Lazerges, *La dangerosité saisie par le droit pénal*, Seconde partie – *Variations étrangères*, coll. Les voies du droit, Presses universitaires de France, Paris, 2011, p. 117 à 280.

[2] Laura Sjoberg et Caron E. Gentry (dir.), *Women, gender, and terrorism, coll. Studies in security and international affairs*, Athens, University of Georgia Press, 2011.

[3] Israeli Ministry of Foreign Affairs, "The Role of Palestinian Women in Suicide Terrorism", 30 janvier 2003 : "the integration of females in terrorist activity can be divided among different levels, the highest being the female suicide bomber or one who intended to carry out a suicide attack but was thwarted. In addition, women have acted as facilitators, in both planning and perpetrating terrorist attacks".

[4] Raphaël Gauvain et Loïc Kervran, « Rapport de la commission des lois sur le projet de loi, après engagement de la procédure accélérée, relatif à la prévention d'actes de terrorisme et au renseignement », n° 4104, Paris : « Au 11 août 2020, 500 personnes environ étaient prévenues ou condamnées pour actes de terrorisme. Parmi ces détenus, 163 personnes devront être libérées dans les trois années qui viennent », p. 36.

[5] Florence Merloz, « La question inédite du rapatriement des familles françaises de djihadistes devant la CEDH », *Dalloz Actualité*, 2021. « Sur le rôle des femmes et des mineurs dans l'activité terroriste », voir le rapport European Union Agency for Law Enforcement Cooperation, European Union Terrorism Situation and Trend Report 2021, Luxembourg, 2021.
Voir également Christophe Ayad et Hélène Sallon, « Syrie : Paris rapatrie 16 femmes djihadistes et 35 enfants », Journal *Le Monde* (6 juillet 2022), p. 4 : « Pour la première fois, la France effectue un rapatriement massif de personnes françaises détenues en Syrie, en rupture avec la politique du cas par cas ».

Ces dix dernières années, la perpétration d'une trentaine d'attentats sur le territoire national a profondément bouleversé notre société. Les récentes attaques meurtrières en France et ailleurs en Europe illustrent la dangerosité, la vélocité ainsi que la protéiformité du phénomène terroriste. Depuis l'effroyable attentat perpétré à Paris le 13 novembre 2015, la France accompagnée des autres États membres de l'Union européenne n'a eu de cesse d'intensifier son arsenal juridique afin de lutter efficacement contre ce fléau durablement ancré dans la réalité. Dernièrement, la loi du 30 juillet 2021 relative à la « prévention d'actes de terrorisme et au renseignement »[7] pérennise et complète certaines mesures de lutte antiterroriste déployées en 2017[8]. Le maintien de ces dispositions s'inscrit dans une stratégie de *prévention* du terrorisme « fondée à la fois sur la protection d'évènements et de lieux aux caractéristiques particulières et sur la surveillance de personnes dont le comportement et/ou le relationnel peut présenter un risque d'une particulière gravité pour l'ordre et la sécurité publics »[9].

L'un des aspects fondamentaux de la loi du 30 juillet 2021, directement corrélé au concept de dangerosité et ses conséquences, est l'insertion d'une cinquième section dans le titre XV du livre IV du Code de procédure pénale intitulé *De la mesure judiciaire de prévention de la récidive*

---

6 Bernard Cazeau et Sylvie Goy-Chavent, « Rapport fait au nom de la commission d'enquête sur l'organisation et les moyens des services de l'État pour faire face à l'évolution de la menace terroriste après la chute de l'État islamique », n° 639, coll. Les Rapports du Sénat, Paris, Sénat, 2018. Dans le cas des *returnees*, « les services de renseignements soulignent qu'il s'agit, dans la grande majorité des cas, d'individus aguerris et particulièrement dangereux, ayant le plus souvent entretenu des liens directs avec des figures du terrorisme djihadiste », p. 51.

7 « L. n° 2021-998 du 30 juillet 2021 relative à la prévention d'actes de terrorisme et au renseignement », *JORF* n° 0176 du 31 juillet 2021.

8 « L. n° 2017-1510 du 30 octobre 2017 renforçant la sécurité intérieure et la lutte contre le terrorisme (SILT) », *JORF* n° 0255 du 31 octobre 2017. Inspirée des dispositions de l'état d'urgence, cette loi maintient les mesures suivantes : les périmètres de protection aux abords d'évènements exposés à un risque d'actes de terrorisme à raison de leur nature et de l'ampleur de leur fréquentation (art. L. 226-1 du Code de la sécurité intérieure) ; l'élargissement du champ d'application des mesures de fermeture des lieux de culte aux seules fins de prévenir la commission d'actes de terrorisme (art. L. 227-1 & s. du Code de la sécurité intérieure) ; la prescription de mesures individuelles de contrôle administratif et de surveillance à l'encontre de personnes à l'égard desquelles il existe des raisons sérieuses de penser que leur comportement constitue une menace d'une particulière gravité pour la sécurité et l'ordre public (art. L. 228-1 & s. du Code de la sécurité intérieure) ; et l'autorisation de visites domiciliaires et de saisies (art. L. 229-1 & s. du Code de la sécurité intérieure).

9 *Étude d'impact – projet de loi relatif à la prévention d'actes de terrorisme et au renseignement*, Paris, 2021, p. 13.

terroriste et de réinsertion[10]. Cette mesure, destinée aux personnes condamnées à une peine privative de liberté et dont la personnalité révèle une « particulière dangerosité caractérisée par une probabilité très élevée de récidive doublée d'une adhésion persistante à une idéologie ou à des thèses incitant à la commission d'actes de terrorisme »[11], fait écho à la déclaration d'inconstitutionnalité prononcée le 7 août 2020[12] par les sages du Conseil constitutionnel à l'encontre d'une disposition instaurant des mesures de sûreté aux auteurs d'infractions terroristes dès leur sortie de détention[13]. Face à une menace terroriste croissante[14], l'une des dispositions contestées entendait introduire un « régime *ad hoc* de sûreté » s'appliquant aux individus anciennement condamnés pour des faits de terrorisme à l'issue de l'exécution de leur peine[15]. Cette dernière visait à prévenir de sérieux risques de réitération ou de passage à l'acte d'individus présentant à leur sortie de détention une « particulière dangerosité », évaluée à partir d'éléments objectifs.

Empreintes d'un paternalisme juridique manifeste[16], les mesures, judiciaires ou individuelles, de prévention de la récidive terroriste ou de contrôle et de surveillance, interfèrent profondément avec les libertés individuelles dans le seul dessein de prévenir un risque de préjudice. Dans cette logique, à l'issue de sa détention, après avoir « payé sa dette à

---

[10] L'article 5 de la loi relative à la *prévention d'actes de terrorisme et au renseignement* crée une nouvelle mesure de sûreté dont l'objectif est de prévenir la récidive et de garantir la réinsertion des personnes condamnées pour certains actes de terrorisme. Elle permet au tribunal de l'application des peines de Paris d'imposer à un détenu en fin de peine une ou plusieurs des six obligations figurant au nouvel article 706-25-16 du Code de procédure pénale, dès lors qu'il présente une particulière dangerosité caractérisée par une probabilité très élevée de récidive et par une adhésion persistante à une idéologie ou à des thèses incitant à la commission d'actes de terrorisme, faisant ainsi obstacle à sa réinsertion.

[11] Art. 706-25-16, I, *Code de procédure pénale.*

[12] « Décision n° 2020-805 DC du 7 août 2020, loi instaurant des mesures de sûreté à l'encontre des auteurs d'infractions terroristes à l'issue de leur peine », *JORF* n° 0196 du 11 août 2020, texte n° 4.

[13] « L. n° 2020-1023 du 10 août 2020 instaurant des mesures de sûreté à l'encontre des auteurs d'infractions terroristes à l'issue de leur peine », *JORF* n° 0196 du 11 août 2020.

[14] Assemblée nationale, « Proposition de loi n° 2754 instaurant des mesures de sûreté à l'encontre des auteurs d'infractions terroristes à l'issue de leur peine », n° 2754 (10 mars 2020) : « Aujourd'hui une autre menace se présente. Au 4 février 2020, en effet, d'après des chiffres fournis par le ministre de l'Intérieur, étaient détenues dans les prisons françaises 531 personnes purgeant une peine pour des faits de terrorisme (terroristes islamistes – TSI). 43 d'entre elles devraient être libérées en 2020, une soixantaine en 2021, 46 en 2022 », p. 4.

[15] Assemblée nationale, « Proposition de loi n° 2754 instaurant des mesures de sûreté à l'encontre des auteurs d'infractions terroristes à l'issue de leur peine », n° 2754 (10 mars 2020) : « Ce régime *ad hoc*, qui aurait vocation à s'appliquer aux personnes condamnées pour des faits de terrorisme et en passe d'être libérées lorsque les dispositifs existants s'avèrent insuffisants, renforcerait ainsi les outils dont notre pays dispose pour prévenir les risques de passage à l'acte », p. 6.

[16] Voir Joel Feinberg, *Harm to self, The moral limits of the criminal law*, vol. 3, Oxford University Press, 1989.

la société »[17], l'agent présentant une « hypothétique dangerosité »[18], entraînant un risque élevé de récidive, entre dans une société de contrôle, contraint à des occupations déterminées, cernées au plus près par des obligations auxquelles il faut répondre immédiatement[19].

Nonobstant l'absence de caractère punitif attaché à la mesure de sûreté, elle n'en demeure pas moins soumise aux exigences du respect des principes résultant des articles 2[20], 4[21] et 9[22] de la Déclaration des droits de l'homme et du citoyen du 26 août 1789, selon laquelle « la liberté personnelle ne saurait être entravée par une rigueur qui ne soit nécessaire »[23].

Le Conseil constitutionnel, s'érigeant en défenseur des droits et libertés, a rappelé les devoirs qui incombent au législateur, notamment celui d'assurer une « conciliation entre, d'une part, la prévention des atteintes à l'ordre public et, d'autre part, l'exercice des droits et libertés constitutionnellement garantis »[24]. Parmi les droits et libertés jouissant d'une protection constitutionnelle figurent le droit au respect de la vie privée[25], celui de mener une vie familiale normale[26] ainsi que la liberté d'aller et venir[27]. Toute atteinte portée à leur égard doit être adaptée, nécessaire et proportionnée à l'objectif de prévention poursuivi, autant de garde-fous contre l'arbitraire.

---

17 Robert Badinter, « La prison après la peine », *Tribune Le Monde* (27 novembre 2007).

18 Raphaële Parizot, « Chapitre III. CEDH, X contre France : la rétention de sûreté devant la Cour européenne des droits de l'homme », dans *La dangerosité saisie par le droit pénal*, coll. Les voies du droit, Presses universitaires de France, 2011, p. 97-116, p. 115.

19 Michel Foucault, *Surveiller et punir : naissance de la prison*, coll. Bibliothèque des Histoires, Paris, Gallimard, 1975, p. 151 et s. Juridiquement, l'agent est contraint à des mesures qualifiées d'extra-pénales, destinées à prévenir tout risque de récidive : mesures et sanctions éducatives, d'assistance ou curatives, mesures individuelles de surveillance et de contrôle, suivi socio-judiciaire.

20 Art. 2 DDHC 1798 : « Le but de toute association politique est la conservation des droits naturels et imprescriptibles de l'homme. Ces droits sont la liberté, la propriété, la sûreté, et la résistance à l'oppression ».

21 Art. 4 DDHC 1789 : « La liberté consiste à pouvoir faire tout ce qui ne nuit pas à autrui : ainsi, l'exercice des droits naturels de chaque homme n'a de bornes que celles qui assurent aux autres Membres de la Société la jouissance de ces mêmes droits. Ces bornes ne peuvent être déterminées que par la Loi ».

22 Art. 9 DDHC 1789 : « Tout homme étant présumé innocent jusqu'à ce qu'il ait été déclaré coupable, s'il est jugé indispensable de l'arrêter, toute rigueur qui ne serait pas nécessaire pour s'assurer de sa personne doit être sévèrement réprimée par la loi ».

23 Décision n° 2020-805 DC du 7 août 2020, loi instaurant des mesures de sûreté à l'encontre des auteurs d'infractions terroristes à l'issue de leur peine, *JORF* n° 0196 du 11 août 2020, texte n° 4, § 10.

24 *Id.*, § 10.

25 Art. 2, DDHC 1789.

26 Selon l'alinéa 10 du préambule de la Constitution du 27 octobre 1946, « La Nation assure à l'individu et à la famille les conditions nécessaires à leur développement ».

27 Composante de la liberté personnelle.

Pour saisir le concept de dangerosité, une brève généalogie s'impose. Il ne s'agit pas de savoir si la dangerosité est bonne ou mauvaise, mais plutôt de s'interroger sur ce qui l'a rendue possible. Cette démarche nous préservera d'une dialectique manichéenne opposant sempiternellement la culpabilité à la dangerosité.

CONTEXTE HISTORIQUE – ordinairement, afin de déclarer une personne responsable et l'obliger à répondre de ses actes, un fait doit lui être imputé, il s'agit de rechercher si celui-ci en a été à la fois la cause efficiente et la cause éclairée[28]. Ainsi, l'intelligence, à savoir la faculté de discerner l'illégalité de l'acte, et la liberté, celle de vouloir ou de ne pas vouloir l'acte, constitue les deux éléments cardinaux nécessaires à l'engagement de la responsabilité de l'auteur. Afin de compléter l'élément moral de l'incrimination, un ultime élément subsiste, celui de culpabilité. Du latin *culpa*, la culpabilité consiste en l'existence d'une faute, d'une intensité variable, dans le fait imputé à l'agent. L'élément moral de l'incrimination repose en droit pénal classique sur le triptyque suivant : imputabilité, responsabilité, culpabilité. La preuve de ces trois éléments justifiera l'imposition d'une peine, traditionnellement une sanction criminelle caractérisée par l'infliction d'un châtiment en rétribution de l'infraction commise.

À partir du XIXe siècle, la philosophie du droit pénal s'écarte de la pensée classique. Le courant positiviste, porté par quelques éminents auteurs tels que Cesare Lambroso ou Enrico Ferri, abhorrant la conception classique du droit criminel fondé principalement sur le postulat du libre arbitre, participera à l'avènement d'une notion concurrente à la culpabilité, celle de « *dangerosité* » ou d'état dangereux. Selon l'idéologie positiviste, l'homme criminel n'est pas libre de ses actes, l'*actus reus* est strictement déterminée par une interminable « série de motifs »[29], quant à la *mens rea*, elle tient uniquement dans sa soumission aussi complète que possible au déterminisme.

C'est ici le rejet de toute conception fondée sur le libre arbitre, si chère aux yeux des défenseurs du classicisme. L'agent criminel est d'abord et avant tout influencé par son milieu géographique dont certains favorisent le basculement dans l'acte irréversible. Les criminologues expliquent depuis de longue date que certains milieux : géographiques,

---

[28] Joseph Ortolan, *Éléments de droit pénal : pénalité – juridictions – procédure*, 3e édition, I, Paris, Henri Plon, 1863, p. 101.

[29] Cette conception de l'homme criminel se rapproche de la philosophie nietzschéenne selon laquelle l'idée du libre arbitre qui justifie la punissabilité constitue « le tour de force le plus malfamé qu'il y ait ». Friedrich Nietzsche, *Crépuscule des idoles ou comment philosopher à coups de marteau*, coll. Folio essais, n° 88, Paris, Édition Gallimard, 1988.

sociaux, politiques, sont plus criminogènes que d'autres[30]. Nonobstant la nature des causes à l'origine de l'acte, la réalité criminelle demeure. Afin de répondre à cette préoccupation, une alternative au concept de culpabilité s'imposait, celle de « dangerosité ».

À travers l'idée de dangerosité, le délinquant s'apparente à un individu « malade » et « contagieux » qu'il faut soigner afin de protéger la société du mal qu'il peut occasionner, mais également le soigner lui-même du mal qu'il peut s'infliger. Le soin prescrit à ces individus se réalise non pas par l'infliction d'une peine, mais par des mesures particulières qualifiées de « sûreté », lesquelles prennent la forme de « simples précautions de protection sociale destinées à prévenir la récidive d'un du délinquant ou à neutraliser l'état dangereux »[31].

Au-delà du courant positiviste et des doctrines contemporaines de défenses sociales, ce sont également des considérations d'ordre utilitariste qui ont conduit le législateur à développer des mesures de sûreté parallèles aux peines. Comme le soulignait M. Ortolan, du moment qu'il s'agit de récidivistes ou de personnes dangereuses, « l'inefficacité de la peine ordinaire démontre la nécessité de recourir à leur égard à une transformation de mesures qui puisse les mettre dans d'autres conditions de réforme et délivrer la société du péril qu'ils lui font courir »[32].

CONTEXTE THÉORIQUE – aujourd'hui, la philosophie pénale et criminelle contemporaine qui jadis déplorait les mécanismes rétributifs traditionnels, à savoir la peine infligée au délinquant en réponse à l'infraction commise, semble dorénavant s'éloigner des positions positivistes et de défense sociale, lesquelles insistaient sur la dangerosité dans la perspective de protéger la société. Contrairement à la notion de culpabilité dont l'existence en vue de la détermination de l'élément moral de l'incrimination fait l'objet d'un large consensus[33], le concept de dangero-

---

30 Dans cette perspective où l'homme criminel est uniquement mû par des facteurs criminogènes, la responsabilité morale devient contingente.

31 André Vitu et Roger Merle, *Traité de droit criminel*, 7. éd, t. 1, Paris, Cujas, 1997, p. 826. De la même manière que le soulignait le criminologue Garofalo, il ne s'agit pas, à travers des mesures de sûreté, d'établir la quantité de douleur pour laquelle nous aurons quantifié l'infraction, mais il s'agit de désigner le moyen préventif exactement approprié capable d'éloigner le danger.

32 Joseph Ortolan, *Éléments de droit pénal : pénalité – juridictions – procédure*, 3e édition, t. 1, Paris, Henri Plon, 1863, p. 534 & 535. L'auteur précise enfin qu'aussi longtemps que ces mesures pénales contre les personnes dangereuses et récidivistes ne seront pas organisées en ce sens, « les vraies données de la science ne se trouveront pas satisfaites et la société ne sera pas garantie ». La doctrine contemporaine s'inscrit également dans les ornières de cette vue générale des mesures de sûreté lorsqu'elle considère qu'il faut concevoir, notamment pour les récidivistes et les personnes dangereuses, une autre forme de sanction criminelle « puisque par hypothèse, cette aggravation [de la répression] n'a pu juguler la criminalité », J. PRADEL, préc., note 1, p. 738.

33 Xavier Pin, *Droit pénal général 2019*, 10e édition, Dalloz, 2018, p. 353.

sité tourmente les esprits et demeure controversé à de nombreux égards[34]. Accusée de s'écarter des préceptes du droit pénal classique, de « bâtir une société de la peur »[35] ou de construire un « droit pénal de l'ennemi »[36], la dangerosité éveille et entretient la défiance.

« Tout ressemble à un clou pour qui ne possède qu'un marteau »[37], l'aphorisme d'Abraham Maslow illustre bien notre approche invétérée à l'égard du concept de dangerosité. Interpréter ce dernier à la seule lumière de la culpabilité pour mieux le délégitimer ne fait qu'entretenir l'inertie de ce concept controversé. Comme le soulignait très justement Bergson, « nous nous installons d'ordinaire dans l'immobilité, où nous trouvons un point d'appui pour la pratique, et nous prétendons recomposer la mobilité avec elle »[38]. Ancrée dans nos habitudes intellectuelles, notre réflexion s'entrave lorsqu'elle se heurte à des phénomènes complexes.

Si la culpabilité peut s'apparenter, dans sa structure ou ses résultats, à la dangerosité, sa comparaison est vaine sur le plan fonctionnel[39]. Alors que la culpabilité poursuit une fonction *répressive*, infligeant un châtiment en rétribution d'une infraction commise, la dangerosité quant à elle est *préventive*, orientée vers le futur afin de prévenir tout risque de récidive. L'identité fonctionnelle des deux institutions étant partielle, leur comparaison ne peut en être autrement[40]. Comme le précisait Bachelard, c'est

---

34 L'un des reproches adressés à la notion de dangerosité tient à son autonomisation partielle par rapport au droit pénal classique.

35 G. Giudicelli-Delage et C. Lazerges, préc., note 1, p. 21.

36 Jakobs Günther, « Aux limites de l'orientation par le droit : le droit pénal de l'ennemi », *RSC*, n° 1, 2009. Le professeur J. Günther distingue la personne de l'ennemi, « l'aspect personne fait un pas en arrière et l'aspect ennemi vient sur le devant de la scène [criminelle] », p 12. Une personne ou un simple citoyen dont on ne peut attendre un comportement conforme à la loi « subit une mutation et devient une source de danger », p. 12.

37 Abraham H. Maslow, *The Psychology of Science*, coll. John Dewey lecture, N° 8, New York, Harper & Row, 1966. Traduit de l'anglais : « if the only tool you have is a hammer, to treat everything as if it were a nail ».

38 Henri Bergson, *La pensée et le mouvant – essais et conférences*, Les Presses universitaires de France, coll. Bibliothèque de philosophie contemporaine, Paris, 1969, p. 112.

39 Les comparatistes le savent bien, on ne peut comparer que des choses comparables. C'est ici l'idée de la « comparabilité » des termes et institutions juridiques. L'établissement d'un parallélisme est possible si et seulement si il existe un élément commun reliant les termes à comparer. Il ne suffit pas de relever une ressemblance institutionnelle, formelle ou structurelle, encore faut-il que leur fonction et leur substance soient équivalentes. Il est alors nécessaire d'interroger les principes sur lesquels s'appuient les concepts de culpabilité et de dangerosité, d'analyser leurs conséquences pratiques et leurs principales applications.

40 L'absence d'identité fonctionnelle entre ces deux institutions ne doit pas se traduire par leur incompatibilité, l'utilisation parallèle des peines et des mesures de sûreté est pratiquée dans de nombreux ordres juridiques.

en termes d'obstacles qu'il faut poser le problème de la connaissance[41]. S'opiniâtrer à comparer l'incomparable, considérer comme plus claire l'idée qui nous sert le plus souvent nous conduisent inévitablement vers plus d'écueils que d'impulsions. Entendons-nous bien, il ne s'agit pas de faire table rase des précieuses observations amoncelées jusqu'ici, mais simplement d'opérer un changement de focale pour mieux interroger cette idée.

Notre réflexion s'amorcera à la lumière du postulat millien selon lequel « la seule raison légitime que puisse avoir une communauté pour user de la force contre un de ses membres est de l'empêcher de nuire aux autres »[42]. Cette doctrine n'entend s'imposer que lorsque la conduite d'un individu est susceptible de causer un préjudice à l'intérêt d'autrui. Le préjudice apparaît donc comme un préalable nécessaire à toute contrainte. Notre première tâche consistera alors à mettre en évidence ce rapport qu'il peut exister entre la dangerosité et le risque de préjudice qu'elle peut occasionner. Une fois ce rapport identifié, l'évaluation de la dangerosité pourra s'opérer à la lumière des théories du préjudice.

En filigrane, c'est également la question de la réalité de la dangerosité des femmes et des mineurs qui apparaîtra. Considérés initialement comme des « victimes » ou comme « inoffensifs »[43], le retour des femmes et des mineurs sur le territoire national fait désormais l'objet d'une prise en charge judiciaire égale à celle des hommes[44]. Cette indifférenciation ou

---

41 Gaston Bachelard, *La formation de l'esprit scientifique*, coll. Bibliothèque des textes philosophiques, Paris, Librairie philosophique J. Vrin, 1947, p. 13.

42 John Stuart Mill, Laurence Lenglet et Pierre Bouretz, *De la liberté,* coll. Folio essais, n° 142, Paris, Éditions Gallimard, 2002, p. 11.

43 Thomas Renard et Rick Coolsaet, Returnees: "Who Are They, Why Are They (Not) coming Back and How Should We Dael with Them – Assessing Policies on Returning Foreign Terrorist Fighters in Belgium, Germany and the Netherlands", Egmont Paper 101, Bruxelles, 2018, p. 25.

44 B. Cazeau et S. Goy-Chavent, préc., note 6. « Cette évaluation actualisée de la dangerosité des femmes regagnant le territoire national après un séjour sur la zone irako-syrienne justifie que la politique de judiciarisation systématique des returnees leur ait été rendue applicable. Depuis 2015, elles font ainsi systématiquement l'objet de la même prise en charge judiciaire que celle des hommes, c'est-à-dire d'une mise en examen suivie ou non d'une incarcération, sauf à démontrer l'existence d'un élément de contrainte », p. 53. Dans l'actualité récente, les 16 femmes djihadistes rapatriées sur le territoire français le mardi 5 juillet 2022 « ont été immédiatement arrêtées et placées en garde à vue, en vertu des mandats d'arrêt émis en leur absence. Elles seront longuement interrogées par des officiers de la direction générale de la sécurité intérieure (DGSI) et de la sous-direction antiterroriste (SDAT), avant une très probable mise en examen par les juges antiterroristes, accompagnée d'un placement en détention provisoire », Christophe Ayad et Hélène Sallon, préc., note 5, p. 4.
La question des enfants mineurs de la zone syro-irakienne est éminemment plus complexe et déchirante. Dans la contradiction des sentiments (entre pragmatisme et humanisme), ces enfants arrivés sur le territoire national sont d'abord pris en charge par l'aide sociale à l'enfance puis placés en famille d'accueil par le tribunal des mineurs.

« confusion des genres »[45] dans l'approche judiciaire de l'implication des femmes dans la mécanique terroriste fait l'objet de nombreuses controverses. S'il importe de se garder des stéréotypes à l'instar de ceux qui soutiennent le rôle résiduel des femmes au sein des groupes terroristes, il convient néanmoins de souligner la divergence des actes, dans leur nature et leur intensité, par rapport à ceux des hommes. Aujourd'hui, le système de justice pénale est innervé par la dimension du genre. S'il est admis que les femmes et les mineurs constituent une catégorie spécifique en matière de terrorisme[46], leur radicalité et leur dangerosité ne doivent cependant pas être éclipsées.

Section 1. Mise en évidence d'un rapport entre dangerosité et risque de préjudice

À la lumière de la culpabilité, la dangerosité apparaît illégitime[47]. Contrairement à la justice répressive traditionnelle fondée sur la faute préalable du délinquant, laquelle permet, sans difficulté apparente, d'affirmer qu'un individu est la cause efficiente d'un fait, la dangerosité, quant à elle, orientée vers le futur, ne saurait établir si directement cette responsabilité. À l'instar d'autres formes de préjudices, bénins, éventuels, hypothétiques, indus ou déraisonnables, la dangerosité se heurte à sa légitimité d'existence[48]. Pour cause, son antinomie structurelle et fonctionnelle est patente avec la culpabilité. Néanmoins, force est de constater que cette institution, concurrente à la culpabilité, subsiste et s'intensifie dans nos sociétés libres et démocratiques, notamment lorsque ces dernières se heurtent à une menace au profil hétérogène[49]. Plongé dans un environ-

---

45 Christine Bard, « La peur rancie de l'indifférenciation sexuelle », *Tribune Le Monde* (7 février 2014). Selon la professeure d'histoire contemporaine Christine Bard, « Lorsque la "confusion" des sexes est brandie comme une menace, c'est le métissage des genres qui est stigmatisé, c'est la mixité, l'égalité, la liberté individuelle ».

46 B. Cazeau et S. Goy-Chavent, préc., note 6, p. 51. Dans le cadre des *returnees*, considérés comme porteurs d'un degré élevé de dangerosité, le cas spécifique des femmes et des mineurs est distingué des individus directement missionnés par l'EI ou des « déçus » et « repentis », conscients du traitement judiciaire dont ils feront l'objet.

47 J. Günther, préc., note 36. Comme le souligne le professeur J. Günther, « une action avec des moyens qui ne sont pas parfaitement dignes d'un État de droit porte atteinte à l'État de droit dans son expression la plus parfaite », p. 16.

48 Joel Feinberg, *Harm to others*, 1, coll. The moral limits of the criminal law, New York, NY, Oxford Univ. Press, 1987, p. 187.

49 Le terrorisme n'épargne personne, les femmes aussi bien que les hommes, les filles aussi bien que les garçons participent à des activités terroristes.

nement hostile, « il est difficile d'imaginer qu'un État pourrait parfaitement se passer d'un droit d'exception »[50].

Dans son célèbre essai philosophique *De la liberté* publié en 1859, John Stuart Mill posait un principe fort simple, fondé à régler les rapports de la société et de l'individu. Suivant Mill, « La seule raison légitime que puisse avoir une communauté pour user de la force contre un de ses membres est de l'empêcher de nuire aux autres »[51]. Si ce principe rejette toute forme de paternalisme qui justifierait une contrainte, physique ou morale, pour le propre bien de l'agent, elle s'applique néanmoins lorsque « la conduite dont on désire détourner cet homme risque de *nuire* à quelqu'un d'autre »[52]. Derrière le terme de « nuisance », c'est bien l'idée de préjudice qui nous apparaît[53]. Notre entreprise tentera d'éclairer le rapport entre la dangerosité et le préjudice qu'elle est susceptible de provoquer[54].

Avant toute chose, il convient de s'entendre sur la notion de préjudice et ce qu'elle recouvre. Souvent employée comme synonyme, la notion de préjudice doit être distinguée d'un concept qui lui est proche, le dommage. Alors que ce dernier désigne « la lésion subie », le préjudice quant à lui en est la conséquence, il apparaît comme « l'effet ou la suite du dommage »[55]. En d'autres termes, si le dommage désigne l'atteinte portée à l'intégrité d'une personne, d'une chose ou d'un droit, le préjudice représente les conséquences patrimoniales ou extrapatrimoniales découlant du dommage[56]. Si cette définition issue du droit de la responsabilité civile

---

[50] J. Günther, préc., note 36., p. 16.

[51] J. S. Mill, L. Lenglet et P. Bouretz, préc., note 42, p. 11.

[52] *Id.* Refusant le culte de l'individualisme, dans un souci de liberté sociale ou civile, « le seul aspect de la conduite d'un individu qui soit du ressort de la société est celui qui concerne les autres. Mais pour ce qui ne concerne que lui, son indépendance est, de droit, absolue. Sur lui même, sur son corps et son esprit, l'individu est souverain », p. 11.

[53] Nuire s'entend de causer du tort, de porter préjudice à quelqu'un. Dictionnaire de l'Académie française, 9e édition.

[54] La dangerosité peut soit caractériser globalement le phénomène terroriste (attentats, atteintes à la vie, à l'intégrité de la personne, au détournement de tout moyen de transport), soit s'appliquer plus strictement et désigner des actes, des conduites, des comportements ou des individus spécifiques (sortants de prison, *returnees*, radicalisés, loups solitaires, djihadistes). Dans le cadre de notre analyse, c'est cette seconde dimension, plus stricte, de la dangerosité qui sera sollicitée.

[55] Philippe Le Tourneau, *Droit de la responsabilité et des contrats*, 7e éd., mai 2008, coll. Dalloz action, Paris, Dalloz, 2008, n° 1305.

[56] La *nomenclature Dintilhac* des différents chefs de préjudice distingue dichotomiquement entre les préjudices patrimoniaux et les préjudices extrapatrimoniaux. Parmi les préjudices patrimoniaux, une nouvelle distinction s'opère, avant consolidation des blessures (préjudices patrimoniaux temporaires), et après consolidation des blessures (préjudices patrimoniaux permanents) ; les préjudices extrapatrimoniaux distinguent quant à eux les préjudices temporaires, les préjudices permanents et les préjudices évolutifs. Jean-Pierre Dintilhac, « Rapport du groupe de travail chargé d'élaborer une nomenclature des préjudices corporels », 2005.

nous permet d'esquisser à grosses mailles la notion de préjudice, elle se révèle insuffisante lorsqu'il s'agit de dévoiler sa relation avec le concept de dangerosité. Une approche juridico-philosophique s'appuyant sur les théories de la criminalisation devrait nous permettre de surmonter cet obstacle.

Empreinte d'une certaine protéiformité, notre première tâche consistera à déterminer et borner la portée de cette notion. Selon les théories de la criminalisation, le préjudice désigne toute lésion, altération, atténuation ou néantisation d'un intérêt[57]. John Stuart Mill dans son célèbre ouvrage déclarait que « l'individu est *de jure* responsable envers ceux dont les *intérêts* sont engagés »[58]. La relation qui s'esquisse progressivement entre intérêt et préjudice nous impose quelques développements. Laissée à la libre interprétation, la notion d'intérêt revêt une portée insondable, capable d'embrasser tous les actes de la vie, quelles que soient leur nature ou leur intensité. Certains décrivent les croyances, les craintes, les espoirs, les sympathies, les antipathies, les exaltations, les joies ou les effrois comme autant d'*intérêts* susceptibles de recevoir une attention particulière. Or, le Droit ne s'occupe pas et ne reconnaît pas tous les intérêts[59]. Ceux qualifiés de passagers, les désirs ou les ambitions personnelles, par exemple, demeurent étrangers au Droit, leur échec ne mérite pas une sanction systématique.

La pluralité et la diversité de ces états ou évènements posent un grand nombre d'interrogations, notamment celle de leur classification et du degré de protection à accorder à chacun d'entre eux[60]. Il n'est pas aisé de juger ni de connaître les qualités fondamentales d'une valeur ou d'un intérêt. Quelques critères devraient néanmoins nous permettre d'opérer une classification.

La théorie de préjudice qui nous sert de fondement à la compréhension du concept de dangerosité nous oriente dans la difficile tâche de la classification et de la hiérarchisation des intérêts. Traditionnellement, le droit distingue les intérêts individuels des intérêts collectifs. Selon une

---

57 J. Feinberg, préc., note 48 : "The second genuine sense of 'harm' is that from which the transferred sense derives, namely harm conceived as the thwarting, setting back, or defeating of an interest", p. 33.

58 J. S. Mill, L. Lenglet et P. Bouretz, préc., note 42, p. 12.

59 Il faut souligner que les intérêts ne procèdent pas du Droit, ce dernier ne fait que les reconnaître en fonction du contexte social et de ses besoins.

60 Roscoe Pound, "Interests of Personality", (1915) vol. 28, n° 4, *The Harvard Law Review Association*, p. 343-365 : "Undoubtedly the progress of society and the development of government increase the demands which individuals may make, and so increase the number and variety of these interests. The idea here is that interests, – that is, demands of the individual, – increase with increasing civilization, and hence the pressure upon the law to meet these interests increase the scope and character of legal rights".

acception classique, les intérêts collectifs constituent un ensemble d'intérêts spécifiques de même nature, détenus par un nombre important et indéfini d'individus. Si ces intérêts n'intéressent pas systématiquement l'ensemble de la population, quiconque peut les revendiquer et se les approprier[61]. Parmi les intérêts collectifs, il en est certains qui, par leur nature, font partie intégrante de la communauté. Il en va ainsi de la paix, de la sécurité ou de la santé pour ne citer qu'eux[62]. Ces valeurs ont pour spécificité de transcender les intérêts individuels et d'intéresser l'ensemble des membres de la cité. Leur universalisme est renforcé par certaines particularités, il y va ainsi de leur ultériorité[63], de leur stabilité et de leur durabilité[64]. Ces critères additionnels ont un double mérite, ils objectivent la valeur des intérêts de telle sorte qu'ils apparaissent dépendants de toute préférence subjective et bornent leur périmètre dans le souci d'embrasser les seuls intérêts substantiels.

C'est dans le contexte de la menace terroriste qui s'illustre à travers la perpétration d'actes et l'adoption de conduites et de comportements dangereux qu'il convient à présent d'identifier les intérêts qui peuvent être affectés par ce phénomène. L'Union européenne a rappelé que le terrorisme portait, de la manière la plus grave, atteinte aux intérêts et valeurs fondamentaux des sociétés démocratiques, parmi lesquels la cohésion sociale, le droit à la vie[65], le droit à la liberté sous toutes ses formes ainsi que l'impératif de sécurité[66]. L'homme est fait pour vivre en société, il s'agit là d'une condition naturelle. Or, cette vie dans un en-

---

61 J. Feinberg, préc., p. 223. "A public interest is a 'common', or widely shared, specific interest. Common interest are interests that all or most persons in a community have in one and precisely the same thing, not an interest that each has in his own X, but an interest that each has in one and the same X".

62 *Id.*, p. 63.

63 De manière générale, qui est au-delà d'une ligne donnée. De manière spécifique, au-delà des intérêts contingents.

64 Sur le plan de la temporalité, il va de soi qu'un intérêt éphémère, soudain ou passager, ne peut prétendre à une protection légitime. La théorie du préjudice accorde une protection aux intérêts « durables ».

65 Convention européenne des droits de l'homme et des libertés fondamentales du 4 novembre 1950, art. 2 « le droit de toute personne à la vie est protégé par la loi. La mort ne peut être infligée à quiconque intentionnellement, sauf en exécution d'une sentence capitale prononcée par un tribunal au cas où le délit est puni de cette peine par la loi ». La jurisprudence de la Cour européenne des droits de l'homme étend le champ d'application de l'article 2 en précisant « que la première phrase de l'article 2 § 1 astreint l'État non seulement à s'abstenir de provoquer la mort de manière volontaire et irrégulière, mais aussi à prendre les mesures nécessaires à la protection de la vie des personnes relevant de sa juridiction ». *L.C.B. c.* Royaume-Uni, n° 23413/94, CEDH, 9 juin 1998.

66 Déclaration commune des ministres de l'Intérieur de l'UE sur les attentats terroristes perpétrés récemment en Europe, *Communiqué de presse*, N° JHA-131120, Bruxelles, Conseil de l'Union européenne, 2020.

semble collectif est réalisable pour autant que certaines valeurs substantielles sont préservées. Si la dangerosité de quelques individus liés à la mouvance terroriste est susceptible d'altérer une multiplicité de valeurs chères aux sociétés démocratiques, il en est une qui semble particulièrement affectée, à savoir la sécurité entendue comme une « situation dans laquelle l'intégrité physique des personnes est à l'abri de risques de toute nature »[67].

Dans un État de droit, le strict respect de certaines valeurs et garanties s'impose. Afin d'interroger le concept de dangerosité indépendamment des grands principes consacrés par la science du droit pénal, une perspective externe s'imposait. Selon la doctrine millienne, la seule raison légitime que puisse avoir une communauté pour imposer une contrainte à l'un de ses membres est de l'empêcher de nuire aux autres. Notre première tâche consistait alors à mettre en exergue un lien entre la dangerosité de certains états ou comportements d'individus et le risque de préjudice qu'ils sont susceptibles d'engendrer. Dès lors que la dangerosité, à travers ses multiples formes et manifestations[68], est susceptible d'affecter quelques intérêts fondamentaux de la nation et des individus, alors le risque de préjudice apparaît de manière indéfectible. Pour autant, la démonstration d'un rapport entre la dangerosité et l'hypothétique survenance d'un préjudice demeure insuffisante pour comprendre une telle institution et ses contraintes qui s'imposent. La nature éminemment complexe et controversée de la dangerosité appelle des investigations supplémentaires, notamment sur le degré de son ampleur.

Section 2. L'évaluation de la dangerosité

La contrainte, quelle que soit sa nature, ne se justifie que lorsque la conduite dont on désire détourner un individu risque de nuire à quelqu'un d'autre, disait Mill[69]. L'une des conditions substantielles à la base de notre théorie réside dans l'existence d'un préjudice. La mise en évidence d'une corrélation entre dangerosité et préjudice, entendue

---

67 Mustapha Afroukh, « L'émergence d'un droit à la sécurité des personnes dans la jurisprudence de la Cour européenne des droits de l'homme », *Revue du droit public*, n° 1, 2015, p. 139.

68 Dans le cadre de notre analyse, les formes principales de dangerosité identifiées sont les suivantes : les individus sortants de prison qui présentent une particulière dangerosité caractérisée par une probabilité très élevée de récidive et une adhésion persistante à une idéologie ou à des thèses incitant à la commission d'actes de terrorisme ; les *returnees* (ceux missionnés par l'EI, les déçus ou repentis, les femmes et les mineurs), les individus signalés comme radicalisés, présentant un profil particulièrement dangereux et s'inscrivant dans une logique de pré-terrorisme. Voir B. Cazeau et S. Goy-Chavent, préc., note 6.

69 J. S. Mill, L. Lenglet et P. Bouretz, préc., note 42.

comme l'altération d'un intérêt, apparaît néanmoins insuffisante lorsqu'il s'agit de criminaliser la dangerosité ou de comprendre la légitimité des contraintes qui en résultent. Seule une dangerosité caractérisée par une certaine intensité demeurera dans les limites morales et raisonnables d'une criminalisation[70].

L'intensité du préjudice qui résulte de la dangerosité ne peut s'analyser indépendamment des intérêts qu'il heurte. Comme indiqué précédemment, les intérêts sont susceptibles de s'habiller de formes les plus variées, des plus singuliers intéressant une proportion infinitésimale de la population, aux plus universels, s'abandonnant alors dans l'abstraction et l'hétération la plus totale. Le caractère impersonnel de la règle de droit écarte normalement les intérêts individuels dans un souci d'égalité et de sécurité. Comme le précisait Portalis, « la loi statue sur tous : elle considère les hommes en masse, jamais comme particulier »[71]. Seuls les intérêts « légitimes », conformes aux critères juridiques classiques, pourront prétendre à la protection garantie par le droit pénal.

Bien que la sécurité, la tranquillité ou l'épanouissement personnel ne figurent pas au rang des droits fondamentaux[72], faute d'une reconnaissance par les institutions suprêmes, le contexte terroriste actuel impose, à tout le moins, un devoir général de l'État de prendre des mesures raisonnables pour assurer la sécurité et la tranquillité des individus dans les espaces publics[73]. L'identification des intérêts lésée par la dangerosité terroriste apparaît nécessaire dans la mesure où une certaine égalité de valeur doit exister entre l'intérêt revendiqué et le risque de préjudice à son égard. Or, tous les préjudices ne sont pas susceptibles d'altérer, à égale mesure, la sécurité et la tranquillité des individus dans la société. Partant, le préjudice doit revêtir une certaine ampleur, sans quoi l'intérêt ne saurait être lésé. Eu égard aux contraintes légales qui pèsent sur les personnes qualifiées de dangereuses, les critères issus de la théorie du

---

70 J. Feinberg, préc., note 48, p. 188. Le philosophe Joel Feinberg emploie le mot « magnitude » pour caractériser l'intensité.

71 Jean-Étienne-Marie Portalis, *Discours préliminaire du premier projet de Code civil*, 1801.

72 Stéphanie Hennette-Vauchez et Diane Roman, *Droits de l'homme et libertés fondamentales*, 3e édition, coll. Hypercours Dalloz [cours & travaux dirigés], Paris, Dalloz, 2017. « En droit interne, c'est uniquement dans le cadre de lois sécuritaires que le législateur a recouru à la formule du "droit à la sécurité". La formule est consacrée pour la première fois par la loi n° 95-73 du 21 janvier 1995 d'orientation et de programmation relatives à la sécurité (art. 1er : la sécurité est un droit fondamental et l'une des conditions de l'exercice des libertés individuelles et collectives) », p. 397.

73 J. Günther, préc., note 36. Comme le souligne le professeur Günther Jakobs, « Si l'on ne veut pas que la réalité souffre, on doit adapter le degré de perfection de l'État de droit ; des temps tranquilles permettent plus de précautions et garantis pour l'État de droit, que des temps de malaise et de nécessité », p. 16.

préjudice nous guideront dans la détermination du seuil à partir duquel se manifeste une dangerosité d'une particulière intensité[74].

Dans le contexte des sortants de prison condamnés pour une infraction terroriste, la mesure de l'ampleur de leur dangerosité s'impose pour justifier une quelconque mesure coercitive à leur encontre. Le législateur nous renseigne sur l'intensité de la dangerosité lorsqu'il précise que les mesures individuelles de contrôle administratif et de surveillance seront imposées aux seuls individus dont il existe des raisons sérieuses de penser que leur comportement est de nature à constituer une menace d'une particulière gravité pour la sécurité et l'ordre public[75]. La loi précise ici l'ampleur que la dangerosité doit revêtir, celle-ci doit constituer une « menace d'une particulière gravité ». Une telle rédaction prête néanmoins à l'équivoque. En droit pénal, le principe de la légalité impose au législateur de rédiger le texte de loi de manière suffisamment précise afin de permettre à tout citoyen de cerner raisonnablement le comportement incriminé[76]. Cette exigence tend à prévenir toute portée excessive d'une loi. Une rédaction imprécise peut avoir pour conséquence d'embrasser une multitude de comportements et de provoquer une surcriminalisation selon les mots du professeur Douglas Husak[77].

Une lecture attentive du texte de loi relatif aux mesures de sûreté mentionne un ensemble d'éléments qui concourt à caractériser un comportement de nature à constituer une « menace d'une particulière gravité ». Tout d'abord, le texte précise que les mesures coercitives de sûreté s'imposent uniquement aux individus dont il existe des raisons sérieuses de croire que leur comportement constitue une réelle menace pour l'ordre public et la sécurité. Une lecture *a contrario* permet d'écarter du champ d'application du texte de loi les menaces bénignes. Deux éléments permettent d'évaluer l'ampleur du risque de préjudice, le fait d'entrer en relation de manière habituelle avec des personnes ou des organisations incitant, facilitant ou participant à des actes de terrorisme, le fait de soutenir ou adhérer à des thèses incitant à la commission d'actes de terrorisme en France ou à l'étranger ou faisant l'apologie de

74 Ahlem Hannachi, « La théorie du "droit pénal de l'ennemi" », *Village de la Justice*, 2016 : Une « particulière intensité » s'assimilera, par exemple, à « l'individu qui récidive de manière dramatique ou constante dans la commission des crimes, ou celui qui est disposé à commettre des crimes qui portent atteinte à l'État et à son existence même », p. 3.

75 Art. L. 228-1 du Code de la sécurité intérieure.

76 A. Vitu et R. Merle, préc., note 31, p. 230.

77 Douglas N. Husak, *Overcriminalization: the limits of the criminal law*, New York, Oxford University Press, 2008.

tels actes[78]. La récente loi du 30 juillet 2021[79] relative à la prévention d'actes de terrorisme et au renseignement précise que la « particulière dangerosité » d'un individu se caractérise notamment par une « probabilité très élevée de récidive et par une adhésion persistante à une idéologie ou à des thèses incitant à la commission d'actes de terrorisme, faisant ainsi obstacle à sa réinsertion »[80].

Les critères qui ressortent des textes nous renseignent que partiellement sur l'intensité que doit revêtir la dangerosité pour être qualifiée comme telle. Afin de lever toute ambiguïté qui entoure le concept de dangerosité, d'autres critères s'imposent.

La théorie que nous sollicitons pour évaluer la dangerosité suggère de prendre en considération la probabilité de survenance du préjudice[81]. Pour les sortants de prison dont le profil révèle une particulière gravité, c'est la question du risque de récidive qui doit être évaluée. Au-delà de son ampleur, le législateur impose de cette dangerosité qu'elle soit caractérisée par une probabilité très élevée de récidive. Cette évaluation s'impose en raison de la nature même de la dangerosité qui relève de l'incertain, du probable et du pressenti. Joel Feinberg et d'autres auteurs s'accordent sur le refus de séparer l'analyse de la probabilité du risque de préjudice de la gravité de l'acte ou de la conduite future. Au contraire, pour évaluer la dangerosité d'un acte, d'un comportement ou d'un individu, le législateur doit considérer concomitamment la probabilité de survenance du préjudice et la gravité de la dangerosité[82]. La somme de ces deux facteurs est qualifiée de « *risque* »[83]. Lorsque le législateur poursuit l'objectif de prévenir, le plus en amont possible, la perpétration d'actes de terrorisme et d'imposer des contraintes aux personnes à

---

[78] Art. 421-2-5, al. 1er du Code pénal. Le texte de loi criminalise le fait de provoquer *directement* à des actes de terrorisme. Art. 421-2-5, al. 1er du Code pénal. L'article criminalise le fait de faire *publiquement* l'apologie des actes de terrorisme. « Caractérise le délit d'apologie d'actes de terrorisme le comportement du prévenu par lequel, lors d'un rassemblement public, il a manifesté une égale considération pour des victimes d'actes de terrorisme et l'un de leurs auteurs à qui il s'identifiait », Crim. 25 avril 2017, n° 16-83.331.

[79] L. n° 2021-998 du 30 juillet 2021, art. 6.

[80] Art. 706-25-16, al. 1er du Code de procédure pénale.

[81] L'absence d'un déterminisme absolu lié à la dangerosité nous impose de recourir au facteur de probabilité de survenance d'un risque de préjudice.

[82] J. Feinberg, préc., p. 191. "The important concept for the legislator, then, is neither magnitude of harm nor probability of harm alone, but rather the compound of the two, which is called *risk*. The degree of *risk*, which varies directly with both its magnitude and its probability, must be of vital concern to the legislator guided by the harm principle". Voir également A. P Simester et Andrew Von Hirsch, Crimes, harms, and wrongs: on the principles of criminalisation, 2014, p. 45. "The Harm Principle provides for a balancing of interests, one that considers the extent and likelihood of the harm involved and weighs that against the other implications of criminalization".

[83] J. Feinberg, préc., note 48, p. 191.

l'égard desquelles il existe des raisons sérieuses de penser que leur comportement constitue une menace d'une particulière gravité pour la sécurité et l'ordre public, il s'agit en réalité de prévenir ce risque qui s'évalue à la lumière de la probabilité et de la gravité du préjudice.

L'évaluation du « risque » de préjudice, composant de la dangerosité, s'analyse selon un rapport proportionnel inversé entre la probabilité et la gravité du préjudice. Joel Feinberg exprime ce rapport selon l'équation suivante : « plus la probabilité de survenance du préjudice est élevée, moins la gravité du préjudice doit être pour imposer une contrainte », inversement : « plus la gravité du préjudice envisagé est élevée, moins sa probabilité de survenance doit être »[84].

À partir de cet énoncé admis comme base d'un raisonnement, plusieurs hypothèses s'esquissent, par exemple, si le risque de récidive d'une personne dangereuse est élevé, l'ignorance de cette dangerosité serait jugée déraisonnable[85], a contrario un risque de préjudice « modéré » doit conduire à plus de réflexion sur sa potentielle criminalisation. Il ressort de ces percepts que l'évaluation de la dangerosité, à savoir le risque de réitération d'un acte terroriste, nécessite la prise en considération de deux composantes au moins, la gravité du risque de préjudice et sa probabilité de survenance[86].

La gravité du risque de préjudice et son occurrence sont des variables dont l'évaluation est complexe. Néanmoins, une série d'indices, d'éléments ou de comportements peuvent faciliter leur démonstration. Sur la gravité du préjudice que présente une personne dangereuse, qu'il s'agisse de sortants de prison, de *returnees* ou de personnes radicalisées, la jurisprudence considère qu'un comportement violent et agressif envers d'autres individus constitue un élément de nature à caractériser une menace d'une particulière gravité[87]. Par ailleurs, si le terrorisme ne connaît pas de frontières, qu'il constitue un phénomène ubique, se manifestant partout et à tout moment, il n'en demeure pas moins que certains pays

---

84 *Id.*, Traduction française personnelle de la déclaration suivante : "The greater the probability of harm, the less grave the harm need be to justify coercion ; the greater the gravity of the envisioned harm, the less probable it need be", p. 191.

85 A. P. Simester et A. Von Hirsch, préc., note 82, p. 45. "The greater the magnitude of the risk of harm, itself compounded out of gravity and probability, the less reasonnable it is to accept the risk".

86 *Id.*, p. 45.

87 CAA de PARIS, 6e chambre, 26 mai 2020, n° 19PA03653 : « Il ressort des motifs de l'arrêté attaqué du 7 décembre 2018 que, pour estimer qu'il existait des raisons sérieuses de penser que le comportement de M. B… constituait une menace d'une particulière gravité pour la sécurité et l'ordre publics, le ministre de l'Intérieur s'est fondé sur ses condamnations, "notamment pour des faits de terrorisme", sur sa violence envers ses enfants, en lien avec une pratique religieuse très rigoriste, et sur son comportement violent et agressif en détention. »

manifestent une certaine propension au prosélytisme[88]. À cet égard, des séjours répétés vers des destinations à risque afin d'entretenir des relations avec des personnes incitant ou participant à des actes de terrorisme sont autant d'indices permettant de caractériser un risque ou une menace d'une particulière gravité pour la sécurité ou l'ordre public[89].

Qu'il s'agisse de consulter sur Internet des discussions djihadistes[90], d'afficher un radicalisme grandissant[91], de s'investir et financer des associations soutenant des faits de terrorisme[92], ou de séjourner sur la zone irako-syrienne[93], l'ensemble de ces actes et de ces comportements, hétérogènes dans leurs formes et dans leur intensité, peuvent être potentiellement qualifiés de dangereux pour la société et les individus. Un rapport d'Europol publié en 2017 sur la tendance du terrorisme dans l'Union européenne nous informe d'une implication croissante des femmes, des jeunes adultes ainsi que des enfants dans des rôles opérationnels qui les conduisent à perpétrer directement des actes de violence terroristes[94]. Ces personnes facilitent non seulement l'activité d'autres agents, mais

---

88 En particulier la zone syro-irakienne.

89 CAA de PARIS, 6e chambre, 26 mai 2020, n° 19PA03653, préc., note 87 : « Pour estimer que M. B… était en relation habituelle avec des personnes incitant, facilitant ou participant à des actes de terrorisme, le ministre s'est fondé sur ses séjours au Pakistan et en Irak, sur ses relations avec des individus ou des organisations impliqués dans des actes ou dans des entreprises terroristes, notamment pendant ses périodes de détention, ainsi que sur ses liens avec ses deux fils et ses deux neveux, condamnés et écroués notamment pour des faits de participation à une association de malfaiteurs en vue de la préparation d'un acte de terrorisme ».

90 CAA de DOUAI, 2e chambre, 9 juillet 2019, n° 18DA00520.

91 *Id.*, L'auteur a « affiché au lycée un " radicalisme grandissant ", qu'il s'est isolé et s'est montré agressif envers ses camarades de classe, qu'il a diffusé sur les réseaux sociaux des images et symboles en lien avec des organisations terroristes, qu'il n'a pas respecté les obligations de son assignation à résidence, et a continué à fréquenter, malgré l'interdiction qui lui en était faite, un adolescent récemment converti à l'islam à l'égard duquel M. A… semble faire acte de prosélytisme ».

92 CAA, 4e chambre, 13 novembre 2020, n° 20PA00426.

93 European Union Agency for Law Enforcement Cooperation, European Union Terrorism Situation and Trend Report 2019, Luxembourg, Europol. « Sur les séjours des femmes et des mineurs en zone de conflit », « France appears to have a high number: 33 % of 1324 individuals who travelled from France since 2012 were women », p. 40.

94 Manuel sur les dimensions de genre dans les ripostes pénales au terrorisme, Office des Nations Unies contre la drogue et le Crime (ONUDC), Vienne, 2019, p. 41.

tentent également de mener individuellement des activités terroristes[95]. Comme le soulignent certains courants de pensée, il faut s'extirper des stéréotypes de genre qui nourrissent les préjugés, notamment ceux qui considèrent les femmes et le terrorisme comme deux faces antinomiques qui s'ignorent et s'opposent mutuellement[96]. La réalité de la dangerosité des femmes et des mineurs est plus complexe qu'elle n'y paraît. Nonobstant leur potentielle dangerosité et leur implication croissante en amont de la mécanique terroriste, le rôle des femmes et des mineurs diffère dans bien des cas de ceux des hommes. Les femmes et les mineurs s'acquittent généralement de tâches et de fonctions non violentes ou moins violentes que celles des hommes, il en va ainsi des soutiens logistiques, des activités de financement ou de recrutement[97].

Dans un État de droit[98], la seule constatation d'un risque de préjudice, aussi grave qu'il soit, ne permet pas d'imposer des mesures de contrainte à l'instar des mesures individuelles de contrôle et de surveillance. Ainsi, à

---

95 Europol (2022), European Union Terrorism Situation and Trend Report, Publications Office of the European Union, Luxembourg, 2017, p. 7 : "Women and young adults, and also children, are playing increasingly operational roles in committing terrorist activities in the EU independently, not only facilitating other operatives in various ways, but in the (attempted) execution of terrorist attacks themselves. Female militant jihadists in the West perceive fewer obstacles to playing an operative role in a terrorist attack than men, and successful or prevented attacks carried out by women in western countries may act as an inspiration to others". Voir également Europol (2018), European Union Terrorism Situation and Trend Report, Publication Office of the European Union, Luxembourg : "The UK also reiterated that there was an increase in the number of women, families and minors engaging in the conflict, although they remained a small proportion of overall travellers", p. 28.

96 Jayne Huckerby, "Gender, counter-terrorism and international law", dans Ben Saul, *Research Handbook on International Law and Terrorism*, Edward Elgar Publishing Limited, Cheltenham, UK ; Northampton, MA, USA, Edward Elgar Publishing Limited, 2014, p. 164. "This heavy but stealthy gendering of international law on terrorism has led to a series of gender-based exclusions, particulary, although not exclusively, of women and women's rights concerns. One of the most routinely cited examples of such erasures is the failure to consider women as terrorists". Voir également Mia Bloom, *Bombshell: the many faces of women terrorists*, Second impression, London, Hurst & Company, 2019.

97 Manuel sur les dimensions de genre dans les ripostes pénales au terrorisme, préc., note 94, p. 41.

98 Kofi Annan, « Rétablissement de l'État de droit et administration de la justice pendant la période de transition dans les sociétés en proie à un conflit ou sortant d'un conflit », Doc. N.U. S/2004/616 (23 août 2004), en ligne : <http://archive.ipu.org/splz-f/unga07/law.pdf>. Suivant une conception exigeante, le concept d'État de droit désigne « un principe de gouvernance en vertu duquel l'ensemble des individus, des institutions et des entités publiques et privées, y compris l'État lui-même, a à répondre de l'observation des lois promulguées publiquement, appliquées de façon identique pour tous et administrées de manière indépendante, et compatibles avec les règles et normes internationales en matière de droits de l'homme. Il implique, d'autre part, des mesures propres à assurer le respect des principes de la primauté du droit, de l'égalité devant la loi, de la responsabilité au regard de la loi, de l'équité dans l'application de la loi, de la séparation des pouvoirs, de la participation à la prise de décisions, de la sécurité juridique, du refus de l'arbitraire et de la transparence des procédures et des processus législatifs », p. 6.

l'image du principe de proportionnalité, les théories de la criminalisation imposent que la gravité du préjudice et sa probabilité de survenance, le *risque*, soient mises en balance avec d'autres facteurs, notamment la valeur, l'utilité sociale de la conduite ou encore les droits attachés à l'auteur de l'acte[99].

Si nos sociétés libres et démocratiques s'accordent sur la criminalisation et la prévention de tels actes, certaines conduites ou comportements dangereux, étroitement liés à certaines valeurs fondamentales, soulèvent des problèmes complexes. C'est le cas notamment lorsque la dangerosité possède une dimension « expressive »[100]. À cet égard, les nouvelles mesures judiciaires de prévention de la récidive terroriste et de réinsertion créées par une loi du 30 juillet 2021 excluent explicitement de leur champ d'application les infractions de propagande terroriste, notamment les faits de provocation directe et d'apologie publique au terrorisme[101]. Confronté à la liberté d'expression[102], considéré comme l'« un des droits

99 J. Feinberg, préc., note 48 : "Still another factor must be considered, however, by the legislator who is concerned to assess the reasonableness of permitting actions that create a given degree of risk. The crucial third factor is the independent value of the risk-creating conduct both to the actor himself, to others directly affected by it, and to society in general", p. 191.

100 « L'expression », constituée à la fois d'un *contenu* expressif et d'une *forme* par laquelle le contenu est transmis, permet à tout un chacun de transmettre et manifester ses pensées, ses croyances ou ses opinions. La Cour européenne des droits de l'homme (CEDH) a eu l'occasion de préciser le champ d'application de la liberté d'expression en 1976 lors de l'arrêt Handyside c. Royaume-Uni, elle affirme que « la liberté d'expression constitue l'un des fondements essentiels d'une société démocratique, l'une des conditions primordiales de son progrès et de l'épanouissement de chacun. Sous réserve des restrictions mentionnées, notamment dans l'article 10 de la Convention européenne des droits de l'homme, elle vaut non seulement pour les informations ou les idées accueillies avec faveur, ou considérées comme inoffensives ou indifférentes, mais aussi pour celles qui heurtent, choquent ou inquiètent l'État ou une fraction quelconque de la population. Ainsi le veulent le pluralisme, la tolérance et l'esprit d'ouverture sans lesquels il n'y a pas de société démocratique ». Cette idée est également exprimée outre-Atlantique, au Canada, lorsque la jurisprudence souligne que « La liberté d'expression a été consacrée par notre Constitution et est garantie dans la *Charte* québécoise pour assurer que chacun puisse manifester ses pensées, ses opinions, ses croyances, en fait, toutes les expressions du cœur ou de l'esprit, aussi impopulaires, déplaisantes ou contestataires soient-elles. Cette protection est, selon les Chartes canadienne et québécoise, "fondamentale" parce que dans une société libre, pluraliste et démocratique, nous attachons une grande valeur à la diversité des idées et des opinions qui est intrinsèquement salutaire tant pour la collectivité que pour l'individu », arrêt *Irwin Toy Ltd c. Québec* (Procureur général), 1 R.C.S. 927, 1989.

101 Voir les articles 421-2-5 & 421-2-5-1 du Code pénal, relatifs respectivement à la provocation directe et l'apologie publique au terrorisme, ainsi qu'à l'extraction, la reproduction et la transmission intentionnelles de données faisant l'apologie publique d'actes de terrorisme.

102 Si la liberté d'expression doit être interprétée de manière large et généreuse afin de permettre à chacun d'exprimer ses pensées, ses opinions ou croyances, certaines expressions doivent néanmoins en être exclues, il en va ainsi des menaces, des actes de violence, des incitations à la haine, des fausses déclarations, des intimidations, etc.

les plus précieux de l'Homme »[103], le concept de dangerosité révèle ses limites au-delà desquelles la culpabilité s'impose.

Quant aux mesures de contrainte qui accompagnent la dangerosité, d'autres droits et libertés reconnus constitutionnellement doivent être considérés[104]. Au nombre de ces droits et libertés figurent la liberté d'aller et venir[105], le droit au respect de la vie privée[106] ou encore le droit de mener une vie familiale normale[107]. Les sages du Conseil constitutionnel ont souligné dans une décision du 7 août 2020 que toute atteinte portée à l'exercice de ces droits et libertés doit être adaptée, nécessaire et proportionnée à l'objectif de prévention poursuivi[108].

Enfin, sur la réalité de la dangerosité qui s'applique aux femmes et aux mineurs, celle-ci doit elle aussi être confrontée à quelques principes fondamentaux, à commencer par celui de la légalité criminelle. Suivant ce principe, le droit pénal, dans sa totalité, doit être contenu dans une loi ou un règlement[109]. Il en résulte qu'il ne peut exister de peine sans loi. D'autres impératifs se dégagent implicitement de la légalité criminelle, celui de « nécessité »[110] qui s'impose aux peines ainsi que celui de « qualité »[111] qui s'applique aux lois. Autant de principes permettant d'exclure l'arbitraire dans l'élaboration d'une loi et dans le prononcé des peines.

---

103 Art. 11 de la Déclaration des droits de l'homme et du citoyen de 1789 : « La libre communication des pensées et des opinions est un des droits les plus précieux de l'homme : tout citoyen peut donc parler, écrire, imprimer librement, sauf à répondre de l'abus de cette liberté dans les cas déterminés par la loi ».

104 Nous qualifions ici de « contraintes » les conséquences imposées à l'agent qualifié de dangereux, notamment celles issues des mesures judiciaires de prévention de la récidive terroriste et de réinsertion que l'on retrouve à l'article 706-25-16 du Code de procédure pénale (*L. n° 2021-998 du 30 juillet 2021, art. 6*), ainsi que celles relatives aux mesures individuelles de contrôle administratif et de surveillance (MICAS) insérées dans le Code de la sécurité intérieure à l'article L. 228-1 (*L. n° 2017-1510 du 30 octobre 2017, art. 3-2° et 5-II*).

105 Composante de la liberté personnelle.

106 Art. 2 de la Déclaration des droits de l'homme et du citoyen de 1789.

107 Al. 10 du Préambule de la Constitution du 27 octobre 1947.

108 Décision n° 2020-805 DC du 7 août 2020, « Loi instaurant des mesures de sûreté à l'encontre des auteurs d'infractions terroristes à l'issue de leur peine », *JORF* n° 0196 du 11 août 2020, texte n° 4, préc., note 12. Voir également la récente Décision n° 2021-822 DC du 30 juillet 2021, « Loi relative à la prévention d'actes de terrorisme et au renseignement », *JORF* n° 0176 du 31 juillet 2021, texte n° 2.

109 Bertrand De Lamy, « Le principe de la légalité criminelle dans la jurisprudence du Conseil constitutionnel », *Cahiers du Conseil constitutionnel*, n° 26, 2009, p. 1.

110 *Id.* : « La nécessité permet de cantonner l'intervention de la loi pénale et d'éviter qu'elle étouffe les autres principes fondamentaux », p. 1.

111 *Id.*, Portalis déclarant : « en matière criminelle, où il n'y a qu'un texte formel et préexistant qui puisse fonder l'action du juge, il faut des lois précises et point de jurisprudence », p. 1.

Nonobstant une rédaction en langage neutre[112], indifférente au genre, certains observent la manifestation de quelques tropismes chez les législateurs, lesquels seraient influencés par des préjugés de genre solidement enracinés[113]. Pour surmonter cet obstacle, quelques solutions sont avancées parmi lesquelles la nécessité d'une rédaction « détaillée »[114] des fonctions et des comportements dangereux habituellement exercés par des femmes et des mineurs, notamment la facilitation, la préparation, le financement, le recrutement, ou encore la redéfinition du critère de l'intention criminelle, lequel ne prendrait pas en considération le degré du libre arbitre des femmes et des mineurs dans les « rôles d'appui »[115]. La dimension du genre dans la riposte pénale au terrorisme permettrait de lever quelques ambiguïtés et d'éviter une surcriminalisation[116].

Au-delà du principe traditionnel de proportionnalité appliqué dans la justice constitutionnelle pour justifier une mesure attentatoire[117], la théorie du préjudice s'applique à proposer des critères juridico-philosophiques complémentaires et nécessaires à la compréhension et à l'évaluation d'un concept aussi complexe que celui de dangerosité. Précisons enfin que les critères proposés pour évaluer la dangerosité ne s'appuient nullement sur une conception hiérarchique ou sur un modèle de priorité qui accorderait plus d'importance à l'une ou à l'autre des valeurs en conflit. Au contraire, l'État de droit qui caractérise nos sociétés démocratiques contemporaines impose au législateur d'accomplir chaque valeur autant que faire se peut. Ainsi, l'impératif sécuritaire répondant au

---

112 J. Huckerby, préc., note 96. « La neutralité du langage dans les textes de loi est sujette à controverses », comme le souligne la professeure Jayne Huckerby: « measures that are facially gender-neutral [are] discriminatory in practice because policy-makers fail to consider the underlying gender dynamics of the contexts in which such measures are to be implemented ».

113 Manuel sur les dimensions de genre dans les ripostes pénales au terrorisme, préc., note 94, p. 43 : « Étant donné qu'elles ont été écrites sur la base d'hypothèses concernant les modalités de participation des hommes à des activités terroristes, les lois antiterroristes peuvent ne pas présenter le degré de clarté et de prévisibilité requis lorsqu'elles sont appliquées aux formes de participation des femmes qui sont imposées par les stéréotypes de genre ».

114 *Id.*, p. 44.

115 *Id.* : « Le terme général "rôle d'appui" fait référence à différents types de comportements contribuant à la réalisation d'activités terroristes sans impliquer une participation directe à un acte de violence. Il ne se veut pas un terme juridique », p. 43.

116 D. N. Husak, préc., note 77.

117 Nous faisons référence ici aux critères conventionnels issus du principe de proportionnalité permettant de s'assurer qu'une mesure attentatoire qui est portée à un droit n'est pas disproportionnée. En premier lieu l'atteinte doit poursuivre un *objectif légitime*, elle doit rationnellement contribuer à sa réalisation ; en second lieu, la mesure doit être *nécessaire* et *adaptée* à la réalisation de l'objectif poursuivi (il ne doit pas exister d'autres moyens moins liberticides pour atteindre l'objectif) ; enfin la mesure doit être *proportionnée* avec le résultat recherché (elle ne doit pas être excessive par rapport aux bénéfices).

concept de dangerosité doit être ajusté avec les intérêts avec lesquels il entre en conflit[118].

Conclusion

Je débuterai cette conclusion en rappelant la finalité de cette étude, celle de tenter de fournir des réponses raisonnées à une institution contestable et contestée. Il s'agissait avant tout d'observer cette notion de l'extérieur pour la comprendre. Notre étude s'amorçait à partir du postulat millien suivant lequel « la seule raison légitime que puisse avoir une communauté pour user de la force [ou de la contrainte] contre un de ses membres est de l'empêcher de nuire aux autres ». Empêcher une conduite, un état ou une action à un stade précoce dans l'ordre des faits traduit une politique pénale de prévention, laquelle soulève des controverses légitimes, parmi lesquelles l'usage de contraintes sans preuve d'une culpabilité préalable.

L'antinomie fonctionnelle qui s'observe entre la culpabilité et la dangerosité voue ces deux institutions à se regarder en chien de faïence. Néanmoins, une issue était possible dès lors que nous faisons le choix d'adopter une approche distanciée, mobilisant des perspectives externes et une théorie dissociée des notions générales du droit criminel. C'est par la confrontation de théories juridiques et philosophiques que nous envisageâmes un dialogue afin de saisir, dans sa totalité et sa complexité, le concept de dangerosité. Notre analyse n'ignorait pas non plus la réalité de la dangerosité des femmes et des mineurs et les problématiques qui en découlent. Leur participation croissante à des violences politiques ou à des actes terroristes d'une part, couplée aux circonstances coercitives qui les affectent de manière disproportionnée d'autre part, impose aujourd'hui l'intégration des questions liées aux femmes et aux mineurs dans la riposte pénale au terrorisme.

118 Luc B. Tremblay, « Principe de proportionnalité dans une société démocratique égalitaire, pluraliste et multiculturelle », (2012) 57 : 3 McGill L. J., p. 429-472. Suivant le concept de « l'optimisation des valeurs en conflit », les intérêts doivent se limiter réciproquement afin « d'atteindre leur effet optimal ».

La dangerosité au confluent de l'opportunité pénale et des incertitudes scientifiques

Laure LAREF
Docteure en droit privé et sciences criminelles, Maître de conférences à la Faculté de droit de l'UCL, Membre du Centre de recherche sur les relations entre le risque et le droit – C3RD

« Autant qu'on sache, la loi punit un homme pour ce qu'il a fait. Mais jamais pour ce qu'il est. Encore moins pour ce qu'il serait éventuellement, encore moins pour ce qu'on soupçonne qu'il pourrait être ou devenir »[1]

« Qui ne voit le brouillard dans lequel on va plonger la justice ? »[2]. C'est en ces termes que s'exprimait Robert Badinter dans les colonnes d'un célèbre journal à propos de la rétention de sûreté et, conséquemment, de la place concédée à la notion de dangerosité dans les dispositifs répressifs. Un peu plus d'une dizaine d'années plus tard, force est de constater que le brouillard ne s'est pas dissipé tant la notion de dangerosité a investi la matière pénale. Elle est pourtant restée une notion protéiforme, un « concept insaisissable »[3] qui continue de s'appuyer « sur des bases plus politiques que scientifiques »[4] en dépit des nombreux travaux

---

[1] M. Foucault cité *in L'envolée*, n° 4, janv. 2002, p. 13.
[2] R. Badinter, « Nous sommes dans une période sombre pour notre justice », *Le Monde*, 23 févr. 2008.
[3] C. Lazerges, « Le concept de dangerosité existe-t-il ? », *Après-demain*, 2018/1, n° 45, p. 23.
[4] J.-L. Senon, « La psychiatrie à l'épreuve de l'insécurité sociale : la dangerosité ou plutôt la prédiction du risque de violence en toile de fond du débat psychiatrie-justice », *L'Information psychiatrique*, 2012/6, vol. 88, p. 408.

qui lui sont consacrés[5]. Ses figures, ses caractères et ses effets, tout aussi multiples[6] que fuyants, ne freinent cependant en rien le législateur[7]. C'est ainsi qu'il la mobilise à l'envi en se référant tantôt à une dangerosité pénale ou psychiatrique, tantôt à une dangerosité criminologique ou sociale, voire dans un cadre plus spécifique, à l'existence d'une dangerosité carcérale. Depuis longtemps usitée au titre de la prise en charge des délinquants sexuels, mobilisée encore pour justifier l'aggravation du régime de détention de certains détenus, elle parcourt désormais nombre de dispositions qui intéressent les individus condamnés pour des faits de terrorisme ou ceux qui, en l'absence de toute condamnation ou une fois leur peine exécutée, appelleraient une attention particulière des autorités en raison de leur radicalisation, cette dernière caractérisant supposément la dangerosité de l'individu concerné. Outre cette ambiguïté conceptuelle[8], son développement repose également sur les incertitudes qui entourent les méthodes et outils permettant son évaluation – cliniques et/ou actuarielles – et alimentent de nombreuses controverses. Partant, si la dangerosité se situe encore, il est vrai, à la croisée des savoirs[9], elle dessine

5 Cela se vérifie tant en ce qui concerne les travaux parlementaires, nombreux (entre autres exemples : J.-F. Burgelin, Rapport de la Commission santé-justice, *Santé, justice et dangerosité, pour une meilleure prise en charge de la récidive*, juill. 2005 ; J.-P. Garraud, *Réponse à la dangerosité*, La Documentation française, oct. 2006 ; P. Goujon, C. Gautier, *Rapport d'information sur les mesures de sûreté concernant les personnes dangereuses*, Collection rapport d'information du Sénat, n° 420-2006 ; J.-P. Garraud, *Rapport de la mission parlementaire sur la Dangerosité et la prise en charge des individus dangereux*, oct. 2009) que dans le cadre des travaux scientifiques, toutes disciplines confondues (ANM – CNEJ, *Évaluation de la dangerosité psychiatrique et criminologique*, 6 nov. 2012 ; HAS, *Dangerosité psychiatrique : étude et évaluation des facteurs de risque de violence hétéroagressive chez les personnes ayant des troubles schizophréniques ou des troubles de l'humeur*, 2011 ; S. Ragnolo, *Le traitement pénal de la dangerosité*, thèse, dact., Nice : Université Côte d'Azur, 2016), les articles qui lui sont consacrés étant désormais pléthoriques (R. Castel, « De la dangerosité au risque », *in* Actes de la recherche en sciences sociales, Éducation et philosophie, juin 1983, vol. 47-48, p. 119-127 ; J.-L. Senon, « La psychiatrie à l'épreuve de l'insécurité sociale : la dangerosité ou plutôt la prédiction du risque de violence en toile de fond du débat psychiatrie-justice », *op. cit.* ; J. Danet, « La dangerosité, une notion criminologique séculaire et mutante », Champ pénal/ Penal Field, 2008, vol. 5 ; C.-O. Doron, « La rétention de sûreté : vers un nouveau type de positivisme juridique ? », L'Information psychiatrique, vol. 84, 2008, p. 533-541 ; J. Danet, C. Saas, « Le fou et sa dangerosité, un risque spécifique pour la justice pénale », *RSC*, 2007, p. 779-796 ; P.-J. Delage, « la dangerosité comme éclipse de l'imputabilité et de la dignité », *RSC*, 2007, p. 797-814 ; F. Fiechter-Boulvard, « Des liens entre la criminologie et le droit pénal : propos autour de la notion de dangerosité », *APC*, vol. 31, 2009/1, p. 263-290 ; G. Giudicelli-Delage, « Droit pénal de la dangerosité – droit pénal de l'ennemi », *RSC*, 2010, p. 69-80).

6 V. G. Bernard, « Les doctrines de la dangerosité (XVIIIe-XXe siècles) », *RPDP* janv.-mars 2013, n° 1, p. 63-71.

7 V. G. Giudicelli-Delage, C. Lazerges (dir.), *La dangerosité saisie par le droit pénal*, PUF, coll. Les voies du droit, 2011.

8 V. M. Delmas-Marty, *Libertés et sûreté dans un monde dangereux*, Seuil, Coll. La couleur des idées, 2010, p. 226.

9 V. N. d'Hervé, « Des nouveaux usages judiciaires de la dangerosité (1re partie) », *Les cahiers de la Justice*, 2011/3, p. 141-155.

progressivement un nouvel axe de pénalité qui permet surtout de la positionner au confluent de l'opportunité pénale et des incertitudes scientifiques.

Ce dernier peut être mis en relief par l'emploi surabondant de la notion de dangerosité permis par sa plasticité et les incertitudes qui continuent d'affecter son évaluation en matière pénale (Section 1) qui conduit, du fait de cette mobilisation soutenue, à ce que la justice pénale se saisisse de plus en plus d'un individu, pour un temps de plus en plus long, « non pour le peu qu'il est, mais pour l'abîme qu'il dévoile »[10] (Section 2).

Section 1. Dangerosité, j'écris ton nom…

Bien qu'employée à tous égards, la dangerosité demeure une notion fuyante (§ 1), une « arlésienne » juridique[11] dont l'évaluation reste toujours sujette à débat. Les méthodes et outils mobilisés à cette fin, nombreux, présentent pour certains des écueils en termes d'efficacité tout en procédant, pour d'autres, à des généralisations trop rapides (§ 2).

§ 1. Une notion fuyante

Loin de prétendre à l'établissement d'une généalogie de la notion de dangerosité qui, par ailleurs, a déjà occupé des observateurs plus avertis[12], il apparaît toutefois indispensable d'essayer d'approcher la notion et de se risquer à en délimiter les contours. Qualifiée d'amorphe et de suspecte[13], de mutante[14] ou encore d'élastique[15], beaucoup s'accordent à considérer qu'elle souffre avant tout d'un défaut de conceptualisation pérenne. Certains auteurs positivistes qui lui étaient particulièrement attachés lui ont consacré de nombreuses lignes sans la nommer expressément. Lombroso la visait comme la « quantité de mal prévu qu'on [devrait] redouter »[16] de la part d'un individu quand Garofalo l'évoquait sous le concept de *temibilità* – témibilité – en la définissant comme « la perversité constante et agissante du délinquant et la quantité du mal prévu

[10] J. Carbonnier, « De peu, de tout et de rien », *in Mélanges Rodière*, 1982, p. 47.

[11] R. Ollard, « La dangerosité en matière pénale, l'arlésienne omniprésente », *RDLF*, 2020, chron. 70.

[12] F. Digneffe, « Généalogie du concept de dangerosité », *in* P. Chevallier, T. Greacen (dir.), *Folie et justice : relire Foucault*, Éd. Érès, 2009, p. 139-157.

[13] V. P. Robert, *La question pénale*, Librairie Droz, 1984, p. 140-147.

[14] J. Danet, « La dangerosité : une notion criminologique, séculaire et mutante », *op. cit.*

[15] CDPC, *La condamnation, la gestion et le traitement des délinquants « dangereux »*, déc. 2010, p. 7 et 11.

[16] C. Lombroso, *Les applications de l'anthropologie criminelle*, 1892, p. 64.

qu'on peut redouter de sa part »[17]. D'autres, plus contemporains, l'ont encore appréhendée comme « l'état, [la] situation ou [l']action dans lesquels une personne ou un groupe de personnes font courir à autrui ou aux biens un risque important de violence, de dommage, ou de destruction »[18]. De manière beaucoup plus restrictive, le Comité européen pour les problèmes criminels (ci-après CDPC) a défini le délinquant dangereux comme celui « ayant très gravement porté atteinte à l'intégrité physique ou psychique d'autrui et qui est fortement susceptible de récidiver et de provoquer des dommages similaires (c'est-à-dire extrêmement graves) »[19]. Toutes les acceptions – ces dernières étant loin d'être exhaustives – se heurtent toutefois à deux difficultés majeures. D'une part, la dangerosité s'appuie toujours sur des figures contextuelles puisqu'elle est demeurée « une perception subjective, qui connaît des évolutions en fonction des temps et des lieux, au regard des exigences variables du droit pénal positif et des attentes de la société en termes de sécurité et de protection »[20]. Les figures dangereuses dans les représentations sociales sont ainsi nécessairement distinctes d'une société à l'autre, d'un pays à un autre[21]. Chacun s'entend par ailleurs à admettre que les catégorisations qui sont faites « reposent autant sur des impératifs d'ordre politique que sur des faits ayant entraîné des poursuites pénales »[22]. D'autre part, la notion de dangerosité est usitée dans des champs disciplinaires divers qui l'appréhendent distinctement. Au-delà, elle renvoie même à des acceptions différentes au sein d'un même champ d'études scientifiques, notamment selon les différentes Écoles de pensée[23]. Les psychiatres ont néanmoins apporté des éléments de réponse, dans leur champ disciplinaire, en considérant « qu'elle est multifactorielle, associant des facteurs anamnestiques (relatifs à la biographie du sujet concerné), évènementiels (relatifs aux passages à l'acte antérieurs), contextuels (relatifs à la situation du moment), environnementaux (relatifs à la qualité du support so-

---

17 R. Garofalo, *La Criminologie. Étude sur la nature du crime et la théorie de la pénalité*, 2e éd. entièrement refondue, Paris : Ancienne Librairie Germer Baillière et Cie, Félix Alcan, Éditeur, 1890, p. 259.

18 M. Bénézech, S. Forzan-Jorissen, A. Groussin, « Le concept d'état dangereux en psychiatrie médico-légale », *Journal de Médecine Légale*, Droit Médical, 1997, 40(5).

19 CDPC, *La condamnation, la gestion et le traitement des délinquants dangereux*, *op. cit.*, p. 4.

20 HAS, *Dangerosité psychiatrique : étude et évaluation des facteurs de risque de violence hétéro-agressive chez les personnes ayant des troubles schizophréniques ou des troubles de l'humeur*, Recommandation de la commission d'audition, mars 2011, p. 4.

21 V. en ce sens I. Mansuy, « La gestion de la dangerosité en droit pénitentiaire français et italien », *in* P. Mbanzoulou, H. Bazex, O. Razac et J. Alvarez (dir.), *Les nouvelles figures de la dangerosité*, L'Harmattan, 2008.

22 CDPC, *La condamnation, la gestion et le traitement des délinquants dangereux*, *op. cit.*, p. 11.

23 V. sur ce point, A. Jutant, « Le psychiatre face au concept de dangerosité », thèse, dact., Bordeaux, 2009.

cial et de l'insertion sociale), cliniques (état psychologique ou psychopathologique), comportementaux (rupture du traitement, abus de substances) et éventuellement diagnostiques (troubles de la personnalité de forme psychopathique, antisociale, paranoïaque, mélancolie, héboïdophrénie et variantes) »[24]. Ces éléments permettent uniquement de dessiner les contours de la dangerosité dite psychiatrique qui est, en cette matière, un concept dynamique et évolutif. Cependant, cette acception de la notion de dangerosité ne recoupe pas, ou qu'imparfaitement, celles que l'on peut rencontrer dans d'autres domaines. Elle peut en effet se comprendre d'au moins trois autres façons : aux côtés de la dangerosité psychiatrique évoquée, il existerait une dangerosité criminologique qui, « indépendante de toute pathologie, désigne [...] la propension d'un individu à commettre une infraction ou à récidiver »[25], une dangerosité carcérale[26] dont les détenus particulièrement signalés constituent la figure prédominante[27] et une dangerosité pénale, ces trois aspects renvoyant à des réalités distinctes[28]. Par ailleurs, certains textes ou certaines décisions prennent en compte une dangerosité dite sociale[29]. L'absence d'univocité de la notion, couplée aux amalgames fréquemment opérés entre dange-

---

24 A. Tonus, « Enjeux éthiques de l'évaluation de la dangerosité en psychiatrie. L'exemple de la commission du suivi médical de l'Unité pour Malades Difficiles Henri Colin », Mémoire de recherche présenté en vue de l'obtention du Master 2 recherche en éthique, Université Paris Descartes, Année universitaire 2012-2013.

25 R. Ollard, « La dangerosité en matière pénale, l'arlésienne omniprésente », *op. cit.*

26 Elle s'apprécie « en référence à la menace potentielle que l'individu représente contre la sécurité des personnes et des établissements pénitentiaires, voire, de manière abusive, contre l'ordre intérieur », P. Mbanzoulou, « Quelles approches pénitentiaires de la dangerosité des détenus », *in* P. Mbanzoulou., H. Bazex, O. Razac et J. Alvarez (dir.), *Les nouvelles figures de la dangerosité, op. cit.*, p. 134.

27 V. A. Tonus, « Enjeux éthiques de l'évaluation de la dangerosité en psychiatrie. L'exemple de la commission du suivi médical de l'Unité pour Malades Difficiles Henri Colin », *op. cit.*, p. 131.

28 V. en ce sens H. Bazex, P. Mbanzoulou et O. Razac, « Introduction », *in* P. Mbanzoulou, H. Bazex, O. Razac et J. Alvarez (dir.), *Les nouvelles figures de la dangerosité, op. cit.*, p. 17.

29 Pour une prise en compte de la dangerosité sociale des détenus, v. Rapport n° 1979 sur la proposition de loi de MM. P. Clément et G. Léonard (n° 1961) relative au traitement de la récidive des infractions pénales, 13 déc. 2004 ; v. également le CP qui prend implicitement en compte la dangerosité sociale d'un individu notamment lorsqu'il s'agit de déterminer un mode de personnalisation des peines. Ainsi, dans le cadre d'un PSE, d'une semi-liberté ou d'un placement à l'extérieur, il exige du condamné qu'il justifie, dans certains cas, « d'efforts sérieux de réadaptation sociale résultant de son implication durable dans tout [...] projet caractérisé d'insertion ou de réinsertion de nature à prévenir les risques de récidive ». La Cour EDH y fait également ponctuellement référence, notamment afin d'apprécier le caractère nécessaire des restrictions opposées à un détenu placé sous un régime de détention spécial destinées à le priver de contact avec l'organisation criminelle à laquelle il appartient, en se référant explicitement au caractère « socialement dangereux » (Cour EDH, GC, 17 sept. 2009, *Enea c/ Italie*, req. n° 74912/01, § 65) de l'intéressé en raison des liens qu'il entretient avec la grande criminalité. On voit ainsi que le CP français et la Cour EDH ne retiennent pas une acceptation identique de ce que recouvre la dangerosité sociale.

rosité psychiatrique et dangerosité criminologique, emporte des incertitudes préjudiciables, particulièrement en ce qu'aujourd'hui encore, la notion de dangerosité n'est pas juridiquement définie[30]. Cela est d'autant plus problématique que la dangerosité est de moins en moins un opérateur externe au Droit puisqu'elle se positionne au contraire, à l'instar des psychiatres qui en sont les principaux récipiendaires, comme un véritable « échangeur entre les catégories juridiques »[31].

§ 2. Une évaluation de la dangerosité devenue un pronostic de futurition

Outre les problématiques structurelles et anciennes qui affectent la profession d'expert et, *in fine*, le recours des acteurs judiciaires à leurs soins – insuffisance de leur nombre, rémunération insuffisante, désaffection de la spécialisation psychiatrique[32], etc. – d'autres, connexes, et tout aussi complexes, viennent s'y adjoindre. Ces difficultés supplémentaires s'articulent autour de deux axes. Elles se développent autour des demandes formulées aux experts qui excèdent trop souvent le cadre de leurs prérogatives quand il ne s'agit pas du dépassement spontané de ce même cadre par les principaux intéressés. En effet, il arrive parfois que ces derniers excèdent leur mission qui, par principe, « ne peut [pourtant] avoir pour objet que l'examen de questions d'ordre technique [et qui] est précisée dans la décision qui ordonne l'expertise »[33]. En outre, et de manière plus spécifique, si l'expert psychiatre devrait uniquement « contribuer à une meilleure appréciation de la personnalité de l'accusé »[34] et que ce dernier s'affranchit parfois des limites textuellement imposées, notamment en s'attachant aux faits ayant conduit l'intéressé devant la jus-

---

30 V. en ce sens L. Leturmy, « La dangerosité dans l'évolution du droit pénal français », *L'Information psychiatrique*, 2012/6, vol. 188, p. 417-422.

31 M. Foucault, *Les Anormaux (Cours 1974-1975)*, Édition numérique réalisée en août 2012 à partir de l'édition CD-ROM, Le Foucault Électronique (éd. 2001), p. 22.

32 Sur certains de ces points ou sur leur ensemble v., not., « Rapport de la commission de réflexion sur l'expertise », 2011 ; Sénat, *L'expertise psychiatrique et psychologique en matière pénale : mieux organiser pour mieux juger*, *Rapport d'information* n° 432 du 10 mars 2021 fait par MM. J. Sol et J.-Y. Roux.

33 CPP, art. 158.

34 Cour EDH, 2 oct. 2001, *G.B c/ France*, req. n° 44069/98.

tice[35], il s'est vu également chargé d'une nouvelle mission, à savoir celle d'évaluer leur dangerosité[36]. Partant, il a progressivement été amené à prononcer « un jugement déguisé en diagnostic »[37] et est même désormais tenu d'avancer des pronostics à l'issue de l'examen réalisé. Pourtant, l'évaluation de la dangerosité et l'intérêt des méthodes usitées à cette fin continuent de soulever des interrogations.

Au lendemain de la présentation du rapport sénatorial sur l'expertise psychiatrique et psychologique en matière pénale[38], des questions depuis longtemps formulées par de nombreux observateurs sur la nature de l'évaluation réalisée par l'expert sont effectivement à nouveau mises en lumière alors même que ces évaluations se sont généralisées. En effet, parce qu'il demeure « le technicien savant dans un domaine précis : celui qui est instruit et compétent sur un sujet »[39], le recours à l'expert par l'autorité judiciaire est devenu aujourd'hui courant, quel que soit le domaine envisagé, dès lors que le juge sent la nécessité de faire appel à ses connaissances techniques. Dans ce cadre, et parce que « la connaissance du condamné [serait] à coup sûr la première démarche indispensable à toute politique criminelle visant à prévenir la récidive »[40], les expertises psychologiques et psychiatriques tendant à dégager la dangerosité éven-

35 Bien que restreints par principe par les textes dans les prérogatives qui leur sont dévolues, les experts s'affranchissent parfois de ces limites. En effet, comme cela le sous-tend, la phase présentencielle suggère que l'individu suspecté d'avoir commis une infraction est, jusqu'au prononcé du jugement, présumé innocent comme le rappellent l'article préliminaire du Code de procédure pénale et l'article 9-1 du Code civil. Or, il apparaît que, pour répondre aux questions posées par le juge qui se révèlent nécessaires pour éclairer son jugement, ils examinent la personne suspectée tout en partant des faits que la justice lui oppose. Un auteur fait ainsi justement remarquer qu'au cours d'une affaire concernant un viol en état de récidive, lors de la présentation de son rapport par l'expert, celui-ci introduit son propos en faisant un rappel des faits, qui ne lui appartient pourtant pas d'établir (E. Allain, « Quand les experts psychiatres ou psychologues condamnent l'accusé », *AJ pénal*, 2014, p. 504). En outre, il a réalisé l'évaluation de la dangerosité de cet individu à partir de ces faits et du casier judiciaire de l'intéressé. Ce procédé, qui s'apparente à une « erreur méthodologique » (*ibid.*), nommé parfois biais rétrospectif, doit être contenu afin de ne pas procéder à des amalgames entre ce que la personne suspectée peut faire au regard des conclusions portées par l'expert et ce qu'elle a fait, en considération des preuves rapportées.

36 S. Saetta, « L'expertise psychiatrique dans les affaires criminelles. Entre humanisme répressif et défense sociale de type managérial », *Les Cahiers de la Justice*, 2012/3, p. 105.

37 V. M. Landry, *L'état dangereux. Un jugement déguisé en diagnostic*, L'Harmattan, Psychologiques, 2002.

38 Sénat, *L'expertise psychiatrique et psychologique en matière pénale : mieux organiser pour mieux juger*, *op. cit.*

39 A. BLANC, « Le juge et l'expert-psychiatre : qui dit et qui fait quoi ? », *AJ pénal*, 2014, p. 514.

40 M.-E. CARTIER, « La prévention de la récidive des criminels », rapport au garde des Sceaux, 1996, *in* J.-P. DUROCHÉ, P. PÉDRON, *Droit pénitentiaire*, 3e éd., Vuibert, 2016, p. 391.

tuelle d'un individu se sont généralisées[41] au point d'être aujourd'hui requises pour « 83,9 % de l'ensemble des dossiers pénaux »[42]. Loin de s'inscrire dans un mouvement de rationalisation qui devrait pourtant s'opérer[43], cette généralisation de l'évaluation en matière pénale est désormais tout autant perceptible au niveau de l'avant jugement – conciliation de l'état de santé d'une personne avec une mesure de garde à vue, détermination de la responsabilité pénale au sens de l'article 122-1 du Code pénal, enquêtes de personnalité… – que dans le cadre de l'exécution et de l'aménagement de peine, qui plus est avec l'extension du domaine d'application du suivi socio-judiciaire et du développement des mesures de sûreté telle la surveillance judiciaire ou la surveillance de sûreté[44]. La juridiction de l'application des peines est plus autorisée à diligenter une évaluation hors les cas obligatoires si elle l'estime nécessaire. Seule la loi n° 2019-222 du 23 mars 2019 est venue tempérer le phénomène, de manière très relative cependant, en circonscrivant le recueil de l'avis de la Commission pluridisciplinaire des mesures de sûreté (CPMS) aux procédures de libération conditionnelle des personnes condamnées pour des infractions de nature terroriste[45] tout en maintenant, pour les condamnés de droit commun à de longues peines, l'exigence d'une évaluation pluridisciplinaire de dangerosité réalisée dans un service spécialisé chargé de l'observation des personnes détenues, et assortie d'une expertise médicale[46]. Par ailleurs, si la Cour de cassation a ponc-

---

41 Cela n'exclut pas que d'autres corps de métiers soient sollicités à cette fin dans le cadre de leurs fonctions. Ainsi, depuis l'introduction de l'art. D. 49-24 du CPP par le décret n° 2004-1364 du 13 déc. 2004, le personnel des SPIP est sollicité afin de procéder à une évaluation de la dangerosité criminologique du condamné alors même que « la complexité de la thématique et le peu de convergence existant entre les spécialistes sur les diverses extensions de la notion de dangerosité ainsi que sur la façon d'appréhender le "caractère dangereux" d'une personne » ont rendu la tâche de formation dévolue à cette fin à l'ENAP difficile. En ce sens, l'article prévoit que la juridiction de l'application des peines, sans préjudice des autres évaluations menées dans le même temps par des experts psychiatres et psychologues, peut « demander au service pénitentiaire d'insertion et de probation de procéder à une synthèse socio-éducative du condamné détenu avant sa libération, afin d'apprécier sa dangerosité et le risque de récidive », à laquelle peut d'ailleurs s'ajouter une expertise psychologique ou psychiatrique.

42 A. HIRSCHELMANN, S. HARRATI, A. WINTER, A. VENTEJOUX, « Défis et dénis autour de l'évaluation de la dangerosité », *Les Cahiers de la Justice*, 2013/1, p. 90.

43 V. en ce sens P. Januel, « Trop d'expertises psychiatriques et psychologiques, pas assez d'experts », *D. actualité*, 11 mars 2021.

44 Sur cette surveillance, v. L. LAREF, « La surveillance en droit pénal », thèse de doctorat, Limoges : Université de Limoges, 2020, 635 p.

45 V. CPP, art. 730-2-1.

46 CPP, art. 730-2 2°.

tuellement tempéré – de manière mesurée[47] – les excès tirés d'une interprétation extensive du champ d'application de certaines de ces évaluations[48], la place qui leur est concédée dans les textes n'en reste pas moins substantielle tout comme l'importance accordée à leur discours devenu, au fil du temps, un « discours de vérité »[49] sur la scène judiciaire.

Discutée sur ses assises scientifiques et sur son utilité par beaucoup[50], décrite comme une « imposture épistémologique »[51] par certains, l'évaluation de la dangerosité suscite pourtant encore d'importants débats tant sur son fondement que sur les outils mobilisés à cette fin, malgré sa généralisation. L'action d'évaluer renvoie à l'idée d'une estimation, d'une mesure[52] et, en l'occurrence, celle de la dangerosité, que les anglophones dénomment le *risk assessment* ou *serious harm*. La notion souffrant par elle-même d'absence de définition ou, à tout le moins, de nombreuses équivoques, toute évaluation paraît *ab initio* hasardeuse. Partant, toute prédiction criminelle s'inscrit davantage dans les ressorts d'« un art divinatoire »[53] que dans ceux d'une analyse scientifique dont la rigueur serait reconnue de tous. De l'aveu même des professionnels concernés, « la dangerosité caractérise toute circonstance ou condition potentiellement dangereuse. En terme médical, elle relève non de la démarche diagnostique mais de l'évaluation pronostique ; elle entre dans le domaine de la prédiction avec la dimension aléatoire de tout pronostic »[54]. Là se noue le cœur du problème et des inquiétudes : l'expertise médicale s'est muée d'un examen de responsabilité, et donc, d'un diagnostic, en l'établissement des risques d'un nouveau passage à l'acte, un pronostic. On se situe alors très loin de la circulaire *Chaumié* de 1905 qui enjoignait

---

[47] De manière mesurée en effet puisque dans un arrêt du 14 avril 2021 (n° 20-81.177), la Chambre criminelle de la Cour de cassation a refusé d'étendre aux condamnés de plus de soixante-dix ans, qui ne bénéficient pas d'une suspension de peine pour motif médical, la solution consacrée dans l'arrêt du 3 mars 2021 (v. *infra*) par laquelle elle a soustrait les personnes faisant l'objet d'une suspension de peine pour raisons de santé de l'examen préalable de dangerosité auquel les condamnés à de longues peines doivent normalement se soumettre avant toute libération conditionnelle éventuelle.

[48] Cass., Crim., 3 mars 2021, n° 20-81.692. La Chambre criminelle a eu l'occasion de préciser dans cet arrêt que « les personnes condamnées qui bénéficient de la suspension de peine pour raisons de santé prévue par l'article 720-1-1 du Code de procédure pénale peuvent être placées en libération conditionnelle dans les conditions prévues par l'article 729, dernier alinéa, du même code, sans que les dispositions de l'article 730-2-1 de ce code, prévoyant une évaluation de leur dangerosité sous le régime de l'incarcération, reçoivent application ».

[49] M. FOUCAULT, *Les Anormaux (Cours 1974-1975), op. cit.*

[50] A. COCHE, « Faut-il supprimer les expertises de dangerosité ? », *RSC*, 2011, p. 21 ; « Quand les experts psychiatres ou psychologues condamnent l'accusé », *AJ pénal*, 2014, p. 504.

[51] N. d'HERVÉ, « Des nouveaux usages judiciaires de la dangerosité (1re partie) », *op. cit.*, p. 151.

[52] V. en ce sens TLFi, v° Évaluer.

[53] P. MORVAN, *Criminologie*, 2e édition, LexisNexis, 2015, p. 331.

[54] ANM-CNEJ, *Évaluation de la dangerosité psychiatrique et criminologique*, 6 nov. 2012, p. 5.

aux experts psychiatres de « dire si l'examen psychiatrique ne révèle point chez lui des anomalies mentales ou psychiatriques de nature à atténuer dans une certaine mesure sa responsabilité »[55]. Ce pronostic doit par ailleurs être établi grâce à des outils dont l'efficacité est contestée et à partir de méthodes tout autant discutées, quels que soient les professionnels concernés, ces derniers s'étant diversifiés : experts, commissions pluridisciplinaires des mesures de sûreté, personnels pénitentiaires et, singulièrement, les agents des Services pénitentiaires d'insertion et de probation (ci-après SPIP) mais aussi ceux du Conseil national d'évaluation (ci-après CNE) dont les équipes pluridisciplinaires ont pour mission d'« identifier chez la personne détenue les facteurs de vulnérabilité et de protection face au risque de commission d'une nouvelle infraction »[56]. Tous sont confrontés à l'absence d'un véritable instrument d'évaluation. Si les recherches sur les instruments d'évaluation et l'exploitation de celles menées et mises en œuvre à l'étranger au Canada ou aux États-Unis d'Amérique, entre autres exemples[57], restent plus confidentielles en France qu'outre-Atlantique, le débat sur le choix des méthodes et outils à mobiliser – à titre très schématique, méthode clinique ou évaluation actuarielle – s'est toutefois fait une place dans l'Hexagone. Il a même abouti à certaines tentatives d'établissement de nouveaux outils d'aide à l'évaluation de la dangerosité, tel le Diagnostic à visée criminologique (DAVC)[58], qui n'ont cependant pas rencontré le succès de certains outils d'aide à la décision anglo-saxons à l'instar de COMPAS[59]. En dépit de ces initiatives, les désaccords demeurent fortement ancrés en France. Certains restent en effet partisans de la méthode dite de première génération, à savoir, l'approche clinique, en vertu de laquelle, selon certains travaux, la dangerosité serait néanmoins très souvent surévaluée et les projections dénuées de valeur scientifique[60]. D'autres lui préfèrent la méthode actuarielle qui lui a succédé en pratique et qui se concentre sur

---

55 J.-P. MICHEL, Rapport au Sénat n° 216, sur la proposition de loi de MM. J.-R. LECERF, G. BARBIER et Mme C. DEMONTÈS relative à l'atténuation de responsabilité pénale applicable aux personnes atteintes d'un trouble mental ayant altéré leur discernement au moment des faits, janv. 2011.

56 Note du 17 juillet 2015 relative au Centre national d'évaluation des personnes détenues.

57 V. E. DUBOURG, « Les instruments d'évaluation des risques de récidive, du jugement professionnel non structuré aux outils actuariels », Journée d'études « La prévention des récidives : Évaluation, suivis, partenariats », *Criminocorpus*, 3 mars 2016.

58 *Ibid.*

59 V. sur ce point, C. VALMATTE, « L'algorithme de dangerosité pénale aux États-Unis : vers une érosion des droits fondamentaux du procès », *Annuaire international de justice constitutionnelle*, 2020, p. 658-676.

60 V. en ce sens, J. POUPART, J. DOZOIS, M. LALONDE, « L'expertise de la dangerosité », *Criminologie*, 1982, p. 7-25.

une approche chiffrée et statistique héritée des pratiques assurantielles développées aux États-Unis au début du XXe siècle. Si un consensus s'est progressivement dégagé autour de l'importance de structurer les méthodes d'évaluation, le recours aux outils actuariels et aux estimations probabilistes est encore loin d'emporter l'adhésion de tous[61], même si d'aucuns dénoncent l'« aveuglement idéologique »[62] qui les entoure, et promeuvent leur utilité et l'opportunité scientifique de la démarche, notamment en mettant en avant la prise en compte de facteurs dynamiques dans les outils de dernière génération. Au-delà, désormais, les recherches se poursuivent afin de développer des méthodes d'évaluation qui s'appuient sur les neurosciences[63], à l'instar de ce qui se fait outre-Atlantique[64].

De l'ensemble de ces discussions et recherches, il ressort toutefois aujourd'hui qu'« aucune démarche d'évaluation ne peut être considérée comme fiable à un degré tel que l'on puisse en faire dépendre une vie entière »[65]. Pourtant, en dépit du caractère chimérique qu'on leur attribue parfois et de l'absence de consensus sur les méthodes à employer, on ne peut que constater la percée normative de la notion de dangerosité dans l'arsenal législatif et règlementaire répressif, mais aussi préventif, ce qui tend à diluer davantage encore les lignes qui distinguent la prévention de la répression quand bien même « l'une et l'autre ne s'opposent pas [mais] sont complémentaires »[66].

---

61 V. not. V. GAUTRON, E. DUBOURG, « La rationalisation des outils et méthodes d'évaluation : de l'approche clinique au jugement actuariel », *Criminocorpus, Savoirs, politiques et pratiques de l'exécution des peines en France au XXe siècle.*

62 M. HERZOG-EVANS, « Outils d'évaluation : sortir des fantasmes et de l'aveuglement idéologique », *AJ pénal*, janv. 2012.

63 V. not. T. S. PETERSEN, "(Neuro)predictions, dangerousness, and retributivism", *Journal of Ethics*, 2014, 18(2), p. 137-151 ; P. LARRIEU, « Neurosciences et évaluation de la dangerosité. Entre néo-déterminisme et libre arbitre », *Revue interdisciplinaire d'études juridiques*, 2014/1, vol. 72, p. 1-23 et, du même auteur, « La réception des neurosciences par le droit », *AJ pénal*, 2011, n° 5, p. 231-234 ; M.-C. SORDINO, « Neurosciences et droit pénal : des connexions dangereuses ? », in *Neuro-lex sed… dura-lex*, « L'impact des neurosciences sur les disciplines juridiques et les autres sciences humaines et sociales », *Journal de droit comparé du Pacifique*, p. 173-215. V. égal. les actes du Colloque pluridisciplinaire « Neurosciences et pratiques judiciaires » des 18 et 19 mai 2021, organisé par la Mission de recherche Droit et Justice et l'ENM, en ligne.

64 V. C. BYK, « Neurosciences et administration de la preuve pénale devant les juridictions des États-Unis », *Médecine et droit*, 2010, n° 106, p. 59-63.

65 B. GRAVIER, V. MOULIN, J.-L. SENON, « L'évaluation actuarielle de la dangerosité : impasses éthiques et dérives sociétales », *L'Information psychiatrique*, 2012/8, vol. 88, p. 599-604.

66 P. MORVAN, *Criminologie*, *op. cit.*, p. 387.

Section 2. La dangerosité comme nouveau centre de gravité du droit pénal

Si elle a longtemps avancé à visage masqué, la dangerosité s'est imposée en droit pénal au point d'occuper aujourd'hui une place centrale[67]. Cette progression, aussi prévisible qu'elle ait été (§ 1), n'en suscite pas moins des inquiétudes légitimes en ce qu'elle fixe un nouveau critérium de pénalité (§ 2).

§ 1. Une percée normative prévisible

La dangerosité a toujours préoccupé les sociétés humaines, des perspectives historiques suffisent à s'en convaincre[68]. Néanmoins, si elle a toujours parcouru la matière pénale en filigrane, elle a été particulièrement révélée par les aliénistes qui se concentraient alors sur la dangerosité psychiatrique dans sa dimension médicale et non sociale puis, par la suite, par l'École positiviste dans une approche criminologique. Le droit pénal français, longtemps perméable à la doctrine de l'école italienne, est resté attaché à ses racines classiques qui puisent dans le libre arbitre de l'individu et à la responsabilité pénale individuelle qui en découle et en vertu de laquelle « l'homme adulte et normal, en principe, est "habile" à être puni »[69]. Ceci étant, la dangerosité n'a jamais été totalement absente des préoccupations du législateur, notamment à travers la lutte contre la récidive qui le questionne depuis longtemps. De manière plus affirmée cependant, la dangerosité a imprimé ses marques dans le domaine pénitentiaire, singulièrement lors de la création des Quartiers de haute sécurité (QHS) introduits afin « d'assurer une surveillance adaptée à la particulière dangerosité de certains détenus »[70]. À cette occasion en effet, le choix a été fait de distinguer entre ceux qui devaient relever d'un régime de détention de droit commun et ceux qui devraient être placés dans des quartiers spécifiques à des fins de sécurité. Certains auteurs pressentaient alors déjà les faveurs qu'une notion si malléable allait ren-

---

[67] Sur la place prépondérante aujourd'hui occupée par la notion de dangerosité et les chemins que cette progression trace progressivement, v. A. SIMON, « La dystopie d'un monde sans peine », *RSC*, 2021, p. 275.

[68] V. P.-J. DELAGE, « Fragments archéologiques de la défense sociale », *in* G. GIUDICELLI-DELAGE, C. LAZERGES (dir.), *La dangerosité saisie par le droit pénal*, *op. cit.*, p. 23-46.

[69] P. FAUCONNET, « La responsabilité ». *Étude sociologique*, p. 53.

[70] « Les quartiers de sécurité renforcée », Actes. *Cahiers d'Action juridique*, n°s 13-14, 1977, p. 10. cité par G. SALLE, « 1975 : une date marquante dans l'histoire de la prison ? Petit essai de mise en perspective », *in* G. BENGUIGUI, F. GUILBAUD, G. MALOCHET (dir.), *Prisons sous tension*, Champ social, 2011, p. 25.

contrer. Dès 1984, loin de constater la crise que d'autres percevaient à son endroit, Philippe Robert considérait qu'« en tant que pré-notion de sens commun »[71] et non, précisait-il, dans son acception scientifique et dans l'usage qui en est fait en criminologie clinique appliquée, « [...] jamais la dangerosité n'a eu plus de fortune, notamment en matière pénale où elle est près de régner souverainement, fût-ce quelques fois sous d'autres appellations »[72]. L'engouement naissant pour la dangerosité s'est trouvé conforté à compter des années 1980, cette ferveur s'étant accentuée durant les vingt dernières années. C'est ainsi qu'« au nom d'un principe de précaution élargi à la justice criminelle »[73], la dangerosité et le droit pénal entretiennent depuis lors une « liaison dangereuse »[74].

Longtemps demeurés la notion clé de la prise en charge des auteurs d'infractions sexuelles, singulièrement lorsqu'il s'agit de se prononcer sur un aménagement de peine ou sur la fin de peine d'un détenu condamné pour des infractions de cette nature, les usages judiciaires de la dangerosité se sont multipliés[75]. Ces références, parsemées dans de nombreux textes dont la grande variété invite à la perplexité[76], restent toutefois prépondérantes en matière pénale, justifiant les études les plus fouillées sur

---

71 P. ROBERET, *La question pénale*, *op. cit.*, p. 139.

72 *Ibid.*

73 Deuxième intervention de R. BADINTER à l'occasion de la séance publique du 30 janvier 2008 portant sur le projet de loi relatif à la rétention de sûreté et à la déclaration d'irresponsabilité pénale pour cause de trouble mental n° 2088-174.

74 J. ALIX, « Une liaison dangereuse. Dangerosité et droit pénal en France », *in* G. GIUDICELLI-DELAGE, C. LAZERGES (dir.), *La dangerosité saisie par le droit pénal*, *op. cit.*, p. 47.

75 V. N. d'HERVÉ, « Des nouveaux usages judiciaires de la dangerosité (1re partie) », *op. cit.* ; D. Roman, « Conjurer la dangerosité ou prévenir le risque », *RDLF*, 2020, chron. n° 74.

76 Diane ROMAN explique ainsi que « principalement mentionnée dans le Code de procédure pénale, [...] la dangerosité est pour le reste disséminée dans différents codes, dans des contextes divers : à propos de la classification des armes (art. L. 2331-1 C. défense et art. L. 311-2 du C. séc. intérieure), des zones d'enseignement de la voile (art A. 322-66 du Code du sport), des chiens en appartement (art. L. 211-16 du Code rural) ou des animaux errants (art. R. 271-9 du Code rural), de la politique de réduction des risques en matière d'usages de drogue (art. L. 3411-8 du C. santé publique), du contrôle de l'insuffisance professionnelle des médecins (art. R. 4124-3-5 du C. santé publique) ou des détenus souffrant de troubles psychiatriques (art. R. 3214-5 du C. santé publique), de la fabrication ou du commerce de certains micro-organismes (art. R. 5139-21 du C. santé publique), de la classification des dispositifs médicaux (art. R. 5211-7 du C. santé publique), de la gestion de déchets (art. R. 543-228 du C. santé publique), de la réparation des dommages environnementaux causés par la contamination des sols (art. R. 161-1 C environnement) ou encore à propos de la présomption de dangerosité d'un véhicule gravement accidenté (art. R. 327-2 Code de la route) ; et encore cette liste est loin d'être exhaustive... De cet inventaire à la Prévert, nulle cohérence ne se dégage, tant la dangerosité qu'il s'agit de minimiser est susceptible de concerner des objets divers, qu'il s'agisse de personnes, de choses, d'activités et de situations, et tant elle s'inscrit dans des champs différents : la santé et l'intégrité physique, les territoires, les activités professionnelles, parmi d'autres exemples... », « Conjurer la dangerosité ou prévenir le risque », *op. cit.*

le traitement pénal qui lui est réservé[77]. Le recours à la notion de dangerosité s'est diversifié même si sa prévalence en matière d'infractions sexuelles est toujours perceptible en dépit de certains changements rhétoriques[78]. La dangerosité est en effet désormais sortie de son lit originel pour rejoindre celui des infractions terroristes, et, dans le prolongement, contestable à bien des égards, pour permettre la lutte contre la radicalisation, cette articulation entre ces deux notions étant plus que hasardeuse. En effet, alors que la dangerosité souffre d'un déficit conceptuel, le législateur a imbriqué les deux notions de telle manière que la radicalisation présupposerait la dangerosité de l'intéressé. Or, la notion de radicalisation, dont le « spectre est aussi large que le terme est polysémique »[79], souffre aussi d'une aporie définitionnelle dénoncée par la Commission nationale consultative des droits de l'homme (ci-après CNCDH) dès 2018. Cette dernière alertait alors sur l'apparition « dans le débat public des termes ["]radicalisation", ["]radicalisation religieuse", "processus de radicalisation["], "en voie de radicalisation", "radicalisation violente" »[80]. Si les approches se sont affinées, notamment par une initiative du Conseil de l'Europe qui est notamment venu préciser que « la radicalisation aux fins de terrorisme [peut s'entendre comme] le processus par lequel un individu en vient à considérer que le recours à la violence et au terrorisme pour servir une cause politique ou idéologique, ou atteindre un objectif politique ou idéologique, est nécessaire et moralement justifiable »[81], l'ensemble des acteurs concernés peinent à s'accorder sur une définition univoque. Pourtant, a progressivement été dégagée une catégorie pénitentiaire *sui generis* « des "personnes radicalisées", terroristes islamistes ("TIS") et détenus de droit commun susceptibles de radicalisation ("DCSR") [qui] repose sur un processus de repérage dépourvu de toute garantie procédurale »[82]. Au surplus, il s'avère que les items destinés à identifier des personnes détenues comme étant radicalisées et à autori-

77 V. S. RAGNOLO, « *Le traitement de la dangerosité* », *op. cit.*

78 Certaines institutions semblent aujourd'hui lui préférer une terminologie autre, le Conseil de l'Europe ayant récemment fait le choix de viser l'évaluation des risques qui devait être faite pour ces personnes sans se référer, explicitement, à leur dangerosité (Conseil de l'Europe, « Recommandation CM/Rec (2021)6 du Comité des ministres aux États membres concernant l'évaluation, la gestion et la réinsertion des personnes accusées ou reconnues coupables d'une infraction sexuelle », adoptée par le Comité des Ministres le 20 oct. 2021 lors de la 1415e réunion des Délégués des Ministres) comme c'était pourtant le cas auparavant.

79 N. BOURGOIN, *Surveiller et prévenir. L'ère de la pénalité prédictive*, L'Harmattan, Coll. « Logiques sociales », 2017, p. 17.

80 CNCDH, « Avis sur la prévention de la radicalisation », *JORF* n° 0077, 1er avr. 2018.

81 Conseil de l'Europe, « Recommandation CM/Rec (2021)7 du Comité des ministres aux États membres sur les mesures visant à protéger les enfants contre la radicalisation aux fins de terrorisme », 20 oct. 2021.

82 CGLPL, *Rapport d'activité 2020*, p. 43.

ser leur intégration au sein de cette « catégorie » sont « opaques et discriminants, laissés à l'appréciation de chaque établissement, voire de chaque agent »[83]. Or, les personnes identifiées et évaluées comme radicalisées font l'objet d'une prise en charge spécifique[84] à l'intérieur des murs carcéraux mais aussi en dehors, impliquant, notamment, une surveillance renforcée et, pour certains d'entre eux, une limitation de leurs droits.

Au-delà de sa percée normative, qui, pour contestable qu'elle soit, n'en était pas moins attendue, c'est le changement de paradigme du droit pénal que la prégnance de la dangerosité en son sein – et en droit administratif – implique qui doit le plus inquiéter puisque, comme l'avait autrefois craint Robert Badinter, l'homme dangereux remplace progressivement l'homme coupable devant notre justice.

§ 2. Les esquisses d'un nouveau droit de la dangerosité

Si la dangerosité est demeurée une notion insaisissable, sujette à évolution et qu'elle qualifie encore aujourd'hui des états de dangerosité pluriels, le législateur a incontestablement tiré profit du fait qu'elle soit une « notion émotionnelle dénuée de fondement scientifique »[85] pour la mobiliser selon les opportunités politiques et l'orientation qu'il souhaitait donner aux politiques criminelles successives. S'inscrivant dans les ressorts d'un droit à la sécurité désormais textuellement consacré[86], ces opportunités, toujours plus nombreuses, ont conduit à sa diffusion croissante dans des textes relevant de la matière pénale, phénomène qui entraîne dans son sillage des conséquences théoriques et pratiques.

Cette diffusion de la dangerosité en droit pénal a d'abord pour effet de dessiner, progressivement, un nouveau critérium de pénalité, non à partir du fondement du droit de punir mais relativement à son objet. En effet, classiquement, le droit pénal s'attache à ne sanctionner que l'action qui contrevient à la loi pénale portant ainsi atteinte à l'ordre social établi. Dès lors, « le citoyen, dont les actions ne violent point la loi, ne saurait donc être inquiété ni accusé au nom du public. Non seulement alors on n'est pas forcé de juger ; mais il n'y a pas même matière à jugement »[87].

---

83 *Ibid.*

84 Avec l'institution des QER et QPR. V. Décret n° 2019-1579 du 31 déc. 2019 modifiant le Code de procédure pénale (partie réglementaire – décrets en Conseil d'État) et relatif aux quartiers de prise en charge de la radicalisation – *JO* du 1er janv. 2020.

85 CNCDH, *Avis sur la réforme de la justice pénale des mineurs*, 23 juin 2011, p. 3.

86 Le « droit à la sécurité » est consacré à l'art. L. 111-1 du CSI qui dispose, au titre des principes généraux guidant la sécurité intérieure, que « la sécurité est un droit fondamental et l'une des conditions de l'exercice des libertés individuelles et collectives ».

87 PORTALIS, *Discours préliminaire du premier projet de Code civil (1801)*, Préface de Michel MASSENET, Éd. Confluences, Coll. « Voix de la Cité », 2004, p. 21.

Or, avec la diffusion croissante de la notion de dangerosité que le législateur essaime à dessein, on se rapproche des idées autrefois portées par les partisans de la défense sociale selon lesquels « la justice pénale ne doit pas contenir d'autre fonction que celle de la défense ou préservation des conditions de l'existence sociale (individuelle ou collective) »[88]. La matérialité de l'acte infractionnel tend en effet à s'amenuiser au fil de législations toujours plus sécuritaires. C'est ainsi que l'on voit se multiplier les infractions de prévention – association de malfaiteurs, participation à un groupement en vue de commettre des violences… – alors que se développent en aval les mesures de sûreté qui permettent à la justice d'étendre le filet pénal. La notion de dangerosité menace donc de « briser le lien insécable qui unissait jusqu'alors la peine à un crime, le châtiment à un acte, l'incarcération à une faute »[89] alors « que le système judiciaire français se base [classiquement] sur un fait prouvé et non pas sur la prédiction aléatoire d'un comportement futur »[90]. Au surplus, on constate, en parallèle et dans le même temps, le développement de mesures parapénales[91] qui achèvent de conforter l'assertion, notamment en ce que les autorités administratives sont parfois autorisées à mettre en œuvre des mesures de surveillance dont le degré de contrainte n'a rien à envier à certains dispositifs répressifs.

En outre, si auparavant les peines et mesures de sûreté reposaient sur un lien, peut-être artificiel au regard des organes chargés de cette évaluation[92], entre la dangerosité de l'individu et un cumul d'éléments objectifs médicaux, tel le trouble grave de la personnalité visé à l'article 706-53-13 du Code de procédure pénale, afin d'associer dangerosité criminologique et dangerosité psychiatrique, le législateur entend aujourd'hui s'émanciper de ces contraintes en subjectivant davantage encore la notion. C'est ainsi qu'il ambitionnait déjà dans une loi n° 2020-1023 du 10 août 2020 de renforcer la surveillance des personnes condamnées pour des faits de terrorisme qui attestaient d'une « particulière dangerosité caractérisée par une probabilité très élevée de récidive et par une adhé-

---

88 E. Ferri, La sociologie criminelle.

89 M. FOUCAULT, « L'évolution de la notion d'"individu dangereux" dans la psychiatrie légale », *Déviance et société*, 1981, vol. 5, n° 4, p. 403-422.

90 CNCDH, *Avis sur le projet de loi relatif à la rétention de sûreté et à la déclaration d'irresponsabilité pour cause de trouble mental*, 7 févr. 2008, § 4.

91 Ce sont celles qui, sans être prononcées par l'Autorité judiciaire mais par les autorités administratives, détiennent dans les faits un caractère punitif ou, à l'inverse, celles qui, prononcées par le juge judiciaire, devraient poursuivre une finalité préventive et revêtent au contraire une coloration répressive. V. sur ces mesures J.-B. THIERRY, « L'articulation des dispositions administratives et judiciaires contre la radicalisation violente. 1re et 2e parties », <https://sinelege.hypotheses.org/3438>.

92 V. en ce sens M. DELMAS-MARTY, *Libertés et sûreté dans un monde dangereux*, *op. cit.*

sion persistante à une idéologie ou à des thèses incitant à la commission d'actes de terrorisme ». La censure opérée par le Conseil constitutionnel à l'occasion de l'examen de ce texte n'avait toutefois pas porté sur l'absence d'objectivité des critères retenus pour caractériser la dangerosité, les neuf Sages s'étant concentrés sur le fait que les mesures envisagées n'étaient en l'espèce ni adaptées, ni proportionnées[93]. À la lecture de la décision, le Conseil constitutionnel précisait d'ailleurs que rien n'empêchait « le législateur de prévoir des mesures de sûreté fondées sur la particulière dangerosité, évaluée à partir d'éléments objectifs, de l'auteur d'un acte terroriste et visant à prévenir la récidive de telles infractions »[94]. L'adhésion persistante à des thèses de cette nature, dont l'appréciation apparaît dangereusement subjective, couplée à des éléments probabilistes auraient, semble-t-il, pu suffire à caractériser la dangerosité de l'individu et à justifier le prononcé de telles mesures. La décision rendue le 30 juillet dernier par le Conseil constitutionnel[95] le confirme en ce qu'il a autorisé la nouvelle mesure judiciaire de prévention de la récidive et de réinsertion, introduite par l'article 6 de la loi n° 2021-998 du 30 juillet 2021 relative à la prévention du terrorisme et au renseignement, aux articles 706-25-16 à 706-25-33 du Code de procédure pénale et qui a repris à l'identique les critères de dangerosité soulignés dans la précédente loi. À mesure des choix législatifs opérés et de la complaisance qui leur est parfois témoignée par les juges de la rue Montpensier, le recours à la notion de dangerosité s'apparente toujours plus à une mesure de prophylaxie sociale.

Par ailleurs, le recours à la dangerosité tend à éclipser certains des grands principes du droit pénal moderne et, singulièrement, ceux de légalité criminelle, de non-rétroactivité de la loi pénale ou encore de la nécessité de la peine, alors même que cette dernière n'est, comme il l'a été précisé, exactement identifiable et d'autant moins quantifiable. Le CDPC avait lui-même précisé que « les évaluations cliniques et les outils de prédiction peuvent aider à déterminer les différents niveaux de risque ainsi que les causes du comportement illicite, mais ils ne devraient pas servir à justifier une aggravation des peines »[96]. Elles ne devraient *a fortiori* pas pouvoir permettre le prononcé de mesures de sûreté dont la durée tend constamment à s'allonger, parfois de façon indéfinie, sous le prétexte formel d'une dangerosité présumée et dont le prononcé n'est au demeu-

[93] Cons. const., déc. n° 2020-805 DC du 7 août 2020, *Loi instaurant des mesures de sûreté à l'encontre des auteurs d'infractions terroristes à l'issue de leur peine.*
[94] *Ibid*, cons. 24.
[95] Cons. const., déc. n° 2021-822 DC du 30 juillet 2021.
[96] CDPC, *La condamnation, la gestion et le traitement des délinquants dangereux. Rapport final, op. cit.*, p. 11.

rant pas soumis aux grands principes précités même si leur institution doit répondre aux exigences des articles 4 et 9 de la DDHC de 1789.

Enfin, la pénétration progressive de la dangerosité dessine un nouveau paradigme pour le droit pénal puisqu'elle tend désormais à éclipser l'imputabilité et la culpabilité qui constituent l'essence de la responsabilité pénale et, *in fine*, la dignité de l'Homme[97]. Rappelons que l'imputabilité est « la possibilité de mettre l'acte antisocial au compte de celui qui l'a commis »[98] et la culpabilité, qui suppose acquise l'imputabilité, est la « situation d'une personne qui se voit reprocher l'élément moral d'une infraction, soit au titre de l'intention, par hostilité aux valeurs sociales protégées, soit au titre de la non-intention, par indifférence auxdites valeurs »[99]. Cette prise de distance d'avec la conception traditionnelle se manifeste, au surplus, par l'usage que le législateur fait de la notion en pénalisant des faits de plus en plus détachés de toute matérialité mais aussi en permettant, depuis la loi du 25 février 2008, le prononcé de décisions de déclaration d'irresponsabilité pénale pour cause de trouble mental, l'actualité portée par l'affaire *Sarah Halimi* en témoignant[100]. La responsabilité s'efface ainsi au profit de la dangerosité et d'un droit de la dangerosité en construction qui, progressivement, autorisent à punir une simple virtualité.

« Victoire posthume de Lombroso et Ferri »[101] pour certains, nouvel axe de réflexion pour d'autres, cette volonté affirmée de « conjurer la dangerosité »[102] reste avant tout une source d'inquiétude pour beaucoup. Il faut donc se garder d'oublier que cette notion de dangerosité est elle-

---

97 V. en ce sens P.-J. DELAGE, « La dangerosité comme éclipse de l'imputabilité et de la dignité », *op. cit.*

98 R. OTTENHOFF, « Imputabilité, culpabilité, responsabilité en droit pénal », *APC*, 2000, vol. 22, p. 74.

99 *Lexique des termes juridiques*, 26e éd., Dalloz, 2018, p. 325.

100 La Cour de cassation vient en effet de confirmer l'arrêt rendu par la Chambre de l'instruction de la Cour d'appel de Paris le 19 décembre 2019 à l'encontre du meurtrier de Sarah Halimi par lequel elle avait considéré qu'il existait des charges suffisantes à l'encontre du mis en examen d'avoir volontairement donné la mort à sa victime tout en retenant la circonstance aggravante d'antisémitisme. Elle l'avait ensuite déclaré pénalement irresponsable, en raison d'un trouble psychique ou neuropsychique ayant aboli son discernement ou le contrôle de ses actes au moment des faits sur le fondement de l'art. 122-1 du Code pénal et avait prononcé à son endroit une mesure d'hospitalisation sans consentement (sur cette décision, v. not. V. TELLIER-CAYROL, « La turpitude du fou », *D. 2020*, p. 349 ; S. FUCINI, « Affaire Sarah Halimi : déclaration d'irresponsabilité pénale pour cause de trouble mental », *Dalloz actualité*, 3 févr. 2020 ; M. DAURY-FAUVEAU, « La question du discernement à propos d'un crime antisémite », *D. 2020*, p. 341). La Chambre criminelle a confirmé cet arrêt en tout point (Cass., Crim., 14 avr. 2021, nos 20-80.135).

101 J.-H. ROBERT, « La victoire posthume de Lombroso et Ferri », *Dr. pénal*, 2008/2, p. 1.

102 V. D. ROMAN, « Conjurer la dangerosité ou prévenir le risque », *op. cit.*

même dangereuse à manier[103] et qu'en tout état de cause, une peine ou même une mesure de sûreté qui « quitte le terrain assuré des faits pour le diagnostic aléatoire de la dangerosité criminologique ne peut que méconnaître les principes dans lesquels s'enracine une justice de liberté »[104].

---

103 V. en ce sens CDPC, *La condamnation, la gestion et le traitement des délinquants dangereux. Rapport final, op. cit.*, p. 33.

104 Deuxième intervention de R. BADINTER à l'occasion de la séance publique du 30 janvier 2008 portant sur le projet de loi relatif à la rétention de sûreté et à la déclaration d'irresponsabilité pénale pour cause de trouble mental n° 2088-174.

Le sport amateur, moyen de radicalité et vecteur de désengagement

Hans NALLBANI
Doctorant Cifre en droit privé sciences criminelles,
Université de Lorraine (Institut François Gény),
Comité départemental olympique et sportif 54

Le terme « radicalité » renvoie à celui de « radicalisation », issu lui-même du latin *radicalis* qui signifie un retour à la racine, alors que la sociologie en propose plusieurs définitions[1]. Les pouvoirs publics, à l'image du Comité interministériel de prévention de la délinquance et de la radicalisation (CIPDR), retiennent celle « *du processus par lequel un individu, un groupe, adopte une forme violente d'action, directement liée à une idéologie extrémiste à contenu politique, social ou religieux qui conteste l'ordre établi sur le plan politique, social ou culturel* »[2]. Sous cet angle, la radicalisation résulterait d'une conjonction de l'idéologie radicale et de l'action violente[3]. Le droit, quant à lui, ne définit aucunement le phénomène, ce qui pose parfois des difficultés pratiques pour les services de l'État et institutions sportives chargés de le prévenir et réprimer. Le corpus normatif interne permet néanmoins de qualifier certaines de ses manifestations, sous l'angle des droits public et privé. À ce titre, le prosélytisme agressif, les manque-

---

1 Isabelle SOMMIER, « Engagement radical, désengagement et déradicalisation. Continuum et lignes de fracture », *Lien social et Politiques*, 2012, n° 68, p. 15-35 ; Laurent BONELLI et Fabien CARRIÉ, *Radicalité engagée, radicalités révoltées, enquête sur les jeunes suivis par la protection judiciaire de la jeunesse (PJJ)*, Université de Paris Nanterre, Institut des sciences sociales du politique, janvier 2018 ; Ministère de la Ville, de la Jeunesse et des Sports, *Acteurs du sport et de l'animation. Mieux connaître, mieux prévenir et mieux prévenir les phénomènes de radicalisation*, Édition 2016, p. 19.

2 INJEP, « Radicalisation et Jeunesses », *Revue de littérature*, Notes & Rapports, mars 2018, p. 12 ; Définition du professeur Farhad KHOSROKHAVAR (not. : *Radicalisation*, Maison des Sciences de l'Homme, Coll. « Interventions », 2014).

3 Gérald BRONNER, *La pensée extrême. Comment des hommes ordinaires deviennent des fanatiques*, Denoël, 2009.

ments à l'honneur, à la probité, à la bienséance, à l'éthique sportive ou à l'honorabilité, les violences volontaires aggravées du fait de leur motivation politique, sociale ou religieuse sont autant de comportements qui permettraient de faire tomber ce processus et sa conjonction sous le coup de la loi ou du règlement. L'utilisation du terme générique « radicalisation » pour appréhender une pluralité de comportements peut alors interroger sur les plans de la légalité criminelle et de la clarté de l'action publique. En effet, après avoir été auditionnée par le Sénat, le 11 juin 2020, Madame Roxana Maracineanu, ministre chargée des Sports, demandait à l'Inspection générale de l'éducation, du sport et de la recherche (IGESR) de consacrer une mission d'inspection aux phénomènes de communautarisme au sein des associations sportives et de jeunesse[4]. Le cours du jeu semblait alors se déplacer sur le terrain de la lutte contre le communautarisme avant de venir se glisser sur celui de la lutte contre le séparatisme avec l'adoption de la loi du 24 août 2021 confortant le respect des principes de la République[5]. Par ailleurs, les politiques publiques de la ville portées par les Délégations régionales académiques de la jeunesse, de l'engagement et des sports (DRAJES) s'efforcent d'impulser sur les territoires des actions de promotion des valeurs de la République et du principe de laïcité aux fins de prévenir la radicalisation dans le sport. Mais en réalité, ces initiatives traduisent davantage leur volonté de mieux cerner l'exercice et les restrictions à la liberté de pensée, de conscience et de religion dans le champ sportif, autrement dit, l'encadrement du fait religieux dans le sport[6]. En tout état, le sport amateur, en tant qu'activité physique et sociale normée, institutionnalisée et pratiquée par des sportifs non rémunérés, ne semblerait pas être épargné par la radicalisation[7]. Lieu de socialisation par excellence, en particulier chez les jeunes, les Établissements d'activités physiques et sportives (EAPS) sont devenus une cible de choix pour les salafistes prosélytes (y compris djihadistes). Les complexes sportifs amateurs constituent pour ces derniers des espaces propices à l'inculcation

---

[4] IGESR, « Les phénomènes de communautarisme au sein des associations sportives et de jeunesse, dans les accueils collectifs de mineurs ou les autres structures d'accueil de jeunes », Rapport à monsieur le ministre de l'Éducation nationale, de la Jeunesse et des Sports, par Laurent BRISSET, Bruno BÉTHUNE, Thierry LEPAON, Marc ROLLAND et Sophie BERGERAT, juillet 2021.

[5] Loi n° 2021-1109 du 24 août 2021 confortant le respect des principes de la République.

[6] Hans NALLBANI, « Contentieux stratégiques et liberté de conscience dans le sport », *in* Caroline BOYER & Émilie CHEVALIER (dir.), *Contentieux stratégiques – Approches sectorielles*, LexisNexis, 2021, p. 173.

[7] Médéric CHAPITAUX, *Le sport, une faille dans la sécurité de l'État*, Enrick B. Éditions, 2016, p. 10.

de normes antisportives et au recrutement[8]. Pour illustrer ces propos, en juillet 2015, le Service central du renseignement territorial (SRCT) produisait une note confidentielle intitulée « *Le sport amateur, vecteur de communautarisme et de radicalité* », laquelle relatait un certain nombre de faits radicaux observés au sein du Mouvement sportif[9]. Le document mentionne entre autres des prières sur la pelouse dans des clubs de football à Perpignan, l'interdiction faite aux femmes d'accéder à certains club-houses, l'exigence de repas halal, l'interdiction de l'alcool et le refus de la mixité. Il évoque également une association sportive à Strasbourg qui obligerait les filles à porter le voile et les garçons à prier pendant les mi-temps[10]. Il semblerait que ce document vise moins la radicalisation telle que définie que des actes potentiels de discriminations ou d'entraves aux restrictions apportées à la liberté de conscience dans le sport. Mandatés par l'ancienne Direction régionale et départementale de la jeunesse, des sports et de la cohésion sociale des Hauts-de-France (actuelle DRAJES), des sociologues de l'Université d'Artois ont problématisé le sujet en réalisant une étude de terrain intitulée « Sport et Radicalisation : interroger la place des activités physiques et sportives dans les mécanismes de radicalisation – Explorations et études de cas dans les Hauts-de-France ». Mais il ressort des travaux, appliqués au football et aux sports de combat, qu'il n'existerait pas de liens de corrélation entre le sport et la « radicalisation »[11]. À l'inverse, Médéric Chapitaux, docteur en sociologie du sport et spécialiste du sujet[12], indique que « 12,5 % des personnes suivies dans le

---

[8] HAKIM El Karoui, « La fabrique de l'islamisme », Rapport, Institut Montaigne, septembre 2018, p. 450.

[9] William GASPARINI « Le sport : un terrain pour saisir la fabrique sociale du processus de radicalisation islamiste ? », Colloque international : « Prévention des radicalisations : résilience collective de polarisation sociale », Université de Strasbourg, septembre 2019.

[10] Damien DELSENY et Julien ABSALON, « Des clubs de sport amateur surveillés par le renseignement pour prosélytisme et radicalisation », RTL, octobre 2015, <http://www.rtl.fr/actu/debats-societe/des-clubs-de-sport-amateur-surveilles-par-le-renseignement-pour-proselytisme-et-radicalisation-7780107349> ; Christophe CORNEVIN, « L'islam radical cible le sport amateur », *Le Figaro*, octobre 2015, <http://www.lefigaro.fr/actualitefrance/2015/10/15/01016-20151015ARTFIG00293-l-islam-radical-cible-le-sport-amateur.php>.

[11] DRDJSCS des Hauts-de-France/Université d'Artois, Laboratoire SHERPAS (équipe 3 de l'URePSSS), « Sport et radicalisation. Interroger la place des activités sportives dans les mécanismes de radicalisation. Explorations et études de cas dans les Hauts-de-France », Rapport de recherche, 1er trimestre 2018. Ce constat a également été rapporté par l'Institut des hautes études du ministère de l'Intérieur (IHEMI), mandaté par le ministère chargé des Sports pour établir un rapport sur la radicalisation et le communautarisme dans le sport, dans un entretien en date du 18 novembre 2021.

[12] Il est l'auteur d'une thèse « Ces déviances que le sport n'aime pas voir : politiques publiques et éducateurs professionnels en sports de combat face à la permissivité, voire au radicalisme religieux » (mars 2022).

cadre de la radicalisation islamiste sont connues pour pratiquer une activité physique et sportive[13] ». Il déclare avoir lui-même constaté, lors de ses enquêtes de terrain, « une très forte augmentation du communautarisme religieux au sein des clubs sportifs » et préconise à ce titre le développement d'un service du renseignement sportif. Dès lors, il convient de distinguer le communautarisme de la radicalisation, bien que le premier fait social puisse dériver vers le second lorsque les normes imposées par la communauté légitiment le recours à la violence ou à des pratiques discriminatoires[14]. De leur côté, les pouvoirs publics ne sont pas restés muets face au développement du phénomène et à sa médiatisation. Un rapport sénatorial rédigé au nom de la commission d'enquête sur les réponses apportées par les autorités publiques au développement de la radicalisation islamiste et les moyens de la combattre[15], en date du 7 juillet 2020, soulignait une prise de conscience récente du monde sportif face à cette forme de déviance. Dans la même lignée, l'Assemblée nationale produisait un rapport sur les « services publics face à la radicalisation » dans lequel les rapporteurs y consacrent une partie intitulée « radicalisation en milieu sportif insuffisamment mesurée et contrôlée »[16]. Le ministère de l'Éducation nationale, de la Jeunesse et des Sports a alors impulsé des travaux de recherche sur le sport et la radicalisation dans le cadre du Conseil scientifique sur les processus de radicalisation[17] (COSPRAD) en croisant les regards et les disciplines (sociologie, ethnographie, psychologie, criminologie). En revanche, en droit, les études sur le sujet sont rares et récentes. Il ressort du rapport pour la Mission de recherche Droit et Justice nommé « Saisir les mécanismes de la radicalisation violente : pour une analyse processuelle et biographique des engagements violents » que la pratique des sports de combat est fréquente chez les jeunes djihadistes incarcérés en France. Elle permettrait, selon eux, une mise en condition du corps et de l'esprit, propre au processus

[13] Assemblée nationale, « Rapport d'information n° 2082 sur les services publics face à la radicalisation », présenté par Éric DIARD et Éric POULLIAT, 27 juin 2019, p. 93.

[14] Les hypothèses d'un club communautaire, protecteur et creuset d'affirmations identitaires jugées discriminatoires (Pierre WEISS et William GASPARINI, « La construction du regroupement sportif communautaire. L'exemple des clubs de football turcs en France et en Allemagne », *Sociétés contemporaines*, 2008/1, n° 69, p. 73-99 ; Sylvia ZAPPI et Rémi DUPRÉ, « Des clubs de foot communautaires devenus ordinaires », Le Monde.fr, 2016).

[15] Sénat, « Rapport de la commission d'enquête sur les réponses apportées par les autorités publiques au développement de la radicalisation islamiste et les moyens de la combattre », présenté par Nathalie DELATTRE et Jacqueline EUSTACHE-BRINIO, 7 juillet 2020.

[16] Assemblée nationale, « Rapport d'information n° 2082 sur les services publics face à la radicalisation », préc.

[17] La mission du COSPRAD est de favoriser l'articulation et le dialogue entre recherche académique et politique publique, en vue de développer la structuration de la recherche sur les radicalisations en France et de faire des propositions au Premier ministre qui le préside.

de radicalisation. Ainsi, sur treize djihadistes interrogés, huit mettaient en exergue l'importance du sport pour leur préparation au combat[18]. On sait également que Daesh a invité, par le biais de sa propagande sur Internet, ses partisans à s'entraîner aux sports de combat dans des clubs[19]. Ces liens entre terrorisme, radicalisation et sport ont également été observés dans des enquêtes menées à la suite des attentats commis en Espagne, en Angleterre, au Danemark. D'ailleurs, le Conseil de l'Europe alertait, dès 2011, les institutions sportives dans un document intitulé « Éthique et sport en Europe »[20], en pointant du doigt « *l'enrôlement de jeunes par des extrémistes (fondamentalistes, sectes) dans le cadre de pratiques sportives* ». Dans ce contexte, la sphère sportive apparaît comme un espace favorisant la radicalité de certaines personnes qui y trouvent le moyen de détourner les activités physiques et sportives de leur but initial[21], à des fins dogmatiques et belliqueuses. Contre toute attente, les machines disciplinaires, administratives et judiciaires peinent à s'enclencher pour réprimer ce fléau avec efficacité. Elles offrent de ce fait un contentieux marginal. Certaines collectivités locales et territoriales tentent de leur côté d'endiguer ce fléau en s'appuyant sur les pouvoirs de police administrative du maire ainsi que sur la contractualisation territoriale. Là où la sociologie essaie d'appréhender les liaisons dangereuses entretenues entre le sport et la radicalisation, le droit manque parfois d'efficience. À contre-courant, le sport peut également être vecteur de désengagement. Alors que la déradicalisation vise à déclencher chez la personne un processus de pensée inverse, le désengagement, lui, consiste à veiller à ce que les individus ne s'engagent pas dans la violence[22]. En ce sens, les sociologues affirment le rôle éducatif et rassurant du sport. En effet, l'activité physique et sportive renferme des valeurs mises au service de

---

18 Xavier CRETTIEZ et Romain SÈZE, « Saisir les mécanismes de la radicalisation violente : pour une analyse processuelle et biographique des engagements violents », Rapport de recherche pour la Mission de recherche Droit et Justice, avril 2017.

19 <https://archive.org/stream/How_can_I_train_myself_for_Jihad/How_can_I_train_myself_for_Jihad_djvu.txt>

20 Dominique BODIN et Gaëlle SEMPÉ, « Éthique et sport en Europe », Conseil de l'Europe, septembre 2011.

21 Article L. 100-1 du Code du sport : « *La pratique des activités physiques et sportives participe à la réalisation des objectifs de développement durable inscrits au Programme de développement durable à l'horizon 2030, adopté le 25 septembre 2015 par l'Assemblée générale de l'Organisation des Nations unies. Cette pratique fait partie intégrante de l'éducation et de la culture. Elle s'exerce dans le respect des principes de la République et contribue à l'intégration sociale, à la solidarité intergénérationnelle et à l'apprentissage de la citoyenneté et de la vie démocratique. Elle constitue une dimension nécessaire des politiques publiques ayant notamment pour but l'égalité des chances, la préservation et la restauration de la santé et du bien-être moral et physique des individus et, plus généralement, l'épanouissement de la personne et le progrès collectif* ».

22 Ministère de la Ville, de la Jeunesse et des Sports, « Acteurs du sport et de l'animation. Mieux connaître, mieux prévenir et mieux prévenir les phénomènes de radicalisation », préc., p. 37.

l'éducation, de la jeunesse et de la prévention des déviances[23]. De ce consensus[24], il est loisible d'arguer que le sport présente avant tout des vertus et participe de la cohésion sociale du pays. Il renforce les liens sociaux entre les individus et leurs groupements sportifs respectifs, grâce aux valeurs et principes qu'il renferme[25]. C'est d'ailleurs à ce titre que l'administration pénitentiaire utilise les propriétés du sport à des fins de « déradicalisation », en menant des expérimentations dans quelques centres pénitentiaires pilotes[26]. Partant, s'intéresser à cette ambivalence que nous offre le sport amateur n'est pas dénué d'intérêt. Si le sport peut s'avérer être un moyen de basculer dans la radicalité (Section 1), son essence et ses objectifs font qu'il peut avant tout être un vecteur de désengagement (Section 2).

Section 1. Le sport, moyen de radicalité discuté

Alors que le sport est accessoirement utilisé à des fins radicales (§ 1), les institutions disposent, elles, d'un arsenal juridique solide pour réprimer le phénomène (§ 2).

§ 1. En fait

Aucune donnée sérieuse ne permet, à ce jour, de mesurer « l'empreinte radicalisation » au sein des associations sportives. La doctrine est, quant à elle, partagée sur les liens de corrélations pouvant exister entre l'activité physique et sportive et le processus de radicalisation. Alors que certains ouvrages, rapports, études anthropologiques, sociologiques, politiques et sportifs valident cette union[27], d'autres, au contraire, la réfutent et parlent de communautarisme, de discrimination ou de manquements au principe de laïcité[28]. Les activités physiques et sportives

---

23 Luc ROBÈNE et Dominique BODIN, *Sport et Violence. Repenser Norbert Elias*, Presses de l'Université de Laval, 2018, p. 95-122.

24 Robert L. SIMON, Cesar R. TORRES, Peter F. HAGER, *Fair Play, The ethics of sport*, Westview Press, 4e éd., 2014 ; Sigmund LOLLAND, *Fair Play in sport, A moral norm system*, Routledge, 2001.

25 André LECLERCQ, « Le sport au service de la vie sociale », Avis et rapport du Conseil économique et social, 2007.

26 Contrôleur général des lieux privatifs de liberté, « Rapport sur la prise en charge de la radicalisation islamiste en milieu carcéral : les unités dédiées ouvertes en 2016 », p. 54. (Un atelier d'escrime thérapeutique à l'Unité dédiée d'Osny, par exemple).

27 Xavier CRETTIEZ et Romain SÈZE, « Saisir les mécanismes de la radicalisation violente : pour une analyse processuelle et biographique des engagements violents », préc.

28 DRDJSCS des Hauts-de-France/Université d'Artois, Laboratoire SHERPAS (équipe 3 de l'URePSSS), « Sport et radicalisation. Interroger la place des activités sportives dans les mécanismes de radicalisation. Explorations et études de cas dans les Hauts-de-France », préc.

contribuent au développement du lien social en France[29]. Développées au sein du mouvement sportif, elles sont parfois dévoyées à des fins utilitaires, comme le prônait Georges Hébert dans son concept « Être fort pour être utile »[30]. Dans ce contexte, elles peuvent être le lieu d'émergence de phénomènes menaçant le vivre ensemble[31]. Entre 1972 et 2003, on dénombre ainsi 168 tentatives d'attaques terroristes liées à un évènement sportif[32], c'est dire que le sport n'est pas épargné par la radicalité dans sa forme culminante. L'anthropologue Scott Atran constate l'existence d'un lien entre sport et radicalisation dans le Sud-Est asiatique et de l'Irak où « *les candidats au martyre se réunissent d'abord et font connaissance par le biais de pratiques sportives : football, paintball, camping, escalade, arts martiaux, body-building. Il s'agit le plus souvent de petits groupes d'amis qui se sont radicalisés ensemble* »[33]. De fait, le sport a toujours été un moyen efficace pour recruter en masse et s'entraîner au combat. Il permet de préparer le corps[34] et l'esprit à des objectifs guerriers et opérationnels. Les militaires ont utilisé ce vecteur de dépassement de soi et de cohésion comme élément fondateur de leur préparation individuelle et collective, à l'image du muay thaï pour l'armée royale thaïlandaise[35]. Les individus en voie de radicalisation utilisent le sport à ces fins. La pratique des sports de combat (récurrente chez les jeunes djihadistes incarcérés en France) participe de la construction d'un rôle guerrier à la fois séduisant et opérationnel[36]. Pour exemple, en France, l'auteur de l'attentat de Saint-Quentin Fallavier survenu en 2015, Yassin Salhi, pratiquait la boxe thaïe dans un club de Besançon[37]. Aussi, dans une célèbre photo parue dans le journal *Le Monde*[38], il est possible d'apercevoir Amedy Coulibaly et sa compagne

---

[29] En 2018, les fédérations sportives agréées ont délivré 164 millions de licences et 2 millions d'autres titres de participation (INJEP, *Les chiffres clés du sport 2020*, p. 10) ; le tout, encadré par près de 13 millions de bénévoles (Olivier WIEVIORKA *et al.* (dir.), *La France en chiffres de 1870 à nos jours*, Perrin, 2015, p. 294 et s.).

[30] Pierre GRELEY, « Contrepoint – Georges Hébert et la méthode naturelle », *Informations sociales*, 2015/1 (n° 187), p. 24.

[31] Ministère de la Ville, de la Jeunesse et des Sports, « Acteurs du sport et de l'animation. Mieux connaître, mieux prévenir et mieux prévenir les phénomènes de radicalisation », préc., p. 26.

[32] Tracy TAYLOR et Kristine Margaret TOOHEY, "Perception of terrorism threats at the 2004 Olympic games: Implications for sport events", *Journal of sport tourism*, 12(2), mai 2007, p. 101.

[33] Scott ATRAN, "Genesis of Suicide Terrorism", *Science*, 2003, 299, p. 1534-1539.

[34] Le corps est très important dans le cadre de la radicalisation dans le sport, et le corps est déjà un djihad (par Bernard ROUGIER, *Les territoires conquis de l'islamisme*, PUF, 2e éd., 2021).

[35] Stéphane RENNESSON, « Art martial, sport international et produit culturel, Note de recherche sur la boxe et l'histoire politique de la Thaïlande », *Actes de la recherche en sciences sociales*, 2009/4, n° 179, p. 62 à 75.

[36] AFSVFP, « Esprit sportif, violence, discriminations, communautarisme », Forum national 2020, p. 83.

[37] *Ibid.*, p. 86.

[38] « Les photos de Coulibaly et de sa compagne, arbalète à la main », *Le Monde*, 9 janvier 2015.

Hayet Boumeddiene, tenant une arbalète à la main, ce qui renseigne également sur la place du tir dans le processus de radicalisation. Des entretiens menés auprès de djihadistes français confirment la prise en otage du sport à des fins radicales. En effet, certaines personnes auditionnées manifestent une forme d'appétence pour la violence, encore valorisée et cultivée par leur pratique des activités sportives[39] : dix des treize personnes ont pratiqué des activités « viriles » (sports de combat dans huit cas, musculation dans deux autres cas les préparant à la confrontation physique). La posture du combattant est décriée : « *J'ai fait une sorte de muay thaï mélangé à d'autres arts martiaux. J'ai aussi fait de la boxe thaïe et de la boxe anglaise* ». Un autre enquêté met en exergue sa pratique sportive et la relie à son engagement militant : « *Je faisais de la boxe, de la boxe thaïlandaise. Il fallait se préparer [Question : se préparer au combat ?]. Ouais, se préparer pour le djihad. Le moment où je me suis le plus préparé, c'est quand j'étais avec les Tchétchènes en Égypte*[40] ». Un individu radicalisé confirme également être entré dans l'ETA sous la pression du groupe. En effet, l'entrée dans la clandestinité passe par l'appartenance à des clubs sportifs, surtout de montagnards[41]. S'agissant du Front de libération nationale corse (FLNC) : le militantisme passe aussi par l'intégration des associations sportives : « *Et puis est arrivé le moment avec le Sporting [club de Bastia] qui va en finale de la Coupe d'Europe en 1978. Tout cela a été des phénomènes un peu déclencheurs. Pour s'affirmer, on allait au stade. On constituait des groupes, on affirmait qu'on était là pour défendre la Corse. On était une petite ville, un petit club, capable, avec des petits moyens de rivaliser avec les grands* »[42]. Du côté des institutions sportives françaises, le CREPS d'Île-de-France a été confronté à une situation de radicalisation en 2017. Elle impliquait un stagiaire en formation

[39] À cet égard, deux constats retiennent l'attention. Premièrement, toutes ces personnes, sans exception, ont pratiqué des activités sportives, de façon régulière, en amateur, à des niveaux différents et parfois excellents (l'une des personnes interrogées esquissait une carrière crédible de footballeur professionnel, une autre avait débuté une licence de Sciences et techniques des activités physiques et sportives (STAPS), figure également un boxeur au niveau confirmé…). Ces jeunes hommes sont donc sportifs. Deuxièmement, les activités pratiquées sont très ciblées. Étonnamment, ce n'est pas le football, sport populaire par excellence, qui domine. Les sports de combat, et en particulier la boxe, sont en revanche très présents. Ils sont mentionnés par huit des treize personnes. S'y ajoute par ailleurs la pratique de la musculation pour deux autres personnes (outre les sports de combat qui incluent le renforcement musculaire de façon systématique).

[40] L'importance de la pratique des sports martiaux par les djihadistes est à souligner puisque la presque totalité des personnes interrogées en ont pratiqué. Ce point n'est pas sans lien avec le culte viriliste comme avec la mise en condition des corps et des esprits, propre au processus de radicalisation. On rajoutera que la boxe thaïlandaise, très présente dans les banlieues comme sport dominant, est l'art martial le plus choisi.

[41] Xavier CRETTIEZ et Romain SÈZE, « Saisir les mécanismes de la radicalisation violente : pour une analyse processuelle et biographique des engagements violents », préc. p. 44.

[42] *Ibid.*, p. 59.

professionnelle dans les métiers du judo. Convoqué devant la Commission de la vie des sportifs et des stagiaires, mis en cause, il avouait son « militantisme radical » et qu'il recherchait, à travers sa mission d'animateur sportif, à exercer une emprise sur les jeunes[43]. De plus, le psychiatre Marc Sageman a particulièrement insisté dans son analyse du terrorisme islamiste sur le poids des réseaux sportifs ou associatifs dans la constitution de communautés salafistes radicalisées, poids qui lui semble plus important que les convictions idéologiques[44]. Il arrive par ailleurs qu'au lieu d'investir et de noyauter une structure préexistante, les salafistes en créent une nouvelle. Des clubs salafistes ont ainsi été ouverts, par exemple, à Bobigny. Parmi eux, le « Elle Club », anciennement « Sunna Club », qui offre des cours de kickboxing, « dans un cadre exclusivement féminin, sans musique »[45].

En outre, alors que les clubs de football peuvent être une cible de convoitise pour un certain nombre de mouvements politiques et religieux extrémistes[46], l'étude exploratoire réalisée par l'atelier SHERPAS dans les Hauts-de-France invalide l'hypothèse selon laquelle le football constituerait un espace propice à l'émergence ou au développement de phénomènes de radicalisation[47]. D'ailleurs, la majorité des acteurs footballistiques estime que la radicalisation est marginale dans le football[48]. Sur une échelle de 0 à 10, l'affirmation – La radicalisation est un phénomène présent dans le football – obtient la note moyenne de 2,59/10. Les enquêtes de terrain réalisées dans le nord de l'Hexagone vont également à l'encontre d'une thèse considérant les sports de combat et arts martiaux comme d'authentiques ingrédients du processus de radicalisation[49]. L'étude soulève davantage la question des manquements à la laïcité ou

---

43 Jean-Raymond MARQUEZ, « Compte-rendu du symposium Du signalement à la prévention de la radicalisation des jeunes dans et par le sport », CREPS d'Île-de-France, 18 octobre 2019, p. 5.

44 Xavier CRETTIEZ et Romain SÈZE, « Saisir les mécanismes de la radicalisation violente : pour une analyse processuelle et biographique des engagements violents », préc., p. 53.

45 « RDV au "Elle Club", salle de sport pour Elle et seulement Elle ! » Avenue des sœurs, décembre 2017,
<http://www.avenuedessoeurs.com/decouvertes/elle-club-salle-de-sport-pour-femmes/>

46 Pierre SAMSONOFF, « Esprit sportif : violence, discriminations, communautarisme », Communiqué au Forum national 2020.

47 DRDJSCS des Hauts-de-France/Université d'Artois, Laboratoire SHERPAS (équipe 3 de l'URePSSS), « Sport et radicalisation. Interroger la place des activités sportives dans les mécanismes de radicalisation. Explorations et études de cas dans les Hauts-de-France », préc., p. 18 et 70.

48 Association Sport Prevent, « Évaluation de la perception des phénomènes de communautarisme, religiosité, prosélytisme et de radicalisation au sein de trois Districts de la Fédération française de football », Rapport d'audit (non publié), 2019, p. 26.

49 DRDJSCS des Hauts-de-France/Université d'Artois, Laboratoire SHERPAS (équipe 3 de l'URePSSS), « Sport et radicalisation. Interroger la place des activités sportives dans les mécanismes de radicalisation. Explorations et études de cas dans les Hauts-de-France », préc., p. 76.

des attitudes et modes de fonctionnement communautaristes. D'autant plus que les « indicateurs de basculement » identifiés comme constituant de possibles indices d'un processus de radicalisation demeurent bien délicats à observer et à objectiver dans le cadre de la pratique sportive, sauf à disposer d'une formation initiale et d'une réelle expertise pour apprécier, par exemple, des modifications comportementales, ce qui nous amène à étudier les fondements et modalités de la répression de la radicalisation dans le sport.

§ 2. En droit

La lutte contre la radicalisation a notamment été initiée avec le Plan national de prévention de la radicalisation, adopté le 23 février 2018[50], par le CIPDR. Une circulaire du 8 novembre 2018 venait ensuite préciser le cadre des contrôles des activités physiques et sportives relevant du Code du sport[51]. Elle visait certains comportements (prosélytisme, refus de mixité, tenue vestimentaire inadaptée, prières collectives), dont les éléments constitutifs relèvent moins de la « radicalisation » que du « communautarisme » ou du « séparatisme ». Le texte identifie certaines disciplines telles que le tir sportif, les sports de combat[52] et les sports aéronautiques, le futsal, la musculation en tant que pratiques aggravant objectivement le risque de radicalisation violente. Pour réprimer ces dérives, les Services départementaux Jeunesse, Sports, Engagement (SDJES), les fédérations sportives et les tribunaux judiciaires disposent d'un arsenal normatif répressif. Les collectivités locales et territoriales peuvent, elles aussi, jouer un rôle non négligeable bien qu'en pratique, leur action dépende bien trop souvent de volontés politiques et sociales. La remontée des signalements est faible à l'échelle territoriale. Ce constat s'explique, en partie, par une insuffisante collaboration des institutions fédérales et clubs sportifs accoutumés à « laver leur linge sale en famille »[53]. Peut-être par crainte que la prévention et la détection de la radicalisation ne se fassent au détriment des résultats sportifs, de l'organisation de grandes manifestations sportives (JOP, Paris, 2024) ou ne viennent ternir l'image de l'institution et de la discipline sportive. En

---

[50] Circulaire du 13 juillet 2018, Rôle des préfets dans la mise en œuvre du Plan national de prévention de la radicalisation (PNPR), « Prévenir Pour Protéger », mesures 23 à 26 pour le sport.

[51] Circulaire du 8 novembre 2018, Phénomènes de radicalisation violente dans le sport, Plan national de prévention de la radicalisation, Actions de contrôles coordonnés.

[52] Selon les services de renseignements, les sports de combat et arts martiaux sont particulièrement confrontés à la radicalisation (Médéric CHAPITAUX, *Le sport, une faille dans la sécurité de l'État*, *op. cit.*, p. 11).

[53] Gérald SIMON, « Justice, Droit et Sport : La résolution des conflits sportifs », *Les cahiers de l'INSEP*, n° 11, 1996, p. 13.

sa qualité de représentant du mouvement sportif[54], de gardien de la déontologie sportive[55], et en vertu de ses prérogatives statutaires[56], le Comité national olympique et sportif français devrait combler ces failles en façonnant un dispositif de signalement permettant une remontée fluide de l'information aux organes étatiques en charge de la protection des usagers du service public sportif et de la pratique sportive. En ce qui concerne le traitement administratif du phénomène, les SDJES ont des pouvoirs de police administrative en matière de contrôle de l'honorabilité des éducateurs sportifs[57] (régime d'incapacité[58] et d'interdiction[59]), des règles relatives à l'hygiène, à la sécurité, à la vie démocratique des établissements d'activités physiques et sportives (fermeture d'établissement[60] et retrait d'agrément[61]). C'est sur ces fondements,

---

54 Article L. 141-1 du Code du sport : « Les associations sportives et les sociétés sportives qu'elles ont constituées, les fédérations sportives et leurs licenciés sont représentés par le Comité national olympique et sportif français ».

55 Article L. 141-3 du Code du sport : « Le Comité national olympique et sportif français veille au respect de la déontologie du sport définie dans une charte établie par lui ».

56 L'article 2 : Objet II.A des statuts du Comité national olympique et sportif français précise : « *Il a pour objet de propager les principes fondamentaux de l'Olympisme définis par Pierre de Coubertin et énoncés dans la Charte olympique, notamment en agissant contre toute forme de discrimination et de violence dans le sport* ».

57 Décret n° 2021-379 du 31 mars 2021 relatif au recueil des données des personnes soumises aux obligations des articles L. 212-9 et L. 322-1 du code du sport en vue du contrôle de leur honorabilité

58 Sur le fondement combiné des articles L. 212-9 et L. 322-1 Code du sport, un éducateur sportif condamné pour des faits de terrorisme ou en lien avec la « radicalisation » peut se voir interdire automatiquement l'exercice des fonctions d'animation ou d'encadrement des activités physiques et sportives, à titre rémunéré ou bénévole. Décret n° 2021-379 du 31 mars 2021 relatif au recueil des données des personnes soumises aux obligations des articles L. 212-9 et L. 322-1 du code du sport en vue du contrôle de leur honorabilité ; La loi du 24 août 2021 confortant le respect des principes de la République a récemment élargi le registre des condamnations incompatibles avec l'exercice de l'activité à toute personne condamnée par le juge pénal pour crime ou délit à caractère terroriste.

59 L'article L. 212-13 Code du sport permet à l'autorité administrative de prononcer à l'encontre de toute personne, dont le maintien en activité constituerait un danger pour la santé et la sécurité physique ou morale des pratiquants, l'interdiction d'exercer, à titre temporaire ou définitif, tout ou partie des fonctions d'animation ou d'encadrement dans le champ du sport.

60 Sur les 7 317 contrôles réalisés en 2014, aucune fermeture n'a été prononcée sur le fondement de l'article L. 322-5 du Code du sport qui dispose : « *L'autorité administrative peut s'opposer à l'ouverture ou prononcer la fermeture temporaire ou définitive d'un établissement qui ne présenterait pas les garanties prévues aux articles L. 322-1 et L. 322-2 et ne remplirait pas les obligations d'assurance mentionnées à l'article L. 321-7. L'autorité administrative peut également prononcer la fermeture temporaire ou définitive d'un établissement employant une personne qui enseigne, anime ou encadre une ou plusieurs activités physiques ou sportives mentionnées à l'article L. 212-1 sans posséder les qualifications requises. L'autorité administrative peut prononcer également la fermeture temporaire ou définitive d'un établissement lorsque son maintien en activité présenterait des risques pour la santé et la sécurité physique ou morale des pratiquants ou exposerait ceux-ci à l'utilisation de substances ou de procédés interdits par l'article L. 232-9* ».

qui ne visent à aucun moment de manière directe « la radicalisation », que la répression administrative des radicalités dans le sport peut s'exercer. Une trentaine de contrôles ont été menés en 2018 par sept Directions départementales de la cohésion sociale (ex-SDJES) des territoires concernés par les Plans de lutte contre la radicalisation dans les quartiers (PLRQ), notamment dans six salles de remise en forme, cinq clubs de lutte, un club de football et onze salles de sports de combat. En 2019, 171 contrôles ont été réalisés dans 35 départements, dont 117 dans le cadre des déclinaisons du PNPR. Ils ont entraîné 5 fermetures d'établissements, 7 incapacités d'exercer, 5 mises en demeure notifiées, un rappel à la loi et un signalement au procureur[62]. Ces mesures ciblaient des structures au sein desquelles une dynamique de groupe avait pu être identifiée (fort communautarisme, encadrant radicalisé et prosélyte[63]), et prioritairement les pratiques à risque (tir, sports de combat, musculation). D'après la direction des sports, deux fermetures administratives temporaires et une mise en demeure ont été décidées à la suite de ces contrôles, mais pour des manquements relatifs à l'hygiène, à la sécurité et aux qualifications. Cette base juridique a d'ailleurs permis, aux services Jeunesses et Sports d'un département, d'évincer d'une association sportive des dirigeants sportifs radicalisés qui en avaient pris les commandes par force[64]. En dépit de sa rareté, le contrôle étatique des associations sportives fait encore débat à ce jour. Depuis, une mesure de simplification issue d'une ordonnance n° 2015-904 du 23 juillet 2015, ayant modifié l'article L. 121-4 du Code du sport, l'affiliation d'une association

---

61 Article R. 121-5 du Code du sport : « L'agrément accordé à une association sportive ou résultant de son affiliation à une fédération sportive agréée par l'État en application de l'article L. 131-8 peut être retiré par le préfet du département de son siège en cas de : 1° Non-conformité des statuts avec les conditions posées par l'article R. 121-3 ; 2° Violation grave, par l'association, de ses statuts ; 3° Atteinte à l'ordre public ou à la moralité publique ; 4° Méconnaissance des règles d'hygiène ou de sécurité ; 5° Méconnaissance des dispositions des articles L. 212-1 et L. 212-2 exigeant la qualification des personnes qui enseignent, animent, entraînent ou encadrent une activité physique ou sportive. L'association sportive bénéficiaire de l'agrément est préalablement informée des motifs pour lesquels le retrait est envisagé, et mise à même de présenter des observations écrites ou orales ». L'article R. 322-9 du Code du sport complète les pouvoirs de police administrative du préfet de département en lui permettant d'adresser à l'exploitant d'un établissement les mises en demeure nécessaires pour mettre fin aux risques particuliers que présente l'activité de l'établissement pour la santé et la sécurité physique ou morale des pratiquants.

62 Sénat, « Rapport de la commission d'enquête sur les réponses apportées par les autorités publiques au développement de la radicalisation islamiste et les moyens de la combattre », préc.

63 La radicalisation des encadrants (dont certains font l'objet de fiches S) est particulièrement dangereuse, compte tenu de l'influence que ceux-ci peuvent avoir, notamment auprès des plus jeunes, au point où le concept « d'éducateur sportif radicalisé/recruteur (ESR) » a pu être développé dans les travaux de Médéric Chapitaux.

64 Faits résultant d'un entretien avec les services Jeunesses et Sports de Moselle.

sportive à une fédération sportive agréée par l'État vaut agrément[65]. Une telle affiliation ne permet pas de garantir scrupuleusement le respect des conditions de leur reconnaissance administrative, et ce, d'autant plus que les fédérations se saisissent rarement de leur pouvoir disciplinaire pour sanctionner leurs associations sportives. Restaurer cet agrément contribuerait à renforcer les pouvoirs de contrôle de l'État vis-à-vis d'éventuelles dérives radicales et à rétablir à cette fin l'autorité préfectorale, comme le prévoit la mesure n° 25 du PNPR qui vise, « sous la coordination locale du préfet de département, à développer les actions de contrôle administratif et à les orienter vers les disciplines et les territoires impactés par la radicalisation »[66]. Par ailleurs, le système informatique « SI honorabilité », instauré en 2021, permet un contrôle automatisé des éducateurs sportifs et des exploitants d'EAPS bénévoles licenciés auprès des fédérations. Ces dernières déposent la liste des éducateurs et dirigeants concernés par le contrôle de l'honorabilité sur l'interface du SI dédié. Le casier judiciaire procède au contrôle et le SDJES prend le cas échéant une mesure administrative arrêtée par le préfet. L'enjeu réside néanmoins dans l'échange et le partage d'information local entre SDJES, service de police et gendarmerie, de renseignements, cabinets des préfectures et institutions sportives[67].

Concernant le traitement fédéral de la radicalisation dans le sport. Le terme « radicalisation » ne figure dans aucun barème disciplinaire fédéral, ce qui ne facilite pas sa répression sur le plan disciplinaire. Les arbitres et les délégués en position de constater tout manquement aux règlements et de faire remonter les informations aux commissions compétentes peinent à consigner dans leurs rapports d'éventuels constats de comportements radicaux. Cela s'explique par le souci du maintien de la paix sociale, l'absence de consigne fédérale sur les conduites à tenir et les comportements incriminés, l'entretien d'une omerta partagée, la méconnaissance des procédures de signalement et des guides pratiques[68]. Face à cette crainte de stigmatisation, certains dirigeants sportifs ont fait le choix de solliciter directement les services du renseignement territorial

---

65 Article L. 121-4 alinéa 2 du Code du sport : « L'affiliation d'une association sportive à une fédération sportive agréée par l'État en application de l'article L. 131-8 vaut agrément. »

66 Assemblée nationale, « Rapport d'information n° 2082 sur les services publics face à la radicalisation », préc., p. 98, proposition n° 35.

67 AFSVFP, « Esprit sportif, violence, discriminations, communautarisme », Forum National 2020, p. 108.

68 DRDJSCS des Hauts-de-France/Université d'Artois, Laboratoire SHERPAS (équipe 3 de l'URePSSS), « Sport et radicalisation. Interroger la place des activités sportives dans les mécanismes de radicalisation. Explorations et études de cas dans les Hauts-de-France », préc., p. 65.

pour « externaliser », la communication auprès de leur corps arbitral[69]. Mais à ce jour, aucune sanction disciplinaire fédérale n'a été prononcée au motif de la « radicalisation » d'un acteur sportif. Les membres des organes disciplinaires doivent, en effet, s'efforcer de rattacher le comportement en question à des infractions disciplinaires constitutives de violences volontaires (coups et brutalités), d'injures (insultes, racisme) ou de discrimination en lien avec une motivation politique, religieuse ou sociale. L'historien du sport Olivier Chovaux a analysé les procès-verbaux de la Ligue de football des Hauts-de-France au cours de la période 2014/2017 (qui correspond à la phase de mise en œuvre par les pouvoirs publics de politiques de prévention de la radicalisation dans le sport). Sur 36 dossiers instruits en commission éthique et sur 14 557 dossiers disciplinaires, seuls 3 mettent en cause des propos et/ou actes discriminatoires à caractère raciste[70], dont il n'est pas affirmé qu'ils sont en lien avec toute forme de radicalité. La Fédération française de football est venue compléter sa réglementation pour lutter contre la radicalisation et le communautarisme dans le sport. L'article 1er de ses statuts énonce : « *Par ailleurs, le respect de la tenue règlementaire et la règle 50 de la Charte olympique assurent la neutralité du sport sur les lieux de pratique. À ce double titre, sont interdits, à l'occasion de compétitions ou de manifestations organisées sur le territoire de la Fédération ou en lien avec celles-ci : tout discours ou affichage à caractère politique, idéologique, religieux ou syndical ; tout port de signe ou tenue manifestant ostensiblement une appartenance politique, philosophique, religieuse ou syndicale ; tout acte de prosélytisme ou manœuvre de propagande ; toute forme d'incivilité. Toute personne contrevenant à ces dispositions fera l'objet de poursuites disciplinaires et/ou pénales* ». Rarement utilisé en pratique, cet article interroge du point de vue de sa légalité[71]. Il est d'autant plus inconnu par un grand nombre d'acteurs du ballon rond[72] décriant les failles des institutions fédérales en matière d'accompagnement et d'information sur le sujet[73].

En ce qui concerne le traitement judiciaire de la radicalisation, le juge pénal n'a pas encore eu l'occasion de sanctionner des comportements en lien avec la radicalisation dans le champ du sport. Dans son carcan de

69 *Ibid.*, p. 64.
70 *Ibid.*, p. 48.
71 Hans NALLBANI, « Contentieux stratégiques et liberté de conscience dans le sport », préc., p. 173.
72 90 % des interrogés déclarent ne pas connaître l'article 1. Ce constat est quasi invariant quelle que soit la typologie des personnes, et ce, même au niveau des dirigeants, 66 % d'entre eux déclarant ne pas connaître l'article 1er des statuts de la FFF (Enquête Sport Prevent, p. 13).
73 Association Sport Prevent, « Évaluation de la perception des phénomènes de communautarisme, religiosité, prosélytisme et de radicalisation au sein de trois districts de la Fédération française de football », Rapport d'audit (non publié), 2019, p. 16.

sanction[74], il dispose de la faculté de prononcer, à titre de peine complémentaire, l'interdiction d'exercer, soit à titre définitif, soit pour une période de dix ans au plus, une activité professionnelle ou bénévole impliquant un contact habituel avec des mineurs ; les fonctions de l'éducateur sportif sont par nature visées par cette disposition[75]. De plus, dans sa stratégie nationale de prévention de la délinquance (2020-2024), le CIPDR évoque l'idée de développer le dispositif « Espace Réparation » qui constitue une alternative aux poursuites pénales, réunissant notamment l'association sportive, le procureur de la République et le maire. Cet espace, seulement développé dans trois départements (Var, Marne, Gironde), a vocation à recourir aux mesures réparatrices (travaux d'intérêt général, stage d'arbitrage suivi de formation sur les valeurs de la République et la laïcité dans le sport, lettre d'excuse, indemnisation de la victime) en insistant sur la fonction sociale de la sanction[76] (réinsérer l'auteur d'une infraction dans le tissu associatif sportif).

Enfin s'agissant des collectivités, les dissolutions d'associations sportives ordonnées par les mairies pour motif de radicalité semblent relativement exceptionnelles[77]. Pourtant, Arnaud LACHERET, auteur du livre *Les territoires gagnés de la République*, soutient que les maires sont les premiers destinataires des signalements[78]. Ils devraient davantage recourir au retrait de subventions comme moyen de dissuader les structures sportives cautionnant ou favorisant la radicalisation de leurs membres[79]. Certaines régions s'illustrent sur ce terrain à l'image de la région Île-de-France qui a adopté le 8 juillet 2016 un plan régional de défense des valeurs de la République et de prévention de la radicalisation[80]. Encore faudrait-il que ces initiatives soient homogénéisées dans l'Hexagone.

---

74 Article 222-45 3° du Code pénal.

75 Saïd OULD-YAHIA, « Institutions – Éducateurs sportifs – Interdiction d'exercice : un régime de sanctions administratives sévère… et fragile ? (1re partie) », *Jurisport*, 2011, n° 112, p. 37.

76 Jennifer SELLIN, « Définir le sens de la peine : un travail de Sisyphe ? Le point de vue du juriste », *Rue Descartes*, 2018/1 (n° 93), p. 120-127.

77 C'est par voie de presse régionale qu'on apprend, par exemple, qu'un club de football de l'Essonne a été dissous par le maire de la commune fin 2019 (« Entraîneurs radicalisés : un an après, le club de football se relève doucement », Actu.fr Marne, 10 novembre 2018).

78 AFSVFP, « Esprit sportif, violence, discriminations, communautarisme », Forum national 2020, p. 93.

79 Assemblée nationale, « Rapport d'information n° 2082 sur les services publics face à la radicalisation », préc.

80 Ce plan prévoit l'adoption d'une charte de la laïcité et des valeurs de la République applicable à l'ensemble des organismes subventionnés par la région ; la mise en place, au sein des réseaux associatifs et sportifs régionaux, d'un réseau d'alerte visant à défendre les valeurs de la République, le principe de laïcité et à prévenir les situations de radicalisation.

Section 2. Le sport, vecteur de désengagement confirmé

Alors que les fonctions sociales et éducatives du sport peuvent contribuer au désengagement des acteurs sportifs (§ 1), la règlementation sportive cristallise ce rôle en dépit d'imperfections (§ 2).

§ 1. En fait

Au niveau européen, un projet d'amendement de la Commission de la culture et de l'éducation du Parlement européen soutient l'importance des sports de combat dans la lutte contre la radicalisation et le recrutement de citoyens de l'Union par des organisations terroristes[81]. La pratique sportive peut être assimilée à une activité culturelle qui socialise et propose, par l'accumulation d'expériences, un apprentissage des droits et des devoirs[82]. Les vertus intégratrices et éducatives du sport s'accommodent bien mal de l'hypothèse selon laquelle les clubs de football puissent être des foyers de radicalisation[83]. En ce sens, les pratiques sportives ne constituent pas en soi un terreau de radicalisation. Bien au contraire, l'activité physique et sportive participe à la régulation des comportements. Face à la radicalisation, l'enjeu pour le monde du sport consiste à préserver l'universalité de ses valeurs et permettre aux acteurs du sport de promouvoir une citoyenneté active[84]. Le sport est avant tout une école de vie et vecteur de valeurs démocratiques, républicaines, d'effort, permettant de comprendre l'importance du collectif. Cette prise de conscience de l'altérité nous permet de nous construire individuellement et collectivement[85]. Lorsque le pluralisme et la liberté de pensée organisent la vie collective, et que toute leur place est laissée aux débats, aux oppositions et aux minorités, ce sont les fondements mêmes du processus de radicalisation (adoption d'une pensée rigide, détention d'une vérité absolue et non négociable, violence) qui sont mis à mal. Selon les chercheurs du laboratoire SHERPAS, les dirigeants observés sont souvent à l'extrême opposé de ce que Farhad Khosrokhavar nomme le « hé-

---

81 Médéric CHAPITAUX, *Le sport, une faille dans la sécurité de l'État*, *op. cit.*, p. 56-57.

82 William GASPARINI, « Penser l'intégration et l'éducation par le sport en France : réflexion sur les catégories d'analyse sociale et politique », *Science & Motricité*, 2012/4 (n° 78), 39-44.

83 Florence CARPENTIER (dir.), *Le sport est-il éducatif ?*, Presses universitaires de Rouen, 2004.

84 Jean-Raymond MARQUEZ, « Compte-rendu du symposium Du signalement à la prévention de la radicalisation des jeunes dans et par le sport », CREPS d'Île-de-France, 18 octobre 2019, p. 19.

85 AFSVFP, « Esprit sportif, violence, discriminations, communautarisme », Forum national 2020, p. 82.

ros négatif ». Ainsi, il n'est pas question dans les clubs enquêtés d'un apprentissage de l'injustice, d'une socialisation à la haine d'autrui. La pratique observée socialise. Elle est une épreuve du dépassement individuel par l'usage des techniques de combat. Ceux qui l'encadrent ne construisent donc pas les conditions de passage à l'acte[86].

Par ailleurs, le CREPS d'Île-de-France a souhaité comprendre en 2019 comment le sport pouvait « prémunir les esprits » contre les dérives radicales. Dans ce cadre, un projet qui relève du programme européen « ERASMUS Jeunesse » a vu le jour sous le nom de « Sport Identity ». Le dispositif a pour ambition d'accroitre les capacités des acteurs du sport et de la jeunesse à développer l'éducation à la citoyenneté au travers des valeurs sportives et l'appartenance à la communauté sportive. Il vise indirectement à améliorer les capacités des acteurs à détecter et prévenir les risques de radicalisation violente chez les jeunes en difficulté de construction identitaire et en rupture avec les institutions. La question de la sécurisation de la pratique sportive et des pratiquants est centrale. Sur le plan méthodologique, le projet donne lieu à la production d'un benchmark des bonnes pratiques en matière de prévention de la radicalisation menant à la violence dans le sport et par le sport ; la réalisation d'un guide d'appui à la construction d'une « citoyenneté sportive » en milieu sportif et par le sport ; d'un module de formation en ligne destiné aux professionnels du sport et de la jeunesse. À titre d'illustration, la question de la « tenue sportive » réglementaire ou encore celle du « salut codifié »[87] traditionnel dans certains sports comme les arts martiaux ou certains sports collectifs constituent une « situation repère » remarquable[88], favorable à un accès privilégié à la citoyenneté sportive. Par un port vestimentaire unifié, les codes sociaux de la communauté sportive amènent ainsi l'individu à adhérer au collectif et renforcent de ce fait l'ordre social sportif.

§ 2. En droit

En 2015, le Comité interministériel à l'égalité et à la citoyenneté (CIEC) a adopté un Plan national « Citoyens du sport »[89]. Celui-ci pour-

---

86 DRDJSCS des Hauts-de-France/Université d'Artois, Laboratoire SHERPAS (équipe 3 de l'URePSSS), « Sport et radicalisation. Interroger la place des activités sportives dans les mécanismes de radicalisation. Explorations et études de cas dans les Hauts-de-France », préc., p. 76.

87 Voir les travaux d'Erving GOFFMAN sur les rites d'interactions.

88 Audition sportive en date de 2020 avec la Ligue Grand Est de taekwondo. Il ressort des échanges le vécu de situations où des pratiquants sportifs refusaient de faire le salut martial et de s'entraîner en mixité pour des raisons religieuses.

89 Sports.gouv.fr – Le plan « citoyen du sport ».

suit le triple objectif de soutenir la création d'emplois qualifiés dans les clubs sportifs des quartiers pour encadrer la pratique sportive ; de permettre à des jeunes des quartiers d'intégrer les filières de formation sport et d'entrer en service civique au profit des associations ; et d'accompagner les organisations sportives dans la formalisation et la promotion de valeurs citoyennes. Si ces mesures gouvernementales n'ont pas pour vocation première de prévenir la radicalisation, les autorités publiques, qui financent, estiment qu'elles peuvent y concourir dans la mesure où des animations de qualité proposées dans un cadre sécurisé sont proposées aux plus jeunes[90]. D'un point de vue préventif, la Fédération française de football mobilise des dispositifs à travers lesquels elle valorise des actions de lutte contre les discriminations et la promotion de la citoyenneté. Ces dispositifs d'accompagnement (Labels et Programme éducatif fédéral dit PEF) sont développés depuis 2013. Ils ont pour objet de structurer les clubs sportifs en les incitant à articuler leur projet associatif autour des axes éducatifs et d'encadrement mais, surtout, à décliner les valeurs que l'instance fédérale souhaite voir associer à la pratique (« Plaisir, Respect, Engagement, Tolérance, Solidarité »). Dit autrement, le PEF présente un cadre prescriptif et normatif fixant les conduites éducatives à tenir dans les clubs et proposant des règles « de vie et de jeu » déclinées autour de six thèmes (santé, engagement citoyen, environnement, fair-play, règles du jeu arbitrage et culture foot) que tous les clubs sportifs sont invités à respecter et faire respecter à leurs licenciés. Ces initiatives citoyennes ne peuvent que permettre aux acteurs sportifs (dirigeants, éducateurs, pratiquants, arbitres, officiels…) de s'approprier les normes éthiques, déontologiques, républicaines, situées aux antipodes de toute dérive radicale.

Par ailleurs, une réalité juridique paradoxale mérite d'être envisagée ici dans le cadre du désengagement. Il s'agit du concept de « réincarcération » par le sport[91], lequel constitue un obstacle fondamental au désengagement et à la réinsertion des éducateurs par l'encadrement sportif. Pour exemple, au cours de sa détention, Pascal Arene, responsable sportif condamné pour des faits criminels, entame une procédure de validation des acquis de l'expérience pour obtenir son diplôme d'État d'entraineur de kickboxing. Or, le motif de sa condamnation lui interdit d'exercer la profession d'éducateur sportif à titre rémunéré et bénévole. Dit autrement, il est frappé d'incapacité conformément à l'article L. 212-9 du Code du sport. Après plusieurs mois de travail, l'ex-DRDJSCS

[90] Ministère de la Ville, de la Jeunesse et des Sports, « Acteurs du sport et de l'animation. Mieux connaître, mieux prévenir et mieux prévenir les phénomènes de radicalisation », préc., p. 87.
[91] Médéric CHAPITAUX, *Le sport, une faille dans la sécurité de l'État*, *op. cit.*, p. 19.

d'Auvergne (actuelle DRAJES Auvergne-Rhône-Alpes) lui délivre le diplôme d'État de la mention « Kickboxing ». Mais à sa sortie de détention, il ne peut en aucun cas enseigner bénévolement ou vivre de sa passion puisqu'il risque un an d'emprisonnement et 15 000 euros d'amende s'il est contrôlé à animer, enseigner ou encadrer dans le champ du sport, conformément à l'article L. 212-10 du Code du sport[92]. Alors qu'il bénéficiait d'une remise de peine au regard de ses gages de réinsertion professionnelle et des qualifications obtenues en détention, il est « réincarcéré » conformément à la règlementation sportive en vigueur. Les éducateurs sportifs se trouvant dans la même situation sont dès lors confrontés à un imbroglio juridique puisque le régime administratif d'incapacité interdit aux éducateurs condamnés pour certains crimes et délits d'exercer une activité bénévole ou salariée dans le champ des activités physiques et sportives. Les effets liberticides de l'article L. 212-9 du Code du sport, au regard de la liberté du commerce et de l'industrie, mériteraient sans doute qu'un contrôle constitutionnel *a posteriori* soit opéré par les Sages[93].

Enfin, la formation peut et doit jouer un rôle non négligeable dans le désengagement des acteurs du sport. L'article R. 132-10 du Code du sport dispose : « *relèvent de la compétence de la fédération : 2° La formation et le perfectionnement des dirigeants, animateurs, formateurs et entraîneurs fédéraux ; 4° La définition et le contrôle du respect des règles techniques et des règles de sécurité, d'encadrement et de déontologie de la discipline* ». Sur ce fondement, les présidents de fédération peuvent inciter leurs organes déconcentrés à valoriser les outils de l'État en matière d'identification des personnes en voie de radicalisation et plus particulièrement en conduisant des actions spécifiques de prévention, détection et de signalement des faits de communautarisme et de radicalisation ; présentation des acteurs locaux en charge du sujet. En chiffres, 34 fédérations ont désigné des « référents citoyenneté » qui ont bénéficié d'une formation organisée par la Direction des sports avec le CIPDR. 95 actions de sensibilisation ou de formation organisées par les services déconcentrés ont permis de toucher près de 2 000 acteurs du champ sportif (dirigeants, éducateurs, officiels

---

92 Article L. 212-10 du Code du sport : « *Le fait pour toute personne d'exercer, à titre rémunéré ou bénévole, l'une des fonctions de professeur, moniteur, éducateur, entraîneur ou animateur d'une activité physique ou sportive ou de faire usage de ces titres ou de tout autre titre similaire en méconnaissance de l'article L. 212-9 est puni d'un an d'emprisonnement et de 15 000 euros d'amende* ».

93 La question prioritaire de constitutionnalité est prévue à l'article 61-1 de la Constitution : « *Lorsque, à l'occasion d'une instance en cours devant une juridiction, il est soutenu qu'une disposition législative porte atteinte aux droits et libertés que la Constitution garantit, le Conseil constitutionnel peut être saisi de cette question sur renvoi du Conseil d'État ou de la Cour de cassation qui se prononce dans un délai déterminé* ».

d'arbitrage)[94]. Avec la loi confortant le respect des principes républicains du 24 août 2021, le contrat d'engagement républicain comporte l'engagement, pour les fédérations agréées, dans des conditions déterminées par un décret en Conseil d'État pris après avis du Comité national olympique et sportif français : « 2° *De participer à la promotion et à la diffusion auprès des acteurs et publics de leur discipline sportive, des principes du contrat d'engagement républicain et d'organiser une formation spécifique des acteurs du sport pour qu'ils disposent des compétences permettant de mieux détecter, signaler et prévenir les comportements contrevenant à ces principes* »[95]. Ces nouvelles dispositions mettent à la charge des fédérations agréées une obligation de vigilance à l'égard des comportements déviants, dont la lutte contre la radicalisation fait partie[96], et de protection de leurs membres, notamment les mineurs. Elles ont ainsi désormais la charge d'organiser des actions de promotion, de sensibilisation et de formation en vue de détecter et prévenir de tels comportements. Force est alors d'affirmer que si « *la politique n'est pas l'art du possible, mais de rendre possible ce qui est nécessaire* »[97], alors par analogie, le sport n'est pas l'art de la violence, mais celui de canaliser ce qui est violent[98]. Autrement dit, il constitue un réel processus de civilisation des mœurs[99].

94 Assemblée nationale, « Rapport d'information n° 2082 sur les services publics face à la radicalisation », préc., p. 95.

95 Article L. 131-8 du Code du sport.

96 Colin MIÈGE, « Loi confortant le respect des principes de la République : quel impact sur le sport ? », *Les Cahiers de Droit du sport*, 31 août 2021.

97 Citation du cardinal duc de Richelieu (<wikiterritorial.cnfpt.fr>).

98 Jacques DEFRANCE, *Sociologie du sport*, La Découverte, Coll. « Repères », 2006 ; Roger CHARTIER et Georges VIGARELLO : « Les trajectoires du sport : pratiques et spectacle », *Le Débat*, 1982/2, n° 19, p. 35-58 ; Georges VIGARELLO, « Les deux violences sportives », *Esprit*, août/septembre 1985, n°s 104-105, p. 15-19.

99 Norbert ELIAS et Éric DUNNING, *Sport et civilisation, la violence maîtrisée*, Fayard, 1994.

Le risque sécuritaire lié aux enfants de djihadistes européens retenus au Kurdistan syrien : une limitation légitime au rapatriement ?

Ali BOUNJOUA
Doctorant en droit pénal européen,
Université libre de Bruxelles et Institut d'études européennes

En date du 4 octobre 2020, il fut répertorié plus de 64 000 personnes retenues au sein du camp kurde syrien d'al-Hol[1]. Depuis, la situation sécuritaire et humanitaire s'est détériorée. Plusieurs facteurs ont contribué à cette situation d'insécurité notamment en lien avec la reprise des activités du groupe État islamique (ci-après, « EI ») dans la région[2]. En effet, l'administration kurde du camp d'al-Hol a reconnu que des cellules de l'EI se sont recréées et sont actives dans le camp prenant pour cible ceux qui « coopèrent avec l'administration kurde, dans l'objectif de semer le chaos et la peur »[3]. En mars 2021, les Forces démocratiques syriennes ont averti que « le danger de l'EI ça reste les milliers de détenus et les milliers de familles dans les camps d'al-Hol et de Roj, qui gardent l'idéologie extrémiste »[4]. À titre illustratif, en mars 2021, les *Asayish* ont

---

1 OCHA, "Syrian Arab Republic. North-East Syria: Al Hol camp", United Nations Office for the Coordination of Humanitarian Affairs, 11 octobre 2020.
2 *Ibidem.*
3 D. F. et W. F., « Le camp d'al-Hol en Syrie est hors de contrôle : « Daech est devenu maître des lieux » », RTBF, publié le 3 mars 2021, disponible en ligne sur <https://www.rtbf.be/info/monde/detail_le-camp-d-al-hol-en-syrie-est-hors-de-controle-daech-est-devenu-maitre-des-lieux ?id =10710568>.
4 AFP, « Syrie : deux ans après sa défaite, l'EI toujours dangereux », *L'express*, publié le 23 mars 2021, disponible en ligne sur <https://www.lexpress.fr/actualites/1/monde/syrie-deux-ans-apres-sa-defaite-l-ei-toujours-dangereux_2147390.html>.

annoncé avoir arrêté 53 membres suspectés de participer aux activités de l'EI au sein du camp d'al-Hol, dont cinq chefs de cellule qui y menaient des attaques[5]. Ces camps kurdes ont été qualifiés de « marmites en ébullition, noyautées par des femmes djihadistes qui tentent d'y recréer un mini-califat »[6]. Il a été souligné que certaines de ces femmes menaçaient et recouraient à la violence envers celles qui se seraient dissociées de l'EI et de l'idéologie salafiste djihadiste[7]. L'année 2021 fut une année marquée par la montée de la violence au sein des camps kurdes, particulièrement celui d'al-Hol au point que cela a entravé l'accès aux Forces démocratiques syriennes au sein du camp. Ainsi Abdlelkarim Omar, l'un des responsables de la sécurité du camp, signale le « besoin qu'ont les femmes et les enfants d'être rééduqués et réintégrés dans leur société d'origine sous peine de devenir de futurs terroristes »[8].

Face à la réticence des gouvernements européens de rapatrier l'ensemble de leurs nationaux mineurs depuis le Kurdistan syrien, une majorité de ces derniers se retrouve toujours retenue dans ces camps. Il a été mis en lumière que les mineurs ainsi retenus ne bénéficiaient d'aucun traitement médical adapté[9]. D'autres ont subi plusieurs traumatismes et seraient en état de souffrance psychologique. En outre, l'aide humanitaire ne parvient plus ou difficilement dans ces camps au vu de l'instabilité sécuritaire qui y règne. Par ailleurs, il a été souligné que « plus on attend, plus on crée du traumatisme chez ces enfants et plus la prise en charge va être compliquée. La violence des camps fait mal. [...] Ils doivent être pris tout de suite entre les mains de spécialistes et doivent retrouver leur pays »[10]. Thierry Baubet, professeur en psychiatrie de l'enfant à l'Université Paris 13, a ainsi souligné que la durée d'exposition à un contexte désorganisé, à l'absence de soins adéquats et à l'absence de

---

5 A. ROTIVEL, « Arrestations de membres de Daech dans le camp de al-Hol en Syrie », La Croix, publié le 31 mars 2021, disponible en ligne sur <https://www.la-croix.com/Monde/Arrestations-membres-Daech-camp-Al-Hol-Syrie-2021-03-31-1201148571>.

6 F. PIERREBOURG, « La fausse fin de l'État islamique », *L'actualité,* 2019, vol. 44, p. 52.

7 *Ibidem.*

8 AFP, « Le camp d'al-Hol, poudrière jihadiste dans l'est de la Syrie », *Le Point*, publié le 31 mars 2019, disponible en ligne sur <https://www.lepoint.fr/monde/le-camp-d-al-hol-poudriere-jihadiste-dans-l-est-de-la-syrie-31-03-2019-2304859_24.php>.
Human Rights Watch, « Syrie : les familles des membres présumés de l'EI sont détenues dans des conditions déplorables – les divers pays concernés devraient soutenir le rapatriement de leurs ressortissants et accroître leur aide », 2019.

9 Propos de Me Marie Dosé repris *in* A. GARAPON, « Le retour des enfants de la zone irako-syrienne », *France culture*, publié le 25 mai 2021, disponible en ligne sur <https://www.franceculture.fr/emissions/esprit-de-justice/le-retour-des-enfants-de-la-zone-irako-syrienne>.

10 *Ibidem.*

soutien au développement, est un facteur déterminant[11]. Toutefois, seuls les mineurs européens d'un certain âge, considérés comme « vulnérables » ou ne « présentant pas un danger » ont par la suite été rapatriés vers leur État de nationalité. Il s'agit de l'approche politique européenne du « cas par cas » telle qu'elle sera illustrée par l'approche belge et française (Section 1). Cette approche politique qui introduit une discrimination fondée sur l'âge des mineurs retenus en Syrie suscite certaines questions juridiques au regard de la Convention internationale relative aux droits de l'enfant de 1989 à laquelle la Belgique et la France sont parties. Ainsi, bien que les politiques justifient leur approche suivant des considérations sécuritaires liées notamment au concept de « dangerosité » que les mineurs d'une tranche d'âge spécifique représentent pour la sécurité nationale, il conviendra de se questionner sur la légitimité d'un tel argument à la lumière des dispositifs judiciaires et socio-éducatifs qui furent mis en place pour répondre à ce phénomène sur le long terme (Section 2).

Section 1. L'approche de la Belgique et de la France : la politique du « cas par cas » fondée sur la « dangerosité » des mineurs retenus en Syrie

À la suite du déclin militaire des différentes organisations djihadistes armées[12] ayant sévi sur la zone irako-syrienne en 2019, environ 1 195 Européens sont retenus au Kurdistan syrien[13]. Parmi eux, il y aurait 700 enfants dont une majorité a la nationalité française[14]. Quant aux enfants belges, ils seraient au nombre de 69[15]. Par conséquent, la question s'est posée d'un éventuel rapatriement des enfants de djihadistes européens des camps sous administration kurde syrienne (§ 1). Néanmoins, à l'appui notamment d'arguments sécuritaires, les États membres de

11 A. GARAPON, « Le retour des enfants de la zone irako-syrienne », *France culture*, publié le 25 mai 2021.
12 F. GAUB, "The Future according to the Islamic State", *in* C. HÖHN (dir.), I. SAAVEDRA (dir.) et A. WEYEMBERGH (dir.), *La lutte contre le terrorisme : ses acquis et ses défis, Liber Amicorum Gilles de Kerchove,* Bruxelles, Bruylant, 2021, p. 721.
13 H. MESSOUDI, « Au moins 1 200 Européens détenus en Syrie et en Irak, dont 700 enfants », RTBF, publié le 15 octobre 2019, disponible en ligne sur <https://www.rtbf.be/info/monde/detail_au-moins-1200-europeens-detenus-dans-le-nord-de-la-syrie-dont-700-enfants ?id =10341840>.
14 *Ibidem.*
15 H. MESSOUDI, « Au moins 1 200 Européens détenus en Syrie et en Irak, dont 700 enfants », RTBF, publié le 15 octobre 2019.

l'Union européenne se sont montrés réticents à mettre en œuvre un tel rapatriement[16] (§ 2). Au vu de la situation humanitaire et sécuritaire déplorée au sein des camps kurdes d'al-Hol et d'al-Roj, le Comité des droits de l'enfant de l'Organisation des Nations Unies a intimé à une grande partie des États européens, dont la France et la Belgique, de rapatrier l'ensemble des mineurs[17].

§ 1. Les mineurs belges et français : un rapatriement limité aux « jeunes enfants »

En 2017, l'État belge avait annoncé un rapatriement des enfants de moins de 10 ans, mais qui fut que partiellement réalisé. Le 4 mars 2021, le Premier ministre belge Alexander De Croo a annoncé que la Belgique allait rapatrier tous les enfants de moins de 12 ans actuellement présents dans les camps kurdes[18]. Durant l'été 2021, sur avis du Conseil national de sécurité, les autorités belges ont effectivement rapatrié une dizaine d'enfants âgés de moins de 12 ans accompagnés de leur mère depuis la Syrie[19]. Le parquet de la Jeunesse s'est ensuite chargé de leur trouver « un cadre approprié au cas par cas »[20]. Les autorités belges se sont ainsi notamment basées sur le critère de l'âge pour la mise en œuvre de l'approche préconisée par les politiques qui serait lié à celui du risque que représenteraient ces enfants une fois de retour sur le territoire national.

En France, dès l'année 2019, le gouvernement français indiqua qu'un rapatriement des enfants de djihadistes français retenus au Kurdistan syrien se fera « au cas par cas »[21]. Au vu de la situation d'urgence humanitaire et sécuritaire, le président de la Commission nationale consultative des droits de l'homme a interpellé le Premier ministre français à rapatrier au plus vite les mineurs français. En réponse, le Premier ministre a indi-

---

16 S. MOREL, « L'Union européenne divisée sur les rapatriements des femmes et des enfants de djihadistes », *Le Mode*, publié le 20 mars 2021, disponible en ligne sur <https://www.lemonde.fr/international/article/2021/03/20/l-union-europeenne-divisee-sur-les-rapatriements-des-femmes-et-des-enfants-de-djihadistes_6073859_3210.html>.

17 ONU Info, « Syrie : des experts de l'ONU exhortent 57 pays à rapatrier des femmes et enfants bloqués dans les camps », *ONU Info*, publié le 8 février 2021.

18 S. MOREL, « L'Union européenne divisée sur les rapatriements des femmes et des enfants de djihadistes », *Le Mode*, publié le 20 mars 2021.

19 *Belga*, « Six femmes et 10 enfants "qui ont le souhait d'un retour volontaire en Belgique" ont été rapatriés de Syrie », publié le 17 juillet 2021, disponible en ligne sur <https://www.rtbf.be/info/belgique/detail_six-femmes-et-10-enfants-qui-ont-emis-le-souhait-d-un-retour-volontaire-en-belgique-ont-ete-rapatries-de-syrie ?id =10806190>.

20 *Ibidem.*

21 *Le Figaro* et *Reuters*, « Macron reste sur un retour "au cas par cas" des enfants de djihadistes », *Le Figaro*, publié le 13 mars 2019, disponible en ligne sur <https://www.lefigaro.fr/flash-actu/macron-reste-sur-un-retour-au-cas-par-cas-des-enfants-de-djihadistes-20190313 ?web =1&wdLOR =c0834B313-82E6-5C47-92DE-FE05A1255136>.

qué que « les autorités françaises faisaient prévaloir à l'égard de ces enfants une approche au cas par cas »[22]. Il s'ensuit qu'une dizaine d'enfants ont pu être rapatriés durant les mois de mars et juin 2019 en raison de « considérations humanitaires au regard de la situation de ces très jeunes mineurs, orphelins ou isolés, extrêmement vulnérables »[23]. L'année suivante, les autorités françaises ont procédé au rapatriement de dix enfants depuis des camps du nord-est de la Syrie[24]. Ces enfants ont été ensuite remis aux autorités judiciaires françaises et ont fait l'objet d'un suivi médical adapté ainsi que d'une prise en charge par les services sociaux compétents. La décision des autorités françaises a donc concerné uniquement les « jeunes enfants isolés » âgés de 2 à 11 ans[25] considérés comme « particulièrement vulnérables » et non l'ensemble des mineurs[26].

En conséquence de cette politique similaire, mais non coordonnés du rapatriement des enfants belges et français retenus au Kurdistan syrien, une centaine de mineurs restent à ce jour retenus au sein des camps kurdes dans des conditions humanitaires extrêmes. Et ces enfants restent confrontés à l'insécurité permanente qui règne dans les camps à la suite de la résurgence de l'EI au nord-est de la Syrie. Ainsi, ces mineurs continuent de souffrir « non seulement de troubles secondaires aux traumatismes provoqués par les violences auxquelles ils sont confrontés, mais aussi de troubles liés au confinement, aux difficultés de se déplacer [...] à la perte de la sécurité de base »[27].

Au niveau judiciaire, les autorités syriennes kurdes maintiennent en « détention » certains mineurs suspectés d'avoir commis des actes « terroristes » au sens de la législation antiterroriste kurde syrienne sans qu'ils soient officiellement mis sous arrestation judiciaire[28]. En outre, les preuves récoltées par les autorités judiciaires kurdes ne semblent pas

---

22 Commission nationale consultative des droits de l'homme, « Avis sur les mineurs français retenus dans les camps syriens », Assemblée plénière du 24 septembre 2019, *Journal officiel de la République française*, CDHX1929060V, téléchargeable sur <https://www.legifrance.gouv.fr/download/pdf ?id =50x_9dm--Siu-9bL-u2XPQ9VCrLsO1iVrkiGsEO_iV8 =>.

23 *Ibidem.*

24 Ministère de l'Europe et des Affaires étrangères, « Syrie – Retour de dix jeunes enfants français : communiqué », France Diplomatie, 22 juin 2020, disponible en ligne sur : <https://www.diplomatie.gouv.fr/fr/dossiers-pays/syrie/evenements/actualites-2020/article/syrie-retour-de-dix-jeunes-enfants-francais-communique-22-06-20>.

25 France 24, « La France rapatrie de Syrie sept enfants de djihadistes français », France 24, publié le 13 janvier 2021, disponible en ligne <https://www.france24.com/fr/france/20210113-la-france-rapatrie-de-syrie-sept-enfants-de-jihadistes-français>.

26 *Ibidem.*

27 M. Osseiran-Houballah, *L'Enfant-soldat,* Odile Jacob, 2003, p. 37.

28 Comité T, « Rapport 2021 – Évaluation des mesures visant à lutter contre le terrorisme à la lumière des droits humains », Rapport Comité T, 11 mars 2021, p. 121.

justifier une telle « détention » en ce que dès la libération du dernier bastion de l'EI à Baghouz, tous les mineurs européens qui s'y trouvaient furent placés en « détention » dans des camps pour un éventuel jugement ultérieur. Et ce, sans distinction entre civils et jeunes recrues combattantes de l'organisation djihadiste EI. Ainsi, outre la situation humanitaire et sécuritaire à laquelle sont confrontés les mineurs européens, les plus âgés se retrouvent en « détention extra-judiciaire » qui persiste dans le temps en l'absence de rapatriement opéré par leur État de nationalité[29].

Cette approche politique du « cas par cas » a été juridiquement critiquée à la lumière de la Convention internationale relative aux droits de l'enfant du 20 novembre 1989 à laquelle la Belgique et la France sont parties (ci-après, « la Convention »)[30]. En effet, il a été à plusieurs reprises rappelé à l'État belge et à l'État français de respecter leurs engagements internationaux, notamment tels qu'issus de la Convention internationale relative aux droits de l'enfant et de son premier protocole relatif à l'implication des enfants dans les conflits armés[31]. Ceci implique donc que les États parties à la Convention de tout mettre en œuvre pour rapatrier tous les mineurs retenus sur zone irako-syrienne sans considération de l'âge[32]. En effet, ladite Convention prévoit que l'enfant est tout être humain âgé de moins de 18 ans[33]. Par conséquent, en février 2019, le Comité des droits de l'enfant des Nations Unies, dans le cadre de ses observations finales sur le rapport de l'État belge, a indiqué que « le Comité [...] recommande à l'État partie [...] de faciliter le rapatriement rapide de tous les enfants belges et, lorsque cela est possible, de leur famille, quel que soit leur âge ou leur degré d'implication supposée dans le conflit armé »[34]. Le Comité a également été saisi de trois réclamations de familles portant sur la situation d'enfants français et de leur mère dans les camps kurdes syriens. Par deux décisions, le Comité a déclaré les ré-

---

29 *Ibidem.*

30 Commission nationale consultative des droits de l'homme française, « Avis sur les enfants français retenus dans les camps syriens », CNCDH, Avis 1-2019-4, 24 septembre 2019.

31 E. Gangneux et B. Van Keirsblick, « Le rapatriement des enfants belges affectés par les conflits armés », Défense des enfants internationale, Belgique, « Analyse » n° 2019-01, 2019 et Défenseur des droits, République française, Décision du défenseur des droits n° 2019-129, le 22 mai 2019.

32 Open Society Justice Initiative, "European States' Obligation to Repatriate the Children Detained in Camps in Northeast Syria", Open Society, New York, 2021.

33 Article 1er de la Convention internationale relative aux droits de l'enfant.

34 Comité des droits de l'enfant des Nations unies, « Convention relative aux droits de l'enfant. Observations finales concernant le rapport de la Belgique valant cinquième et sixième rapports périodiques », CRC/C/BEL/CO/5-6, 28 février 2019, § 50, b.

clamations recevables après avoir considéré que les mineurs relevaient bien de la juridiction de l'État français[35].

Ainsi, il a été souligné qu'une telle approche du « cas par cas » constituait une « discrimination contraire à la Convention internationale relative aux droits de l'enfant »[36]. Par ailleurs, l'Assemblée parlementaire du Conseil de l'Europe a indiqué dans sa résolution du 30 janvier 2020 que « les États membres du Conseil de l'Europe ont tous ratifié la Convention internationale relative aux droits de l'enfant [...]. Ils ont, par conséquent, pris l'engagement de protéger tous les enfants »[37] et rappelle que « l'Assemblée est convaincue que le fait de procéder activement au rapatriement, à la réadaptation et à la (ré)intégration de ces enfants sans plus tarder est une obligation relevant des droits humains et un devoir humanitaire »[38]. À cette fin, l'Assemblée invite notamment les États membres du Conseil de l'Europe à « prendre toutes les mesures qui s'imposent pour assurer le rapatriement immédiat de tous les enfants dont les parents, considérés comme ayant fait allégeance à Daech, sont ressortissants de leur État, indépendamment de leur âge ou de leur degré d'implication dans le conflit »[39]. Dès lors, un rapatriement limité aux mineurs européens âgés de moins de 12 ans fondé sur le niveau de « dangerosité » lié au degré d'endoctrinement ou d'implication dans les exactions commises par l'organisation djihadiste EI semblerait toutefois contraire au droit international des droits fondamentaux de l'enfant.

§ 2. Le « danger » lié à l'endoctrinement des mineurs européens ayant vécu sous le Califat de l'EI : le fondement de la politique du « cas par cas »

L'ensemble des mineurs retenus au Kurdistan syrien fut confronté à un environnement traumatique de guerre et de violence à défaut d'avoir été contraint de participer à des exactions commises par le groupe EI : la

---

[35] Défenseur des droits, « Situation des enfants français détenus dans les camps au nord-est de la Syrie : saisie de plusieurs réclamations, la défenseure des droits intervient devant le comité des droits de l'enfant de l'ONU », <www.défenseurdesdroits.fr>, publié le 27 juillet 2021.

[36] E. GANGNEUX et B. VAN KEIRSBLICK, « Le rapatriement des enfants belges affectés par les conflits armés », *op. cit.*, p. 2.

[37] Résolution 2321 (2020) de l'Assemblée parlementaire du Conseil de l'Europe, « Obligations internationales relatives au rapatriement des enfants des zones de guerre et de conflits », 30 janvier 2020, § 3.

[38] *Ibidem.*

[39] Résolution 2321 (2020) de l'Assemblée parlementaire du Conseil de l'Europe, « Obligations internationales relatives au rapatriement des enfants des zones de guerre et de conflits », 30 janvier 2020, § 6.

participation au combat ou l'exécution de prisonniers[40]. Il a été dénombré plus de 2 000 enfants âgés de 9 à 15 ans qui ont été recrutés et formés par l'EI sur zone irako-syrienne[41]. Le nombre de mineurs français dans cette situation spécifique s'élèverait à 460 et celui des Belges à 118[42]. Outre la confrontation à la guerre, les enfants ayant vécu sous le règne du Califat réinstauré par l'EI furent soumis à un système d'éducation scolaire basé sur l'endoctrinement et la formation militaire. Ainsi, les enfants qui revinrent sur le sol européen ou qui sont toujours retenus dans les camps kurdes syriens furent à un moment donné instrumentalisés par l'EI[43]. Il nous semble important de préciser que le profil type de l'enfant-combattant djihadiste n'existe pas en ce que les situations sont multiples[44].

Dès l'annonce de la réinstauration du Califat le 29 juin 2014, l'EI a mis en place un système éducatif en adéquation avec son idéologie[45]. Le « Ministère de l'Enseignement » de l'organisation a donc mis en place un nouveau « cursus » qui exclut certaines matières et qui plaça l'éducation et la formation islamistes au centre des considérations du groupe. Les matières fondamentales enseignées aux enfants se sont « militarisées sur la forme »[46]. À titre illustratif, il fut enseigné aux enfants l'identification des différents types d'armes ou de munitions ou à faire des exercices de mathématiques avec des dessins de grenades ou de kalachnikovs[47] comme le démontre l'illustration reprise ci-dessous[48] :

Ainsi, dès les premières années de scolarisation, l'objectif de l'organisation fut de transmettre l'idéologie djihadiste aux enfants en développant un « univers et un champ lexical guerrier prenant exemple sur les écoles de l'Allemagne nazie et du Cambodge »[49]. L'environnement belligérant de l'éducation scolaire dispensée par l'EI présente la mort comme omniprésente autour de l'enfant au vu du processus de militari-

---

40 W. NASR, « À l'école de l'État islamique : les "lionceaux du Califat" », *Inflexions*, n° 27, 2018, p. 33.

41 H. HUSSEIN, « Pour une meilleure prise en charge des enfants revenus de Syrie », *Le Monde*, 10 juillet 2018.

42 *Ibidem.*

43 D. BOUZAR, « Les enfants de Daech », *Les Cahiers de l'Orient,* n° 134, 2019, p. 68.

44 *Ibidem*, p. 69.

45 Sur l'idéologie djihadiste de l'EI, voir notre analyse *in* A. BOUNJOUA, « Le rôle de l'Ayatollah dans la lutte antiterroriste. Un "djihad" contre le "djihadisme" », *Revue Défense Nationale*, n° 1316, 28 septembre 2021.

46 W. NASR, « À l'école de l'État islamique : les "lionceaux du Califat" », *op. cit.*, p. 30.

47 *Ibidem.*

48 D. BOUZAR et S. VALSAN, « L'école de Daesh, bien éloignée des principes de l'islam (2/3) », *Saphir News*, publié le 15 février 2019, disponible en ligne sur <https://www.saphirnews.com/L-ecole-de-Daesh-bien-eloignee-des-principes-de-l-islam-2-3_a26020.html>.

49 D. BOUZAR, « Les enfants de Daech », *op. cit.*, p. 82.

sation de ce dernier. Les attaques et les exécutions sont dépeintes comme des actes héroïques afin que l'enfant puisse s'identifier à ces « héros du djihad »[50]. Ceci, dans un objectif de normaliser les exactions commises par l'organisation terroriste qui sont enseignées comme des « actes de guerre » légitimés par l'idéologie véhiculée. Les mineurs ont, par conséquent, constitué la première cible de la stratégie de recrutement et d'endoctrinement de l'EI, mais aussi un pilier de son projet islamiste. Outre la banalisation de la violence enseignée au sein des écoles, l'EI usa de sa propagande ciblant directement ces mineurs en les qualifiant d'« enfants des martyrs » ou de « lionceaux du califat »[51]. Plusieurs vidéos diffusées sur le Net par les agences médiatiques de l'EI ont mis en scène des mineurs européens de tous âges confondus mettant en relief la propagande belligérante de l'organisation[52].

La formation éducative se complète avec une formation physique d'endurcissement dès l'âge de huit ans. L'EI a donc affirmé que cette formation sous forme d'entrainement dans les camps militaires pour mineurs a vocation à ce qu'une « génération puisse connaitre ses ennemis »[53]. Ils sont entrainés au combat au corps à corps, à l'usage d'explosifs et au maniement des armes à feu[54]. Il s'agit d'une formation en trois étapes :

1. le maniement des armes ;
2. la tactique militaire ;
3. et l'idéologie djihadiste.

En effet, le camp d'entrainement pour mineurs est le lieu de mise en œuvre concrète de l'idéologie djihadiste. C'est là que doit se « tester le niveau de désorganisation émotionnelle qui permet d'affronter la mort »[55]. Par ailleurs, il a été indiqué que ce type de formation a pour conséquence que les lois du groupe envahissent le privé jusqu'à ce qu'il ne reste plus rien de l'individu. C'est à cette condition que les mineurs peuvent être exposés à la violence de manière assumée et revendiquée[56]. Enfin, il a été souligné par le docteur Haing, survivant des camps de Pol Pot au Cambodge, que « le fait d'aller combattre ou d'assister à des scènes de violence développe l'agressivité de l'enfant. C'est dans une

---

50 *Ibidem*, p. 85.

51 H. HUSSEIN, « Les "lionceaux du califat" : une analyse de la propagande djihadiste », *Les Cahiers Dynamiques*, n° 72, 2017, p. 44.

52 *Ibidem*, p. 45.

53 W. NASR, « À l'école de l'État islamique : les "lionceaux du Califat" », *op. cit.*, p. 30.

54 *Ibidem.*

55 D. BOUZAR, « Les enfants de Daech », *op. cit.*, p. 85.

56 *Ibidem.*

réaction de défense que l'enfant imite son tortionnaire »[57]. En effet, cette double formation éducative et militaire s'apparente à une reprogrammation de l'esprit de l'enfant accompagnée de « manipulations mentales et comportementales afin de reconditionner à une vision apocalyptique et décadente du monde du dehors »[58].

Le suivi des mineurs européens qui, dès leur bas âge, ont été bercés dans l'environnement djihadiste formateur, est donc étroitement lié à la question du rapatriement de ces derniers sur le sol européen. Cela suscite la question du risque sécuritaire et du danger que pourraient représenter ces mineurs à long terme. Il a été indiqué par certains experts qu'il n'était pas opportun de comparer la prise en charge des enfants endoctrinés par l'idéologie djihadiste aux enfants-soldats *sensu stricto*[59]. Effectivement, bien que sur le plan juridique, il n'y a aucune différence si ce n'est le caractère « terroriste » de l'acte potentiellement commis par le mineur, une « situation de danger de mort caractérise les enfants-soldats, qui combattent souvent pour ne pas mourir de faim ou pour éviter que leur famille ne se fasse tuer ; leur déshumanisation est davantage le produit de l'entrainement au combat que le résultat d'un processus idéologique élaboré »[60]. Or, l'interrogation sur le « danger » des enfants ayant vécu sous le règne califal de l'EI se situe justement dans le passage à l'acte violent qui découlerait de l'idéologie dans laquelle ils ont été baignés. Ainsi, la politique du rapatriement au « cas par cas » principalement axée sur l'âge du mineur avancée par les gouvernements belge et français s'explique en raison d'une « dangerosité » que représenteraient les mineurs d'une tranche d'âge supérieure. C'est-à-dire ceux qui seraient passés par ces camps militaires, qui auraient pu participer aux exactions commises ou qui ont atteint un certain âge développant un risque plus élevé de passer à l'acte issu de l'idéologie violente dans laquelle ils évoluèrent durant un laps de temps plus important.

---

57 Propos repris *in* D. BOUZAR, « Les enfants de Daech », *op. cit.*, p. 86.

58 H. HUSSEIN, « Les "lionceaux du califat" : une analyse de la propagande djihadiste », *op. cit.*, p. 46.

59 D. BOUZAR, « Les enfants de Daech », *Les Cahiers de l'Orient, op. cit.*, p. 87.

60 *Ibidem.*

Section 2. La prise en charge des mineurs âgés de plus de 12 ans : le traitement judiciaire et le suivi socio-éducatif éclipsés par le risque sécuritaire ?

Bien que la situation sécuritaire et humanitaire dans les camps kurdes soit alarmante, les gouvernements belge et français avancent l'argument sécuritaire pour éviter un retour organisé et contrôlé de tous les mineurs qui y sont retenus. En effet, il a été avancé que « les enfants ayant grandi au sein du Califat sont un danger pour nos sociétés, car ils auraient été endoctrinés »[61] ou encore qu'ils seraient « des bombes à retardement »[62]. Dans une telle situation, se pose en effet la question à plus long terme du suivi thérapeutique et éducatif pour ces mineurs ayant assisté et/ou subi des violences sur zone irako-syrienne (§ 1). La « crainte avouée est qu'ils reproduisent à l'adolescence (ou à l'âge adulte) des comportements violents envers la société (ou envers eux-mêmes) »[63]. Leur situation s'assimilerait à celle des adultes djihadistes retenus au sein des centres de détention kurdes dont les gouvernements des États d'où ils sont originaires refusent également leur rapatriement en vertu de l'argument sécuritaire du danger qu'ils représentent[64]. Ainsi, nous assistons aujourd'hui au plaidoyer d'un même argument sécuritaire pour justifier le non-rapatriement des combattants djihadistes adultes et des mineurs qui auraient ou non participé activement au conflit armé syrien. Et ce, bien qu'une partie de ces mineurs adolescents soient revenus sur le territoire européen, fassent l'objet d'un traitement judiciaire, d'un suivi de réhabilitation et d'un suivi psychologique et éducatif adaptés spécialement mis en place (§ 2).

---

[61] A. WINKEL, « Les enfants belges du Califat », *Citoyenneté & Participation*, Analyse n° 387, 2019, p. 6.

[62] Propos du procureur de Paris, François Molins, *in* Y. CALVI, « François Molins sur RTL : "Les enfants de jihadistes sont des bombes à retardement" », RTL.fr, publié le 23 janvier 2018, disponible en ligne sur <https://www.rtl.fr/actu/debats-societe/francois-molins-sur-rtl-les-enfants-de-jihadistes-sont-des-bombes-a-retardement-7791948055>.

[63] T. BARANGER et C. ELIACHEFF, « Les enfants de retour de la zone irako-syrienne : un défi pour la société », *Le Débat*, n° 205, 2019, p. 161.

[64] Intervention de la Commissaire aux droits de l'homme du Conseil de l'Europe en qualité de tierce partie devant la Cour européenne des droits de l'homme : requêtes n° 24384/19 et 44234/20 *H.F. et M.F. c. France et J.D. et A.D. c. France*, Conseil de l'Europe, CommDH (2021)21, 25 juin 2021.

§ 1. Le dispositif d'accompagnement des mineurs belges et français de retour de zone irako-syrienne

En 2019, un total de 84 enfants sont revenus sur le territoire français[65]. Une partie d'entre eux ont été ramenés en France avec leurs parents qui quittèrent la Syrie puis furent expulsés depuis la Turquie. Certains furent confiés à l'Aide sociale à l'enfance, d'autres à leur mère sous contrôle judiciaire et quelques-uns à des membres de la famille élargie. Fin 2019, la plupart des enfants de retour l'ont été avec leur mère, le père étant présumé décédé, incarcéré ou en fuite. Une dizaine d'enfants sont revenus avec leurs deux parents, trois sans leur mère retenue au Kurdistan syrien et deux sont orphelins[66]. La majorité de ces enfants sont âgés de moins de 6 ans. Une quinzaine ont moins de 12 ans et enfin dix-huit auraient entre 6 et 16 ans. Selon Thierry Baranger, premier vice-président au tribunal de grande instance de Bobigny, et Caroline Eliacheff, pédopsychiatre et psychanalyste assurant l'accompagnement des juges aux affaires familiales au tribunal de Bobigny, « nous n'avons pas été confrontés à des profils d'enfants-soldats »[67]. À ce chiffre s'ajoute le rapatriement récent opéré par la France de dix enfants âgés de 2 à 11 ans.

La plupart des enfants français, une fois de retour à l'aéroport de Roissy, sont pris en charge par le tribunal pour enfants de Bobigny dans l'attente d'une évaluation permettant d'envisager un retour en famille dans leur région d'origine[68]. S'ensuit alors un long processus judiciaire qui fait intervenir le juge des enfants, le procureur de la République, un juge d'instruction, l'Aide sociale à l'enfance, l'éducateur référent de l'enfant, les avocats des parties ainsi que les médecins et psychologues pour un suivi médical et pédopsychiatrique. Dans la mesure où les mineurs ayant vécu sous le Califat de l'EI ont été « désaffiliés et dénationalisés » par l'organisation, plusieurs défis se sont posés quant à leur accompagnement en ce qu'ils ont été impactés à différents niveaux selon qu'ils aient été entrainés militairement, participé aux exactions commises par l'organisation, témoins de violences, enlevés à leur famille ou élevés par des parents toujours partisans de l'idéologie salafiste djihadiste de l'EI[69]. En outre, les enfants arrivent avec une double difficulté sur la-

65 T. Baranger et C. Eliacheff, « Les enfants de retour de la zone irako-syrienne : un défi pour la société », *op. cit.*, p. 154.
66 *Ibidem*, p. 155.
67 T. Baranger et C. Eliacheff, « Les enfants de retour de la zone irako-syrienne : un défi pour la société », *op. cit.*, p. 161.
68 *Ibidem*, p. 154.
69 D. Bouzar, « Les enfants de Daech », *Les Cahiers de l'Orient, op. cit.*, p. 89.

quelle les acteurs compétents travaillent : « une idéologie qui leur a appris à se méfier des « autres » et un traumatisme éventuel qui leur a fait perdre la confiance en l'adulte »[70].

Ainsi, le gouvernement français a transmis une circulaire destinée aux professionnels de la Protection judiciaire de la Jeunesse et relative à la prise en charge des mineurs à leur retour de zone d'opérations de groupes terroristes[71]. À cette circulaire, s'ajoute la circulaire du Premier ministre du 23 mars 2017 relative à la prise en charge des mineurs à leur retour de zone irako-syrienne[72]. En application de ces lignes directrices, dès l'arrivée du mineur de Syrie sur le territoire français, le parquet spécialisé en matière de mineurs et le magistrat référent « terrorisme » deviennent les destinataires d'informations pertinentes pour la prise en charge individualisée du mineur concerné. En complément, des mesures de contrainte peuvent éventuellement être prises à l'encontre du mineur dont la situation pénale le justifierait[73]. Conformément aux dispositions de la circulaire du Premier ministre du 13 octobre 2016 relative à la prévention de la radicalisation violente et à la coordination de la réponse judiciaire, le ministère public recueille les informations susceptibles de justifier l'ouverture d'une procédure d'assistance éducative. Ainsi, le procureur de la République invitera l'ensemble des acteurs concernés par le dispositif, notamment le conseil départemental et les représentants de l'agence régionale de la santé et de l'éducation nationale.

De manière générale, même lorsque des poursuites pénales sont engagées à l'encontre du mineur, le procureur de la République examinera l'opportunité de saisir le juge des enfants d'une requête éducative[74]. Dès lors, le procureur de la République envisagera des réquisitions aux fins de prononcé d'une mesure judiciaire d'investigation éducative permettant de proposer une prise en charge adaptée aux besoins du mineur de retour. Cette mesure judiciaire permettra également au juge des enfants d'être en possession d'éléments d'appréciation sur la nécessité d'un « suivi éducatif renforcé » en parallèle à une mesure « de placement à l'Aide sociale de l'enfance » ou une « mesure d'action éducative en milieu ouvert » prévue

[70] *Ibidem*, p. 93.

[71] Circulaire du 24 mars 2017 relative aux dispositions en assistance éducative de la loi n° 2017-258 du 28 février 2017 et au suivi des mineurs de retour de zone irako-syrienne, JUSF1709228C, Bulletin officiel du ministère de la Justice, *BOMJ* n° 2017-03 du 31 mars 2017.

[72] Instruction du Premier ministre n° 5923-SG du 23 mars 2017 relative à la prise en charge des mineurs à leur retour de zone irako-syrienne.

[73] Circulaire du 24 mars 2017 relative aux dispositions en assistance éducative de la loi n° 2017-258 du 28 février 2017 et au suivi des mineurs de retour de zone irako-syrienne, JUSF1709228C, Bulletin officiel du ministère de la Justice, *BOMJ* n° 2017-03 du 31 mars 2017, p. 2.

[74] *Ibidem*.

par l'article 31 de la loi relative à la sécurité publique[75]. Parallèlement à la mise en place d'une mesure judiciaire d'investigation éducative (MJIE) ou d'une mesure d'action éducative en milieu ouvert (AEMO) lorsqu'elles s'avèrent pertinentes, le dispositif en place prévoit l'intervention des services de l'Aide sociale à l'enfance qui pourront faire intervenir un soutien des directions interrégionales de la protection judiciaire de la jeunesse (DIRPIJ) par le biais de groupes d'appui pluridisciplinaires. Ces groupes sont composés d'éducateurs sociaux et de psychologues spécialisés.

Dès lors, il existe bien un cadre et un dispositif mis en place par les autorités françaises qui permettent le suivi des mineurs de retour de zone irako-syrienne qu'importe leur âge[76]. En effet, à l'écoute de certains discours politiques, nous oublions bien trop souvent la multiplicité et la diversité des acteurs impliqués dans le suivi du cadre mis en place pour accueillir et suivre les mineurs français de retour de Syrie. Il a été indiqué qu'au niveau gouvernemental, sont impliqués les services du Premier ministre, du garde des Sceaux, des ministères de l'Intérieur, de l'Éducation, de la Santé et de la Défense, le Comité interministériel de prévention de la délinquance et de la radicalisation et, au niveau départemental, les cellules préfectorales de suivi pour la prévention de la radicalisation et l'accompagnement des familles[77]. En outre, il y a les acteurs intervenant dans le cadre des procédures d'assistance éducative et de soin telles que l'Aide sociale à l'enfance et les services de pédopsychiatrie ainsi que les acteurs pour la lutte contre le terrorisme tels que le pôle de l'antiterrorisme du parquet de Paris, les parquets locaux et les avocats chargés de ces affaires[78].

Du côté belge, il existe également un dispositif mis en place pour accueillir les enfants de retour de zone irako-syrienne. Si les mineurs sont accompagnés de leurs parents ou de l'un d'eux, à l'arrivée sur le territoire belge, les parents sont emmenés pour un interrogatoire puis sont incarcérés dans un établissement pénitentiaire[79]. Si l'enfant est âgé de plus de

---

75 Circulaire du 24 mars 2017 relative aux dispositions en assistance éducative de la loi n° 2017-258 du 28 février 2017 et au suivi des mineurs de retour de zone irako-syrienne, JUSF1709228C, Bulletin officiel du ministère de la Justice, *BOMJ* n° 2017-03 du 31 mars 2017, p. 2.

76 Commission nationale consultative des droits de l'homme française, « Avis sur les enfants français retenus dans les camps syriens », CNCDH, Avis 1-2019-4, 24 septembre 2019, p. 9.

77 T. BARANGER et C. ELIACHEFF, « Les enfants de retour de la zone irako-syrienne : un défi pour la société », *op. cit.*, p. 160.

78 *Ibidem.*

79 Délégué général aux droits de l'enfant et Centre d'Aide et de Prise en charge de toute personne concernée par les Radicalismes et les Extrémismes violents, « Prise en charge des enfants de retour de Syrie en Fédération Wallonie-Bruxelles », Document d'information à l'attention des professionnels, juin 2021, p. 17.

12 ans, celui-ci est aussi auditionné par un enquêteur de police spécialisé en audition de mineurs avec la présence d'un avocat. Ensuite, les mineurs sont transférés vers une unité hospitalière pédiatrique. Quant à la famille restée en Belgique, ils en sont informés, mais ne peuvent établir un premier contact avec l'enfant[80]. Le dispositif prévoit ensuite que l'Organe de coordination pour l'analyse de la menace (OCAM) transmet l'information aux parquets locaux de la Jeunesse qui informent à leur tour le Conseiller de l'Aide à la jeunesse ou le directeur de la protection de la jeunesse[81]. Par la suite, ces derniers nomment un conseiller, un délégué en chef et un délégué qui prendront le mineur en charge. Ainsi, il a été mis en lumière que « l'échange entre le parquet et les instances communautaires permet [...] qu'un dispositif d'accueil soit directement pensé pour répondre à l'état de difficulté ou de danger potentiel auquel peut être confronté l'enfant »[82].

Selon le dispositif belge, au vu de la diversité des situations de ces mineurs, les prises en charge s'opèrent sur base d'une étude individualisée pour un transfert vers les structures les plus adaptées[83]. Un programme de sensibilisation et de formation a été organisé par l'administration de l'Aide à la jeunesse à l'attention des agents des services publics qui seront en charge du suivi du mineur concerné, notamment sur les questions liées à la radicalisation violente. En parallèle du dispositif du suivi éducatif et thérapeutique, le parquet local compétent signale les mineurs de retour aux services de l'Aide à la jeunesse et de la protection de la jeunesse en tant que « mineurs en difficulté ou en danger »[84].

Concernant les mineurs de plus de 12 ans, une « enquête » est menée par le service de l'Aide à la jeunesse, il est proposé une prise en charge en fonction des besoins des mineurs, des capacités d'accueil et d'éducation des parents, familles d'accueil ou tuteurs (éventuellement famille élargie). Dans le cas où l'accord autour du programme proposé ne peut être ob-

80 *Ibidem.*

81 Délégué général aux droits de l'enfant et Centre d'Aide et de Prise en charge de toute personne concernée par les Radicalismes et les Extrémismes violents, « Prise en charge des enfants de retour de Syrie en Fédération Wallonie-Bruxelles », Document d'information à l'attention des professionnels, juin 2021, p. 17.

82 *Ibidem*, p. 18.

83 RTBF, « Que prévoit la Fédération Wallonie-Buxelles pour les « returnees » mineurs revenus du djihad ? », RTB.be, publié le 4 août 2017, disponible sur : <https://www.rtbf.be/info/belgique/detail_que-prevoit-la-federation-wallonie-bruxelles-pour-les-returnees-mineurs-revenus-du-djihad ?id =9676006>.

84 Délégué général aux droits de l'enfant et Centre d'Aide et de Prise en charge de toute personne concernée par les Radicalismes et les Extrémismes violents, « Prise en charge des enfants de retour de Syrie en Fédération Wallonie-Bruxelles », Document d'information à l'attention des professionnels, juin 2021, p. 19.

tenu par les détenteurs de l'autorité parentale et du mineur âgé de plus de 12 ans, le conseiller transmet la situation au Procureur du Roi qui saisit le cas échéant le juge de la jeunesse pour une « aide contrainte »[85]. À Bruxelles comme en Wallonie, les mineurs de plus de 12 ans peuvent faire l'objet d'un double signalement par le parquet : outre l'identification de « mineurs en danger », ils pourraient être considérés comme « mineurs poursuivis pour un fait qualifié d'infraction terroriste »[86]. À ce moment, le traitement judiciaire prévu donne l'opportunité au parquet de prendre la décision de déférer le mineur devant un juge de la jeunesse.

Malgré cela, des questions persistent notamment sur l'efficacité du cadre établi et de la plus-value de cette multiplicité d'acteurs. Néanmoins, plusieurs experts et scientifiques se sont montrés confiants et ont émis des recommandations afin de renforcer le suivi préétabli[87]. Dès lors, le risque sécuritaire et le « danger » que représenteraient ces mineurs paraissent se relativiser au vu du suivi, de la surveillance et de l'ensemble de ces traitements judiciaires et sociaux qui ont vocation à perdurer tout au long de l'encadrement individualisé du mineur concerné. Même pour ceux qui seraient judiciarisés dès leur arrivée. En effet, il convient dès lors de nous interroger de manière plus approfondie sur la place de la justice pénale dans le dispositif mis en place pour l'accueil et le suivi des mineurs belges et français âgés de plus de 12 ans.

§ 2. Le rapatriement des mineurs âgés de plus de 12 ans retenus au Kurdistan syrien : un « danger » relativisé au regard de la prise en charge de nature pénale prévue par le dispositif d'accompagnement ?

Dans son rapport, le RAN, a indiqué qu'il faut « savoir gérer les risques potentiels que posent les mineurs de retour de zone de combat ; ils peuvent représenter un risque marginal [...] »[88]. Ce risque sécuritaire serait en réalité pris en considération par les autorités européennes compétentes et sa prise en charge se traduirait par le traitement judiciaire pénal mis en place par le dispositif de suivi des mineurs âgés de plus de 12 ans de retour de zone irako-syrienne ainsi que les programmes de réhabilitation et de suivi socio-éducatif qui viennent compléter ce traitement judiciaire pénal.

---

85 *Ibidem*, p. 20.

86 *Ibidem.*

87 T. BARANGER et C. ELIACHEFF, « Les enfants de retour de la zone irako-syrienne : un défi pour la société », *op. cit.*, p. 162.

88 Radicalisation Awareness Network, « Document d'analyse du RSR : retour des enfants dans leur pays d'origine après un séjour dans des zones de conflit », 2016.

En effet, la dangerosité est au centre du droit pénal en ce que le droit pénal a « par définition, vocation à réagir aux comportements dangereux et à répondre aux individus dont la dangerosité s'est révélée par la commission d'une infraction »[89]. Le droit pénal n'occulte donc aucunement la question de la dangerosité en ce qu'il existe un système répressif qui répond à cette dangerosité lorsqu'elle se révèle par la commission d'une infraction[90]. En outre, cette réponse est notamment renforcée par des mesures complémentaires de sûreté. En effet, ces mesures ont été définies comme des « précautions de protection sociale destinée à prévenir la récidive d'un délinquant ou à neutraliser l'état dangereux »[91]. De surcroit, lorsque cette dangerosité ne se traduit pas par la commission d'une infraction, elle n'échappe pas pour autant à tout contrôle des autorités compétentes. Le droit pénal antiterroriste s'est doté d'un pan préventif qui contribue à neutraliser cette dangerosité même en dehors de la commission d'un acte infractionnel qui en découlerait *a posteriori*[92]. À titre illustratif, nous pouvons nous référer aux incriminations des délits-obstacles.

Ainsi, comme nous l'avons établi, le dispositif de suivi des mineurs de retour de zone irako-syrienne est avant tout judiciaire et permet la prise en charge pénale des mineurs âgés de plus de 12 ans qui seraient soupçonnés d'avoir commis des actes qualifiés d'infractions « terroristes ». Plus précisément, dès le retour de mineurs âgés de 13 ans ou plus sur le territoire français de zone irako-syrienne, ces derniers sont alors remis aux chambres pénales antiterroristes françaises. Dès lors, le traitement réservé aux mineurs français de retour de zone irako-syrienne prend la forme d'une « judiciarisation systématique en lien étroit avec les principaux parquets concernés par ces retours »[93]. Selon la fiche d'articulation des prises en charge civile et pénale des mineurs de retour de zone, les mineurs combattants ainsi que « ceux dont le niveau de participation le

---

[89] J. ALIX, Chapitre premier. « Une liaison dangereuse. Dangerosité et droit pénal en France », in G. GIUDICELLI-DELAGE, *La dangerosité saisie par le droit pénal*, Presses universitaires de France, p. 50.

[90] P. LE MONNIER DE GOUVILLE, « De la répression à la prévention. Réflexion sur la politique criminelle antiterroriste », *Les Cahiers de la Justice*, 2017, n° 2, p. 209 à 225.

[91] R. MERLE et A. VITU, *Traité de droit criminel. Problèmes généraux de la science criminelle, droit pénal général*, Cujas, 1997, n° 656.

[92] G. MATHIAS, *La stratégie française de lutte contre le terrorisme islamiste : l'état des lieux de trois ans de lutte anti-terroriste*, Balland, 2018 et G. DEMEZON et F. PEINAUD, *L'Europe face au terrorisme*, Nuvis, 2018.

[93] Fiche d'articulation des prises en charge civile et pénale des mineurs de retour de zone, *in* « Circulaire du 24 mars 2017 relative aux dispositions en assistance éducative de la loi n° 2017-258 du 28 février 2017 et au suivi des mineurs de retour de zone irako-syrienne, JUSF1709228C », *Bulletin officiel du ministère de la Justice, BOMJ* n° 2017-03 du 31 mars 2017, Annexe 1, p. 8.

justifie » ont vocation à faire l'objet de poursuites pénales sous la direction exclusive de la section antiterroriste du parquet de Paris[94]. Ceci, tout en bénéficiant toujours d'une procédure d'assistance éducative en raison de leur situation et/ou d'une prise en charge psychologique dans le cadre pénal. Dès lors, il a été mis en exergue que les mineurs français âgés de plus de 13 ans de retour de Syrie, soupçonnés d'avoir participé aux activités du groupe terroriste EI, sont, dès l'atterrissage à Roissy, incarcérés[95]. En 2018, huit mineurs furent dans cette situation spécifique[96].

Toutefois, il n'est pas toujours clairement établi la commission d'un acte terroriste par le mineur de retour de Syrie. Seul son lien avec le groupe terroriste EI justifierait *a priori* sa judiciarisation par le parquet antiterroriste de Paris à son retour. Les magistrats saisis des affaires de mineurs de retour de zone irako-syrienne soupçonnés d'avoir commis des actes qualifiés « terroristes » gardent donc à l'esprit un objectif de « protéger la société » et éviter la récidive[97]. Certes, la plupart des mineurs ou des jeunes majeurs de retour de Syrie ou arrêtés en chemin n'envisagent pas de commettre une attaque sur le territoire français, toutefois en audience l'argument selon lequel le prévenu est « un danger pour la société, une menace contre la sécurité nationale, prend le pas sur les considérations afférentes au statut de mineur »[98]. Ainsi, le principe de précaution semble prévaloir sur toute autre considération notamment en raison de la charge politique de ces dossiers terroristes délicats. Ces mineurs poursuivis n'auraient généralement pas commis de délits ou de crimes clairement identifiables, ils n'auraient pas commis d'actes « qui isolément seraient facilement qualifiables pénalement. Ce n'est que parce qu'ils sont rattachés à d'autres éléments généraux, un groupe « terroriste » ou une situation géopolitique qu'ils « deviennent constitutifs du délit d'association de malfaiteurs en relation avec une entreprise terroriste » »[99]. Dès lors, il a été souligné que « dès que c'est la virtualité du terrorisme qui est poursuivie et que celle-ci ne peut être établie que par l'ensemble des relations passées et présentes qui entourent le prévenu, les juges des enfants perdent pratiquement toute leur marge de manœuvre »[100]. En effet, en matière d'antiterrorisme où le danger pour la

---

[94] *Ibidem*, p. 8.

[95] T. Prouteau et L. Farge, « Comment sont pris en charge les enfants des jihadistes français de retour de Syrie », RTL.fr, publié le 23 janvier 2018.

[96] *Ibidem.*

[97] T. Barranger et autres, « La justice des mineurs et les affaires de terrorisme », *Les Cahiers de la Justice*, n° 2, 2017, p. 255.

[98] *Ibidem*, p. 256.

[99] *Ibidem.*

[100] *Ibidem*, p. 257.

sécurité nationale est omniprésent, le contexte politique semble prévaloir sur le contexte du mineur et de sa famille. Et ce, même si « l'engagement de la procédure d'assistance éducative s'inscrit cependant dans le calendrier prioritaire de l'action pénale menée par le parquet de Paris »[101] à l'égard du mineur de retour sur le sol français.

En Belgique, le traitement judiciaire diffère. En effet, concernant les mineurs âgés de plus de 12 ans de retour de zone irako-syrienne qui auraient commis des faits qualifiés infractions « terroristes », leur statut dépendra toujours du juge de la jeunesse[102]. En principe, ils ne comparaissent pas devant le tribunal correctionnel ou la cour d'assises compétents en matière d'infractions terroristes. Ils seraient jugés comme des majeurs seulement si le juge de la jeunesse se dessaisit de l'affaire et qu'au moment des faits le jeune était âgé de 16 ans au moins[103]. Si ce n'est pas le cas, ces mineurs de retour sont considérés comme « délinquants » et placés dans des Institutions publiques de protection de la jeunesse ou accompagnés par une section d'Accompagnement, de Mobilisation intensive et d'Observation. Ils restent néanmoins soumis à la procédure préalablement établie lorsque nous avons détaillé le dispositif d'accueil des mineurs de retour de zone de conflit en Belgique. Ainsi, l'ensemble des étapes dudit dispositif qui mobilise la justice, la sécurité et les services d'Aide à l'enfance démontre qu'une pluralité de professionnels est amenée à intervenir afin de garantir un contrôle sécuritaire et un suivi judiciaire et socio-éducatif adéquats et individualisés des mineurs concernés. En effet, dans le cadre du dispositif de suivi mis en place, la Fédération Wallonie-Bruxelles a élaboré un outil de lutte contre l'idéologie djihadiste qui est le « Centre d'Aide et de Prise en charge de toute personne concernée par les Extrémismes et Radicalismes violents » (le « CAPREV »)[104]. Ce programme permet ainsi de répondre au danger que représenteraient les mineurs ayant vécu sous le Califat dû à l'idéologie extrémiste de l'organisation, en ce qu'il a « pour vocation d'offrir un accompagnement individualisé à tout mineur ou majeur en voie de radicali-

101 Fiche d'articulation des prises en charge civile et pénale des mineurs de retour de zone, in Circulaire du 24 mars 2017 relative aux dispositions en assistance éducative de la loi n° 2017-258 du 28 février 2017 et au suivi des mineurs de retour de zone irako-syrienne, JUSF1709228C, Bulletin officiel du Ministère de la Justice, BOMJ n° 2017-03 du 31 mars 2017, Annexe 1, p. 8.

102 A. WINKEL, « Les enfants belges du Califat », *Citoyenneté & Participation*, Analyse n° 387, 2019, p. 16.

103 D'autres conditions légales sont également à remplir.

104 *Ibidem.*

sation violente, ainsi qu'un soutien et une écoute professionnels à leurs proches et aux intervenants de terrain »[105].

Ainsi, de manière générale, ces mineurs européens de retour ou à rapatrier qui seraient judiciarisés une fois présents sur le sol européen, « ne s'éloignent guère des problématiques classiques que les juges des enfants, les éducateurs, les pédopsychiatres ou les psychologues ont à traiter ordinairement »[106]. Cependant, le caractère « terroriste », l'argument sécuritaire et la pression politique rendent difficile une telle prise de conscience de la réalité judiciaire et sociale. En effet, de manière plus fondamentale, la société aurait le devoir, lorsqu'elle punit le délinquant, de tourner la sanction au profit de l'individu et de la société dans son ensemble en offrant à l'individu les moyens de son amendement et de réinsertion[107]. Et ce, sans restreindre ce devoir en vertu d'un risque sécuritaire éventuel ou d'un danger potentiel qui pourraient être maitrisés le cas échéant.

Par conséquent, nous ne voyons pas clairement la force de l'argument sécuritaire sur le plan judiciaire qui fait obstacle à un rapatriement des mineurs âgés de plus de 12 ans en ce que les mineurs qui seraient « dangereux » le seraient avant tout, car ils auraient commis des actes qualifiés d'infractions « terroristes » sur zone irako-syrienne. Or, ces mineurs seront pris en charge par le parquet antiterroriste de Paris ou soumis au juge de la jeunesse belge une fois de retour et suivront ensuite les programmes socio-éducatifs, psychiatriques et de réhabilitation spécifique, ainsi que les mesures complémentaires de sûreté si nécessaires. L'idéologie djihadiste, aussi violente soit-elle, n'est pas réprimée en droit pénal. Seul l'acte matériel incriminé l'est. D'où l'existence de programmes de déradicalisation ou de réhabilitation qui permettent également d'endiguer cette forme spécifique de « danger » liée au mineur considéré[108]. Quant au risque lié à la préparation à la commission future d'une infraction terroriste sur le territoire belge ou français, tant le droit pénal français que le droit pénal belge ont incriminé dans leur législation antiterroriste une multitude d'actes punissables en tant que délits-obstacles outre la théorie de la tentative en droit pénal général. Ceci est également à mettre en parallèle avec le travail effectué en amont par les services de renseignements belges et français : l'OCAM et la DGSI.

---

105 A. WINKEL, « Les enfants belges du Califat », *Citoyenneté & Participation,* Analyse n° 387, 2019, p. 16.

106 T. BARRANGER et autres, « La justice des mineurs et les affaires de terrorisme », *op. cit.*, p. 262.

107 J. ALIX, Chapitre premier. « Une liaison dangereuse. Dangerosité et droit pénal en France », *op. cit.*, p. 49.

108 E. ENTERNMANN, L. VAN DER HEIDE, D. WEGGEMANS et J. DORSEY, "Rehabilitation for Foreign Fighters: Relevance, Challenges and Opportunities for the Criminal Justice Sector", International Center for Counter-Terrorism, The Hague, 2015, p. 11.

Ainsi, à l'instar de ceux déjà revenus, les mineurs âgés de plus de 12 ans qui seraient rapatriés n'échapperaient ni à la justice pénale, lorsque cela s'avère justifié, ni aux dispositifs de suivi et de réhabilitation préétablis. Ils seront en effet « simplement » intégrés dans la boucle judiciaire et dudit dispositif en place à l'instar de leurs pairs revenus antérieurement de Syrie. Plus fondamentalement, le caractère dangereux argué par les politiques du « cas par cas » des mineurs âgés de plus de 12 ans ne devrait pas constituer un obstacle au rapatriement généralisé de tous les mineurs européens. En ce que les États européens se sont munis d'un droit pénal antiterroriste dont la construction répressive et préventive s'est basée sur la dangerosité des individus ciblés par ce droit et sur le risque qu'ils représentent. Dès lors, que ce soient les outils classiques de la protection de l'enfance ou ceux destinés à lutter contre l'islamisme radical, tant la Belgique que la France sont dotées de dispositifs nécessaires pour assurer un suivi après rapatriement de l'ensemble des mineurs de zone irako-syrienne. Nous ne sommes pas dans « l'inconnu, la précipitation ou l'improvisation »[109].

La situation et les difficultés notamment liées au potentiel « danger » de ces mineurs à long ou moyen terme sont bien connues de tous les professionnels en charge de telles affaires. Les différents acteurs concernés tant judiciaires que sociaux se rencontrent, échangent et coopèrent à huis clos. Ainsi, selon Bernard De Vos, délégué général aux droits de l'enfant en Belgique, « tout n'est donc finalement qu'une question de volonté. Les rapatrier pour que s'enclenche tout un mécanisme déjà bien en place »[110]. Plaider pour un non-retour des mineurs d'un certain âge, car ils seraient « dangereux » se traduirait alors par un manque de confiance en notre système judiciaire et préventif pénal et antiterroriste et dispositif thérapeutique et éducatif mis en place pour ces mineurs par ces mêmes politiques qui ont adopté l'approche du « cas par cas ». Ce qui semble assez paradoxal et renvoie à une certaine image sceptique et fragile de la justice et de la sécurité européennes. En effet, « la Belgique n'a-t-elle pas assez confiance en ses institutions, sa justice, ses principes ? »[111]. De même que la France ?

En conclusion, il nous a paru fondamental d'insister sur un élément que d'aucuns questionnent : la prise en charge des mineurs une fois rapatriés depuis les camps kurdes, syriens et le risque sécuritaire qu'ils représenteraient. Non seulement une telle prise en charge existe pour traiter

---

[109] A. WINKEL, « Les enfants belges du Califat », *Citoyenneté & Participation,* Analyse n° 387, 2019, p. 16.

[110] *Ibidem*, p. 17.

[111] *Ibidem*, p. 19.

judiciairement, suivre psychologiquement et réhabiliter socialement les mineurs de retour, mais surtout qu'elle est mise en pratique vis-à-vis des mineurs déjà de retour. Quant à l'argument sécuritaire, fondement de la politique du « cas par cas », il n'est certainement pas occulté par nos systèmes judiciaires répressifs et préventifs ni par nos services de renseignement. Néanmoins, l'inverse ne doit pas être toléré. Notre justice pénale, nos programmes de réhabilitation et de lutte contre le terrorisme ainsi que nos dispositifs de suivi socio-éducatifs de ces mineurs ne peuvent être éclipsés par l'argument sécuritaire à lui seul. Ainsi, il a été souligné que « nombre de professionnels sont prêts à accueillir de pied ferme ces enfants et la singularité des situations qui les accompagnent »[112]. Enfin, « rapatrier ces enfants et leur mère, c'est non seulement respecter les principes fondamentaux des États de droit qui constituent l'Europe, mais c'est aussi rendre justice aux victimes des attentats dans nos pays européens »[113], « par notre abandon, nous confirmerons ce que Daesh leur a dit de nous et leur haine ne sera que grandissante »[114].

---

112 G. LOOTS, « Syrie, l'indispensable rapatriement », *Prends-en d'la Graine, vol.* 2, janvier 2021, p. 12.

113 Life for Brussels, Conférence de presse du Délégué général aux droits de l'enfant, Belgique, juillet 2020.

114 G. LOOTS, « Syrie, l'indispensable rapatriement », *op. cit.*, p. 13.

Les droits de l'enfant à l'épreuve de la notion de dangerosité : le cas des mineurs nés ou emmenés dans la zone syro-irakienne

Nazeleh KARIMI IRAVANLOU
Docteur en droit de l'Université de Montpellier

Lors de son audition en mai 2016 par l'Assemblée nationale, Patrick Calvar, le directeur général de la sécurité intérieure, avait soulevé la question de la dangerosité des enfants emmenés avec leurs parents ou nés dans la zone syro-irakienne. Il avait notamment exprimé son inquiétude quant à leur retour en ces termes : « Je vous laisse imaginer les problèmes de légalité que posera leur retour avec leurs parents, s'ils reviennent, sans compter les réels problèmes de sécurité, car ces enfants sont entraînés, instrumentalisés par Daesh : une vidéo récente les met en scène en tenue militaire. » Parmi ces enfants, il y a bien évidemment ceux qui ont été entraînés au combat et qui sont appelés les « lionceaux de Daesh » et d'autres qui, même s'ils n'ont pas été entraînés au combat, ont tout de même été bercés dans l'idéologie de l'État islamique. Ces enfants inspirent la crainte. Dès 2018, avec les conséquences qu'a générées l'annonce du président américain du retrait des troupes américaines, cette peur s'est amplifiée.

En effet, le Président turc Recep Tayyip Erdogan a saisi l'occasion pour attiser les tensions avec les Kurdes en annonçant des opérations en Syrie. Or, les Kurdes détiennent les djihadistes qui sont prisonniers dans des camps en Syrie et parmi eux se trouvent des Français. Les Kurdes, ayant besoin de leur force armée afin de réagir aux menaces d'Erdogan, demandent aux forces de la coalition de rapatrier les djihadistes. C'est à partir de là que plusieurs questions se sont posées, dont le retour des djihadistes et leurs enfants sur le sol français. La réponse du gouvernement français a été claire et le président de la République a annoncé qu'aucun djihadiste ne reviendrait en France. Cependant, des enfants vivent dans ces camps dont certains ont été emmenés par leurs parents dans la zone syro-irakienne et d'autres y sont nés.

Ces enfants sont présentés comme des « bombes à retardement » et leur retour soulève beaucoup de questionnements, notamment quant à leur dangerosité. Notion sujette à controverses, la dangerosité renvoie à l'état dangereux de « quelqu'un qui serait à la merci de lui-même en compromettant l'existence d'une personne ou d'une chose, qui présenterait un risque grave de causer des dommages »[1]. Cette notion enferme l'idée d'une mise en péril, d'un risque de violence envers soi-même ou envers autrui, d'un risque de préjudice. En d'autres termes, « la dangerosité inclut ainsi une vaste gamme de comportements physiques et verbaux qui sont suffisamment sérieux pour susciter potentiellement une intervention légale »[2].

Le passé des mineurs ayant été emmenés par leurs parents dans la zone syro-irakienne, les circonstances de la naissance de certains, de leur vie, laissent place à des hypothèses quant aux risques qu'ils pourraient représenter à l'avenir en cas de retour sur le sol français. Le rapport intitulé « Quels devenir et traitement pour les enfants d'extrémistes violents ? »[3] réalisé et publié en 2019 par Bouzar expertises contient de nombreux éléments sur la potentielle dangerosité de ces enfants, même si ses rédacteurs souhaitent éviter leur stigmatisation. Un passage est particulièrement révélateur de l'inquiétude vis-à-vis de la menace que ces enfants pourraient représenter en raison du passé et des objectifs de l'Organisation de l'État islamique : « Daesh a besoin d'enfants pour établir, maintenir et développer son territoire, tel que l'annonce sa célèbre expression idiomatique "Ad Dawla Al Islamiyya ! Baqqiya !", exprimant que "l'État islamique vaincra !". L'enfant est au cœur de la construction d'un projet de "nouvelle société" : c'est donc un objectif du recrutement. Les enfants, au cœur de la stratégie de Daesh, constituent la prochaine génération de partisans et de combattants pour l'organisation terroriste et symbolisent l'objectif de pérennisation de cette dernière. »[4] L'embrigadement et l'endoctrinement de ces mineurs exposés à

---

1 PARIENTE Guy, « Dangerosité », *Journal français de psychiatrie*, vol. n° 23, n° 3, 2004, p. 18.

2 PHAM Thierry H., « DANGEROSITÉ, *psychologie* », *Encyclopædia Universalis* [en ligne], <http://www.universalis-edu.com/encyclopedie/dangerosite-psychologie/>.

3 « Quels devenir & traitement pour les enfants d'extrémistes violents ? », *Livre blanc,* Bouzar expertises. [En ligne] :
<https://14057a02-2101-417d-9043-5e8b7c7d3429.filesusr.com/ugd/d70d5e_6f2a8e2d6793456fa65e1e79733edbb9.pdf>.

4 *Ibid.*, p. 17.

l'idéologie de Daesh semblent ne laisser aucun doute. Le rapport révèle qu'ils ont été éduqués selon les règles et les outils pédagogiques de Daesh et qu'ils ont pu être pris en charge par les groupes djihadistes dès l'âge de quatre ans. De plus, le rapport nous apprend que les garçons ayant atteint l'âge de sept ans devaient suivre un entraînement obligatoire en vue de leur recrutement.

Ainsi, les enfants représentent des outils pour Daesh dans le but d'accomplir leur objectif de « régénération du monde avec la loi divine ». Les craintes et les inquiétudes sont légitimes, mais la situation de ces enfants, sur le plan juridique, laisse sans réponses un certain nombre d'interrogations, notamment concernant les droits fondamentaux de l'enfant, consacrés et protégés par la Convention internationale relative aux droits de l'enfant. Le but de cette contribution est de répondre à la question suivante : l'utilisation de la notion de dangerosité à l'égard des mineurs emmenés ou nés en zone syro-irakienne est-elle juridiquement envisageable ? Quelles sont les conséquences de l'utilisation de cette notion ?

Si les interrogations quant à la dangerosité de ces mineurs paraissent légitimes, en revanche, sur le plan juridique, l'utilisation de ce concept pose des difficultés (Section 1). De plus, la question du retour de ces enfants semble opposer deux considérations fondamentales (Section 2).

Section 1. Des incertitudes juridiques en raison des contours obscurs de la notion de dangerosité

Malgré la difficulté de la définir juridiquement, certains établissent des faisceaux d'indices pour évaluer la dangerosité des enfants emmenés ou nés dans la zone syro-irakienne en fonction de leur âge.

§ 1. Une notion sujette à des controverses

Une redondance de l'usage de la notion de dangerosité des mineurs emmenés par leurs parents ou nés dans la zone syro-irakienne est notable. Cette notion est souvent mise en balance avec la notion de victime, mais cette dernière a parfois moins de poids dans l'appréciation de la situation de ces enfants. Cela est notamment visible dans les propos de David De Pas, juge d'instruction au pôle antiterroriste. Pour lui, « la question de la dangerosité de ces mineurs, qui ont parfois fréquenté les écoles des "lionceaux du califat", se pose et [...] il y aurait lieu de faire aussi attention à leur dangerosité tout en n'oubliant pas leur qualité de victime d'un choix parental. Ce sont des questions qu'il nous faut anticiper tout comme celle des enfants qui sont nés en Syrie sans état civil »[5].

Cependant, la notion de dangerosité est indéfinissable sur le plan juridique. Considérée comme une « notion criminologique, séculaire et mutante »[6], elle est problématique en raison de sa vacuité. Par ailleurs, la Commission nationale consultative des droits de l'homme avait souligné en 2008 le caractère flou du concept de dangerosité. Pour elle, il s'agit d'« une notion émotionnelle dénuée de fondement scientifique »[7]. Si cette notion interroge et est sujette à des controverses, c'est également en raison de sa présence rare dans la loi pénale.

La notion de dangerosité n'a pas été juridiquement consacrée. Sa définition est une entreprise périlleuse car elle comporte « une dimension incertaine, aléatoire, voire éventuelle »[8]. Si elle est sujette à des controverses, c'est parce que la dangerosité est l'incertitude de la réalisation du danger. L'absence de la définition juridique de la notion de dangerosité ne signifie pas que cette notion n'existe pas dans le droit.

Ainsi, comme le soulignent Caroline Lantero, Michel Boulaigue, Stéphanie Parassoumanaik, « L'absence de reconnaissance juridique de la notion de dangerosité dans les textes juridiques n'est donc pas en elle-même une négation de l'existence de la notion. Son essence irrigue en effet l'ensemble du discours et des actes. Elle se révèle dans le débat entre sécurité et liberté. L'harmonie entre les deux principes tend à se troubler au contact de la dangerosité. »[9]

Il convient de constater que la notion de dangerosité est de plus en plus convoquée. Son entrée dans la sphère juridique s'est opérée par les discours politiques avec l'objectif de lutter contre la récidive, et la lutte antiterroriste a favorisé son ancrage dans le paysage juridique. La notion de dangerosité est désormais omniprésente. Elle est avant tout présente dans l'enceinte parlementaire, car « [o]bsédé par l'objectif sécuritaire, le législateur contemporain a ainsi progressivement placé la dangerosité au cœur des préoccupations du droit pénal alors pourtant qu'elle demeure

---

5 DE PAS David, « Le point de vue de l'anti-terrorisme », *Les Cahiers Dynamiques*, vol. 72, n° 2, 2017, p. 84.

6 DANET Jean, « La dangerosité, une notion criminologique, séculaire et mutante », *Champ pénal/Pénal Field*, n° 5, 2008. [En ligne] : <http://charnppenal.revues.org>.

7 Commission nationale consultative des droits de l'homme, *Avis sur le projet de loi relatif à la rétention de sûreté et à la déclaration d'irresponsabilité pour cause de trouble mental*, adopté par l'assemblée plénière le 7 février 2008.

8 LANTERO Caroline, BAULAIGUE Michel, PARASSOURAMANAIL Stéphanie, « Dangerosité et droits fondamentaux : dangerosité et crises sociétales (Table ronde n° 6) », *RDLF*, 2020 chron. n° 71. [En ligne] : <http://www.revuedlf.com/droit-fondamentaux/dossier/dangerosite-et-droits-fondamentaux-dangerosite-et-crises-societales/>.

9 *Ibid.*

un concept insondable, aussi bien dans sa définition que, surtout, dans son évaluation »[10].

Elle est également présente dans les discours des spécialistes en psychiatrie et des juges, mais cette omniprésence ne règle pas le problème de sa définition, et encore moins les modalités de son évaluation. L'exemple de la jurisprudence et le recours par les juges à la notion de dangerosité renforcent davantage sa dimension incertaine. On pourrait s'attendre à ce que les juges saisis en matière de terrorisme s'attellent à la définition de la notion sur laquelle ils s'appuient pour fonder leur motivation, mais il n'en est rien. Ils ont recours à la notion de dangerosité comme une assise pour justifier la nécessité et le bien-fondé de certaines mesures. Dans un arrêt de la chambre criminelle de la Cour de cassation du 22 octobre 2013, la dangerosité est appréciée à la lumière d'indices, de faits avérés et d'infractions. En l'espèce, afin de justifier le recours à la technique de géolocalisation, la Cour s'est appuyée sur la dangerosité de l'intéressé. Selon elle, la dangerosité est incontestable dès lors que l'individu mis en cause est le fondateur d'un site internet d'endoctrinement religieux pro djihadiste, qu'il est connu pour avoir des liens avec la mouvance terroriste internationale et pour avoir tenu des propos légitimant la riposte armée. À partir de ces faits, la Cour a considéré que la technique de géolocalisation était nécessaire afin de « vérifier l'existence d'une éventuelle préparation d'actes criminels, en particulier des faits d'attentats terroristes sur le territoire national »[11] et le caractère discret de cette technique permet selon elle d'identifier les auteurs de terrorisme dont « […] la dangerosité concerne non seulement les victimes directes de leurs méfaits mais aussi les personnes se trouvant à proximité, ainsi que les services de police intervenant pour faire cesser les infractions ou procéder à l'arrestation des auteurs […] »[12]. Le juge administratif a également recours à la notion de dangerosité après avoir vérifié l'existence d'un ensemble de faits et preuves. Pour lui, la dangerosité de l'individu est avérée dès lors qu'il appartient à la mouvance islamiste la plus radicale[13]. Puis, plus récemment, les juges ont eu recours à la présomption de dangerosité, ce qui vient encore accentuer la définition de cette notion. Dans son arrêt du 21 avril 2021, le Conseil d'État a posé le principe selon lequel « aucune présomption de dangerosité ne saurait

[10] OLLARD Romain, « La dangerosité en matière pénale, l'arlésienne omniprésente », *RDLF*, 2020, chron. n° 70, [En ligne] : <http://www.revuedlf.com/droit-penal/dangerosite-et-droits-fondamentaux-dangerosite-et-privation-de-liberte/#_ftn1>.

[11] Cass. Crim, 22 octobre 2013, n° de pourvoi 13-81945.

[12] *Ibid.*

[13] CE, juge des référés, 12 oct. 2016, req. n° 403754.

être légalement retenue à l'encontre de personnes en fonction de leur lieu de résidence ou d'activité professionnelle pour justifier la conservation de leurs données de trafic et de localisation ». En l'espèce, l'affaire concernait la conservation ciblée des données relatives au trafic et des données de localisation en fonction de catégories de personnes concernées ou au moyen d'un critère géographique. Cette décision permet ainsi de s'interroger sur l'existence insidieuse d'une présomption de dangerosité dans la sphère juridique.

Ces exemples jurisprudentiels non exhaustifs démontrent le caractère évolutif et inconstant de la notion de dangerosité. Elle évolue au gré des exigences sociales et sociétales.

L'absence de définition juridique de la dangerosité n'apparaît pas problématique lorsque les juges sont en mesure de s'appuyer sur un ensemble d'indices, de faits avérés et incontestables pour déterminer la dangerosité des individus. En revanche, l'absence de définition est problématique lorsque la notion de dangerosité tend à s'appliquer en l'absence d'indices, de faits avérés, et de preuves. Son application apparaît problématique notamment s'agissant des mineurs nés ou emmenés par leurs parents dans la zone syro-irakienne, car sur quels indices, sur quels faits et preuves s'appuyer pour déterminer et conclure à la dangerosité de ces enfants ?

Pour le cas de ces enfants, l'évaluation et l'appréciation de la dangerosité sont difficiles. Malgré cette difficulté, un consensus sur la distinction selon l'âge semble se dégager. Cependant, il n'y a aucun consensus sur l'âge à partir duquel l'enfant peut être considéré comme dangereux.

§ 2. Une dangerosité appréciée en fonction de l'âge

Les inquiétudes et les réticences concernant le retour des femmes et des enfants bloqués dans la zone syro-irakienne sont légitimes, d'autant plus que l'ambition de l'Organisation de l'État islamique est d'accorder un rôle significatif aux femmes et aux enfants non seulement à l'intérieur des territoires sous son contrôle, mais également à l'extérieur du théâtre syro-irakien. Souvenons-nous de l'utilisation par l'État islamique des réseaux sociaux et la diffusion des vidéos dont les principaux acteurs étaient des enfants.

L'article 1er de la Convention internationale relative aux droits de l'enfant définit comme enfant « tout être humain âgé de moins de dix-huit ans ». Cependant, les différents rapports sur les enfants nés et ayant vécu dans la zone syro-irakienne semblent établir des distinctions en fonction de l'âge pour évaluer leur dangerosité. Un consensus en faveur de cette distinction en fonction de l'âge semble se dégager chez les professionnels de tous les horizons. Pour Pierre Conesa[14], il est important de distinguer un enfant de 3 ans d'un adolescent de 15-16 ans. Il s'appuie sur l'exemple de Fabien Clain qui souhaitait mettre en place une brigade d'enfants kamikazes sous la direction de son fils de 15 ans. Charles Stecken partage le même point de vue et estime qu'il est « évident qu'un enfant de 2 ans ne sera pas considéré comme dangereux mais il n'en va pas nécessairement de même pour un adolescent de 16 ans »[15].

La prise en compte de l'âge est importante, car il ressort de certains rapports que Daesh attribuait des rôles et des fonctions différents selon l'âge des enfants. Le rapport publié en 2017 par Radicalisation Awareness Network[16] révèle que dès l'âge de 9 ans commence le recrutement des garçons. Quant aux filles, dès qu'elles atteignent l'âge de 9 ans, elles sont contraintes de se marier pour satisfaire la logique expansionniste de Daesh. Si ce rapport insiste sur la dangerosité des enfants ayant atteint l'âge de 9 ans et plus, d'autres rapports, comme celui publié en 2019 par Bouzar expertises, atténue l'impact de la notion de dangerosité en fonction de l'âge afin d'éviter la stigmatisation de ces mineurs. Dans ce rapport, les enfants de tout âge sont concernés par les horreurs de Daesh, mais le critère de l'âge devient un élément fondamental au niveau de la prise en charge de ces mineurs. Le document établit alors une distinction entre les enfants de plus de 12 ans et les enfants de moins de 12 ans.

La prise en compte de l'âge des enfants est également visible dans l'avis de la Commission nationale consultative des droits de l'homme (CNCDH) du 24 septembre 2019. Tout en exigeant le rapatriement des enfants retenus dans les camps du nord de la Syrie, la CNDH souligne que les considérations d'ordre humanitaire devraient valoir pour tous les enfants retenus dans ces camps, d'autant plus que la majorité d'entre eux ont moins de cinq ans[17]. Même si elle insiste pour exiger un traitement égal de tous ces enfants, cette précision sur l'âge de la majorité des enfants ne passe pas inaperçue.

La présomption de dangerosité en fonction de l'âge se note également dans l'attitude des États voisins comme la Belgique. En décembre 2017,

---

14 CONESA Pierre, « Le terrorisme jihadiste au prisme de la realpolitik », *Les Cahiers de l'Orient*, vol. 134, n° 2, 2019, p. 162.

15 STECKEN Charles, « Évaluation des liens entre la radicalisation islamiste et la psychiatrie », *Sciences du vivant*, 2019, [En ligne] : <https://dumas.ccsd.cnrs.fr/dumas-02492110/document>.

16 Radicalisation Awareness Network. "Responses to returnees: Foreign terrorist fighters and their families", 2017 [En ligne]: <https://ec.europa.eu/home-affairs/sites/homeaffairs/files/ran_br_a4_m10_en.pdf>.

17 Avis de la Commission nationale consultative des droits de l'homme (CNCDH) du 24 septembre 2019, [En ligne] : <https://www.cncdh.fr/fr/actualite/rapatriement-des-enfants-francais-en-syrie>.

le gouvernement belge avait annoncé son accord pour le rapatriement des enfants de moins de dix ans dont le lien de filiation serait établi par un test ADN. Tout comme les juridictions françaises, les juridictions belges[18] ont également été saisies des affaires concernant le rapatriement des enfants belges emmenés par leurs parents ou nés dans la zone syro-irakienne. L'affaire en question concerne les demandes de rapatriement de Syrie introduites par une mère belge, en son nom propre et au nom de ses enfants mineurs. Les juges de première instance ont condamné l'État belge à rapatrier la requérante dans un délai de soixante-quinze jours sous peine d'une astreinte de 2 000 euros par jour, à l'expiration de ce délai. La Cour d'appel de Bruxelles a quant à elle atténué cette limitation à l'âge de dix ans et a consacré l'existence d'un droit au rapatriement de ces enfants sans considération de leur âge. Cependant, la cour a considéré les demandes de la requérante irrecevables en raison d'un manque de preuve du lien de filiation maternelle. Elle a souligné que seuls les enfants belges peuvent bénéficier d'un droit au rapatriement et qu'en l'espèce, il était impossible de déterminer avec certitude la nationalité des enfants concernés. Autrement dit, elle exige que soit établi un lien de filiation légal prouvant l'appartenance de ces enfants à la nationalité belge. Si apporter la preuve pour les enfants nés en Belgique semble aisé, en revanche, la question se pose pour les enfants nés dans la zone syro-irakienne. Comment, dans ces circonstances de conflit et de chaos, prouver légalement le lien de filiation de ces enfants ? Aucune réponse n'est apportée à cette interrogation.

Même si la Cour d'appel a le mérite de neutraliser l'existence d'une quelconque présomption de dangerosité en fonction de l'âge, elle accentue une autre condition, laquelle rend quasiment ineffectif tout droit au rapatriement des enfants emmenés par leurs parents ou nés dans la zone syro-irakienne.

Ainsi, nous serions face à une présomption de dangerosité en fonction de l'âge. L'existence d'une telle présomption met en péril les droits fondamentaux de l'enfant. Ajoutons à cela d'autres exigences, comme celle du lien de filiation, qui accentuent les difficultés quant à un éventuel retour de ces enfants.

Ces débats sur la dangerosité de ces mineurs interrogent sur la place des droits fondamentaux de l'enfant et leur effectivité.

---

18 <https://uclouvain.be/fr/instituts-recherche/juri/cedie/actualites/cour-d-appel-bruxelles-fr-5-mars-2020-n-2020-kr-60.html#_ftn3>.

Section 2. Les droits de l'enfant *versus* les considérations sécuritaires

La question de la dangerosité de ces enfants met en balance les considérations sécuritaires avec la protection des droits fondamentaux, souvent au détriment de ces derniers.

§ 1. La primauté incontestable des considérations sécuritaires

Les réticences et immobilismes politiques face au rapatriement des enfants emmenés par leurs parents ou nés dans la zone syro-irakienne s'expliquent par la primauté des considérations sécuritaires. De plus, envisager la question du retour de ces enfants sans leur mère semble impossible. C'est la raison pour laquelle une gestion au cas par cas paraît être l'approche privilégiée. Cependant, une telle gestion semble aller à l'encontre des droits consacrés par la Convention internationale relative aux droits de l'enfant. L'article 3 qualifie l'intérêt supérieur de l'enfant de considération primordiale, l'article 6 consacre le droit à la vie de l'enfant et impose aux États de prendre les mesures nécessaires pour sa survie et son développement. L'article 8 exige des États qu'ils préservent l'identité, le nom, et les relations familiales de l'enfant ainsi que sa nationalité. L'article 19, quant à lui, impose aux États de prendre les mesures nécessaires pour protéger les enfants contre toute forme de violence, d'atteinte, ou de brutalités physiques ou mentales. La question relative à l'applicabilité de ces dispositions aux enfants emmenés par leurs parents ou nés dans la zone syro-irakienne se pose. Mais eu égard aux choix du gouvernement français et d'autres gouvernements européens, force est de constater que les effets de cette Convention sont extrêmement restreints. De plus, cette réticence s'observe notamment au niveau juridictionnel. Par exemple, sous la bannière de la théorie des actes du gouvernement, le Conseil d'État a rejeté dans plusieurs ordonnances rendues en 2019 les demandes de rapatriement d'enfants et de leur mère[19]. Il était demandé au juge administratif qu'il soit enjoint au gouvernement français de rapatrier des femmes et leurs enfants mineurs retenus dans les camps de Roj et Al-Hol, en Syrie. Les avocats des familles invoquaient notamment l'obligation de la protection par l'État français de ses ressortissants. Mais le représentant du ministère des Affaires étrangères insistait sur l'impossible opposabilité de cette obligation

---

[19] MUCHIELLI Julien, « Le CE face à la question du rapatriement des enfants de djihadistes », *Dalloz Actualité*, 19 avril 2019.

en dehors des territoires français. Le 23 avril 2019, le Conseil d'État finira par affirmer avec force que les demandes de rapatriement des mères et de leurs enfants « ne sont pas détachables de la conduite des relations internationales de la France et qu'elles ne relèvent donc pas de la compétence d'un juge »[20]. Le Défenseur des droits a critiqué ces décisions d'incompétence du juge français qui constituent « une restriction à l'accès au juge garanti par l'article 6 §1 »[21] de la Convention européenne des droits de l'homme et qui « ne se fondent pas sur une base textuelle qui permettrait le cas échéant de solliciter un examen de constitutionnalité ». Dans son avis du 24 septembre 2019, la CNDH a condamné à son tour ces décisions d'incompétence et proposé de faire primer la protection de l'intérêt supérieur de l'enfant sur l'immunité juridictionnelle dont bénéficient les actes de gouvernement. Sa proposition est d'autant plus opportune que l'intérêt supérieur de l'enfant bénéficie d'une valeur constitutionnelle et conventionnelle.

En 2020, la Cour européenne des droits de l'homme a été saisie par deux avocats représentant les grands-parents des mineurs en question. La Cour a accepté d'examiner le refus de la France de rapatrier une Française avec ses deux enfants. Le 29 septembre 2021[22] a eu lieu une audience de Grande Chambre et ont été invoqués l'article 3 (interdiction des traitements inhumains ou dégradants), ainsi que l'article 3 § 2 du Protocole n° 4 (« Nul ne peut être privé du droit d'entrée sur le territoire de l'État dont il est le ressortissant ») combiné à l'article 13 (droit à un recours effectif) de la Convention européenne des droits de l'homme.

En réalité, il ne s'agit pas uniquement d'un conflit entre les considérations d'ordre sécuritaire et ceux d'ordre humanitaire. Les questions que la Cour a posées aux parties démontrent les nombreuses complexités juridiques auxquelles elle est confrontée. Elle s'interroge notamment sur l'applicabilité de l'article 1er de la Convention, sur la qualité des requérants à agir pour soulever, au nom et pour le compte de leurs enfants et de leurs petits-enfants et en leur nom, les griefs tirés des articles 3 de la Convention, 3 §2 du Protocole n° 4 à la Convention et 13 de la Convention. Elle soulève la question d'une potentielle obligation à la charge des autorités françaises de rapatriement à leur égard et se questionne sur le poids qu'il faut donner au rapatriement de plusieurs enfants en France en mars et juin 2019, et au fait que la mère de ces enfants fasse l'objet d'un

---

20 CE, Ordonnances du 23 avril 2019, Décisions n° 429668, 429669, 429674, 429701.

21 La décision du Défenseur des droits du 22 mai 2019, [En ligne] : <https://juridique.defenseurdesdroits.fr/index.php ?lvl =notice_display&id =28974>.

22 Audience de Grande Chambre H.F. et M.F. c. France et J.D. et A.D. c. France, [En ligne] : <http://hudoc.echr.coe.int/eng-press?i=003-7135660-9669648>.

mandat d'arrêt en France. L'ensemble de ces questionnements vient en réalité mettre en tension plusieurs droits.

Peut-être que la Cour européenne nous apportera des réponses quant au sort de ces enfants qui semblent être devenus malgré eux les nouveaux sujets de ce que Christine Lazerges appelle « le droit pénal de l'ennemi ».

§ 2. Les enfants : les nouveaux sujets du droit pénal de l'ennemi ?

Dans un article intitulé « Les droits de l'homme à l'épreuve du terrorisme »[23], Christine Lazerges constate et dénonce « la pénétration insidieuse d'un droit pénal de l'ennemi ». L'ennemi « est celui qui n'offre aucune garantie quant à sa conduite future ; il veut détruire l'ordre juridique et il vit dans un état de guerre permanent »[24]. Le droit pénal de l'ennemi distinguerait les citoyens des ennemis. Les ennemis sont ceux qui ont commis des actes terroristes ou des crimes graves. Le but est de leur soustraire le bénéfice des effets des droits de l'homme. Selon elle, « le droit pénal de l'ennemi déshumanise les ennemis, les réduisant de la sorte à leur dangerosité et les privant du principe d'égale dignité des êtres humains »[25]. Avant Christine Lazerges, c'est Günther Jakobs, un ancien professeur de droit pénal, de droit de la procédure pénale et de philosophie du droit de l'Université de Bonn qui avait longuement étudié cette nouvelle catégorie, qui est « le droit pénal de l'ennemi », il y a plus de trente ans. Gunther Jakobs distingue le droit pénal du citoyen du droit pénal de l'ennemi. Le droit pénal du citoyen permet au justiciable de bénéficier des garanties, des droits et libertés dont bénéficie n'importe quel membre de la communauté politique. En revanche, dans le cadre du droit pénal de l'ennemi, « le justiciable serait considéré comme s'étant mis, par l'adoption de comportements contraires aux attentes communes, au ban de la communauté politique, en vertu de quoi il deviendrait possible de lui retirer la jouissance des droits et libertés qu'il aurait pu réclamer s'il était resté dans le cadre de l'allégeance citoyenne »[26]. Avec les attentats du 11 septembre et les conséquences qui ont suivi, nous avons assisté à la résurgence de la doctrine du droit pénal de

23 LAZERGES Christine, « Les droits de l'homme à l'épreuve du terrorisme », *RSC*, 2018, p. 753.

24 *Ibid.*

25 *Ibid.*

26 LINHARDT Dominique, et MOREAU DE BELLAING Cédric, « La doctrine du droit pénal de l'ennemi et l'idée de l'antiterrorisme. Genèse et circulation d'une entreprise de dogmatique juridique », *Droit et société*, vol. 97, n° 3, 2017, p. 623.

l'ennemi qui, depuis, occupe une place considérable dans les discussions et les débats sur la capacité des États à contrôler et prévenir les crimes.

En résumé, le droit pénal de l'ennemi a pour principale conséquence de priver les individus de la jouissance des droits fondamentaux. La société distinguerait le justiciable coupable (présumé ou avéré) de l'ennemi, ce qui justifierait qu'un traitement différent soit réservé à l'individu en fonction notamment du degré de sa dangerosité. Ainsi, il est permis de se demander si les enfants emmenés par leurs parents ou nés dans la zone syro-irakienne sont les nouveaux sujets du droit pénal de l'ennemi.

Dans l'attente de la réponse que la Cour européenne des droits de l'homme va apporter, il convient de répondre à cette question par l'affirmative. En effet, les enfants emmenés par leurs parents ou nés dans la zone syro-irakienne sont considérés par les États comme les nouveaux sujets du droit pénal de l'ennemi. La doctrine du droit pénal de l'ennemi repose sur le critère d'une dangerosité supposée des individus. Elle justifie les mesures prises par les États afin de prévenir les faits susceptibles d'être commis dans l'avenir, ce qui implique d'anticiper la dangerosité des personnes en question. L'entrée de ces enfants dans cette catégorie interroge sur les limites de notre État de droit. Cela signifie que des enfants pourraient être écartés de la communauté politique et pourraient ne pas bénéficier des garanties, des droits et libertés qui constituent les piliers de nos démocraties. En raison des crimes que leurs parents ont commis, en raison des choix pour lesquels ils n'ont été que des outils, ces enfants sont privés des droits et libertés même les plus élémentaires, comme le droit à la vie et le droit de ne pas subir des traitements inhumains ou dégradants.

La doctrine du droit pénal de l'ennemi se concrétise avec la situation particulière de ces enfants et l'exemple belge est patent. Rappelons-nous l'exigence non seulement du gouvernement belge, mais également de la Cour d'appel de Bruxelles pour lesquels il est requis de démontrer la nationalité belge de ces enfants afin qu'ils puissent bénéficier d'un droit au rapatriement. Autrement dit, en l'absence du critère de citoyenneté, ces enfants sont d'emblée placés, indépendamment de leur volonté, dans la catégorie des « ennemis ».

Le 23 février 2022, le Comité des droits de l'enfant des Nations unies a publié ses constatations après avoir examiné trois requêtes déposées par les familles des enfants détenus dans les camps de Roj, d'Aïn Issa et d'Al-Hol. Le Comité insiste sur la qualité de victime de ces enfants. Les mots « enfants victimes » apparaissent à dix-neuf reprises. Le Comité a également rappelé que l'intérêt supérieur de l'enfant doit être une considération primordiale guidant toutes les décisions les concernant. Puis, il a conclu que le fait que l'État français n'ait pas protégé les enfants victimes constitue une violation de leurs droits et notamment les articles 3 et 37 (a) de la Convention et que le manquement de l'État français à protéger les enfants victimes contre une menace imminente et prévisible à leurs vies constitue une violation du paragraphe 1 de l'article 6 de la Convention.

Le 5 juillet 2022, le ministère des Affaires étrangères a annoncé le rapatriement de 35 enfants et 16 femmes djihadistes retenus dans les camps syriens. Les médias ont rapidement évoqué un changement de la politique du cas par cas, et un revirement de doctrine. Serait-ce là l'annonce de l'effacement progressif des considérations sécuritaires face à l'intérêt supérieur de l'enfant ? La réponse n'est pas aussi évidente qu'elle pourrait paraître car ce rapatriement ne dissipe nullement les craintes régulièrement exprimées sur la dangerosité de ces enfants. Pour l'heure, les questionnements sont dirigés sur le sort judiciaire réservé aux mères. Bientôt, ces interrogations céderont la place à celle sur l'avenir des enfants en question et le retour de la notion de dangerosité.

Le 14 septembre 2022, la Cour européenne des droits de l'homme a clarifié le sort de ces enfants quant à leur rapatriement mais n'a pas résolu les questionnements sur la valeur juridique de la notion de dangerosité. La France a été condamnée sur le fondement de l'article 3 § 2 du Protocole n° 4 à la Convention. Elle a tranché le conflit entre les enjeux sécuritaires et la protection des droits de l'enfant rappelant la prééminence de l'intérêt supérieur de l'enfant. Sous la bannière des « circonstances exceptionnelles », nouvelle formule qui fera certainement couler l'encre, elle exige que les examens des demandes de rapatriement soient assortis de garanties contre le risque d'arbitraire. Il ne s'agit pas de la fin de la théorie des actes du gouvernement, mais une exigence d'encadrement dans des « circonstances exceptionnelles », notamment pour préserver l'intérêt supérieur de l'enfant qui doit être le principe aiguilleur pour l'État. Toutefois, cela ne signifie pas que ces enfants cesseront d'être perçus comme les « nouveaux sujets du droit pénal de l'ennemi » au niveau national.

Enfants du djihad : risques et prise en charge

Coralie CHARLOT
Chargée de mission pour la prévention des discriminations, du sexisme et des radicalisations chez Alter'Égaux

Selon l'UNICEF, en 2019, 29 000[1] enfants étrangers se trouvaient sur le territoire syrien dont 95 % avaient moins de douze ans. Ils seraient aujourd'hui 10 000[2] après les rapatriements organisés par de nombreux pays. Parmi eux le nombre de petits Français sur zone varierait actuellement entre 200[3] et 300[4] (le chiffre diffère en fonction des sources). Cependant certains jeunes ressortissants sont parvenus, après un séjour en Syrie ou en Irak, à regagner le territoire français : ils seraient 169 depuis 2017. Parmi eux, on trouve 134 enfants revenus par les moyens de leurs parents : certains décidés à quitter l'État islamique pour des raisons variées (regret, nécessité sanitaire…), d'autres, quittant les camps d'enfermement du Rojava[5]. Ceux-là ont transité par la Turquie et ont été ramenés en France dans le cadre du protocole Cazeneuve de 2014 selon lequel : « *lorsqu'un ressortissant français est expulsé de Turquie, la France doit être avertie et des policiers français, envoyés à Ankara, doivent accompagner les djihadistes jusqu'à l'embarquement.* » Les 35 « revenants » restants sont les jeunes gens ayant été rapatriés des camps de Roj et al-Hol par l'État français. Ces rapatriements ont eu lieu par vagues : la plus récente les a vus arriver au nombre de sept lors de la cinquième entreprise de rapatriement le 13 mars 2021. Les derniers retours organisés avaient eu lieu en juin 2020

---

1 Dossier UNICEF, « Guerre et conflit en Syrie : les enfants sont les principales victimes », 2021.
2 Dossier UNICEF, « Syrie : l'UNICEF rencontre les enfants survivants de l'attaque d'une prison par Daech », février 2022.
3 Communiqué de la CNCDH, « Enfants français retenus dans les camps syriens. Chaque jour de plus est un jour de trop », décembre 2021.
4 Jean Chichizola, « 169 « enfants du djihad » ont été rapatriés en France », *Le Figaro*, juillet 2021.
5 Nom donné par les Kurdes au territoire du Nord syrien où se trouve leur région rebelle autonome.

et avaient vu rentrer dix enfants, les précédents dataient de mars, juin et septembre 2019.

La présence de ces jeunes individus sur le territoire national suppose une prise en charge sérieuse de la part de l'État français. Ces derniers, peu importe leur date de retour, ont tous été confrontés à la vie au sein de l'État islamique, ajoutant à cela, pour certains, à la vie au sein des camps du Kurdistan syrien. Leur éducation, l'endoctrinement subi, mais aussi les traumatismes vécus ont pu et peuvent toujours laisser craindre des risques de radicalisation, d'incapacité à se réadapter à la vie en France, ou pire, de recours à la violence. Cela pourrait, en partie, expliquer les réticences de l'État face à l'idée d'un rapatriement total des individus toujours sur place. Ces risques existent et ont été mis en avant depuis les premiers retours. C'est afin d'y contrevenir que des procédures précises ont été mises en place avant même la défaite de l'EI et améliorées au fil des années. L'objectif étant de pouvoir, au mieux, réinsérer dans notre société ces enfants aux parcours difficiles, sans que leur avenir ou leur rapport à la République n'en pâtissent.

Section 1. L'Éducation de l'EI et les camps

Avant leur retour en France, ces enfants ont vécu sous le Califat, ils représentent par conséquent la première génération née et élevée selon ses principes. Car si certains sont nés en France et arrivés plus ou moins jeunes avec l'un de leurs parents (parfois les deux), d'autres sont nés sur zone et peuvent avoir maintenant jusqu'à neuf ans.

Quel que soit leur schéma familial, ces jeunes ont donc très tôt été confrontés à l'endoctrinement extrémiste. Des valeurs proches de celles de l'organisation terroriste sont souvent déjà fortement ancrées dans l'éducation qui leur est donnée par leurs parents. Ils sont, de fait, en présence d'une vision de monde qui comprend, entre autres, la non-mixité, la banalisation de la violence envers plusieurs catégories de personnes, la haine de l'Occident ou de la France… et cela, au sein même de leur foyer.

Il faut ajouter à cela le fait que, le proto-État était lui aussi très impliqué dans l'éducation de ses lionceaux : à sa création un ministère de l'Éducation est mis en place en son sein, accompagné d'une loi rendant l'école obligatoire de 6 à 18 ans. Bien que celle-ci n'ait pas pu être respectée à la lettre à cause des combats, des fermetures d'écoles et du manque d'enseignants, plusieurs jeunes gens ont tout de même pu être pris en charge par l'école de l'État islamique. Là-bas, les enseignements sont restreints, beaucoup sont tout simplement supprimés, notamment les sciences naturelles. D'autres sont modifiés comme l'histoire, qui se limite à la vie du prophète et à l'évolution de la religion. Certains cours sont en rapport avec le combat, des manuels sont édités afin de permettre aux enfants d'apprendre à distinguer les armes ou les techniques d'affrontement. C'est également le lieu où les enfants sont désensibilisés à la violence : on leur apprend que celle-ci fait partie du quotidien, qu'elle est légitime face à de nombreux individus et on les incite à se rendre aux punitions et exécutions publiques.

Pour les jeunes garçons, l'EI met en place des camps d'entraînement accessibles à partir de sept à neuf ans. Ces derniers n'étant pas obligatoires, contrairement à l'école, ce sont les parents qui décident si les jeunes y participent ou non ; pour les plus endoctrinés, la question ne se pose même pas. On sait que des Français ont participé à ces camps d'entraînement, dont les piliers sont : « *la force physique, les exercices militaires, la guérilla urbaine et la compréhension du jihad* »[6]. Le programme dure plusieurs semaines durant lesquelles les enfants sont loin de leurs familles et reçoivent également un enseignement religieux. Les conditions y sont dures, on leur apprend l'obéissance, le tir, le combat, la fabrication d'explosifs, les techniques d'égorgement et de décapitation… Tout cela est également accompagné de cours sur le Coran et d'un intense programme physique, comprenant même un régime alimentaire.

Avec les années, la formation s'intensifie, et à partir de l'âge de onze ou douze ans, les jeunes garçons sont considérés comme prêts à combattre : « *des enfants élevés pour tuer, dans l'amour du jihad* »[7]. Certains d'entre eux, parfois très jeunes, sont d'ailleurs utilisés afin de tourner des vidéos de propagande dans lesquelles on les voit exécuter des « mécréants[8] ». C'est notamment le cas d'un jeune Français de 11 ans, Rayan, que l'on a pu voir sur l'une de ces productions « *braquer une arme sur la tête de son otage* »[9]. Les problématiques liées au retour des enfants de plus de douze ans sont ainsi bien plus importantes, ces derniers ayant atteint un stade très avancé d'endoctrinement et ayant potentiellement déjà combattu. Sur place, ils ne sont d'ailleurs pas placés dans les camps avec leur mère mais dans les prisons kurdes et irakiennes avec les hommes adultes (ils sont cependant toujours considérés comme des enfants par le droit international humanitaire). La question de leur rapatriement est également

---

6 Édith Bouvier et Céline Martelet, *Un Parfum de Djihad*, Plon, 2018, p. 85.
7 David Thomson, *Les Revenants*, Seuil, 2016, p. 198.
8 Annexe 7.
9 Édith Bouvier et Céline Martelet, *Un Parfum de Djihad*, Plon, 2018, p. 89.

plus complexe, ils ne sont qu'une infime minorité à être déjà rentrés en territoire français (les chiffres exacts ne sont pas communiqués).

En ce qui concerne les jeunes filles, elles reçoivent majoritairement une éducation religieuse, ainsi que des enseignements sur leur rôle domestique, les poussant à se marier et à devenir mères le plus tôt possible (l'EI autorise les mariages à partir de neuf ans, bien que ces derniers soient extrêmement rares). Elles passent ainsi beaucoup de temps à enregistrer les préceptes religieux très radicaux de l'organisation et sont habituées à vivre pratiquement recluses chez elles. On leur apprend à être des soutiens inconditionnels pour leur époux combattant mais aussi pour leurs enfants, que leur connaissance pointue des dogmes leur permettra d'éduquer en phase avec l'organisation et ses valeurs.

Trente-cinq de ces enfants et d'autres qui pourraient être rapatriés dans le futur n'ont pas simplement connu la vie sous l'EI mais également celle dans les camps. Ces derniers comportent, eux aussi, des risques de radicalisation, notamment les enfants qui commencent tout juste à comprendre leur condition. Les camps du Rojava sont davantage des prisons, par conséquent, les enfants n'y disposent pas d'un suivi adapté à ce qu'ils ont vécu (et vivent toujours) : la guerre, la forte exposition à la violence, les bombardements, la perte de parents… La plupart d'entre eux sont touchés par des chocs TSPT (troubles du stress post-traumatique) ou développent des comportements de régression et/ou de renfermement qui nécessiteraient un accompagnement ; le risque ici est d'en faire des adultes mentalement très instables. En outre, les enfants n'ont pas non plus accès à l'éducation, hormis quelques heures par semaine d'activités organisées par la Croix-Rouge où ils peuvent apprendre l'alphabet et les nombres (activités de plus en plus rares, les ONG limitant leurs activités dans les camps craignant pour la vie de leurs employés). Cela, au-delà de retarder leur développement cognitif et de compliquer leur intégration lors d'un potentiel retour, les laisse à la merci des informations qu'ils emmagasinent dans le camp, davantage tournées vers la religion et la violence. Dans un communiqué datant de février 2022, Amnesty International écrit : « *Le travail accru des enfants, les violences et les meurtres ont de graves répercussions sur leur croissance et leur développement.* »[10]

La plupart des pères étant, soit emprisonnés, soit morts au combat (contre les Forces démocratiques syriennes ou la coalition internationale), une rancune tenace s'est installée chez certaines femmes, qui la transmettent à leurs enfants. Dans un reportage de CNN, on entend une

[10] Amnesty France, *Actualité en Syrie, un enfant tué par balle dans le camp d'Al-Hol*, février 2022.

femme dire : « *Je leur dis que leur père a été tué par des kufr* ! »[11] Ces discours associés aux souvenirs des bombardements, ainsi qu'aux conditions extrêmes dans lesquels ces enfants vivent actuellement dans les camps – malnutrition, maladies, manque, étant parfois même témoins de la dégradation de la santé de leur mère, frères et sœurs, et de leur décès – alimentent le ressentiment contre la France. Un ressentiment qui pourrait être dangereux s'il n'est pas pris en considération au retour des jeunes sur le territoire.

On constate donc que ces enfants peuvent, en effet, représenter un risque sécuritaire, un danger provenant non seulement de leur éducation mais également de leurs traumatismes. Plusieurs spécialistes se rejoignent néanmoins sur le fait que leur retour dans leur pays d'origine : ici, en France, est bénéfique. C'est d'ailleurs l'un des points relevés dans une lettre ouverte rédigée par treize grands spécialistes anglo-saxons du terrorisme et de la sécurité (plusieurs anciens spécialistes [dont un directeur] de l'antiterrorisme au National Security Council [NSC] des USA, un ancien agent de MI6, un ancien agent du FBI chargé de l'antiterrorisme…) et intitulée *Unless We Act Now, the Islamic State Will Rise Again.* On peut y lire : « *Les enfants détenus, qui grandissent dans des conditions brutales et sont soumis à un endoctrinement constant, sont particulièrement exposés au risque de se radicaliser et de suivre la voie du terrorisme. Le refus de leur citoyenneté par leur pays d'origine renforcera leur sentiment d'être, de fait, des citoyens de l'État islamique, les préparant potentiellement à former le noyau d'une future résurgence.* »[12] [traduction libre]. Ils ne sont pas les seuls à appuyer fortement la nécessité du rapatriement de ces enfants dans leur pays d'origine, pour des raisons purement humaines aussi bien que pour des raisons hautement sécuritaires.

Section 2. Prise en charge lors du retour en France

Pour preuve que la prise en charge par l'État français, bien que comprenant des dangers potentiels, est préconisée par les professionnels en charge de ces affaires : en 2019, une pétition « *un appel pour le retour des enfants français détenus au Kurdistan syrien* » recueille 8 000 signatures. On y trouve, entre autres, celle d'éducateurs spécialisés, d'un ancien directeur de l'aide sociale à l'enfance de Seine-Saint-Denis, d'un juge antiterroriste,

---

[11] Arwa Damon, Kareem Kader et Brice Laine, "A forgotten camp in Syria could be the birthplace of ISIS' revenge generation", *CNN*, septembre 2019, consulté le 23 avril 2021.

[12] Javed Ali, Richard Barett, William J. Bratton *et al.*, *Open Letter from National Security Professionals to Western Governments: Unless We Act Now, the Islamic State Will Rise Again*, The Soufan Center, septembre 2019, consulté le 20 avril 2021.

de professionnels de la santé, de l'enfance et de l'éducation, de nombreuses personnalités politiques, ayant pour la plupart déjà été confrontés à ces enfants[13]. C'est avec l'aide de ces professionnels et en améliorant des circulaires déjà existantes, qu'a été rédigée par le gouvernement la circulaire interministérielle de mars 2018 : « *Instruction relative à la prise en charge des mineurs à leur retour de zone d'opérations de groupements terroristes (notamment la zone irako-syrienne)* » qui, en France, établit la procédure à suivre lors du retour des enfants. Celle-ci comprend plusieurs étapes obligatoires depuis l'arrivée de l'enfant sur le territoire et pendant plusieurs années.

Dans un premier temps, lorsque les rapatriements sont décidés par l'État, les enfants sont ramenés par une délégation française qui se rend sur zone pour les chercher. Ceux qui arrivent avec leurs parents en sont automatiquement séparés, les adultes sont pris en charge par la DGSI (garde à vue puis généralement détention préventive), tandis que les enfants sont reçus par les services sociaux. Il faut noter que les enfants les plus âgés (plus de 12 ans) peuvent parfois eux aussi passer par l'étape de la garde à vue, car considérés comme de potentiels combattants. Ce sont les ASE (Aides sociales à l'enfance) qui s'occupent des jeunes arrivants. Actuellement, celles de Seine-Saint-Denis et des Yvelines sont celles qui ont en charge le plus grand nombre d'individus car les enfants arrivent soit à Charles-de-Gaulle (93), lorsqu'ils reviennent par leurs propres moyens, soit à la base aérienne militaire de Vélizy-Villacoublay (78), lorsqu'ils sont rapatriés. Depuis 2020, d'autres ASE ont décidé de prendre en charge les enfants originaires de leurs territoires mais elles restent une minorité, ce que déplore la CNCDH (Commission nationale consultative des droits de l'homme). En effet, cette dernière estimait encore en décembre 2021 que : « *la prise en charge des enfants devrait être confiée aux services de l'Aide sociale à l'enfance (ASE) des départements où les enfants disposent de liens familiaux pour faciliter, le cas échéant, les rencontres avec la famille.* »[14]

En plus de la prise en charge par l'ASE, une enquête parallèle est menée par un juge des enfants – chaque enfant possède un juge attitré – en collaboration avec la Protection judiciaire de la jeunesse (PJJ) afin d'évaluer le niveau d'engagement des jeunes Français. À leur arrivée, le parquet de Paris vérifie les informations disponibles à leur sujet et les complète avec le parquet du département de provenance de l'enfant avant de transférer le dossier complet au parquet du département

13 Pierre Laurent, « Lettre du Sénateur Pierre Laurent aux membres du Sénat », Sénat, février 2021.

14 Communiqué de la CNCDH, « Enfants français retenus dans les camps syriens. Chaque jour de plus est un jour de trop », décembre 2021.

d'arrivée (dans la grande majorité des cas celui de Bobigny). Cette procédure n'est réalisable qu'une fois l'enfant présent sur le territoire français, règle également remise en question par la CNCDH qui relate que « *plusieurs mois peuvent ainsi s'écouler entre cette arrivée en France et la stabilisation de la situation des enfants, notamment lorsqu'ils peuvent être confiés à leur famille élargie (grands-parents, oncles ou tantes...)* », la commission demande que les enquêtes soient, lorsque c'est possible, initiées en amont du rapatriement de l'enfant (ce qui est déjà le cas dans plusieurs pays européens).

En ce qui concerne leur santé, les petits Français reçoivent une première visite médicale rapide dès leur arrivée à l'aéroport afin de déterminer si rien de trop grave ne les touche. Très vite, ils passent une demi-journée à l'hôpital, où ils se soumettent à des examens complets, sont vaccinés et reçoivent leur carnet de santé[15]. Il existe alors des établissements désignés pour prendre en charge les cas graves demandant un suivi immédiat et d'autres pour des suivis sur le long terme. Les enfants participent également à une évaluation pédopsychiatrique qui est suivie d'un accompagnement hebdomadaire de trois à six mois[16]. Il est spécifié que l'enfant doit être vu à plusieurs reprises par la même équipe, laquelle transmet ses résultats et avancées à son médecin référent ainsi qu'au juge. Ce dernier, avant de prendre sa décision sur les futures conditions de placement de l'enfant, reçoit son bilan de santé médico-psychologique et entend en audition l'enfant, son ou ses parents ainsi que les professionnels qui l'ont pris en charge. Le bilan en question est réalisé sur la base d'un protocole élaboré conjointement par la direction générale de la santé, les fédérations de psychiatres et de psychologues, l'ARS concernée et enfin les professionnels des établissements de référence identifiés[17].

Jusqu'à ce qu'une décision du juge soit rendue, les enfants sont placés dans des familles d'accueil, cela étant considéré, pour ces cas particuliers, plus approprié que des foyers pour mineurs. Ces familles sont volontaires et formées pour recevoir des enfants « de retour de zone d'opérations terroristes ». Elles bénéficient d'un dispositif mis en place spécifiquement qui leur offre un soutien institutionnel bien plus important que dans n'importe quelle autre configuration. Elles sont préparées en amont, et participent avant l'arrivée et pendant l'accueil à un groupe de parole d'une demi-journée par semaine afin de pouvoir mieux appré-

---

15 Maurween Veyret-Morau, Alessandra Mapelli, Anaëlle Klein, Dalila Rezzoug et Thierry Baubet, « La prise en charge psychologique des enfants de djihadistes : modalités et enjeux », *Soins Pédiatrie/Puériculture*, vol. 42, n° 318, janvier 2021, p. 19-23.

16 *Ibid.*

17 Circulaire interministérielle : « Instruction relative à la prise en charge des mineurs à leur retour de zone d'opérations de groupements terroristes (notamment la zone irako-syrienne) », mars 2018.

hender la situation, organiser leur mission et partager leur expérience et leurs problèmes, si elles en rencontrent. À cela s'ajoute après l'accueil effectif de l'enfant, une autre aide selon laquelle : « *chaque assistant familial reçoit un appel téléphonique quotidien, sept jours sur sept par un professionnel du service pour "raconter la journée", "décrire le comportement de l'enfant" et/ou résoudre des problèmes du quotidien.* »[18]. Après la période d'enquête, le juge peut décider, ou non, de rendre l'enfant à un membre de sa famille, s'il décide de le faire, est mise en place une mesure judiciaire nommée AEMO (action éducative en milieu ouvert) : selon l'article 375-2 du Code civil, cette assistance se définit ainsi : « *Chaque fois qu'il est possible, le mineur doit être maintenu dans son milieu actuel. Dans ce cas, le juge désigne, soit une personne qualifiée, soit un service d'observation, d'éducation ou de rééducation en milieu ouvert, en lui donnant mission d'apporter aide et conseil à la famille, afin de surmonter les difficultés matérielles ou morales qu'elle rencontre. Cette personne ou ce service est chargé de suivre le développement de l'enfant et d'en faire rapport au juge périodiquement* ».

Après que le bilan ait été réalisé et que la décision du juge ait été prise, sont organisées des étapes annuelles ou biannuelles avec les professionnels et établissements référents ainsi qu'avec le juge. Il est à noter que toutes les interventions auprès des enfants sont prises en charge par l'État même après leur retour chez les membres de leurs familles. Il est aussi bon de préciser que tous les professionnels en charge de ces affaires bénéficient d'une préparation particulière, comprenant, par exemple, des sessions régulières de formation organisées avec le comité interministériel de prévention de la radicalisation (CIPDR). Cependant, en ce qui concerne l'accueil lui-même, un manque d'implication financière de l'État est pointé du doigt. Le président du département de Seine-Saint-Denis, ayant accueilli une centaine de ces jeunes Français rentrés de zone, a dû créer une enveloppe de 3 millions d'euros spécifiquement alloués à cette problématique sans aucune aide gouvernementale.

Dans les meilleurs des cas, après environ 6 mois de réadaptation à leur environnement, et si tout va bien, il est envisageable de (re)scolariser les enfants. Ces derniers passent évidemment plusieurs évaluations afin de situer leur niveau car certains n'ont jamais été scolarisés et font face à d'importantes lacunes, notamment en langue française. Il est alors possible pour eux de se remettre un peu à niveau avec « les professionnels d'un accueil de jour »[19]. Les services départementaux ainsi que ceux de

---

[18] Séverine Euillet, Mej Hilbold, Claire Ganne, Amélie Turlais et Élodie Faisca, « Accueillir des enfants rapatriés de la zone irako-syrienne : analyse des vécus et des pratiques des assistants familiaux français », *La revue internationale de l'éducation familiale*, 2021/1, n° 49, p. 61-79.

[19] Émilie Denètre, « Retour des enfants du djihad : la Seine-Saint-Denis témoigne », *La Gazette des Communes*, 15 mars 2019.

l'éducation nationale doivent donc ici collaborer afin de construire un cadre adéquat. Il est nécessaire que le directeur de l'établissement prenne contact avec la cellule pour la prévention et la radicalisation lui permettant d'être formée sur ces problématiques, mais également de mettre en place les aménagements nécessaires à l'enfant et au personnel : « *adaptation progressive, accompagnement des instituteurs qui constatent des difficultés de l'enfant dans le groupe de classe, cours de français... pour favoriser la meilleure intégration possible de l'enfant dans le milieu scolaire.* »[20]

Il faut cependant préciser que dans la plupart des cas, la mise en place de ce genre de mesures prend beaucoup de temps, et que la situation et le passif de l'enfant sont souvent difficiles à faire accepter au personnel ainsi qu'aux parents d'élèves, la crainte étant presque toujours présente.

En ce qui concerne les relations avec le ou les parents incarcérés ou en attente de jugement pour association de malfaiteurs à caractère terroriste, c'est la juge des enfants qui apprécie de la séparation ou du contact entre ces derniers et leur enfant en fonction de leurs auditions et de leur passif. Néanmoins, si cela est possible, le contact est toujours privilégié, pour le bien de l'enfant. Les professionnels sont d'ailleurs peu en accord avec les décisions gouvernementales ayant mené au retour d'enfants seuls. Ils sont nombreux à plaider pour le rapatriement des femmes avec leurs enfants, dans la mesure où ces derniers vivent avec leur mère pour seul repère et dans le chaos depuis de nombreuses années. La séparation peut alors constituer un choc important, qui n'est pas nécessaire. De plus, permettre à ces enfants de grandir en France, tout en sachant que ce même pays a laissé leur mère mourir dans le désert syrien, ne préfigure pas un rapport sain avec l'État, tout comme de priver les enfants de contact avec leurs parents. La CNCDH a là aussi demandé une facilitation des rencontres entre enfants et mères « *en cas de détention provisoire ou, le cas échéant, de condamnation, les mères devraient être incarcérées dans un établissement pénitentiaire proche de l'endroit où les enfants résident, afin de maintenir ce lien parental.* »[21]

Tout cela constitue donc le processus à suivre avec les enfants de retour de zone irako-syrienne si l'on se fie à la circulaire interministérielle de 2018. Nous avons par conséquent entamé en 2022 la quatrième année de mise en pratique de ce protocole, laissant envisager que les premiers résultats seraient exploitables.

---

20 Séverine Euillet, Mej Hilbold, Claire Ganne, Amélie Turlais et Élodie Faisca, « Accueillir des enfants rapatriés de la zone irako-syrienne : analyse des vécus et des pratiques des assistants familiaux français », préc.

21 Communiqué de la CNCDH, « Enfants français retenus dans les camps syriens. Chaque jour de plus est un jour de trop », décembre 2021.

Section 3. Résultats

Malgré de premiers retours d'enfants dès 2016 et la mise en place de la circulaire interministérielle en 2018 (sachant qu'une première existait déjà en 2017) signifiant pour certains enfants une prise en charge de cinq années, il n'existe pas, à ce jour, de bilan officiel permettant d'observer les résultats des méthodes utilisées. C'est d'ailleurs ce que déplore la députée LR des Ardennes Bérengère Poletti, dans un courrier de juin 2021 adressé au Président Macron. Elle y fait part de son inquiétude face à la possibilité de rapatriement des plus de 200 enfants toujours retenus en Syrie qui ne serait pas précédée d'une évaluation du système de réinsertion de ces enfants : « *nous vous demandons solennellement qu'une évaluation soit diligentée dans les plus brefs délais par le Gouvernement sur les conditions d'accueil de ces quelques centaines d'enfants sur notre sol, et ce, avant toute nouvelle admission et afin d'adapter notre qualité d'accueil.* »[22] Elle justifie cette inquiétude par la mauvaise réputation des services sociaux français qu'elle décrit comme « défaillants ». Elle cite également un rapport de l'Assemblée nationale selon lequel sont constatés au sein de l'aide sociale à l'enfance « *des dysfonctionnements du système d'accueil, une absence quasi générale de tout soutien psychologique ou de suivi médical régulier, une reconnaissance des droits et des inégalités de traitement* ». Ce rapport, datant de 2019, s'attache cependant à décrire l'institution dans sa globalité et n'aborde pas le sujet des enfants revenus de zone irako-syrienne, leur prise en charge étant différente de celle des autres enfants de l'ASE[23].

On trouve également d'autres témoignages, moins inquiétants, comme celui de Me Marie Dose, avocate de plusieurs familles dont des membres (parents et enfants) ont séjourné ou séjournent toujours sur zone. Elle estime dans une interview de février 2022 que la méthode mise en place actuellement par les services français fonctionne « *mais reste perfectible* », considérant à l'instar de la CNCDH que le principal problème réside dans « *la lenteur des enquêtes sociales et expertises qui permettent de rendre ces enfants à leurs familles élargies* »[24]. Dans la même interview, elle s'exprime au sujet de la circulaire interministérielle disant : « *je la mets à l'épreuve de la pratique* » ce qui semble accréditer la décision de ne pas encore avoir mis en place d'évaluation du programme, sous-entendant qu'il est trop tôt

---

22 Bérengère Poletti, « Courrier à Emmanuel Macron : "Enfants de djihadistes" » [Tweet], Twitter, <https://twitter.com/Poletti_B/status/1409815398304960514>, juin 2021.

23 Assemblée nationale, « Rapport d'information sur l'aide sociale à l'enfance », par Alain Ramadier et Perrine Goulet, 3 juillet 2019.

24 Amandine Penna, « Enfants de retour des camps syriens », *Lien Social*, Dossier n° 1311, 15 février 2022, p. 18-24.

pour tirer des conclusions claires. Ses inquiétudes se placent à l'opposé des préoccupations de Mme la députée Poletti, elle déplore ainsi : « *une prise en charge importante mais lourde* » et « *trop de monde autour de l'enfant* ». Cette description contraste donc fortement avec le « manque » de prise en charge craint dans le courrier adressé au président.

Édith Bouvier et Céline Martelet, deux grandes reporters ayant beaucoup travaillé sur les Français et notamment les Françaises, partis rejoindre Daech, et ayant publié nombre d'articles et d'ouvrages à ce sujet, ont suivi deux jeunes sœurs revenues en France en 2016 après deux ans sur zone. Trois ans après leur retour, elles les décrivent comme « *Reconstruites, souriantes, pleines de vie* »[25]. Bien qu'elles fassent encore des références à Raqqa dans certaines circonstances et qu'elles abordent également le manque de leur maman incarcérée, les petites semblent s'être bien réadaptées à leur vie en France, sont scolarisées et s'épanouissent auprès de leur père.

Jean-Marie Dru, président d'Unicef France, et Boris Cyrulnik, neuropsychiatre estiment que plus les enfants sont pris en charge rapidement et plus leurs chances de se réinsérer sont bonnes ; le second observe même que dans les pays ayant rapatrié leurs jeunes le plus tôt : « *Ces enfants victimes de guerre sont capables de résilience en dépit des privations et des violences extrêmes qu'ils ont subies.* »[26]

Quoi qu'il en soit, aucun problème majeur n'a été signalé en ce qui concerne les jeunes gens déjà revenus sur le territoire national, même les plus âgés. Aucune occurrence à de quelconques problèmes de violence n'est trouvable dans la presse, la littérature ou encore la documentation gouvernementale. Les témoignages les plus violents parlent d'enfants de 11/12 ans mimant des égorgements ou parlant de décapitation quelques jours après leur retour[27][28], mais aucun passage à l'acte n'est à déplorer, et ce, même de la part d'individus qui sont parfois aujourd'hui majeurs ou le seront incessamment sous peu.

Mardi 5 juillet 2022, la France a fait rapatrier 35 enfants et 16 femmes. C'est la première fois que les mères sont ramenées avec leurs enfants et c'est également le plus gros rapatriement ayant eu lieu depuis la chute de Daech. Il semble que l'État ait décidé de modifier sa politique à l'égard des ressortissants français sur zone et même d'écouter davantage les con-

---

25 Édith Bouvier et Céline Martelet, « Enquête : Que deviennent les enfants des djihadistes français ? », NEON, 16 mai 2021.

26 Jean-Marie Dru et Boris Cyrulnik, « Kurdistan syrien : « D'abord et avant tout des enfants » », *Le Parisien*, 3 novembre 2019, consulté le 24 avril 2021.

27 Jean Chichizola, « 169 "enfants du djihad" ont été rapatriés en France », *Le Figaro*, juillet 2021.

28 Catherine Fournier, « De l'aéroport à l'école, l'épineux retour en France des enfants de jihadistes », *Franceinfo*, février 2018.

seils et recommandations prodigués par les professionnels de la question depuis plusieurs années. 204 enfants sont actuellement revenus en France dont il sera nécessaire de suivre la réinsertion. D'autre part, il resterait donc désormais entre 170 et 200 enfants français sur zone dont le sort prochain confirmera ou non le changement de cap du gouvernement.

La conclusion semble ici plutôt simple à tirer : ces enfants revenus de zone de guerre, élevés selon des dogmes radicaux et ayant vécu nombre de traumatismes, peuvent, dans les faits, représenter un danger. L'inquiétude ressentie par certains, menant à un rejet de ces enfants, peut être compréhensible au vu des nombreux drames et attentats en lien avec l'islamisme et Daesh ayant touché le pays depuis 2012. En effet, selon un sondage Odoxa de février 2019 : 67 % des Français souhaitent laisser les enfants de djihadistes en Irak et en Syrie. Cependant, il semble clair pour la grande majorité des professionnels de la question et des personnes impliquées dans le processus de réinsertion des enfants, que leur retour est la meilleure chose à faire pour leur propre sécurité et celle de la nation. La France s'est montrée capable de constituer plusieurs programmes visant à recevoir ces enfants dans les meilleures conditions, limitant au maximum le danger potentiel. Ces programmes, étant le fruit de plusieurs années de réflexion et d'expériences, peuvent continuer à évoluer, à s'améliorer, et constituer un espoir de réinsertion et de désendoctrinement complet. Si tant est que les moyens soient mis en œuvre par l'État pour poursuivre les politiques mises en place et que les recommandations d'autres entités soient prises en considération, le retour de ces enfants sur le territoire français parait être la meilleure décision, posant donc la question du rapatriement de ceux restés sur zone jusqu'à aujourd'hui.

Bibliographie

AFP. (2020, juin 2022). « Syrie : ce que l'on sait sur le rapatriement de dix enfants de djihadistes français. » *Le Parisien*, <https://www.leparisien.fr/faits-divers/la-france-a-rapatrie-dix-enfants-de-djihadistes-francais-de-syrie-22-06-2020-8339736.php>.

Ali, J., Barett, R., Bratton, W., Costa, C., Easterly, J., Fernandez, C., Geltzer, J., Hartig, L., Maxwell, K., McGurk, B., Olsen, M., Rasmussen, N., & Soufan, A. (2020, 30 juillet). *Open Letter from National Security Professionals to Western Governments : Unless We Act Now, the Islamic State Will Rise Again.* The Soufan Center,

<https://thesoufancenter.org/open-letter-from-national-security-professionals-to-western-governmentsunless-we-act-now-the-islamic-state-will-rise-again/>.

Amnesty France. (2022, 11 février). *Actualité en Syrie, un enfant tué par balle dans le camp d'Al-Hol,* <https://www.amnesty.fr/conflits-armes-et-populations/actualites/syrie-un-enfant-tue-par-balle-dans-le-camp-dal-hol>

Baranger, T., & Eliacheff, C. (2019). « Les enfants de retour de la zone irako-syrienne ». *Le Débat, n° 205* (3), 153, <https://doi.org/10.3917/deba.205.0153>.

Chichizola, J. (2021, 9 juillet). « 169 "enfants du djihad" ont été rapatriés en France ». *Le Figaro*. Consulté le 20 mars 2022, <https://www.annelaureblin.fr/IMG/pdf/le_figaro_-_169_enfants_du_djihad_ont_ete_rapatries_en_france.pdf>.

Circulaire du 24 mars 2017 relative aux « Dispositions en assistance éducative de la loi n° 2017-258 du 28 février 2017 et au suivi des mineurs de retour de zone irako-syrienne ». Bulletin officiel du ministère de la Justice. Légifrance.

Circulaire interministérielle : « Instruction relative à la prise en charge des mineurs à leur retour de zone d'opérations de groupements terroristes *(notamment la zone irako-syrienne)* » (mars 2018).

Denètre, E. (2019, 15 mars). « Retour des enfants du djihad : la Seine-Saint-Denis témoigne ». *La Gazette des Communes*. Consulté le 12 mars 2022, <https://www.lagazettedescommunes.com/611743/retour-des-enfants-du-djihad-la-seine-saint-denis-temoigne/>.

Euillet, S., Hilbold, M., Ganne, C., Turlais, A. & Faisca, É. (2021). « Accueillir des enfants rapatriés de la zone irako-syrienne : analyse des vécus et des pratiques des assistants familiaux français. » *La revue internationale de l'éducation familiale*, 49, 61-79.

Fournier, C. (2018, 20 février). « De l'aéroport à l'école, l'épineux retour en France des enfants de jihadistes. » *France Info*. Consulté le 25 mars 2022, <https://www.francetvinfo.fr/monde/proche-orient/offensive-jihadiste-en-irak/enquete-franceinfo-de-l-aeroport-a-l-ecole-lepineux-retour-en-france-des-enfants-de-jihadistes_2602956.html>.

General Intelligence and Security Service & Ministry of the Interior and Kingdom Relations. (2017, avril). "The Children of ISIS, The indoctrination of minors in ISIS-held territory", <https://english.aivd.nl/publications/publications/2017/04/26/the-children-of-isis.-the-indoctrinationof-minors-in-isis-held-territory>.

Joly, P. (2019, avril). « Question au ministère de l'Europe et des Affaires étrangères : situation des enfants actuellement détenus dans des camps au Kurdistan syrien. » *Journal officiel du Sénat.*

« La France rapatrie de Syrie sept enfants de jihadistes français ». (2021, 13 janvier). *France 24*, <https://www.france24.com/fr/france/20210113-la-france-rapatrie-de-syrie-sept-enfants-de-jihadistesfran%C3%A7ais>.

Laver, S. (2019, juin). "*Repatriating the women and children of Daesh : navigating global and human security challenges*". ResearchGate, <https://www.researchgate.net/publication/341423279_Repatriating_the_women_and_children_of_Daesh_Navigating_global_and_human_security_challenges>

Martelet, C., & Bouvier, E. (2021, 6 mai). « Enquête : Que deviennent les enfants des djihadistes français ? » NEON. Consulté le 15 mars 2022, <https://www.neonmag.fr/enfants-djihadistes-francais-533041.html>.

Nasr, W. (2018). « À l'école de l'État islamique : les "lionceaux du califat" ». *Inflexions*, *N° 37*(1), 25.

Odoxa. (2019, 28 novembre). « Les Français approuvent massivement le jugement des djihadistes par l'Irak et ne veulent pas voir leurs enfants revenir. » *Odoxa* pour *France Info* et *Le Figaro.* [Sondage], <http://www.odoxa.fr/sondage/djihadistes-francais-approuvent-massivement-jugement-lirakne-veulent-voir-leurs-enfants-revenir/>.

Penna, A. (2022). « Enfants de retour des camps syriens. » *Lien Social*, 1311, 18-24.

Poletti, B. P. [Poletti_B]. (2021, 20 juin). « Courrier à Emmanuel Macron : "enfants de djihadistes" » [Tweet]. Twitter. <https://twitter.com/Poletti_B/status/1409815398304960514>

Ramadier, A., & Goulet, P. (2019, juillet). « Rapport d'information sur l'aide sociale à l'enfance » *([1])*. Assemblée nationale.

« Syrie : l'UNICEF rencontre les enfants survivants de l'attaque d'une prison par Daech » (2022, 12 mars). ONU Info.

Veyret-Morau, M., Mapelli, A., Klein, A., Rezzoug, D., & Baubet, T. (2021). « La prise en charge psychologique des enfants de djihadistes : modalités et enjeux. »

2de partie
La réinsertion à l'aune de la dangerosité
(« Le choc des titans »)

La dangerosité : concept versatile objet de réinsertion ou de relégation ?

Léa LEPOIX
Doctorante contractuelle,
Université de Lorraine, Institut François Gény

« Avec leurs croyances empoisonnées, ils ont égorgé notre enfance et nous ont sacrifiés. » Mineur retenu au camp d'Al-Hol, Syrie)

La *dangerosité* est un concept récent, puisque les premières occurrences ne sont documentées que depuis 1969. Étymologiquement, le mot est construit à partir de l'adjectif français dangereux, lui-même issu de *danger* (apparu en 1160) dérivé du latin populaire *dominairum* littéralement « le pouvoir de dominer ».

La dangerosité est un concept capricieux, que la doctrine circonscrit à « *la propension à commettre des actes d'une certaine gravité, dommageables pour autrui ou pour soi, fondés sur l'usage de la violence* »[1] ou encore « *la tendance ou la grande probabilité à violer la loi pénale* ». Pour Clément Margaine, « cette dangerosité criminologique n'est plus un critère permettant de fonder juridiquement l'intervention étatique, mais plutôt un concept opérationnel qui peut justifier une modulation de la répression, voire une sanction ou un régime répressif spécifique »[2], précepte cardinal selon l'école positiviste italienne. Dans ses travaux, Adolphe Prins préconisera très tôt l'individualisation de la sanction à la lumière de la témibilité du mis en cause.

La criminologie s'intéresse particulièrement à cette notion, plus contemporaine que celle de la déviance. Raffaele Garofalo s'intéresse à la

---

1 Mélanie VOYER, Jean-Louis SENON, Christelle PAILLARD *et al.*, « Dangerosité psychiatrique et prédictivité », *L'information psychiatrique*, 2009/8, vol. 85, p. 745-752.

2 Clément MARGAINE, « La capacité pénale », Thèse de droit, Université Montesquieu-Bordeaux IV, 2011.

dangerosité sociale des individus. Les défenseurs du positivisme s'efforcent de circonscrire leurs observations subjectives et ainsi substituer à l'étude du crime celle du criminel. Pour la première fois, on pouvait alors être un criminel, c'est-à-dire un danger pour la société, sans avoir commis de crime, ce qui était alors absolument impensable pour l'école classique. L'introduction de la notion de dangerosité dans les recherches criminologiques signifiait, dès lors, que l'individu serait engagé non pas au niveau de ses actes mais « au niveau de ses virtualités »[3].

Catherine Ménabé aborde la notion de dangerosité sous l'angle de la criminologie préventive. Celle-ci est « *ciblée sur la lutte contre la réitération et intimement liée à l'évaluation de l'individu et des risques qu'il représente pour la société* »[4].

Concernant les femmes et mineurs ayant rejoint l'État islamique, « si la récidive permet généralement de conclure à la dangerosité d'un individu, l'inverse n'est pas toujours vrai, puisque la simple probabilité de violer la loi pénale qu'exprime la dangerosité n'entraîne pas systématiquement la récidive »[5].

Cette doctrine, pourtant minoritaire parmi les spécialistes, justifie les prises de positions politiques visant à mettre au ban de la société les Françaises ayant fait leur *hijra* en terre de Califat.

Les nombreuses déclarations populistes sur le sujet ne prennent pas le parti d'une peine rétributive destinée « *à punir une faute morale et à améliorer le coupable* » mais cherchent simplement à bannir ces femmes et enfants puisque leur seule présence est, toujours selon eux, indésirable pour la collectivité.

Comment la notion de dangerosité peut-elle influencer le débat au sujet du retour en France des djihadistes et de leurs enfants ?

Qu'en est-il de cette dangerosité ? Il convient d'expliciter la notion sans quoi il est impossible de l'évaluer et donc d'émettre un avis éclairé sur le retour effectif des « *revenants* »[6].

En d'autres termes, les pouvoirs publics se questionnent sur la dangerosité de ces individus : s'ils présentent certains critères de dangerosité, leur retour est impensable.

---

3 David HORN, « L'œil expérimenté : l'expertise médicale et le corps criminel au XIXe siècle », dans : Philippe ARTIÈRES et Emmanuel DA SILVA (dir.), *Michel Foucault et la médecine. Lectures et usages*, Éditions Kimé, Collection « Philosophie, épistémologie », 2001, p. 249-269.

4 Catherine MÉNABÉ, Rubrique « Criminologie », *Répertoire de droit pénal et de procédure pénale*, octobre 2019.

5 Clément MARGAINE, *La capacité pénale*, Thèse de Droit Université Montesquieu-Bordeaux IV, 2011.

6 Notons que la jurisprudence française affirme que les rapports d'expertise de la dangerosité ne lient jamais le juge quel que soit le litige présenté.

Le concept de dangerosité est instrumentalisé selon l'idéologie des auteurs : certains auteurs prônant un nationalisme aveugle brandissent la dangerosité pour refuser catégoriquement le retour des revenants (Section 1).

Tandis que d'autres affirment à raison que le réel danger est de laisser ces Françaises et leurs enfants en Syrie. C'est le cas du sénateur Pierre Laurent et le député Pierre Morel-À-L'Huissier qui militent pour le rapatriement automatique des mineurs français. Ils affirment que « si nous continuons par inertie à cautionner le silence coupable de l'exécutif, si nous l'aidons en détournant les regards à transformer ces enfants de chair en enfants fantômes, alors nous aurons été les parlementaires qui ont laissé mourir des enfants innocents »[7] (Section 2).

Cette notion sous-tend une gradation dans le mal où le paroxysme prendrait la forme de la dangerosité : les aliénés, les délinquants sexuels, les terroristes. Le changement de paradigme s'installe : l'acte dangereux ne serait plus un acte sanglant mais un comportement que la société ne peut pas ni expliquer ni pardonner[8].

Les terroristes ne sont plus perçus comme des humains par la société. Depuis la nuit des temps, la dangerosité se confond avec la monstruosité. Ce monstre vit infailliblement à l'écart de notre société : reclus[9] ou vivant en vase clos avec leurs semblables.

La créature est forcément malfaisante ; et pire encore le danger qu'elle fait encourir ne s'éteint pas une fois le monstre vaincu. Dans le folklore roumain, les individus suspectés d'être des « *strigoi* » (hasard de la traduction : des *revenants*) avaient le cœur transpercé après leur mort et leur cercueil était scellé au plomb afin de combattre la superstition. Il s'agit de re-tuer ; si l'individu physique est décédé, il s'agit de tuer symboliquement le mal afin d'être certain que la dangerosité soit anéantie.

Ces croyances ancestrales sont modernisées, puisque la crainte de la dangerosité des djihadistes nous conduit à des réactions similaires, allant jusqu'à porter atteinte aux principes intangibles du droit : ainsi, bien que présumés morts par la justice française, au moins vingt djihadistes[10] ont été condamnés en cour d'assises. Le principe prévoyant l'extinction de

---

[7] Sophie PARMENTIER « L'appel de deux parlementaires à rapatrier les enfants français prisonniers en Syrie : "Ils sont innocents !" », France Inter, 17 février 2021.

[8] « Les hommes sont incapables de punir ce qui se révèle impardonnable » (Hannah ARENDT, *Condition de l'homme moderne*, Poche, Collection Angora, 2002, publication originale : 1958).

[9] Les illustrations dans la littérature et la culture cinématographique sont nombreuses et variées (voir : *La Belle et la Bête*, studios Disney, 1991 ou encore *Un centaure dans le jardin*, Moacyr Scliar, Presses de la Renaissance, 1992).

[10] Ronan TRÉSORIÈRES, « Un djihadiste français présumé mort visé par une enquête pour crimes contre l'humanité », *Le Parisien*, 25 octobre 2019.

l'action publique s'écarte devant la crainte de la dangerosité. Ainsi, l'individu décédé est pourtant condamné, afin d'exorciser sa monstruosité.

Cela s'explique d'autant plus par les fonctions anthropologiques du procès ; en effet, depuis de quelques années, la Justice et plus particulièrement le procès criminel se sont dotés d'une fonction symbolique : le déroulement s'y est même théâtralisé : « selon Paul Fauconnet, la justification sociale du procès n'est pas tant dans la recherche de la responsabilité que dans la nécessité de purger l'émotion sociale née du crime. Ce processus de catharsis permet à la justice de rendre un jugement accepté par tous, et considéré comme une vengeance dernière »[11].

L'inhumation pose pareillement la question notamment lorsque les pays d'origine ont refusé le rapatriement des corps. L'écho d'avec les croyances populaires est toujours présent : un des auteurs de la tuerie de *Charlie Hebdo* a, par exemple, été enterré en pleine nuit.

Section 1. Terrorisme et dangerosité : un lien construit par la législation

La législation française part du principe que toute personne se rendant sur le territoire du califat est une personne dangereuse, puisque depuis 2015, tous les Français partis en zone irako-syrienne font systématiquement l'objet d'une enquête judiciaire. En effet, la loi n° 2014-1353 du 13 novembre 2014 dispose que constitue une infraction le fait d'« avoir séjourné à l'étranger sur un théâtre d'opérations de groupements terroristes ».

L'article 1er du décret n° 2019-1579 du 31 décembre 2019 réaffirme cette vision de la dangerosité : « Lorsqu'une personne détenue majeure est dangereuse en raison de sa radicalisation [...] le placement en quartier de prise en charge de la radicalisation intervient à l'issue d'une évaluation de la dangerosité ».

Face à cette incontrôlable dangerosité, l'autorité législative a brusquement réagi : le droit pénal a connu un renforcement procédural brutal de fond et de forme dont le point culminant est la création de l'article 706-24-1 CPP. En outre, on note la création d'un pôle antiterroriste (compétence de la Cour d'appel de Paris), l'élaboration de règles dérogatoires concernant certains actes attentatoires aux libertés fonda-

[11] Karine GRANIER et Emmanuelle MOURANCHE, « La mise en question de la fonction symbolique de la Justice dans l'"affaire du sang contaminé" », *Droit et Société*, 1994, n° 26, p. 55-62.

mentales (écoutes téléphoniques, report de la présence de l'avocat en garde à vue, assignation à résidence sous PSEM, interdiction administrative de territoire…), mais aussi touchant au régime dérogatoire de la prescription, criminalisation de certains délits et jusqu'au choix parfois impulsif des magistrats d'exclure l'excuse de minorité pourtant majoritairement accordée y compris concernant le droit criminel.

Cette sur-réaction légitimée est attendue par l'opinion publique, mène vers un droit d'exception du quotidien : l'exemple le plus frappant concerne la distorsion du caractère terroriste habituellement qualifiée de structure organisée, le nouvel article 421-2-6 CP déroge au droit commun et permet d'incriminer la préparation individuelle de certains actes de terrorisme.

L'examen de la circulaire du 5 décembre 2014 émanant du ministère de la Justice surprend tout autant, tant les conditions subjectives nécessaires à la qualification de l'infraction sont latitudinaires : « un trouble *potentiellement grave* à l'ordre public *suffit* à caractériser le but terroriste. La gravité du trouble à l'ordre public *peut se déduire* des moyens d'action auxquels envisage de recourir l'entreprise ».

Parmi les cent six fichiers mis à la disposition des services de sécurité, un nombre croissant de fichiers concerne la lutte contre le radicalisme islamique (Fichier de traitement des signalements pour la prévention de la radicalisation à caractère terroriste, Fichier judiciaire national automatisé des auteurs d'infractions terroristes, Fichier des personnes recherchées pour « Sûreté de l'État »…).

Comment dès lors prévoir un retour serein lorsque la conception de la loi française érige le djihadisme comme le danger le plus effrayant pour notre société et que celle-ci ne sait pas y faire face ?

Les quartiers de haute sécurité (R. 57-7-84-13 CPP) sont tout autant contestés. Qualifiés pour certains d'Alcatraz française, ces quartiers sont destinés à toute personne détenue majeure lorsque celle-ci « est dangereuse en raison de sa radicalisation ». En janvier 2020, « on dénombrait 525 détenus – dont 72 femmes – considérés comme terroristes islamistes, en raison du motif de leur condamnation judiciaire »[12].

L'administration de l'emprisonnement ou de la détention provisoire témoigne de la crainte des autorités. Malgré une surpopulation carcérale étouffante, où les détenus dits ordinaires peuvent vivre jusqu'à quatre

[12] Sénat, « Délégation parlementaire au renseignement – Rapport d'activité 2019-2020 », par Christian CAMBON, 11 juin 2020.

dans une cellule[13], les personnes suspectées d'être radicalisées sont affectées en cellule individuelle spécifiquement aménagée pour garantir des conditions de sécurité renforcées.

Coupés de toute interaction extérieure, certains barreaux ont même été remplacés par des vitres[14] et « l'exercice du culte ainsi que les promenades s'effectuent séparément des autres personnes détenues chaque fois que des impératifs de sécurité ou de maintien du bon ordre de l'établissement l'exigent »[15].

Cette crainte s'observe également par la prise de décision du placement. Il s'agit en effet de la compétence exclusive du ministre de la Justice selon l'article R. 57-7-84-17.

Les conditions de privation de liberté étant particulièrement éprouvantes, la France a été condamnée pour les mauvais traitements subis par les détenus[16].

Les autorités mettent en place des cellules de prévention et de repérage de la radicalisation à de nombreux niveaux (éducation nationale, préfecture, ARS…) mais les frasques de ces cellules et leur faible efficacité atteignent fortement leur crédibilité[17].

De l'aveu même de l'Assemblée, les tentatives de déradicalisation s'avèrent inutiles : « *les premières expérimentations publiques menées à travers le centre de réinsertion et de citoyenneté de Pontourny n'ont pas été couronnées de succès* »[18].

Nous n'avons aujourd'hui aucun moyen de s'assurer d'une déradicalisation efficace ; le radicalisme religieux quel qu'il soit n'est pas une pathologie : différentes études attestent « *qu'il n'existe aucun attribut psychologique particulier pouvant décrire une personnalité "terroriste"* »[19].

À l'opposé des thèses proposées par les politiques actuelles, le législateur gagnerait à différencier la dangerosité et le terrorisme islamique.

---

13 Régulièrement condamnée par la CEDH, la surpopulation carcérale française est considérée comme un traitement inhumain et dégradant permettant une libération anticipée (CEDH, J.M.B. et autres c. France, 30 janvier 2020, n° 9671/15).

14 Alexandra PICHARD, « Jihadisme, Radicalisation : la prison devient un facteur de vulnérabilité », *Libération*, 18 novembre 2019.

15 R. 57-7-84-16 C. proc. pén.

16 CEDH, Khider c. France, 9 juillet 2009, n° 39364/05 (au sujet d'un détenu particulièrement surveillé ayant subi un isolement long et des brimades et fouilles corporelles non justifiées) ; Thierry RENOUX et Maria GUDZENKO, « La CEDH : un frein à la lutte anti-terroriste ? », *Le club des juristes*, 4 décembre 2020.

17 Jacques PEZET et Anaïs CONDOMINES, « Quatre enfants de 10 ans arrêtés à Albertville pour "apologie du terrorisme" », *Libération*, 6 novembre 2020.

18 Assemblée nationale, « Rapport d'information n° 2082 sur les services publics face à la radicalisation », par Éric DIARD et Éric POULLIAT, 27 juin 2019, p. 14.

19 Feten FEKIH-ROMDHAN, Leila CHENNOUFI, Mejda CHEOUR, « Les terroristes suicidaires : qui sont-ils ? », *Annales médico-psychologiques*, 2016, vol. 174, n° 4, p. 274-279.

En effet, les sanctions n'ont pas d'autre but que la protection de la société ; la sanction ne doit, par conséquent, pas être tournée vers le passé mais davantage vers l'avenir et la resocialisation de l'individu. Cela doit passer par l'éducation, un soutien de la part de la solidarité nationale et l'accès aux soins notamment psychologiques. La peine de ces femmes doit être sur-individualisée selon leurs besoins et leurs possibilités. Selon Adolphe Prins, « *pour choisir les mesures à prendre, c'est l'état permanent de l'individu qu'il faut considérer plus que son acte passager* ».

Nous pouvons mettre en avant la pensée de Rossi, pour qui la détermination de la peine est simple : « *pas plus qu'il n'est juste pas plus qu'il n'est utile* » et cela notamment lorsque les éléments factuels incriminés ne permettent pas de démontrer une quelconque dangerosité.

Section 2. Une dangerosité non matériellement attestée

La dangerosité est intimement liée au risque de réitération dans sa définition. La dangerosité n'est pas liée à la gravité des faits mais se reflète davantage dans le comportement de la personne. Il est donc intéressant de se penser sur le mobile de ces femmes de se rendre sur un territoire en guerre.

Dans les faits, la majorité des femmes ont rejoint la Syrie sans avoir l'intention de commettre des exactions ; parmi elles, des centaines de femmes disent avoir rejoint la Syrie par amour. Omar Ouahmane a recueilli le témoignage de Saïda qui a quitté l'Hérault avec sa fille pour rejoindre la Syrie en 2015 : « *Je suis venue ici sur un coup de tête, j'ai pris la décision en une semaine, sans réfléchir* »[20].

Aujourd'hui précisément documenté, les études démontrent que ces jeunes femmes « n'ont pas la haine de la société comme motivation centrale dans le départ vers les théâtres de guerre en Syrie [contrairement aux jeunes hommes, animés par la volonté d'être des soldats de Daesh. Pour eux, le jihadisme propose à des égos froissés d'accéder au statut valorisant de héros de l'islam sunnite[21]]. Plusieurs logiques interfèrent qui poussent à leur départ. Tout d'abord, une vision distordue de l'humanitaire : les frères en religion auraient besoin d'aide face au pouvoir hérétique et maléfique de Bachar el-Assad et il faudrait s'engager pour être

---

[20] Omar OUAHMANE, « Une femme française détenue en Syrie : "Être ici, c'est comme être morte" », *FranceInter*, 18 mars 2021.

[21] Olivier MOOS, « Le jihad s'habille en Prada : une analyse des conversions jihadistes en Europe », *Cahiers de l'Institut Religioscope*, août 2016, n° 14.

aux côtés des hommes. L'image de l'homme idéalisé est aussi au centre de mire de cette jeunesse féminine, souvent post-adolescente, qui présente des traits de désenchantement vis-à-vis du féminisme de leur mère ou grand-mère »[22].

Les facteurs favorisant le départ vers le Califat sont énumérés dans un rapport de l'ISD : « le sentiment d'isolement (qu'elles soient tout juste converties ou non), la non-appartenance à l'identité et la culture occidentales, la croyance en l'impossibilité de pratiquer leur culte à cause de l'islamophobie en France. Une rupture s'opère entre elles et la société »[23].

Umm Haritha, une jeune Canadienne de 20 ans ayant rejoint les territoires de l'État islamique en 2014 témoigne de son sentiment l'islamophobie en Occident : « *Les gens se moquaient de moi en public, me poussaient et me disaient de retourner dans mon pays, et parlaient comme si j'étais une malade mentale ou comme si je ne comprenais pas l'anglais* »[24]. Elle ajoute : « *La vie était dégradante et embarrassante, rien de proche de la liberté multiculturelle ou de la liberté d'expression qui est soi-disant promue* ».

De nombreuses femmes témoignent du même sentiment d'humiliation : « *la femme qui reste à la maison est donc accusée de paresse, de ne pas être civilisée, comme quelqu'un qui ne participe pas au développement de la société* »[25]. D'autres mettent en avant leur « *incapacité à trouver quelqu'un avec qui partager les valeurs qui lui tiennent à cœur* »[26].

Doctorante en sociologie des religions à l'Université de Fribourg, Géraldine Casutt explique : « Chez ces femmes, il y a l'idée de retrouver une certaine dignité, qu'elles ressentent comme étant bafouée dans les sociétés occidentales et plus largement mécréantes. Elles estiment qu'elles n'auront obtenu gain de cause qu'une fois dans une société musulmane intégrale, où non seulement leur dignité sera rétablie, mais aussi l'honneur de toute la communauté musulmane [...] Elles essaient de s'approcher au plus près de leur idéal féminin musulman : une femme pieuse, épouse d'un mari pieux, mère de futurs enfants pieux. Sur terre, elles entendent contribuer à l'établissement de cette société musulmane idéale, où elles pourraient être enfin libres et non plus oppressées par des valeurs auxquelles elles n'adhèrent pas ou plus »[27].

---

22 Farhad KHOSROKHAVAR, « Qui sont les jeunes jihadistes français ? », *Rhizome*, 2016/1, n° 59, p. 69-73.

23 Sarah SEBBAR, « Enrôlement et exploitation : les femmes occidentales dans le piège de Daech », *Les Cahiers de la Fondation Scelles*, 2017.

24 Iris LAMBERT, « Les femmes du djihad », UNSIGHTED, Dossiers, 22 mai 2018, <http://unsighted.co/dossiers/les-femmes-du-djihad-ei/?>.

25 *Ibid.*

26 *Ibid.*

27 Géraldine CASUTT, « Quand le djihadiste est une femme », *Inflexions*, 2018/2, n° 38, p. 87-96.

Muthana, fille de diplomate, brillante étudiante à l'Université d'Alabama et décrite comme humaniste par ses professeurs a, elle aussi, cédé aux sirènes de l'État islamique emportant avec elle deux autres de ses camarades afin de servir comme épouse[28]. Pour elle, faire son *hijra* est « l'occasion de rejoindre une communauté de femmes et d'hommes partageant les mêmes idées »[29]. Certaines de ces femmes, révulsées par les valeurs occidentales sont persuadées que vivre « dans une société non musulmane contamine votre esprit, que ce soit avec une vision sexualisée des femmes ou des idéaux féministes »[30] et tentent à tout prix de rejoindre un État où elles peuvent librement exercer leur foi. Comme de nombreuses jeunes femmes « révoltées par l'hypersexualisation des filles en Occident », elles souhaitent « *laisser derrière elle une société immorale* dans laquelle elles ne trouvent pas leur place, pour se tourner vers *une religion source de vertus et de sens* »[31].

Rejoindre l'État islamique est une façon de se réaliser et d'accéder à une vie présentée sous le prisme de l'utopie, répondant à toutes leurs aspirations.

Laura Passoni, auteur belge ayant vécu sous le Califat témoigne : « J'enviais alors les femmes qui pouvaient se couvrir, l'idée que seul leur mari pouvait les voir, ça évoque la fidélité. Un homme qui aime une femme en niqab est loyal, il veut sa femme pour lui seul et il ne regarde qu'elle »[32].

Ces femmes témoignent de leur « aspiration idéaliste de l'accomplissement du devoir religieux et de la création d'un Califat utopique, le sentiment d'appartenance et de sororité, la romantisation du djihad »[33].

De nombreuses femmes se retrouvent dans la conception officielle du rôle de la femme promue par l'État islamique[34] : celui-ci crée de nou-

---

28 Rukmini CALLIMACHI et Catherine PORTER, “2 American Wives of ISIS Militants Want to Return Home”, *New York Times*, 19 février 2019.

29 Warren RICHEY, « Ce qui attire les femmes vers ISIS », *The Christian Science Monitor*, 1er octobre 2015.

30 *Ibid.*

31 Hélène FÉVRIER et Sylvie BRAIBANT, « Les sirènes pseudo-féministes du djihadisme », TV5 Monde, 20 novembre 2015 ; Sémiramis IDE, « Jihad : pourquoi les femmes, aujourd'hui, s'engagent-elles ? », *TV5 Monde*, 4 août 2014 : « *Le sentiment islamophobe en Europe est croissant et les femmes musulmanes sont les premières à en pâtir, puisque c'est généralement elles qui sont visées par certaines interdictions, notamment en ce qui concerne le port du voile – intégral dans l'espace public, mais aussi le port du voile tout court, quand il s'agit aussi, par exemple, d'accompagner ses enfants en sortie scolaire* ».

32 Christian LECOMTE, « Laura Passoni, la repentie de l'État islamique témoigne », *Le Temps*, 9 octobre 2016.

33 Sarah SEBBAR, « Enrôlement et exploitation : les femmes occidentales dans le piège de Daech », *Les Cahiers de la Fondation Scelles*, 2017.

34 Olivier MOOS, « Le jihad s'habille en Prada : une analyse des conversions jihadistes en Europe », *Cahiers de l'Institut Religioscope*, août 2016, n° 14.

velles formes de « *djihad alternatif* conçu spécifiquement pour les femmes notamment un djihad matrimonial, un djihad sans combat »[35]. Selon Françoise Thébaud, historienne spécialiste de l'histoire des femmes, ce djihad matrimonial repose sur le « *mythe sexualisé de la femme naturellement pacifiste en tant que mère potentielle* »[36].

Cette conception est d'ailleurs régulièrement évoquée dans la presse féminine émise par l'État islamique[37] : « *nous devons faire de nos enfants les combattants de demain, leur donner une bonne éducation, leur apprendre à obéir [...] Et pour nos filles, en faire des épouses et des mères des mujâhidînsi Allah le veut, pieuses, droites, gardiennes de leur maison, de leur chasteté mais surtout de tout ce qu'il se passera dans leur demeure* »[38].

« Dans le djihad, on pourrait résumer la répartition principale des rôles de cette façon : l'homme combat et la femme conçoit »[39].

« Pour les attirer, l'organisation terroriste recourt à des stratégies de recrutement "*par des filles pour les filles*" qui mettent en avant des images de femmes modèles. Un phénomène que les experts dépeignent comme une sous-culture du "girl-power" djihadiste. Sur les réseaux sociaux, le groupe mène des opérations de propagande visant spécifiquement les femmes en postant des messages sur "*l'empowerement*" à la sauce djihadiste. L'organisation détourne également ouvertement des slogans publicitaires issus du monde occidental. À l'instar de cette affiche montrant une jeune fille voilée portant la mention "*fille voilée, parce que je le vaux bien*", en référence à une publicité de la marque de cosmétique française L'Oréal »[40].

En quête de sens, ces jeunes femmes se lancent à corps perdu dans le rôle d'épouse de « mujahids » sans prendre conscience de l'effrayant choix qu'elles viennent de faire pour leur avenir et celui de leurs enfants. Il apparaît ainsi, tant au regard de ce qui a animé leur choix de se rendre en Syrie et l'absence de risque de réitération, que ces femmes ne sont pas dangereuses pour la société, au sens criminologique.

---

35 Hasna HUSSEIN, « Le djihad alternatif et le soft power des muhâjirât propagandistes de Daesh », 23 mars 2020, *Carnet de recherche, Contre-discours radical*, <https://cdradical.hypotheses.org/1139>.

36 Françoise THÉBAUD, « Penser la guerre à partir des femmes et du genre : l'exemple de la Grande Guerre », *Astérion*, 2004, vol. 2 (mis en ligne le 5 avril 2005).

37 Voir aussi : Hugo MICHERON, *Le jihadisme français. Quartiers, Syrie, prisons*, Gallimard, Esprit du Monde, 2020.

38 *Dar-al-islam*, 8 février 2016 (Magazine féminin francophone de l'Organisation de l'État islamique contenant interviews, rubriques thématiques, témoignages, reportages photos, reportages d'actualité et des prêches).

39 Géraldine CASUTT, « Quand le djihadiste est une femme », *Inflexions*, 2018/2, n° 38, p. 87-96.

40 Sarah SEBBAR, « Enrôlement et exploitation : les femmes occidentales dans le piège de Daech », *Les Cahiers de la Fondation Scelles*, 2017.

Du fait de l'âge des Français ayant rejoint l'État islamique (EI), ceux-ci étaient bien souvent accompagnés de leurs jeunes enfants, dont certains sont même nés sous le Califat. Appelés les *lionceaux*, ils n'ont de tort que celui d'être nés au mauvais endroit. Ils sont pourtant considérés comme dangereux par une majorité de l'opinion publique[41].

Pour certaines femmes, le rêve s'écroule en arrivant sur le territoire de Daech. Laura Passoni relate : « *Je voulais être aux côtés de mon mari qui voulait se battre contre Bachar el-Assad, le soutenir, mais aussi être utile en soignant les blessés, en m'occupant des orphelins, mais j'ai vite compris que la place des femmes était entre quatre murs, hormis la brigade Al-Khansaa, une milice féminine chargée de contrôler l'application de la charia auprès des femmes. Les femmes servent à procréer et peupler l'État islamique* »[42].

À peine arrivées, elles sont conduites dans une madafa (maison pour femmes où les épouses cuisinent, lessivent, éduquent les fillettes) et « sont privées des libertés fondamentales : retrait du passeport, interdiction de se déplacer seule, impossibilité de rentrer dans leur pays, rupture de tous les liens avec leur vie d'avant, sous la surveillance de la Hisba et soumises aux interdits sous peine de torture »[43]. Certains juristes comparent cette situation à la traite des êtres humains, puisque les éléments constitutifs sont similaires.

Les autorités françaises suivent une politique de retour « au cas par cas », encore trop lente. Sur les 300 mineurs français identifiés, seuls 35 ont actuellement rejoint la France. Pour ces enfants, le critère justifiant le rapatriement est leur « particulière vulnérabilité » : les cinq premiers rapatriés en 2019 étaient tous orphelins. Les associations rappellent qu'il est dans l'intérêt des enfants que les mères soient rapatriées dans le même temps.

Les autorités restent aveugles devant l'urgence de la situation. Si l'évolution de la dangerosité fluctue dans le temps, vivre dans un camp de fortune où règnent la violence, la faim, le froid glacial et où ces femmes et enfants sont réduits à devenir des « silhouettes fantomatiques » présente inéluctablement un risque criminologique de développer une dangerosité si aucune stratégie publique n'est mise en place.

Comment expliquer la réserve au retour de ces femmes dès lors que leur motivation de départ ne présage d'aucune dangerosité ?

---

41 « 67 % des personnes interrogées souhaitent laisser les enfants de djihadistes en Irak et en Syrie » (Odoxa-Dentsu Consulting, février 2019).

42 Christian LECOMTE, « Laura Passoni, la repentie de l'État islamique témoigne », *Le Temps*, 9 octobre 2016.

43 Sarah SEBBAR, « Enrôlement et exploitation : les femmes occidentales dans le piège de Daech », *Les Cahiers de la Fondation Scelles*, 2017. Pour le témoignage complet : Flore OLIVE, « Daech : le calvaire de Mina », *Paris Match*, 12 novembre 2017.

L'explication se trouve du côté de la sociologie, et dans la rigueur du traitement des violences de genre lorsqu'elles sont perpétrées par une femme : la mise en danger d'un enfant est moins bien tolérée lorsque cela concerne la mère vue comme une madone. Le parallèle peut s'apprécier pour tous les types de violence, une étude a démontré que la violence des hommes « *est plus souvent banalisée et fait l'objet de justifications rationalisées. Il n'est donc pas surprenant que ces conduites soient davantage observées à l'âge adulte chez l'homme plutôt que chez la femme* »[44].

Pour pallier le manque d'initiative du gouvernement, les grands-parents se mobilisent pour accélérer le retour de ces mineurs, en saisissant la CEDH après le refus de la France à faire rapatrier ces ressortissants[45]. Une grande majorité de ces enfants sont nés dans les camps de rétention kurdes et n'ont d'ailleurs pas connu l'EI : la crainte de voir apparaitre des terroristes en puissance sur le sol de la république est privée de fondement par cette simple démonstration.

Le Conseil d'État rejette inlassablement les secours de Français retenus dans les camps de réfugiés Syrie notamment Al-Hol où les conditions de vie sont dramatiques[46] et qui réclament leur rapatriement en France. Le Conseil d'État estime que ces questions dépassent leurs compétences et relèvent du domaine diplomatique.

Les mesures mises en place sont lacunaires ; en témoigne l'instruction relative à la prise en charge des mineurs à leur retour de zone d'opérations de groupements terroristes émise par le Premier ministre le 28 février 2018 : les indications tant sur la scolarisation, l'accompagnement des parents ainsi que sur le bilan tant somatique que médicopsychologique, sont nébuleuse et n'apportent aucun cadre précis.

Les objectifs annoncés par le « dispositif d'accompagnement dans la durée » restent évasifs et imprécis comme en témoigne cet extrait :

« — veiller à ce que l'ensemble des acteurs institutionnels reste mobilisé sur un temps long dans l'intérêt de l'enfant ; — s'assurer que l'évolution du mineur ne nécessite pas ultérieurement une nouvelle prise

---

44 Samuel LEMITRE, « Introduction. Agressivité et violence », dans : Roland COUTANCEAU et Samuel LEMITRE (dir.), *Violences ordinaires et hors normes. Aux racines de la destructivité humaine*, Dunod, Collection Psychothérapies, 2017, p. 1-7.

45 AFP, « Refus de rapatrier des djihadistes : la justice européenne va examiner une requête déposée contre la France », *Le Monde*, 10 février 2020.

46 Anne Poiret, « Enfants de Daech, les damnés de la guerre » : de Mossoul à Raqqa, une jeunesse sacrifiée », Documentaire, *France 5*, 18 mai 2021.

en charge dans un cadre adapté ; — répondre rapidement aux sollicitations de l'entourage du mineur (famille, tuteurs, etc.) »[47].

Une certaine défiance se lit entre les lignes, notamment au regard de la provenance des fonds permettant la formation des professionnels chargés de l'accompagnement de ces mineurs[48].

Une prise en charge insuffisante et inadaptée de ces femmes et mineurs est le principal danger. Il s'agit là d'un danger communautaire pouvant devenir un danger criminologique, à terme. En effet, une sociabilisation inadéquate étant un des facteurs ayant convaincu ces jeunes femmes à rejoindre Daesh, il devient impérieux d'établir un cadre précis sur le retour et l'intégration républicaine de ces mineurs.

En juin 2021 est proposé devant l'Assemblée nationale un projet de loi « relatif à la prévention d'actes de terrorisme et au renseignement », celui-ci propose de porter d'un à deux ans la durée maximale de la mesure individuelle de contrôle administratif et de surveillance (MICAS) pour les personnes sortant de prison après une condamnation à cinq ans ou plus (trois ans en cas de récidive) pour des faits de terrorisme. L'objectif des MICAS est d'interdire la sortie du périmètre, pouvant être au minimum la commune de résidence pendant trois mois (renouvelable) associé à un pointage régulier, pouvant être quotidien. La mesure peut être prise à l'égard d'une personne dont « le comportement constitue une menace d'une particulière gravité pour la sécurité et l'ordre publics mais dont les agissements ne sont pas de nature à relever d'une infraction » : il s'agit d'une mesure de sûreté post-sententielle rendant de ce fait la réinsertion davantage ardue.

Parfaitement insérées ou ferventes alliées du régime, « ces personnes font aussi partie de notre société. Et il ne s'agit pas de repentir, il s'agit de la primauté du droit. Aucun citoyen n'a à mériter un procès équitable. Et les crimes contre l'humanité doivent être traités dans une salle d'audience »[49].

Enfin, et bien que cette incrimination ne trouve pas à s'appliquer, nous soulignons que le fait que pour ce même législateur « quiconque

---

[47] Premier ministre, « Instruction relative à la prise en charge des mineurs à leur retour de zone d'opérations de groupements terroristes (notamment la zone irako-syrienne) », 23 février 2018, p. 13.

[48] « Une enveloppe du fonds interministériel de prévention de la délinquance sera dédiée à la formation, l'accompagnement et au soutien des professionnels (travailleurs sociaux et médico-sociaux et professionnels de santé) prenant en charge ces enfants » (*Ibid.*).

[49] Luisa VON RICHTHOFEN, « Pourquoi Paris doit-elle laisser les Françaises de Daech rentrer de Syrie », *Courrier International*, 26 mars 2021 (Traduit de : « Meinung : Frankreich, lass deine IS-Frauen nach Hause, Madeforminds », en ligne <https://www.dw.com/de/meinung-frankreich-lass-deine-is-frauen-nach-hause/a-56771483>).

pouvant empêcher par son action immédiate, sans risque pour lui ou pour les tiers, soit un crime, soit un délit contre l'intégrité corporelle de la personne s'abstient volontairement de le faire » est un délit. Nous percevons intelligemment l'écho des conditions de vie dans ces camps, accueillant à plus de 80 % des femmes et des enfants[50] et il est indubitable qu'une action sera exercée contre l'État français.

50 ANSA, "Syria: 12 murders in two weeks at Al Hol refugee camp", *InfoMigrant*, 25 janvier 2021, en ligne <https://www.infomigrants.net/en/post/29839/syria-12-murders-in-two-weeks-at-al-hol-refugee-camp>.

Ce que le concept de « radicalisation » apporte d'original à la dangerosité et au traitement de la dangerosité dans le champ pénal

Julia BURCHETT
Post-doctorante (F.R.S.-FNRS),
rattachée au Centre de droit européen de l'Université libre de Bruxelles

Dans un discours du 7 novembre 2020 entourant le projet de loi français « confortant les principes républicains », Jean Castex désignait « l'islamisme radical » comme l'ennemi de la République[1]. Il ne s'agit là que d'un exemple montrant que l'individu radicalisé s'est progressivement incarné comme une nouvelle figure de la dangerosité[2], au-delà du champ pénal.

Le discours sur la lutte contre la radicalisation, dont il est possible de trouver des traces au niveau européen à partir de 2004[3], a pris de l'ampleur ces dernières années. Dans un contexte marqué par la résurgence d'un terrorisme interne commis par des individus nés et éduqués en Europe, l'attention s'est progressivement déplacée sur la question du « pourquoi » et du « comment » : pourquoi une partie de la jeunesse européenne en vient-elle à adhérer au terrorisme au point de basculer dans la violence et que peut-on faire pour prévenir ce phénomène ? C'est dans

[1] Journal *Le Monde*, « Jean Castex : l'ennemi de la République, c'est une idéologie qui s'appelle l'islamisme radical », disponible à partir du lien suivant (consulté le 24 novembre 2021) : <https://www.lemonde.fr/politique/article/2020/12/09/jean-castex-l-ennemi-de-la-republique-c-est-une-ideologie-politique-qui-s-appelle-l-islamisme-radical_6062698_823448.html>.

[2] V. DE GALEMBERT (C.), « Le "radical", une nouvelle figure de dangerosité aux contours flous », *Critique internationale*, 2016/3, n° 72, p. 53-71.

[3] « Le programme de La Haye : renforcer la liberté, la sécurité et la justice dans l'Union européenne », (2005/C 53/01), *J.O.U.E.*, C 53, 3 mars 2005.

ce contexte que le mot « radicalisation » est rapidement venu s'adosser à des priorités à la fois sécuritaires et sociétales : comment protéger la cohésion sociale face à des idéologies radicales susceptibles de porter atteinte aux valeurs de la société ? Comment prévenir les risques de rechute dans l'extrémisme violent ? Comment empêcher le processus d'adhésion idéologique au terrorisme par anticipation du risque de passage à l'acte violent susceptible d'en découler ? Ainsi, le mot « radicalisation » n'a pas seulement eu pour effet de focaliser l'attention sur la nénécessité d'agir sur les causes profondes du terrorisme par des mesures de prévention sociales. Il a aussi contribué à déplacer le curseur de la dangerosité en étendant les mesures de prévention sécuritaires à des impératifs nouveaux. Contrer les risques d'adhésion à l'idéologie terroriste et détecter les « signaux faibles » font désormais partie des impératifs assignés à un vaste réseau de secteurs, bien au-delà de la police et de la justice comme en témoigne l'implication conjointe des secteurs éducatif, social ou encore de la santé. Si le droit pénal n'est pas l'unique réponse mobilisée en réaction au phénomène nommé « radicalisation », il n'est pas indifférent aux impératifs de la lutte contre la radicalisation, lesquels irriguent la matière pénale. De même que le droit pénal n'est pas étranger à la « dangerosité », notion qui imprègne depuis longtemps les politiques criminelles et qui a ceci de commun avec la radicalisation, qu'elle déplace l'attention non pas sur les actes mais sur la potentielle menace que représente un individu.

L'analyse se propose de saisir combien le concept de « radicalisation » et ses dérivés comme la notion de « déradicalisation » contribuent à renouveler le rapport du droit pénal à la dangerosité. Les débats anciens que suscite le thème de la dangerosité dans le champ pénal offriront une clé de lecture particulièrement riche d'enseignements pour déchiffrer les enjeux du présent. L'on s'efforcera dans un premier temps de mesurer combien les réponses pénales à la dangerosité évoluent sous l'incidence de la notion de « radicalisation » (Section 1). À cette occasion seront reflétées certaines mutations déjà observées de longue date dans le champ pénal mais que le mot « radicalisation » tend à exacerber. En droite ligne du questionnement mené dans la première partie, il s'agira d'interroger dans une seconde partie les effets du mot « déradicalisation » sur le traitement pénal de la dangerosité (Section 2). Si l'intérêt de questionner ce que la dangerosité fait aux pratiques n'est plus à démontrer[4], l'on s'efforcera ici de rechercher si la « déradicalisation » est la source de nou-

[4] LANCELEVÉE (C.) *et al.*, « Ce que la dangerosité fait aux pratiques : entre soin et peine, une comparaison Belgique-France », *Les cahiers de la justice*, 2013, n° 1, p. 101-111.

veaux bouleversements sans taire les contradictions ni les tensions qui la concernent. Appréhender la question de la radicalisation sous l'angle de la « dangerosité » permettra de refléter combien les notions de « radicalisation » et de « déradicalisation » convoquent des thèmes anciens tout en les enveloppant d'un vocabulaire nouveau.

Section 1. La dangerosité renouvelée sous l'incidence de la notion de « radicalisation »

Si le thème de la dangerosité infuse de longue date les politiques pénales (§ 1), l'objet des lignes qui suivent est de saisir dans quelle mesure la notion de « radicalisation » contribue à renouveler les réponses pénales à la dangerosité (§ 2).

§ 1. Les débats anciens sur l'appréhension de la dangerosité en droit pénal

Notion contingente, la dangerosité a pris des visages différents[5] en fonction des lieux et des époques. Parmi les figures dangereuses les plus emblématiques, sont habituellement inclus sous cette catégorie les malades mentaux, les délinquants sexuels, les toxicomanes, les alcooliques, l'étranger, les délinquants terroristes mais aussi les mineurs délinquants. Si les classifications en fonction du genre se font rares, la délinquance féminine est néanmoins un objet d'étude qui focalise l'attention des criminologues et pénalistes dès le XIXe siècle[6]. Tout au long de l'histoire, la dangerosité a été associée à des priorités diverses : protection de la société face à l'insécurité, resocialisation du délinquant, approche scientifique du phénomène criminel, etc. En légitimant une forme de réaction sociale qui ne consiste plus à punir un comportement dangereux mais à « prévenir un passage à l'acte par un diagnostic prospectif de dangerosité », la notion de dangerosité a donné lieu à des mesures évolutives aux finalités parfois divergentes[7]. L'objet des lignes qui suivent n'est pas de retracer la genèse de l'émergence de la notion de dangerosité dans le champ pénal. Il est plus utile à notre débat de revenir sur les positions des grands cou-

---

[5] ROMAN (D.), « Conjurer la dangerosité ou prévenir le risque ? », *R.D.L.F.*, 2020, chron. n° 74.
[6] BUDIN (D.), « "Défense sociale nouvelle" et criminalité féminine en France. 1945-1975 », *in* BARD (C.), CHAUVAUD (F.), PERROT (M.) *et al.* (dir.), *Femmes et justice pénale. XIXe-XXe siècle*, Presses universitaires de Rennes, 2002, p. 265-272.
[7] MARGAINE (C.), GAUVIN (F.), CAU (J.-F.) *et al.*, « La dangerosité en matière pénale, l'arlésienne omniprésente », *in* Dossier « Dangerosité et droits fondamentaux : dangerosité et privation de liberté », *R.D.L.F.*, 2020, chron. n° 70.

rants de politique criminelle qui se sont saisis de cette question, d'en restituer les idées-forces mais aussi les implications sur le droit pénal. Cette mise en perspective servira de grille de lecture pour l'analyse qui va suivre et permettra de montrer combien les préoccupations d'hier résonnent avec celles d'aujourd'hui.

Dès le XIXe siècle, la notion de dangerosité agite les réflexions des criminologues et des aliénistes animés par l'ambition de purger la société des délinquants/déviants et des indésirables. L'on pense notamment au « criminel-né »[8] de Lombroso qui a longtemps incarné l'ennemi intérieur fondé sur l'idée de déterminisme. Les tenants de l'École positiviste italienne proposaient alors de substituer des mesures de sûreté[9] aux peines pour mieux protéger la société contre certains individus dangereux. Si les débats sur la dangerosité (ré)émergent quelques années plus tard dans le contexte de l'après-guerre, c'est sous le jour d'un nouvel humanisme inspiré par l'École de la défense sociale nouvelle[10]. De ce mouvement réformateur construit en réaction à la rigidité du droit pénal classique apparaissent de nouveaux objectifs de politique criminelle centrés sur la fonction resocialisatrice de la peine. L'accent est donc mis sur « le reclassement du délinquant dans la communauté par l'inculcation de valeurs morales perdues »[11], mais aussi et de façon plus concrète par la mise en place de réponses pénales au plus près de la personnalité du délinquant. Dans ce schéma, la dangerosité est « davantage conçue comme une faille individuelle qu'il est possible de traiter »[12]. La place accordée à la recherche des causes sociales du crime par certains tenants de ce courant est alors particulièrement propice à la mise en place d'une approche pluridisciplinaire du phénomène criminel. C'est dans la lignée de ce mouvement que s'observe un resserrement du lien entre droit et médecine, favorisant ainsi une approche collaborative dans l'évaluation de la personnalité du délinquant. Pour certains auteurs, la défense sociale nouvelle se traduit, dans sa dimension contemporaine, par une « politique criminelle participative, mettant en jeu, en amont, la famille, l'école, les mé-

---

8 LOMBROSO (C.), *L'Homme criminel : criminel-né, fou moral, épileptique : étude anthropologique et médico-légale*, Hachette BNF, 1887.

9 Appelées « mesures de défense sociale », celles-ci se conçoivent en dehors de toute finalité punitive et de toute coloration morale. Leur objet étant d'assurer la prévention du crime et spécialement celle de la récidive.

10 Au sens propre et premier du terme, la défense sociale désigne la protection de la société contre le crime. V. ANCEL (M.), *La défense sociale*. Que sais-je ?, Presses universitaires de France, 1985 ; ANCEL (M.), *La défense sociale nouvelle*, Cujas, 1966.

11 TILLET (E.), « § 1er École de la Défense sociale nouvelle », *Rép. pén. Dalloz*, juin 2002, § 96.

12 ALIX (J.), « Une liaison dangereuse. Dangerosité et droit pénal en France », *in* DELAGE (G.) et LAZERGES (C.) (dir.), *La dangerosité saisie par le droit pénal*, Presses universitaires de France, 2011, p. 57.

dias, etc., et pas seulement la police et la justice en aval de la commission de l'infraction »[13] comme moyen de favoriser la responsabilisation, étape obligatoire de la réinsertion ou de l'insertion sociale[14]. C'est ainsi que se sont progressivement développées de nouvelles réponses à la dangerosité, prenant la forme de mesures extra-pénales de type préventif, éducatif ou curatif destinées à permettre la réadaptation de l'individu aux conditions de vie en société. Il en va notamment ainsi des mesures de protection, d'assistance, de surveillance et d'éducation érigées pour répondre à la délinquance des mineurs[15], ou encore de la mise en place de structures sanitaires destinées à favoriser la désintoxication des toxicomanes[16]. Sans omettre les mesures de substitution à l'emprisonnement[17]. Les valeurs humanistes et l'attachement profond aux droits de l'homme qui caractérisent la défense sociale nouvelle, n'empêcheront pas de voir se développer des mesures, qui, tout en s'appuyant sur l'héritage de ce mouvement, offrent des potentialités de surveillance et de contrôle social non négligeables. L'on mentionnera en France la mesure de suivi socio-judiciaire qui a pour objet de soumettre un délinquant (initialement sexuel, mais aussi terroriste depuis 2016) à des mesures de surveillance et d'assistance, conjuguées à des obligations de soin destinées à prévenir la récidive[18]. Bien qu'elle revête la qualification de peine complémentaire, cette mesure à la nature controversée est considérée comme ayant une vocation de « sûreté »[19] tout en poursuivant une finalité secondaire de prévention de la récidive par le soin.

Plaçant la resocialisation du délinquant au cœur de ses préoccupations, la défense sociale nouvelle se distancie des mesures neutralisatrices, voire éliminatrices de l'état dangereux promues par une partie des tenants de la défense sociale traditionnelle[20]. Elle s'oppose également fermement à la répression sans nuance défendue par les partisans de la

---

13 LAZERGES (C.), « La défense sociale a 50 ans. L'actualité de la pensée de Marc Ancel », *Rev. Sc. Crim.*, 2005, p. 165.

14 DANET (J.), « Les politiques sécuritaires à la lumière de la doctrine de la défense sociale nouvelle », *Rev. Sc. Crim.*, 2010, p. 49.

15 Ordonnance n° 45-174 du 2 février 1945 relative à l'enfance délinquante, *JORF* du 4 février 1945.

16 L. n° 70 du 31 décembre 1970 relative aux mesures sanitaires de lutte contre la toxicomanie, et à la répression du trafic et de l'usage illicite des substances vénéneuses, *JORF* du 3 janvier 1971.

17 Sur l'influence du mouvement de la défense sociale sur les réformes du droit français V. GASSIN (R.), « L'influence du mouvement de la défense sociale nouvelle sur le droit pénal français contemporain », in *Aspects nouveaux de la pensée juridique : recueil d'études en hommage à Marc Ancel*, Pedone, 1975, p. 3-19.

18 Loi française L. n° 98-468 du 17 juin 1998 relative à la prévention et à la répression des infractions sexuelles ainsi qu'à la protection des mineurs, *JORF* n° 0139 du 18 juin 1998.

19 ALIX (J.), « Une liaison dangereuse. Dangerosité et droit pénal en France », préc.

20 ANCEL (M.), *La défense sociale.* Que sais-je ?, *op. cit.*, p. 51.

répression rétributive[21]. Par contraste à l'approche humaniste et socialisatrice défendue par l'École de la défense sociale nouvelle, les mesures éliminatrices sont avant tout guidées par des préoccupations sécuritaires. Leur objectif premier est de mieux protéger la société contre certains individus dangereux par le recours à des mesures de sûreté et d'anticipation. Ce type de mesure n'a pas disparu des priorités de la politique pénale moderne et connaît un regain d'intérêt sous la prégnance de l'impératif de prévention du risque. Les mesures éliminatrices sont aujourd'hui érigées comme réponse à certaines formes de dangerosité considérées parmi les plus graves, dont fait partie le terrorisme, et s'analysent par une partie de la doctrine comme un aveu d'impuissance du système pénal pour les délinquants considérés comme les plus dangereux[22]. Elles emportent des transformations bien connues sur le droit pénal. En légitimant l'intervention du droit pénal sur le fondement de l'état dangereux et non plus sur la culpabilité, ces mesures s'inscrivent à rebours des grands principes du droit pénal moderne et signent le passage d'un droit pénal classique à un « droit pénal de la dangerosité »[23], c'est-à-dire un droit pénal où les individus ne sont plus jugés pour ce qu'ils ont fait mais pour ce qu'ils sont avec toutes les conséquences que cela emporte sur les libertés individuelles. Les ressorts de cette évolution ont été mis en évidence par la célèbre doctrine du « droit pénal de l'ennemi »[24], laquelle postule l'existence d'un droit dérogatoire – « droit pénal de l'ennemi » (dont le terroriste représente l'exemple le plus extrême) – qui se construit en opposition à celui du citoyen.

À l'issue de ce bref aperçu non exhaustif des débats que fait surgir le thème de la dangerosité dans le champ pénal, l'on mesure combien les préoccupations liées à la dangerosité sont anciennes et combien elles aboutissent à des priorités de politique criminelle paradoxales : pour ne cibler que la dangerosité terroriste dont la radicalisation serait désormais un élément déterminant, le terroriste est à la fois celui qu'il faut traiter/rééduquer pour permettre sa resocialisation et, *in fine*, sa réintégration dans la société mais aussi celui qu'il faut éliminer pour protéger la société. Ici se cristallise l'éternelle tension entre impératifs de prévention à court terme et à long terme. Cette mise en perspective nous a semblé un préalable nécessaire pour comprendre que les préoccupations liées à la

21 *Ibid.*, p. 55 et s.

22 ALIX (J.), « Une liaison dangereuse. Dangerosité et droit pénal en France », préc.

23 Pour des réflexions approfondies v. GIUDICELLI-DELAGE (G.) et LAZERGES (C.), *La dangerosité saisie par le droit pénal*, Presses universitaires de France, 2011.

24 Pour des réflexions en ce sens, v. GIUDICELLI-DELAGE (G.), « Droit pénal de la dangerosité – droit pénal de l'ennemi », *Rev. Sc. Crim.* (1), 2010, p. 69-80.

dangerosité ne sont pas si éloignées de celles que fait surgir la notion de radicalisation ; ces deux concepts étant au demeurant insondables, aussi bien dans leur définition que dans leur évaluation. Il est certain que ce glissement d'une logique rétributive à une logique prédictive, de la culpabilité à la dangerosité, n'est pas neuf. Il est tout aussi certain que les mots ne sont pas sans incidence sur cette évolution. Le fait de déplacer l'attention non plus seulement sur le terrorisme mais plus en amont sur le processus de « radicalisation » semble particulièrement représentatif de cette mutation qui consiste à déplacer encore d'un cran le curseur de la dangerosité.

§ 2. L'apport de la notion de « radicalisation » comme renouvellement des réponses pénales à la dangerosité

Le discours sur « la lutte contre la radicalisation » donne une visibilité nouvelle aux débats sur la dangerosité. Largement perçue comme une menace intérieure, la radicalisation est devenue, en quelques années, un point crucial d'attention des politiques préventives et justifie la mise en place d'un vaste réseau collaboratif de détection précoce associant divers secteurs bien au-delà de la police et de la justice. Bien que le mot « radicalisation » ne figure dans aucune norme pénale au sens strict, l'impératif de prévention et de lutte contre la radicalisation imprègne le champ pénal dont il contribue à réorienter les objectifs et les pratiques. Saisir dans quelle mesure la radicalisation renouvelle les réponses pénales à la dangerosité nécessite au préalable de poser les termes du débat tant le concept de radicalisation est source de confusion, notamment dans son rapport à la norme et au droit. Si les manifestations que l'on attribue à la radicalisation peuvent aisément être appréhendées sous l'angle de la dangerosité, soit qu'elles constituent une porte d'entrée dans le terrorisme, soit qu'elles s'analysent comme une menace pour la cohésion sociale, il est important de rappeler que la radicalisation, en tant que telle, n'est pas une infraction pénale. Or, le droit pénal ne se préoccupe que de la dangerosité qui s'est révélée par la commission d'une infraction. *A priori*, il n'a donc pas vocation à répondre à la dangerosité manifestée par la *seule* radicalisation[25]. Cette dernière est plutôt l'affaire de la police administrative qui dispose d'un arsenal de mesures[26] permettant d'intervenir au

[25] La radicalisation est généralement décrite comme un processus d'adhésion à une idéologie extrémiste susceptible de conduire à un acte violent.

[26] Parmi celles-ci, l'on mentionnera notamment les Mesures individuelles de contrôle administratif et de surveillance (MICAS), les mesures d'expulsions et de fermeture de lieux de culte, ou encore le Fichier de signalement pour la prévention de la radicalisation à caractère terroriste (FSPRT).

stade de la radicalisation en tant qu'elle constitue le « signal faible » d'un risque terroriste ou, plus largement, une menace pour l'ordre public. L'on verra que si la radicalisation n'est pas absente des préoccupations liées au traitement de la dangerosité dans le champ pénal, les dispositifs prévus à cet effet s'adossent systématiquement à la commission d'une infraction pénale (de droit commun ou de nature terroriste). Au-delà du domaine pénal, dont il faut souligner qu'il n'est qu'un maillon du vaste réseau de secteurs mobilisés sur la thématique de la radicalisation, il est intéressant de constater combien la dangerosité radicale s'émancipe de l'aboutissement terroriste auquel elle est supposée conduire. Le discours politique en France montre que la menace radicale s'analyse non plus quasi exclusivement sous l'angle du risque de passage à l'acte terroriste mais aussi sous l'angle du danger qu'elle fait peser sur les valeurs, au rang desquelles la valeur laïcité occupe la première place[27].

Pour revenir à l'objet central de notre propos, il ressort de notre analyse que le mot « radicalisation » contribue à un renouvellement des réponses pénales à la dangerosité sur au moins trois dimensions exposées ci-après. Pour chacune de ces dimensions, ce renouvellement se manifeste par la place nouvelle consacrée au processus d'adhésion à l'idéologie terroriste comme dangerosité latente à prévenir/à canaliser. L'attention portée à ce phénomène psychique sert alors de justification pour étendre certains instruments pénaux à des finalités nouvelles, voire contribue à un renouvellement de certaines pratiques qui intéressent le champ pénal.

C'est ainsi que l'impératif visant à prévenir l'adhésion à l'idéologie terroriste comme moyen de prévenir la radicalisation irrigue progressivement les législations pénales qui subissent des évolutions notables. Il en va particulièrement ainsi de la catégorie infractionnelle des activités liées au terrorisme, dont le champ s'est progressivement étendu, à des expressions incitant au terrorisme, le légitimant ou en faisant l'apologie par crainte que ces formes d'expressions suscitent l'adhésion au terrorisme, voire qu'elles n'y incitent. Si en démocratie la simple adhésion à l'idéologie terroriste n'est pas incriminable en tant que telle, il n'en demeure pas moins interpellant de voir que certains législateurs nationaux lui accordent une attention grandissante[28], allant jusqu'à en faire un élé-

27 « L. n° 2021-1109 du 24 août 2021 confortant le respect des principes de la République », *JORF* n° 0197 du 25 août 2021.

28 C'est dans cette veine que le législateur français a tenté d'incriminer en 2017 le comportement consistant à consulter habituellement des sites internet terroristes, plus connu sous le libellé de délit de consultation habituelle de sites terroristes, lequel fut abrogé à deux reprises par le Conseil constitutionnel français.

ment de définition de certaines infractions[29]. Et ce, alors même qu'en l'état actuel du droit, les pensées, même les plus dangereuses, ne sont pas répréhensibles. Ce glissement anticipatif – caractéristique de l'émergence d'un droit pénal de la dangerosité – est une mutation déjà observée de longue date dans plusieurs ordres juridiques nationaux et européens. L'on ne peut toutefois s'empêcher de constater combien la radicalisation contribue à exacerber cette tendance. L'on voit ainsi progressivement s'élargir le spectre des comportements dangereux que le droit pénal a vocation à réprimer au nom de la lutte contre l'idéologie terroriste. Si les formes de dangerosité purement idéologique en sont exclues (pour le moment), il n'en demeure pas moins que la prévention des risques d'adhésion au terrorisme imprègne les objectifs de politique pénale. Par le fait de placer la dimension idéologique au centre du débat sur la prévention du terrorisme, la notion de radicalisation sert ainsi à légitimer des évolutions du droit en déplaçant le curseur de la répression encore d'un cran.

L'impératif de prévention de la propagation de l'idéologie terroriste contamine également le champ carcéral considéré comme un vecteur majeur de la diffusion d'idées radicales[30]. Ce dernier voit depuis quelques années se développer des dispositifs de gestion de la dangerosité des détenus radicaux ou en voie de radicalisation, lesquels concernent au premier chef les détenus incarcérés pour des faits de terrorisme[31]. En Belgique, les notions de radicalisation et d'extrémisme fondent ainsi des décisions de placement en régime carcéral spécifique. Il est ici fait référence au fameux régime « D-Rad : ex »[32] désignant la création d'une aile spécifique au sein des deux prisons belges d'Ittre et d'Hasselt aux fins d'isoler les détenus considérés par l'administration pénitentiaire comme « présentant un risque sévère d'influencer d'autres détenus par la diffusion d'idées radicales »[33]. Autrement dit, il s'agit de confiner les détenus

---

29 *Ibid.* ; V. également Cass. Crim., n° 19-80136, 7 janvier 2020. Par cette décision, la Chambre criminelle de la Cour de cassation exigeait la preuve d'une adhésion à l'idéologie terroriste pour caractériser le recel d'apologie d'actes de terrorisme. Pour un commentaire de cette décision faisant « de la radicalisation le seuil d'entrée dans la répression », V. ALIX (J), « Radicalisation et droit pénal », *Rev. Sc. Crim.*, Dalloz, 2020, p. 769.

30 « Rapport d'information du Sénat n° 633 sur le désendoctrinement, le désembrigadement et la réinsertion des djihadistes en France et en Europe », enregistré à la Présidence du Sénat le 12 juillet 2017, p. 48.

31 La condamnation pour des faits de terrorisme constitue ainsi le filtre de la dangerosité radicale dans le contexte carcéral.

32 RTBF, « Prisons : l'État belge condamné à indemniser des détenus D-radex », 20 avril 2021, accessible à partir du lien suivant (consulté le 25 novembre 2021) : <https://www.rtbf.be/info/belgique/detail_prisons-l-etat-belge-condamne-a-indemniser-des-detenus-d-radex ?id =10744656>.

33 DG EPI, « Rapport annuel 2016 », p. 14, accessible sur <www.justice.belgium.be>.

identifiés comme étant radicalisés afin d'éviter qu'ils « n'en "contaminent" d'autres »[34]. Ce régime carcéral se caractérise par l'imposition de conditions d'incarcération beaucoup plus strictes par rapport au régime ordinaire (ex. l'absence de possibilité de bénéficier des mêmes activités de formations que les autres détenus, ou encore, des mesures de surveillance renforcées et des droits de visite restreints), lesquelles n'ont pas manqué de susciter des préoccupations au regard de leurs effets liberticides[35]. Si l'émergence de ce régime d'exception fait écho à la crainte ancienne de la contagion carcérale[36] et s'apparente aux dispositifs existants de placement à l'isolement, il n'en traduit pas moins un durcissement nouveau. Cette mesure de neutralisation par la ségrégation est motivée au nom de la dangerosité que représenteraient les détenus étiquetés comme étant radicalisés ; le potentiel d'endoctrinement de ces individus étant ici considéré comme un élément majeur de cette dangerosité. En France, dans un contexte marqué par les attentats de janvier 2015, le mot « radicalisation » a pu légitimer, pendant un temps, la mise en place d'une politique de regroupement des « détenus prosélytes » au sein de quartiers dédiés (Unités de prévention de la radicalisation – UPRA)[37]. L'objectif poursuivi par cette nouvelle pratique était *in fine* « d'élaborer une politique concrète de prise en charge pluridisciplinaire des publics concernés »[38]. L'affectation dans ce type d'unité devait ainsi permettre d'apprécier « l'existence d'un risque de passage à l'acte violent fondé sur un motif extrémiste religieux, ainsi que d'un niveau de radicalité, d'imprégnation religieuse et d'influence pour savoir quel est le risque de nuisance en détention ordinaire en termes de prosélytisme et de contrainte sur les autres personnes détenues »[39]. Quoique la pratique du regroupement fût par la suite abandonnée, les « quartiers d'évaluation de la radicalisation » (QER) et de prise en charge de la radicalisation (QPR) qui leur ont succédé témoignent de l'actualité des pratiques d'évaluation

---

[34] TEPER (L.), « Zones d'ombre carcérales : l'isolement en aile D-Radex », *Journal des tribunaux*, 2018, n° 42, p. 960 et s.

[35] V. « Rapport 2019 du Comité de vigilance en matière de lutte contre le terrorisme (Comité T), "Le respect des droits humains dans le cadre de la lutte contre le terrorisme : Un chantier en cours" », accessible à partir du lien suivant (consulté le 25 novembre 2021) :
<http://www.liguedh.be/wp-content/uploads/2019/03/Comit%C3%A9-T_RAPPORT-2019.pdf>

[36] SALLE (G.), « La maladie, le vice, la rébellion. Trois figures de la contagion carcérale », *Tracés. Revue de sciences humaines*, 2011, n° 21, p. 61-76.

[37] Pour des réflexions sur ces régimes de détention, v. OLECH (V.), « Exécution des peines : regards sur les mineurs et les femmes condamnés pour des infractions terroristes ou radicalisés », *in* MÉNABÉ (C.) et LEONHARD (J.) (dir.), *Femmes, mineurs et terrorisme*, L'Harmattan, 2021, p. 132-1365.

[38] « Rapport d'information du Sénat n° 633 », préc., p. 50.

[39] *Ibid.*

pluridisciplinaire de la dangerosité, ici appliquée au cas de la radicalisation. Depuis 2021, ce type de prise en charge concerne également les femmes, comme en atteste l'ouverture de deux unités de ce type spécifiquement dédiées à des détenues considérées comme dangereuses et prosélytes[40].

L'objectif de prévenir le risque d'adhésion à l'idéologie terroriste, du moins le risque d'adhésion à la violence prônée par cette idéologie, n'irrigue pas seulement les législations pénales et le milieu pénitentiaire. Il s'immisce jusque dans les débats sur la prévention de la récidive des individus condamnés pour terrorisme. C'est ainsi que l'objectif de « déradicalisation/désengagement » a émergé dans le discours sur la fonction resocialisante de la peine tout en l'habillant d'un vocable nouveau. Dans un contexte marqué par une augmentation des incarcérations pour terrorisme[41], l'on a vu se développer en France, et au-delà, l'idée que pour enrayer durablement le risque de passage à l'acte et prévenir les risques de rechute, il convient de favoriser la déradicalisation/le désengagement de la personne condamnée[42]. Derrière ces deux termes polémiques se cachent des objectifs distincts, orientés dans un cas sur le renoncement à des convictions idéologiques (déradicalisation) et, dans l'autre, sur le renoncement à l'engagement dans la violence (désengagement). Quelle que soit la terminologie employée, les dispositifs labellisés comme tels se rejoignent par leur objectif affiché de favoriser la réintégration de la personne condamnée sur le long terme par des mesures éducatives, curatives et, plus largement, par un accompagnement social individualisé[43]. L'on convient avec Claire Saas que « si la tentation de la rééducation n'est pas nouvelle en droit pénal, elle s'inscrit dorénavant dans un mouvement plus vaste affectant le droit des peines qui invite le sujet de droit pénal à se transformer. La déradicalisation, objectif traversant de nombreux discours, tend précisément à normaliser la personne radicalisée

40 RADISSON (H.), « En prison, la gestion sensible des femmes radicalisées », Journal *La Croix*, 23 avril 2021 ; V. également, « Rapport public relatif à l'activité de la délégation parlementaire au renseignement pour l'année 2020-2021 », p. 40.

41 V. « Rapports d'Europol de 2017 à 2021 sur l'analyse de la menace terroriste (TE-SAT Report) ».

42 PIETRASANTA (S.), « La déradicalisation, outil de lutte contre le terrorisme », juin 2015, < https://www.vie-publique.fr/sites/default/files/rapport/pdf/154000455.pdf>

43 V. *infra* dans cette contribution ; V. concernant la Belgique, le dispositif du « Centre d'aide et de prise en charge de toute personne concernée par les extrémismes et radicalismes violents » (CAPREV), <http://www.maisonsdejustice.be/index.php?id=contacterlecaprev>

religieuse en ayant au besoin recours à des dispositifs médicalisés tels que ceux à l'œuvre dans le traitement de la dangerosité »[44].

À partir des quelques exemples précités, l'on peut formuler l'hypothèse que le mot « radicalisation » est porteur de renouvellement, plus qu'il ne révolutionne les réponses pénales à la dangerosité. Ce renouvellement concerne aussi bien sur les législations pénales qui portent la marque de l'impératif de lutte contre l'adhésion idéologique au terrorisme que les pratiques carcérales qui subissent des transformations notables pour contenir la menace idéologique. Sans omettre les débats sur la prévention de la récidive qui entendent mobiliser des réponses à la dangerosité anciennes tout en les enrobant de termes nouveaux.

Section 2. Le traitement pénal de la dangerosité transformé par la notion de « déradicalisation » ?

Alors que le mot « déradicalisation » semble ouvrir la voie à de nouvelle forme de prise en charge de la dangerosité, l'on s'efforcera de saisir les effets de ce glissement sémantique sur les pratiques (§ 1). Il s'agira également de montrer combien l'objectif de « déradicalisation » est révélateur des positions contradictoires qui traversent le champ pénal sur la question de la dangerosité terroriste (§ 2).

§ 1. Une évolution sémantique, plus qu'une révolution des pratiques

Comme il a été vu dans les passages précédents, la notion de « déradicalisation » a récemment surgi dans le débat politique et médiatique comme un (nouvel) outil de prévention de la récidive terroriste[45]. Le mot « déradicalisation » s'est imposé dans le discours en tant que possible solution face à la force d'attraction des groupes terroristes contemporains. Dans les débats européens, ce mot s'est traduit par une invitation régulière faite aux États membres de l'Union de mettre en œuvre des

---

[44] SAAS (C.), « La radicalisation religieuse saisie par le droit pénal. Quel modèle de politique criminelle ? », *in* BUI-XUAN (O.) (dir.), *La radicalisation religieuse saisie par le droit*, Institut universitaire de Varennes, Coll. « Colloques & Essais », 2018, p. 93-106.

[45] V. *supra* dans cette contribution.

stratégies de sorties de la violence extrémiste/terroriste[46]. À travers les discours qui s'en saisissent, l'on mesure combien les attentes sont élevées sur ce sujet et combien la « déradicalisation » est associée à des questions d'actualité brûlante. Il en va notamment ainsi de la question de la réintégration de ressortissants européens présumés en proie à un degré de radicalisation élevé après avoir séjourné sur la zone de conflit irako-syrienne. À cette préoccupation se rattache celle de la libération imminente de plusieurs détenus condamnés pour des faits de terrorisme qui préoccupe plusieurs États membres, dont la France et la Belgique[47]. Sans entrer dans les débats conceptuels que suscite la notion de « déradicalisation », lesquels font l'objet d'une littérature abondante[48], il convient de préciser que ce terme ainsi que l'objectif et les méthodes[49] qu'il renferme sont la cible de nombreuses critiques[50]. L'une d'elles tient notamment à l'objectif de remise en cause idéologique auquel renvoie le mot « déradicalisation », et qui, au-delà des chances réalistes d'y parvenir, questionne au plan du respect de la liberté de conviction dans une démocratie libérale. C'est pourquoi, le terme « désengagement » qui vise non pas un processus de renoncement idéologique mais de renoncement à l'usage de la violence tend à lui être préféré dans le langage des acteurs. L'on relèvera à cet égard que les pratiques labellisées, comme participant à la « déradicalisation » et/ou au « désengagement », s'affichent rarement comme telles dans les faits, sans doute par souci d'éviter tout risque de dénomi-

---

[46] V. not. « Conclusions du Conseil concernant la prévention et la lutte contre la radicalisation dans les prisons et la gestion des délinquants terroristes extrémistes violents après leur libération », 9727/19, 6 juin 2019 ; « Conseil de l'Union européenne, Version révisée des lignes directrices pour la stratégie de l'UE visant à lutter contre la radicalisation et le recrutement de terroristes », 108555/17, 30 juin 2017 ; « Conclusions du Conseil de l'Union européenne et des États membres, réunis au sein du Conseil, sur le renforcement de la réponse pénale à la radicalisation conduisant au terrorisme et à l'extrémisme violent », 14419/15, 20 novembre 2015.

[47] Europol Terrorism Situation and Trend report (TE-SAT Report), 2020, p. 13. En ce sens, « Conclusions du Conseil concernant la prévention et la lutte contre la radicalisation dans les prisons et la gestion des délinquants terroristes et extrémistes violents après leur libération du 6 juin 2019 », *op. cit.*, préambule.

[48] V. not. SCHMID (P.), "Radicalisation, De-Radicalisation, Counter-Radicalisation: A Conceptual Discussion and Literature Review", *ICCT Research Paper*, March 2013, available from this link (consulted on 28th November 2021): <http://www.icct.nl/app/uploads/download/file/ICCT-Schmid-Radicalisation-De-Radicalisation-Counter-Radicalisation-March-2013.pdf>.

[49] Les médias ont pu parler pendant un temps de « business de la déradicalisation » pour désigner la stratégie initiale de recours à des experts autoproclamés sur ce sujet. V. not. à ce sujet E. GUEGUEN, « Déradicalisation : un business pas très sérieux », 10 novembre 2016, disponible à partir du lien suivant (consulté le 22 novembre 2021) : <https://www.franceinter.fr/societe/deradicalisation-un-busiess-pas-tres-serieux>

[50] V. not. à ce sujet HECKER (M.), « Djihadistes un jour, djihadistes toujours ? Un programme de déradicalisation vu de l'intérieur », *Études de l'Ifri*, février 2021, Focus stratégique 102, p. 16.

nation stigmatisante[51]. Au-delà des mots, l'analyse s'efforcera de rechercher si ce nouveau label traduit une véritable évolution dans les pratiques de traitement de la dangerosité, ici de nature terroriste. Cette opération nous invite à dépasser le débat conceptuel pour nous intéresser ici aux pratiques (encore naissantes) dites de « déradicalisation » ou de « désengagement ». Face à la grande diversité d'expérience que recouvrent ces deux notions, seront avant tout ciblées les pratiques mises en œuvre dans un cadre judiciaire. À défaut de pouvoir mener une étude d'ampleur, le cas français servira d'exemple de référence.

En France, si la déradicalisation a pu être appréhendée pendant un temps sous l'angle des dérives sectaires, elle s'en est rapidement émancipée. Le premier dispositif dit de « déradicalisation » s'est incarné dans le « Centre de prévention, d'insertion et de citoyenneté » de Pontourny dont l'échec fut constaté en 2017[52]. Les personnes éligibles à ce programme expérimental en milieu ouvert étaient recrutées sur la base du volontariat après avis des services de renseignements. Étant précisé que ce centre excluait d'emblée les mères et les enfants à défaut de structure d'accueil adaptée[53]. Le contenu du programme envisagé reposait sur une prise en charge pluridisciplinaire associant psychologues, psychiatre, éducateurs spécialisés et aumônier religieux. Les modules de formation proposés reposaient sur quatre principaux piliers : la distanciation, l'engagement citoyen, l'approche thérapeutique et l'insertion professionnelle. Son échec tient principalement à un constat d'absence de résultat, en partie dû au faible nombre de candidats accueillis par le centre, sans compter la méfiance que son ouverture a suscitée auprès de la population locale[54]. Tirant les leçons de cette première expérience, deux autres programmes ont vu le jour par la suite. C'est ainsi qu'a été créé en 2016 le dispositif RIVE (pour « programme Recherches et interventions sur les violences extrémistes »)[55]. Ce programme intervient notamment en réponse à l'augmentation du nombre de procédures liées au terrorisme et de signalements de radicalisation de personnes placées sous main de jus-

---

51 En Belgique, certains acteurs de la prévention de la radicalisation indiquent avoir pris en compte cette dimension dans la définition de leur service. V. FRANSSEN (A.), DAL (C.) et RINSCHBERGH (F.), « Rapport d'évaluation du Réseau de prise en charge des radicalismes et extrémismes violents », Centre d'études sociologiques (CES) de l'Université Saint-Louis – Bruxelles (USL-B), juillet 2019, p. 18 et s.

52 Rapport d'information du Sénat n° 438 sur la mission d'information « Désendoctrinement, désembrigadement et réinsertion des djihadistes en France et en Europe », enregistré à la Présidence du Sénat le 22 février 2017, p. 8 et s.

53 *Ibid.*

54 *Ibid.*

55 LAUFÉRON (F.), « Un outil au service du désengagement : présentation du dispositif RIVE », *AJ pénal*, 2018, p. 135 et s.

tice[56]. Sa finalité est de favoriser « le désengagement de la violence extrémiste et la réinsertion sociale » en milieu ouvert par la mise en place d'un suivi individualisé et pluridisciplinaire (travailleurs sociaux, psychologues, psychiatres, référent religieux). À l'inverse de l'expérience de Pontourny, les participants au programme RIVE le sont sous la contrainte judiciaire, le plus souvent au titre d'une obligation de contrôle judiciaire prévue à l'article 138, 18° du Code de procédure pénale (obligation de « respecter les conditions d'une prise en charge sanitaire, sociale, éducative ou psychologique, destinée à permettre sa réinsertion et l'acquisition des valeurs de citoyenneté »)[57]. L'on retrouve ici le trait d'union entre mesure de sûreté, réinsertion et soin. Le public ciblé par ce dispositif concerne les personnes poursuivies ou condamnées pour infractions en relation avec une entreprise terroriste ainsi que les personnes écrouées pour des infractions non terroristes mais repérées par l'administration pénitentiaire comme radicalisées ou en voie de radicalisation. Il ressort des quelques informations disponibles que parmi les vingt-deux personnes soumises à l'obligation de suivre ce programme, toutes étaient majeures[58] comprenant douze hommes et dix femmes[59]. Certaines d'entre elles sont allées en Syrie, ou encore se sont rendues coupables d'apologie du terrorisme[60]. S'inspirant largement des expériences étrangères en matière de déradicalisation, ce dispositif entendait s'intéresser à l'individu concerné de manière globale, en prenant en compte son environnement social et familial. Ce programme se donnait également pour objectif de concourir à l'identification des facteurs de risque ayant attiré la personne vers la violence extrémiste, notamment par le recours à des modèles criminologiques et des outils d'évaluation des risques[61]. Il est intéressant de constater que la dimension idéologique n'est pas complètement mise de côté. Le cahier des charges prévoyait que « lorsque la radicalisation est en lien avec la religion, la prise en charge devra inclure cette dimension »[62]. Une telle démarche peut alors consister à développer l'esprit critique et instiller le doute sans aller jusqu'à imposer une interprétation officielle des textes religieux incompa-

56 *Ibid.*
57 *Ibid.*
58 MAYAUD (Y.), « Terrorisme – Infractions », *Rép. pén. Dalloz*, janvier 2020, § 321. V. également France Inter, « RIVE, le projet de déradicalisation secret du gouvernement », 9 novembre 2017, accessible à partir du lien suivant (consulté le 27 novembre 2021) : <https://www.franceinter.fr/societe/rive-le-projet-de-deradicalisation-secret-du-gouvernement>
59 HECKER (M.), « Djihadistes un jour, djihadistes toujours ? Un programme de déradicalisation vu de l'intérieur », préc., p. 32.
60 *Ibid.*
61 *Ibid.*, p. 33.
62 Cahier des clauses techniques particulières du marché public RIVE.

tible avec le principe de la laïcité[63]. Ainsi, il ne s'agit pas de supprimer les convictions et/ou croyances morales, religieuses liées à l'idéologie violente « mais de tenter de décaler le point de vue de la personne »[64]. Concomitamment à l'adoption du nouveau plan de lutte contre la radicalisation de 2018, ce dispositif a été remplacé la même année par le programme PAIRS (pour « Programme d'accueil individualisé et de réaffiliation sociale »). L'objectif reste inchangé : aboutir au désengagement de la radicalisation violente et prévenir le risque de violence tout en favorisant la réinsertion sociale. Tout comme pour le dispositif RIVE, le programme PAIRS est destiné à des personnes placées sous main de justice au stade pré-sentenciel ou post-sentenciel, qu'il s'agisse de personnes condamnées pour des faits de terrorisme islamiste (TIS) ou de détenus de droit commun signalés pour leur radicalisation (DCSR). L'orientation vers ce dispositif peut être décidée par un juge, en application des mêmes dispositions sur la base desquelles était imposé le suivi du programme RIVE (obligation de prise en charge sanitaire, sociale, éducative ou psychologique prévue à l'article 138, 18° du Code de procédure pénale et injonction de soin prévue à l'article 132-45, 22° du Code pénal). Il ressort d'une étude récente que parmi les individus contraints de participer à ce programme, certains disent y adhérer alors que d'autres non[65]. La majorité des participants (femmes et hommes) a fait l'objet de poursuites pour participation à une association de malfaiteurs terroristes tandis qu'un nombre plus faible a été poursuivi pour apologie du terrorisme[66]. Certains acteurs en charge de ce programme précisent cependant que celui-ci ne s'adresse pas aux individus classés dans le « haut spectre de la menace »[67]. Pour l'essentiel, le contenu du programme PAIRS est similaire à celui de son prédécesseur et se traduit par un accompagnement social pluridisciplinaire. Le traitement de la dimension religieuse est également couvert par ce nouveau dispositif à travers des activités de médiations religieuse et culturelle constituées d'entretiens de nature théologiques qui visent à étudier les textes sacrés et à les replacer dans un contexte historique[68]. Là encore, les acteurs de première ligne tiennent à préciser que l'objectif n'est pas de remettre en cause les croyances de la

63 V. en ce sens LAUFÉRON (F.), « Un outil au service du désengagement : présentation du dispositif RIVE », préc.
64 *Ibid.*
65 HECKER (M.), « Djihadistes un jour, djihadistes toujours ? Un programme de déradicalisation vu de l'intérieur », préc., p. 40.
66 *Ibid.*, p. 47.
67 *Ibid.*, p. 41 et s.
68 *Ibid.*

personne mais de « l'accompagner vers davantage d'autonomie intellectuelle »[69].

À l'issue de ce survol, il est difficile de tirer des enseignements tranchés. Les pratiques en matière de « déradicalisation/désengagement » restent encore balbutiantes à l'échelle des États européens, sans compter qu'il existe une grande diversité de pratiques en la matière selon les traditions juridiques, historiques et politiques propres aux États concernés. Le cas français enseigne que les quelques dispositifs dits de « déradicalisation » mais non dénommés comme tels s'apparentent dans les faits à des mesures de défense sociale orientées vers la réinsertion de l'individu. Plusieurs constantes confortent cette idée : l'objectif de réinsertion sociale poursuivi par ces programmes ; la vocation à la fois curative, éducative et de sûreté de tels dispositifs telle qu'attestée par la nature de la base légale permettant de l'imposer (obligation de prise en charge sanitaire, sociale, éducative ou psychologique au titre d'un contrôle judiciaire) de même que par le contenu de ces programmes. Sans omettre l'approche pluridisciplinaire promue dans l'accompagnement proposé au délinquant radicalisé, établissant un lien étroit entre soin (psychiatrique) et prévention de la récidive[70]. L'aspect religieux est en revanche plus novateur et confirme la part prise par la dimension idéologique dans la réponse réservée au traitement de la dangerosité liée à la radicalisation terroriste. Au vu de ces éléments, si le terme « déradicalisation » permet d'étendre les dispositifs de traitement de la dangerosité à des questions nouvelles, comme la question idéologique religieuse, il ne se traduit pas par une véritable métamorphose des pratiques. Cette question mériterait toutefois une étude de plus grande ampleur, notamment pour identifier combien les spécificités nationales sont prégnantes dans les approches promues pour « déradicaliser ». L'accent mis en France sur la (ré)inculcation des valeurs par l'éducation scolaire[71] mais aussi par les dispositifs de prévention de la récidive en est une illustration marquante.

Le mot « déradicalisation » n'a pas uniquement eu pour effet de déplacer l'attention sur la question sensible mais importante de la réinser-

---

[69] *Ibid.*, p. 65.

[70] Le resserrement du lien entre surveillance des individus radicalisés et suivi des personnes en soin psychiatrique s'est quant à lui matérialisé dans la mise en relation du Fichier de traitement des signalements pour la prévention de la radicalisation à caractère terroriste (FSPRT) avec les traitements de données à caractère personnel relatifs au suivi des personnes en soins psychiatriques sans consentement (HOPSYWEB). V. « Décret n° 2019-412 du 6 mai 2019 modifiant le décret n° 2018-383 du 23 mai 2018 autorisant les traitements de données à caractère personnel relatifs au suivi des personnes en soins psychiatriques sans consentement », *JORF* du 7 mai 2019.

[71] V. « L'objectif de "défendre les valeurs de l'École républicaine" mentionné dans le premier axe du Plan national de prévention de la radicalisation "prévenir pour protéger" adopté par le gouvernement français en 2018 ».

tion sociale des délinquants (terroristes ou de droit commun) présentant des signes de radicalisation. Ce mot est venu révéler combien les tensions qui s'affrontent sur la réponse à réserver aux formes de dangerosité considérées parmi les plus graves sont encore d'actualité.

§ 2. Une notion révélatrice des conceptions divergentes qui s'affrontent sur la réponse à la dangerosité terroriste

Les contradictions qui opposent de longue date les tenants d'une politique criminelle axée sur la resocialisation de l'individu face aux partisans d'une approche sécuritaire répressive n'ont pas disparu. Ces tensions semblent même ravivées par la question du sort à réserver aux individus considérés particulièrement dangereux en raison non seulement des faits qu'ils ont commis mais aussi de leur *adhésion persistante à une idéologie terroriste*. Cette question met en lumière des impératifs qui ne sont pas toujours faciles à concilier dans le domaine pénal. D'un côté, il s'agit de protéger la société contre les comportements d'individus jugés dangereux. De l'autre, il importe de prévenir leur récidive et favoriser leur réinsertion dans la société sur le long terme. Se pose alors la question de savoir comme concilier l'impératif de « déradicalisation » tourné vers la resocialisation du délinquant radicalisé avec les mesures de neutralisation des condamnés pour terrorisme présumés en proie à un niveau de radicalisation élevé. La question n'est pas anodine lorsque l'on sait que la réinsertion sociale, qui dépend en grande partie des mesures d'aménagement de peine dont le détenu pourra bénéficier, semble parfois compromise par la sévérité du régime d'exécution des peines applicables aux infractions terroristes. À titre d'exemple, la loi française du 21 juillet 2016, qui a prorogé l'état d'urgence, a procédé à l'exclusion de certaines mesures d'aménagement pour les personnes condamnées pour des actes de terrorisme (fractionnement de la peine, suspension de peine, placement extérieur ou semi-liberté)[72]. Il en découle un durcissement des conditions d'accès à des mesures ayant vocation à préparer à la sortie de prison tant pour les mineurs que pour les majeurs sans distinction de sexe[73].

---

[72] « L. n° 2016-731 du 3 juin 2016 renforçant la lutte contre le crime organisé, le terrorisme et leur financement, et améliorant l'efficacité des garanties de la procédure pénale », *JORF*, n° 0129 du 4 juin 2016. Seules les infractions d'apologie et de provocation publique au terrorisme ouvrent encore droit aux aménagements de peine ainsi qu'aux crédits de réduction de peine.

[73] Pour des réflexions sur le recul des aménagements de peine en cas de condamnation pour terrorisme ou de radicalisation identifiée chez un détenu, v. OLECH (V.), « Exécution des peines : regards sur les mineurs et les femmes condamnés pour des infractions terroristes ou radicalisés », préc., p. 136 et s.

Les effets contre-productifs de ces mesures n'ont pas tardé à se faire ressentir dans le contexte de libération imminente de centaines de détenus condamnés pour des faits de terrorisme. Pour compenser le manque de mesures permettant de préparer leur libération, le législateur français entendait paradoxalement recourir, non pas à des programmes de « dé-radicalisation », mais à des mesures de sûreté post-carcérales[74] ayant vocation à surveiller ces personnes à l'issue de leur peine[75]. Il est ici fait référence à la loi du 10 août 2020 tendant à instaurer un régime de sûreté *ad hoc* à l'encontre des auteurs d'infractions terroristes[76]. Bien qu'elle ait été en grande partie censurée par le Conseil constitutionnel, cette initiative législative appelle plusieurs remarques. Si la prévention de la récidive est bel et bien la finalité poursuivie par la loi proposée, c'est au moyen d'une série d'obligations contraignantes imposées à l'individu à l'issue de l'exécution de la peine d'emprisonnement et non dans une perspective de resocialisation[77]. À noter que les éventuels condamnés mineurs devaient bénéficier d'une réduction de la durée maximale de prononcé des mesures de sûreté prises à leur encontre[78]. Il convient par ailleurs de relever que la mesure de sûreté envisagée s'adresse aux détenus condamnés pour des infractions terroristes présentant une dangerosité élevée caractérisée notamment par « une adhésion persistante à une idéologie ou à des thèses incitant à la commission d'actes de terrorisme »[79]. Ainsi, l'on mesure combien la radicalisation tend à devenir un critère déterminant de l'évaluation de la dangerosité terroriste, au point de légitimer l'établissement de nouvelles catégories de dangereux au sein de la catégorie des terroristes. Certaines dispositions de cette loi ont depuis été censurées par le Conseil constitutionnel français en raison des atteintes excessives portées à plusieurs droits et libertés garantis par la Constitu-

---

[74] Assemblée nationale, « Proposition de loi instaurant des mesures de sûreté à l'encontre des auteurs d'infractions terroristes à l'issue de leur peine », n° 2754, enregistrée le 10 mars 2020, p. 4. Il est intéressant de constater que l'adoption de cette législation est en partie motivée par le fait que les auteurs d'infractions terroristes sont exclus du bénéfice de certaines mesures d'aménagements ou réductions de peine. Le législateur admet lui-même qu'un tel durcissement des conditions d'accès aux aménagements de peine ne permet pas de réduire les risques de récidive à la sortie de prison mais risque au contraire de favoriser les « sorties sèches ».

[75] Pour une réflexion sur ces enjeux, v. ALIX (J.), « Radicalisation et droit pénal », préc.

[76] « L. n° 2020-1023 du 10 août 2020 instaurant des mesures de sûreté à l'encontre des auteurs d'infractions terroristes à l'issue de leur peine », *JORF* n° 0196 du 11 août 2020.

[77] À titre symbolique, l'obligation de respecter les conditions d'une prise en charge sanitaire, sociale, éducative ou psychologique, destinée à permettre la réinsertion et l'acquisition des valeurs de la citoyenneté arrive en bout de liste des douze obligations pouvant être imposées à l'individu.

[78] Hypothèse considérée comme très peu probable. V. « Texte définitif de la proposition de loi instaurant des mesures de sûreté à l'encontre des auteurs d'infractions terroristes à l'issue de leur peine ».

[79] *Ibid.*

tion[80]. Au terme de son raisonnement, le Conseil constitutionnel relève une certaine contradiction dans la possibilité d'imposer une mesure de sûreté fondée sur la dangerosité de la personne à l'issue de l'exécution de sa peine d'emprisonnement, sans exiger que celle-ci ait pu, pendant l'exécution de cette peine, bénéficier de mesure de nature à favoriser sa réinsertion[81]. Comme le souligne Julie Alix, le Conseil rappelle ici implicitement « que la réinsertion figure au rang des fonctions de la peine et que l'administration pénitentiaire doit œuvrer en ce sens pendant la période de détention »[82]. La loi du 30 juillet 2021 relative à la prévention d'actes de terrorisme et au renseignement[83] est venue corriger ce déséquilibre par la création d'une « mesure judiciaire de prévention de la récidive terroriste et de réinsertion »[84]. Au titre de cette nouvelle mesure, l'individu est soumis à un suivi sanitaire, social, éducatif ou psychologique avec une éventuelle prise en charge dans un établissement adapté, comme, par exemple, un centre de « déradicalisation », parmi d'autres obligations susceptibles de lui être imposées. Sa validation par le Conseil constitutionnel[85] n'a pas éteint les craintes de certains praticiens de voir cette nouvelle disposition donner lieu à des applications abusives en raison de l'imprécision du critère de dangerosité[86]. Si l'idée d'une « peine après la peine » n'est pas nouvelle, force est de constater qu'elle tend à s'imposer pour assurer le contrôle post-carcéral des terroristes jugés particulièrement dangereux en raison, notamment, de leur radicalisation.

Cette difficulté à concilier les impératifs sécuritaires à court terme avec les impératifs non moins importants de réintégration sur le long terme n'est pas propre à l'État français. En Belgique, à la suite des attaques terroristes commises à Liège le 29 mai 2018, par un détenu bénéficiant d'une permission de sortie, le ministre de la Justice belge a adopté deux instructions d'application immédiate, dont une consistant à exclure du bénéfice des aménagements de peine (congés pénitentiaires) tous les détenus identifiés comme étant radicalisés ou poursuivis pour des infrac-

---

80 Décision n° 2020-805 DC du Conseil constitutionnel du 7 août 2020.

81 *Ibid.*, § 18.

82 ALIX (J.), « Radicalisation et droit pénal », préc.

83 « L. n° 2021-998 du 30 juillet 2021 relative à la prévention d'actes de terrorisme et au renseignement », *JORF* n° 0176 du 31 juillet 2021.

84 *Ibid.* ; V. article 6. Le législateur a pris soin de préciser que cette mesure ne peut intervenir que si la personne condamnée a été en mesure de bénéficier, pendant l'exécution de sa peine, de mesures de nature à favoriser sa réinsertion.

85 Décision n° 2021-822 DC du Conseil constitutionnel du 30 juillet 2021.

86 PUGLIESE (M.), « Renforcement de la prévention d'actes de terrorisme : la loi publiée », *Dalloz actualité*, 7 septembre 2021.

tions terroristes[87]. La forte incidence médiatique et politique de toute éventuelle rechute de ces groupes d'individus, considérés comme les plus dangereux, semble ainsi justifier que le maximum de précaution soit pris.

Les quelques exemples précités illustrent le dilemme que pose le traitement judiciaire des personnes condamnées pour des faits en lien avec l'extrémisme violent ou identifiées comme étant radicalisées au cours de leur incarcération : comment éviter leurs « sorties sèches » alors que le régime d'exécution des peines qui leur est applicable est conçu de manière à favoriser l'allongement de la durée d'emprisonnement en limitant les recours possibles à des aménagements ? La question est importante lorsque l'on sait que l'éligibilité à des mesures d'aménagement de la peine conditionne bien souvent le succès de la réinsertion de la personne condamnée en permettant de préparer adéquatement sa sortie de prison. De même que la participation à des programmes de « déradicalisation/désengagement »[88] est parfois étroitement dépendante des modalités d'aménagement de peine dont l'individu concerné pourra bénéficier. Bien que les initiatives de « déradicalisation/désengagement » soient encore expérimentales et rarement labélisées comme telles au niveau national, certaines jurisprudences nationales démontrent que la possibilité d'y participer effectivement peut être compromise par un régime d'exécution des peines restrictif. Le tribunal d'application des peines de Bruxelles a été confronté en 2018 à la situation d'un détenu condamné pour des faits de violence, soupçonné de s'être radicalisé au cours de sa détention, et qui, pour cette raison, s'est vu refuser à plusieurs reprises des permissions de sortie visant à préparer sa fin de peine[89]. Or, ces permissions de sortie avaient notamment pour but de lui permettre de poursuivre le suivi psychosocial qu'il avait entamé avec le Centre d'aide et de prise en charge de toute personne concernée par les extrémismes et radicalismes violents (CAPREV)[90].

---

87 RTBF, « Le ministre de la Justice Koen Geens suspend l'octroi de congés pénitentiaires prolongés », 7 juin 2018, accessible à partir du lien suivant (consulté le 27 novembre 2021) : <https://www.rtbf.be/info/belgique/detail_le-ministre-de-la-justice-koen-geens-suspend-l-octroi-de-conges-penitentiaires-prolonges ?id =9939126>

88 Ces deux termes recouvrent des initiatives diverses d'un État à l'autre. Dans certains États, tels que la France et la Belgique, ces initiatives interviennent dans un contexte judiciaire tandis que dans d'autres États comme la Finlande, ces initiatives sont confiées à des ONG et opèrent sur une base volontaire.

89 T.A.P. Bruxelles fr. (80e ch.), 1er octobre 2018, *J.T.*, 2018, p. 959-960.

90 *Ibid.*

Conclusion

Il ressort de cette analyse que la « radicalisation » apporte un renouvellement aux vieux débats sur l'appréhension de la dangerosité. L'une des manifestations les plus marquantes de ce renouvellement s'affirme dans le focus mis sur le processus d'adhésion à l'idéologie terroriste. Le fait de déplacer le curseur de la dangerosité sur cet élément entraîne des évolutions non négligeables dans le champ pénal : élargissement des législations pénales à des incriminations préventives nouvelles ; évolutions des régimes de détention pour contenir le danger lié au prosélytisme ; renouvellement des dispositifs de prévention de la récidive sous l'angle nouveau de la « déradicalisation/du désengagement ». Si la dangerosité radicale ne s'émancipe pas de l'infraction terroriste à laquelle elle se rattache, l'on entraperçoit un début d'autonomisation des réponses à la dangerosité idéologique dans le champ pénal. Le terme « renouvellement » est volontairement choisi pour marquer qu'il ne s'agit pas d'une révolution. Les contradictions anciennes qui traversent les politiques pénales sur la question du sort à réserver aux individus considérés parmi les plus dangereux sont plus que d'actualité ; le terroriste radicalisé est à la fois celui qu'il faut réinsérer pour permettre sa réintégration dans la société sur le long terme mais aussi celui qu'il faut neutraliser pour protéger la société. Par ailleurs et bien que les données manquent sur les pratiques dites de « déradicalisation », les quelques dispositifs labellisés ainsi s'apparentent pour l'essentiel aux pratiques de prévention de la récidive axées sur la resocialisation de l'individu. Dans la mesure où « l'adhésion persistante à des thèses terroristes » tend à devenir un critère de dangerosité déterminant du risque de récidive terroriste[91], il est toutefois possible de s'interroger sur les effets de la création d'une nouvelle classe de dangereux parmi la catégorie des terroristes. Seule la pratique nous dira si le mot « radicalisation » est davantage utile pour étendre le filet pénal à de nouvelles mesures restrictives de liberté ou pour favoriser la réinsertion du condamné pour terrorisme.

---

91 Critère sur la base duquel peuvent être justifiées des mesures de sûreté restrictives de liberté.

La réinsertion professionnelle des détenus radicalisés

Samuel HANSCONRAD
Doctorant en droit privé et sciences criminelles,
Université de Lorraine

Benjamin Franklin écrivait que « *ceux qui peuvent renoncer à la liberté essentielle pour acheter un peu de sécurité temporaire ne méritent ni la liberté ni la sécurité* »[1]. Néanmoins, s'il est un domaine dans lequel « *la tension entre sécurité et libertés apparaît avec une particulière évidence, c'est bien celui de la lutte contre le terrorisme où ces deux valeurs se trouvent spécialement menacées* »[2]. En effet, la sphère terroriste, qui nuit gravement à l'ordre public par l'intimidation ou la terreur[3], a connu une mutation d'une nature et d'une ampleur comparable à celle provoquée par la mondialisation, cherchant à « *afficher des ambitions, apporter des innovations, développer des moyens pour obtenir des résultats qui le porteraient d'emblée au niveau d'un adversaire planétaire et générationnel, capable d'infliger des dommages et d'exercer sur la vie de nos sociétés une influence sans commune mesure* »[4].

En conséquence, l'apparition d'un mouvement « *de normalisation de la lutte contre le terrorisme* » conduit à repenser cette mutation, « *non plus en termes d'adaptation, mais en termes de métamorphose du système répressif* »[5]. Les pouvoirs publics souhaitent ainsi normaliser l'utilisation de mécanismes

---

1 Richard JACKSON, *An historical review of the Constitution and Government of Pennsylvania*, Griffiths, 1759, p. 241.

2 Mariel GARRIGOS-KERJAN, « La tendance sécuritaire de la lutte contre le terrorisme », *Archives de politique criminelle*, 2006/1, n° 28, p. 187.

3 Conseil constitutionnel, « Décision n° 2020-805 DC du 7 août 2020, Loi instaurant des mesures de sûreté à l'encontre des auteurs d'infractions terroristes à l'issue de leur peine ».

4 Ministère de l'Intérieur, « Livre blanc sur la sécurité intérieure face au terrorisme », *La Documentation Française*, 21 juin 2006, p. 10.

5 Julie Alix, « Mutations de l'antiterrorisme et émergence d'un droit répressif de la sécurité nationale », *Revue de science criminelle et de droit pénal comparé*, 2017/4, n° 4, p. 845.

administratifs et judiciaires exceptionnels par l'introduction d'un régime spécifique de sûreté.

Toutefois, si l'objectif de lutte contre le terrorisme participe de l'objectif de valeur constitutionnelle de prévention des atteintes à l'ordre public, il appartient aux pouvoirs publics de prendre les mesures, adaptées et proportionnées, les moins attentatoires aux droits et libertés constitutionnellement garantis[6]. Ainsi, cette métamorphose du système répressif porte « *atteinte aux grands principes du droit pénal puisqu'on ne sanctionne plus des individus pour des actes qu'ils ont commis mais pour des actes qu'ils pourraient commettre* »[7].

Par conséquent, les pouvoirs publics sont contraints de se munir « *de nouveaux moyens adaptés à la prise en charge des terroristes sortant de détention* »[8], notamment par la mise en place de mesures judiciaires de prévention de la récidive terroriste[9]. Pour être efficaces, ces mesures de prévention doivent cibler les facteurs associés aux infractions commises par des détenus qui n'ont pas su trouver leur place au sein de la communauté à l'issue de leur peine[10], et ainsi proposer « *un accompagnement, à l'intérieur mais aussi à l'extérieur de la prison, sur le plan de la formation, de l'insertion professionnelle et sociale* »[11].

À ce titre, il est légitime de s'interroger sur la légitimité et l'efficacité de l'accompagnement professionnel des détenus radicalisés ou condamnés pour infraction terroriste. En effet, « *le travail, c'est le gage qu'ils quittent la délinquance* »[12]. Toutefois, la réinsertion professionnelle des détenus radicalisés nécessite une préparation (Section 1) et un accompagnement (Section 2) spécifiques à la prévention de la récidive terroriste.

---

6 Conseil constitutionnel, « Décision n° 2021-822 DC du 30 juillet 2021, Loi relative à la prévention d'actes de terrorisme et au renseignement ».

7 Pierre BIENVAULT, « La justice doit-elle surveiller les ex-détenus terroristes ? », *La Croix*, 7 août 2020.

8 Philippe BAS, *Déclaration relative au projet de loi renforçant la lutte contre le terrorisme et le suivi des condamnés terroristes à leur sortie de prison*, Sénat, 15 juillet 2020.

9 « Loi n° 2021-998 du 30 juillet 2021 relative à la prévention d'actes de terrorisme et au renseignement », publiée au *Journal officiel* n° 176 du 31 juillet 2021, texte n° 1.

10 John RAKIS, "Improving the employment rates of ex-prisoners under parole", *Federal Probation*, 20 juin 2005, volume 69, p. 9.

11 Julien MUCCHIELLI, « La réinsertion des personnes détenues : L'affaire de tous et de toutes », *Dalloz*, 26 novembre 2019.

12 Agence France Presse, « Le gouvernement veut un contrat de travail pour les détenus employés en détention », *Franceinfo*, 8 mars 2021.

Section 1. Une préparation spécifique à la réinsertion professionnelle des détenus radicalisés

En réaction aux évolutions du débat sécuritaire en France[13], un désir de fermeté et un attachement à la dimension punitive du milieu carcéral sont en forte progression. Ainsi, l'opinion publique demeure défavorable à l'amélioration des conditions de détention carcérale, la souffrance et l'enfermement participant légitimement à la peine[14]. Ce constat s'accompagne d'un refus nouveau de participer à la réinsertion des détenus[15].

§ 1. Les intérêts de la réinsertion professionnelle des détenus radicalisés

La période de détention, qui correspond à une peine privative de la liberté d'aller et de venir, « *doit être non seulement celle de la punition, mais aussi celle de la reconstruction* »[16]. À ce titre, il appartient au service public pénitentiaire de contribuer à la réinsertion des détenus qui lui sont confiés par décision de l'autorité judiciaire[17].

A. Un outil de lutte contre la récidive

La société joue un rôle essentiel dans le processus de réinsertion des détenus. En effet, la désistance à la délinquance se construit avec les autres, et notamment avec ceux qui occupent une position d'autorité[18], puisque l'absence de supervision parentale, de discipline et d'attachement constitue les principaux déterminants des comportements délinquants[19].

Par ailleurs, le nombre de détenus « *n'ayant pas travaillé pendant la période antérieure à leur arrestation est significativement plus élevé que celui de la population*

---

13 Philippe BOUR, « Le retour du débat sécuritaire », *Le Républicain Lorrain*, 1er octobre 2021.

14 Fondation Jean-Jaurès, *Les Français et la prison*, Institut d'Opinion publique, mars 2018. Pour 49 % des Français, la prison doit avant tout priver de liberté, contre 21 % des Français en 2000.

15 Fondation Jean-Jaurès, *Les Français et la prison*, Institut d'Opinion publique, mars 2018. Pour 45 % des Français, la prison doit prioritairement préparer à la réinsertion des détenus, contre 72 % des Français en 2000.

16 Decisier DONAT, *Les conditions de la réinsertion socioprofessionnelle des détenus en France*, Conseil économique et social, 22 février 2006, p. 16.

17 « Loi n° 2009-1436 du 24 novembre 2009 pénitentiaire », publiée au *Journal officiel* n° 273 du 25 novembre 2009, texte n° 1.

18 Radicalisation Awareness Network, *Délinquants radicalisés et terroristes après leur sortie de prison : Acceptation dans la communauté et au sein de la famille*, Réunion interinstitutionnelle, 6 juin 2019.

19 John LAUB et Robert SAMPSON, "Life-course desisters? Trajectories of crime among delinquent boys", *Criminology*, août 2003, volume 41, p. 329.

générale »[20]. En effet, 65 % des entrants en prison demeurent sans emploi, et seulement 28 % d'entre eux se trouvent en situation de chômage indemnisé[21]. L'inactivité professionnelle renforce ainsi les déficits sociaux et personnels déjà présents, augmentant le risque d'un acte délictueux[22].

Enfin, la détention présente un rôle négatif dans le processus de désistance à la délinquance[23], puisque 63 % des détenus condamnés à une peine de prison ferme récidivent dans les cinq ans[24]. Par ailleurs, le nombre des condamnations en récidive a progressé de 22 % entre 2013 et 2017, contre seulement 2 % des condamnations hors récidive[25]. Toutefois, l'utilisation de mesures d'aménagements de peine permet de réduire le risque de récidive, celui-ci étant de 34 % pour les détenus ayant été condamnés à une peine de travail d'intérêt général[26].

En conséquence, « *le travail participe sans ambiguïté à la mission de réinsertion confiée à l'administration pénitentiaire* »[27]. En effet, une capitalisation de l'effort engage tout naturellement dans le système[28], conduisant à une régulation de la conduite délinquante à divers paliers, « *au palier social, à travers les notions de statut et de rôle ; au palier psychosocial, à travers les notions de liens et de contraintes et au palier psychologique, à travers la notion d'identité* »[29].

B. Un outil de lutte contre la radicalisation

Les processus de réinsertion des détenus radicalisés doivent « *être un élément clef de toute stratégie visant à prévenir ou à combattre l'extrémisme violent* »[30].

---

20 Evelyne SHEA et Marc BAADER, « Le travail pénitentiaire, un outil de lutte contre la récidive ? », *Champ pénal*, 31 mai 2007, volume IV.

21 Administration pénitentiaire, « Rapport annuel d'activité », *La Documentation Française*, 2002, p. 82.

22 Hans-Jörg ALBRECHT, "Kriminell weil arbeitslos ? Arbeitslos weil kriminell ?", *Zeitschrift für Bewährungshlife*, 1988, p. 142.

23 Jean-Baptiste JACQUIN, « Une étude scientifique remet en cause l'intérêt de la prison dans la prévention des violences », *Le Monde*, 13 mai 2009.

24 Abdelmalik BENAOUDA et Annie KENSEY, « Les risques de récidive des sortants de prison », *Cahiers d'études pénitentiaires et criminologiques*, n° 36, mai 2011, p. 7.

25 Ministère de la Justice, « Bulletin d'information statistique », *Infostat Justice*, n° 165, septembre 2018, p. 3.

26 David LAYANI et Didier PARIS, *Les leviers permettant de dynamiser le travail d'intérêt général*, Rapport public, février 2018, p. 6.

27 Paul MASSON, « Rapport n° 178 relatif au projet de loi tendant à renforcer la répression du terrorisme et des atteintes aux personnes dépositaires de l'autorité publique », *Commission des lois*, 24 janvier 1996.

28 Christian DEBUYST, *Modèle éthologique et criminologie*, Pierre Mardaga, 1er janvier 1985, p. 170.

29 Marc LEBLANC et Marcel FRÉCHETTE, *Délinquances et délinquants*, Gaëtan Morin, 1987, p. 174.

30 Office des Nations unies contre la drogue et le crime, *Manuel sur la gestion des détenus extrémistes violents et la prévention de la radicalisation violente en milieu carcéral*, Série de manuels sur la Justice pénale, février 2017, p. 127.

En effet, la prison constitue un lieu où s'aggravent les risques de désocialisation et où se développent des stratégies face aux rapports de force, notamment par un ancrage dans les réseaux présents[31]. De plus, les détenus libérés sont vulnérables à la radicalisation, puisque nombre d'entre eux quittent la prison avec peu d'appui financier, émotionnel ou familial, ce que les groupes radicaux cherchent à offrir[32].

La réinsertion des délinquants radicalisés « *s'accompagne d'un ensemble de difficultés tant sur le plan personnel que structurel, qui dépendent fortement des voies empruntées par les individus en direction du groupe extrémiste ou terroriste et en son sein* »[33]. Par ailleurs, la déradicalisation des détenus est plus difficile à mesurer puisqu'elle « *implique des changements internes qui ne sont pas toujours évidents à travers un changement de comportement* »[34].

Par conséquent, les intérêts d'une réinsertion professionnelle des détenus radicalisés sont plus difficiles à mesurer. Toutefois, l'emploi leur « *fournit un moyen de s'occuper, de créer des liens avec des pairs et des personnes d'influence autres que des délinquants et de s'assurer une source de revenus indépendante du groupe* »[35].

§ 2. Une préparation insuffisante à la réinsertion professionnelle des détenus radicalisés

Afin d'assurer la protection de la société, de prévenir la commission de nouvelles infractions et de restaurer l'équilibre social, la peine a pour fonction de sanctionner l'auteur de l'infraction mais également de « *favoriser son amendement, son insertion ou sa réinsertion* »[36]. Toutefois, les conditions d'incarcération et le régime pénitentiaire contribuent à l'institutionnalisation des délinquants, gênant leurs capacités à se réinsérer dans la société[37].

---

31 Antoine DULIN, *La réinsertion des personnes détenues : L'affaire de tous et de toutes*, Les avis du Conseil économique, social et environnemental, novembre 2019, n° 28, p. 22.

32 Franck CILLUFFO et Gregory SAATHOFF, *Out of the shadows: Getting ahead of prisoner radicalization*, Homeland Security Policy Institute, 2006, p. 7.

33 Radicalisation Awareness Network, *Délinquants radicalisés et terroristes après leur sortie de prison : Acceptation dans la communauté et au sein de la famille*, Réunion interinstitutionnelle, 6 juin 2019.

34 Comité européen pour les problèmes criminels, *Guide du Conseil de l'Europe à l'intention des services pénitentiaires et de probation concernant la radicalisation et l'extrémisme violent*, 1er décembre 2016, p. 21.

35 Emma DISLEY, *Individual disengagement from Al Qa'ida-influenced terrorist groups: A rapid evidence assessment to inform policy and practice in preventing terrorism*, Rand Corporation, 2012, p. 8.

36 Article 130-1 du Code pénal.

37 Office des Nations Unies contre la drogue et le crime, *Manuel d'introduction pour la prévention de la récidive et la réinsertion sociale des délinquants*, Série de Manuels sur la Justice pénale, décembre 2012, p. 34.

A. Des difficultés d'accès aux activités et formations professionnelles qualifiantes

1) Des difficultés d'accès aux activités et formations professionnelles

Par principe, il appartient aux structures pénitentiaires de prendre l'ensemble des dispositions nécessaires « *pour assurer une activité professionnelle, une formation professionnelle ou générale aux personnes incarcérées qui en font la demande* »[38], dès lors que cette activité a pour finalité la réinsertion de l'intéressé. Toutefois, l'activité en détention est limitée par la surpopulation carcérale, la faiblesse des offres existantes, la baisse de l'employabilité ainsi que les exigences de sécurité. En conséquence, la part de détenus exerçant une activité professionnelle rémunérée n'a cessé de diminuer, passant de 46,5 % en 2000 à 29,2 % en 2016[39].

De plus, alors que plus de 50 % de la population carcérale ne possède aucun diplôme[40], seuls 3 027 adultes scolarisés ont obtenu un diplôme de l'éducation nationale, dont plus de 90 % d'entre eux pour un niveau d'Éducation inférieur au baccalauréat[41]. Enfin, seuls 15 % des détenus ont bénéficié d'une formation professionnelle, la régionalisation des actions de formation ayant généré des suspensions et des retards importants[42].

2) Des activités et formations professionnelles peu qualifiantes

Le travail en détention reste majoritairement utilisé comme un outil de paix social, et non comme un vecteur de l'insertion et de la réinsertion professionnelles des détenus à l'issue de leur peine. En effet, la majorité de l'emploi pénitentiaire correspond au service général, notamment la distribution des repas, l'entretien et le nettoyage des bâtiments[43].

De plus, les dispositions légales et règlementaires relatives aux relations de travail ne s'appliquent que partiellement en détention. Par conséquent, puisque le détenu ne signe qu'un simple acte d'engagement, sa

---

38 Article 717-3 du Code de procédure pénale.

39 Institut Montaigne, *Travail en prison : Préparer l'après*, M6 Fondation, février 2018, p. 20.

40 Ministère de l'Éducation nationale, *Bilan annuel de l'enseignement en milieu pénitentiaire, années 2019-2020*, p. 22.

41 Ministère de l'Éducation nationale, *Bilan annuel de l'enseignement en milieu pénitentiaire, années 2018-2019*, p. 65.

42 Émilie ZAPALSKI, *Formation des détenus : Les régions n'avancent pas au même rythme*, Éditions Localtis, 28 juin 2018.

43 Jean-Baptiste JACQUIN, « Le travail en prison, facteur de réinsertion », *Le Monde*, 2 avril 2021.

rémunération minimale s'élève à 1,62 euro par heure de travail[44], et ce, sans indemnités en cas de chômage technique, de congé, d'arrêt maladie ou d'accident du travail.

Dans ces conditions, « *le travail occupe mais ne permet pas d'acquérir des compétences professionnelles qui pourraient être transférables et valorisées à la sortie* »[45]. En conséquence, « *on ne peut pas demander à des détenus de respecter la société, de pouvoir se réinsérer en elle ou de respecter l'uniforme* [...] *si l'on nie la dignité et les droits de ces individus* »[46].

B. Une détention inadaptée à la réinsertion professionnelle des femmes et des mineurs radicalisés

1) Une détention inadaptée à la réinsertion professionnelle des détenus radicalisés

Dès leur entrée en détention, les détenus radicalisés sont affectés au sein de quartiers spécifiques afin de bénéficier d'un programme adapté de prise en charge soumis à un régime de détention impliquant des mesures de sécurité renforcées[47]. Une évaluation du niveau de dangerosité et de radicalisation des détenus est également réalisée, conduisant à leur placement au sein de quartiers bénéficiant d'un programme et d'un suivi adaptés[48].

Par conséquent, les restrictions aux droits et libertés sont nombreuses, notamment dans l'accès aux activités et formations professionnelles[49]. De plus, dans la mesure où les groupes radicaux peuvent obtenir des fonds auprès de soutiens extrémistes bien financés, ces derniers sont susceptibles d'offrir aux détenus un bien meilleur appui social et financier que les programmes d'insertion et de réinsertion professionnelles proposés en détention[50].

Toutefois, le risque de récidive d'un détenu radicalisé augmente sensiblement si aucune préparation à la réinsertion n'est mise en place[51]. Dès

---

44 Article D. 432-1 du Code de procédure pénale.

45 Antoine DULIN, *La réinsertion des personnes détenues : L'affaire de tous et de toutes*, Les avis du Conseil économique, social et environnemental, novembre 2019, n° 28, p. 56.

46 Emmanuel MACRON, *Discours à l'École nationale d'administration pénitentiaire*, 6 mars 2018.

47 Article 726-2 du Code procédure pénale.

48 Article R. 57-7-84-13 du Code de procédure pénale.

49 Contrôleur général des lieux de privation de liberté, *Radicalisation islamiste en milieu carcéral : L'ouverture des unités dédiées*, 7 juin 2016, p. 49.

50 Franck CILLUFFO et Gregory SAATHOFF, *Out of the shadows: Getting ahead of prisoner radicalization*, Homeland Security Policy Institute, 2006, p. 7.

51 Office des Nations unies contre la drogue et le crime, *Manuel sur la gestion des détenus extrémistes violents et la prévention de la radicalisation violente en milieu carcéral*, Série de Manuels sur la Justice pénale, février 2017, p. 127.

lors, il s'agit de privilégier les activités de désengagement, et notamment « *les interventions qui visent à écarter ou à modifier les convictions idéologiques, opinions ou schémas de pensée qui motivent ou justifient la commission d'infractions extrémistes* »[52]. Cependant, ces activités de désengagement nécessitent une affectation des détenus radicalisés au sein de quartiers spécifiques, restreignant ainsi l'accès aux activités et formations professionnelles, et ce, bien qu'il soit primordial que les détenus « *soient employables et capables de subvenir aux besoins de leur famille* »[53].

2) Une détention inadaptée à la réinsertion professionnelle des femmes et des mineurs

Les femmes et les mineurs présentent des défis spécifiques de réinsertion, notamment en cas d'antécédents de victimisation ou de violence[54]. En effet, le processus de victimisation est « *susceptible d'inscrire la victime dans une forme de dépendance à laquelle elle ne peut se soustraire* »[55], conduisant à des problèmes d'adaptation en société[56].

a. Une détention inadaptée à la réinsertion professionnelle des femmes radicalisées

La logique sécuritaire en détention « *vise à maintenir une distance de protection contre le danger que représentent les détenus dans le cadre d'un dispositif matériel et légal de nature défensive* »[57]. Pourtant, au sein des établissements et quartiers réservés à la détention féminine, la logique sécuritaire est moins prioritaire[58], démontrant l'existence d'une organisation genrée s'appuyant sur des conceptions codifiées du masculin et du féminin[59].

---

52 Comité européen pour les problèmes criminels, *Guide du Conseil de l'Europe à l'intention des services pénitentiaires et de probation concernant la radicalisation et l'extrémisme violent*, 1er décembre 2016, p. 21.

53 Office des Nations Unies contre la drogue et le crime, *Manuel sur la gestion des détenus extrémistes violents et la prévention de la radicalisation violente en milieu carcéral*, Série de Manuels sur la Justice pénale, février 2017, p. 86.

54 Clemens BARTOLLAS et Katherine van WORMER, *Women and the criminal justice system*, Pearson, 2007, p. 124.

55 Conseil supérieur du travail social, *La lutte contre les violences faites aux femmes*, Presses de l'École des hautes études en santé publique, avril 2010, p. 73.

56 John FANTUZZO et Wendy MOHR, "Prevalence and effects of child exposure to domestic violence", *The Future of Children*, 1999, p. 24.

57 Antoinette CHAUVENET, *La violence carcérale en question*, Presses universitaires de France, 2008, p. 19.

58 Corinne ROSTAING, *La relation carcérale : Identités et rapports sociaux dans les prisons pour femmes*, Presses universitaires de France, 1997, p. 139.

59 Joan ACKER, Hierarchies, jobs, bodies: A theory of gendered organizations, *Gender and Society*, volume 4, juin 1990, p. 148.

Par conséquent, les femmes subissent une inégalité de traitement dans l'accès aux activités et formations, notamment professionnelles[60]. De plus, les ateliers et formations proposées aux détenues se limitent au développement des compétences et des aptitudes qui composent les rôles sociétaux et culturels traditionnels de la femme[61]. Enfin, les mesures d'aménagements de peine relatives au travail d'intérêt général sont majoritairement proposées aux hommes, s'agissant notamment de travaux physiques ou manuels sur des horaires de jour en semaine[62].

Par ailleurs, la récente ouverture du premier quartier de prise en charge des détenues radicalisées leur permet d'accéder aux activités de désengagement proposées en détention. Pourtant, étant donné la complexité de l'engagement féminin dans l'extrémisme violent, il est nécessaire de concevoir des programmes de désengagement efficaces, notamment par une approche qui prenne en considération « *des priorités, des situations et des besoins particuliers de ces femmes* »[63].

<u>b. Une détention inadaptée à la réinsertion professionnelle des mineurs radicalisés</u>

La désistance à la délinquance des mineurs se construit particulièrement autour d'un mentorat, notamment à assise communautaire, agissant directement sur les facteurs de risques associés[64]. En effet, il s'agit d'installer une « *relation éducative forte qui se substitue à celle des recruteurs* »[65].

Toutefois, la prise de décision dépend largement de capacités psychosociales, telles que la capacité à contrôler ses impulsions, de retarder la gratification et de résister à la pression de ses pairs. Or, ces capacités sont logées dans des zones du cerveau dont le développement n'est pas achevé durant l'adolescence[66]. Ainsi, les mineurs sont plus sensibles à

---

60 Contrôleur général des lieux de privation de liberté, *Avis du 25 janvier 2016 relatif à la situation des femmes privées de liberté*, publié au *Journal officiel* n° 41 du 18 février 2016, texte n° 89.

61 Parlement européen, *Rapport sur la situation particulière des femmes en prison et l'impact de l'incarcération des parents sur la vie sociale et familiale*, Commission des droits de la femme et de l'égalité des genres, 5 février 2008.

62 *Citoyens et Justice*, « Livre blanc sur les peines alternatives à l'incarcération, les aménagements de peine et l'insertion des personnes en sortie de détention », 15 septembre 2017, p. 10.

63 Comité européen pour les problèmes criminels, *Guide du Conseil de l'Europe à l'intention des services pénitentiaires et de probation concernant la radicalisation et l'extrémisme violent*, 1er décembre 2016, p. 29.

64 Patrick TOLAN, "Mentoring interventions to affect juvenile delinquency and associated problems", *Campbell Systematic Review*, volume 9, septembre 2013, p. 118.

65 Direction de la protection judiciaire de la jeunesse, *Note relative à la prise en charge éducative des mineurs radicalisés ou en danger de radicalisation violente*, ministère de la Justice, 1er août 2018.

66 Robert BLUM et Sara JOHNSON, "Adolescent maturity and the brain: The promise and pitfalls of neuroscience research in adolescent health policy", *Journal of Adolescent Health*, volume 45, 2009, p. 219.

l'influence des « *facteurs d'attractions* » proposés par les groupes radicaux[67]. En effet, les mineurs sont régulièrement confrontés aux adultes en détention, conduisant à un « *phénomène d'emprise, qui peut déboucher sur des addictions et un lien avec des réseaux mafieux* »[68].

Enfin, les mesures éducatives proposées en détention ne permettent aucunement une reprise d'étude sérieuse ou l'insertion des mineurs sur le marché de l'emploi[69]. Par conséquent, il est nécessaire de procéder à « *des interventions éducatives et cognitives comportementales adaptées, visant à renforcer leurs aptitudes et à des programmes basés sur une évaluation appropriée de leurs facteurs de risque, de leur besoin et de leur capacité d'apprentissage* »[70].

Section 2. Un accompagnement spécifique à la réinsertion professionnelle des détenus radicalisés

Les détenus font l'objet de stigmatisations, définies comme « *une attitude générale, de l'ordre du préjudice, induite par la méconnaissance ou l'ignorance, qui va générer des conduites et des comportements de discrimination* »[71], qui augmentent sensiblement les difficultés à décrocher un emploi, à accéder à certains services, les problèmes mentaux et relationnels ainsi que l'isolement social[72]. En effet, les détenus sont perçus comme des individus auxquels « *on ne peut faire confiance pour vivre selon les normes sur lesquelles s'accorde le groupe* »[73].

Une peine dans l'après-peine, notamment pour les détenus souhaitant sortir de la délinquance ou de l'influence de groupes radicaux ou extrémistes.

---

67 Office des Nations Unies contre la drogue et le crime, *Manuel sur les enfants recrutés et exploités par des groupes terroristes et extrémistes violents : Le rôle du système judiciaire*, 26 janvier 2018, p. 34.

68 Iris PERON, « Mineurs en prison : Le Défenseur des droits s'inquiète de l'emprise des détenus adultes », *Le Parisien*, 19 novembre 2019.

69 Ministère de l'Éducation nationale, *Bilan annuel de l'enseignement en milieu pénitentiaire, années 2019-2020*, p. 11.

70 Office des Nations Unies contre la drogue et le crime, *Manuel d'introduction pour la prévention de la récidive et la réinsertion sociale des délinquants*, Série de Manuels sur la Justice pénale, décembre 2012, p. 121.

71 Jean-Yves GIORDANA, *La stigmatisation en psychiatrie et en santé mentale*, Masson, juin 2010, p. 8.

72 Juliane van OLPHEN, "Nowhere to go: How stigma limits the options of female drug users after release from jail", *Substance Abuse Treatment, Prevention and Policy*, volume 4, 2009.

73 Howard BECKER, *Outsiders : Études de la sociologie de la déviance*, Métailié, 1985, p. 25.

§ 1. Un accompagnement insuffisant à la réinsertion professionnelle des détenus radicalisés

À l'issue de leur peine, les détenus sont confrontés à une série de difficultés sociales et économiques qui font obstacle à un mode de vie respectueux des lois[74]. En effet, les détenus perdent régulièrement leurs sources de revenus, leur logement et leurs biens personnels, mais également des relations personnelles et professionnelles importantes.

A. Des difficultés structurelles affectant la réinsertion professionnelle des détenus

1) Des difficultés sociales et économiques

L'incarcération présente des effets négatifs sur la capacité des détenus à vivre sans violence, de manière autonome et dans le respect des règles sociales établies. Par ailleurs, un quart des détenus entrent en détention sans ressources, sources de revenus, logement ou hébergement durable[75]. Ainsi, plus de 60 % des sortants de prison se retrouvent dans une situation de précarité sociale et économique[76].

De plus, en raison de leur passé carcéral et d'un niveau d'éducation insuffisant, les détenus libérés se retrouvent confrontés aux fortes réticences des employeurs ainsi qu'à une interdiction d'accéder à certains emplois[77], notamment dans la fonction publique. Par conséquent, la détention aggrave la situation sociale et économique précaire des détenus, gênant leurs capacités à se réinsérer socialement et professionnellement dans la société.

2) Des moyens d'accompagnement insuffisants

Par principe, il appartient au service public pénitentiaire de favoriser l'accès aux droits et aux dispositifs d'insertion et de réinsertion aux détenus qui lui sont confiés par décision de l'autorité judiciaire[78]. À ce titre, il assure la continuité des activités et formations professionnelles engagées[79]. De plus, un réseau associatif, au niveau local et national, s'est progressivement mis en place afin de développer les opportunités

---

74 Christy VISHER et Laura WINTERFIELD, "Ex-offender employment programs and recidivism", *Journal of experimental criminology*, volume 1, septembre 2005.

75 Fondation Abbé Pierre, « Favoriser l'accès dans le logement des personnes placées sous main de justice », *Les Cahiers du Logement*, juin 2019, p. 4.

76 Christiane de BEAUREPAIRE, « La vulnérabilité sociale et psychique des détenus et des sortants de prison », *Revue du Mouvement anti-utilitariste dans les sciences sociales*, 2012/2, n° 40, p. 125.

77 Anne DAILLERE, *Au dernier barreau de l'échelle sociale : La prison*, octobre 2021, p. 80.

78 Article D. 573 du Code de procédure pénale.

79 Article D. 438 du Code de procédure pénale.

d'insertion et de réinsertion, notamment par la proposition d'aides au logement ou à l'hébergement ainsi qu'un soutien ponctuel à la réalisation des formalités administratives nécessaires à la reprise d'une vie active, tant personnelle que professionnelle.

Toutefois, le service public pénitentiaire et son réseau associatif partenaire ne disposent pas des moyens financiers et techniques suffisants pour faire face aux problématiques sociales et économiques des quelque 80 000 détenus sortant de détention chaque année[80]. Par ailleurs, l'accompagnement des détenus libérés est rendu difficile par une implantation des principaux centres de détention hors des grandes villes, notamment pour les détenus originaires de départements ou régions limitrophes. Par conséquent, 80 % des détenus sortent de détention sans accompagnement[81].

B. Des difficultés structurelles spécifiques aux femmes et aux mineurs radicalisés

1) Des moyens d'accompagnement insuffisants pour les détenus radicalisés

En raison de la particularité du risque que représentent les détenus radicalisés ou condamnés pour infraction terroriste, il est nécessaire de garantir la continuité des interventions de désengagement en milieu carcéral et dans la collectivité[82]. Toutefois, en l'absence de moyens d'accompagnement suffisants pour maintenir et développer de telles activités, les détenus libérés demeurent vulnérables à l'influence des groupes radicaux qui offrent un appui financier, émotionnel ou familial[83].

Par ailleurs, les autorités pénitentiaires devraient « *être conscientes que réunir un détenu extrémiste et sa famille peut aussi avoir un effet négatif sur celui-ci et accroître son risque de récidive* »[84]. En effet, si la famille est associée à des

---

80 Jean-François LABLE, « Sortie et sortant de prison : Une réinsertion déterminée », thèse Sociologie, décembre 2015, p. 6.

81 Antoine DULIN, *La réinsertion des personnes détenues : L'affaire de tous et de toutes*, Les avis du Conseil Économique, Social et Environnemental, n° 28, novembre 2019, p. 37.

82 Curt GRIFFITHS et Danielle YVON, *The social reintegration of offenders and crime prevention*, The International Center for Criminal Law Reform and Criminal Justice Policy, avril 2007, p. 6.

83 Franck CILLUFFO et Gregory SAATHOFF, "Out of the shadows: Getting ahead of prisoner radicalization", *Homeland Security Policy Institute*, 2006, p. 7.

84 Office des Nations Unies contre la drogue et le crime, *Manuel sur la gestion des détenus extrémistes violents et la prévention de la radicalisation violente en milieu carcéral*, Série de Manuels sur la Justice pénale, février 2017, p. 133.

groupes ou idéologies extrémistes, il est nécessaire de veiller à éviter de rétablir le contact ou de veiller à les surveiller étroitement[85].

Cependant, de telles mesures, notamment l'interdiction d'entrer en contact avec certaines personnes ou de paraître dans certains lieux, portent une atteinte excessive à la liberté d'aller et de venir ainsi qu'au droit de mener une vie familiale normale[86]. Ainsi, les pouvoirs publics sont contraints de maintenir une surveillance continue à l'égard des détenus présentant une dangerosité caractérisée par un risque élevé de récidive[87].

2) Des moyens d'accompagnement insuffisants pour les femmes et les mineurs radicalisés

Les facteurs d'engagement féminins sont sensiblement les mêmes que pour les hommes[88]. Pourtant, des motifs supplémentaires d'engagement peuvent être mis en évidence, tels que la consommation de drogues, le chantage social et affectif, ainsi que des contraintes physiques et sexuelles, notamment dans les groupes radicaux où les femmes ne disposent que de très peu de mécanismes d'indépendance[89].

A contrario, les mineurs sont plus sensibles à l'influence des « *facteurs d'attractions* » proposés par les groupes radicaux[90]. Pourtant, les conséquences de l'engagement des femmes et des mineurs demeurent sensiblement identiques, notamment en raison d'une influence grandissante du groupe conduisant à un isolement social important et un rejet des autorités légitimes[91], que celles-ci soient étatiques, associatives ou professionnelles.

Pourtant, en l'absence de mesures d'accompagnement spécifiques, les femmes et les mineurs sortant de détention sont régulièrement contraints de retourner vivre au sein de la famille ou communauté ayant conduit à une dérive radicale, notamment en raison de liens familiaux ou d'alliance. Par conséquent, les possibilités de réinsertions sociales et profession-

---

85 Zachary ABUZA, "The Rehabilitation of Jemaah Islamiyah detainees in Southeast Asia: A preliminary Assessment", *Leaving Terrorism Behind*, 2008, p. 196.

86 Conseil constitutionnel, « Décision n° 2020-805 DC du 7 août 2020, Loi instaurant des mesures de sûreté à l'encontre des auteurs d'infractions terroristes à l'issue de leur peine ».

87 Flore THOMASSET, « Détenus radicalisés, la France au défi de leur sortie », *La Croix*, 15 novembre 2020.

88 Naureen Chowdhury FINK et Rafia BARAKAT, *The roles of women in terrorism, conflict and violent extremism*, Centre on Global Counterterrorism Cooperation, 2013.

89 Karen JACQUES et Paul TAYLOR, "Myths and realities of female-perpetrated terrorism", *Law and Human Behaviour*, volume 37, 2013.

90 Office des Nations Unies contre la drogue et le crime, *Manuel sur les enfants recrutés et exploités par des groupes terroristes et extrémistes violents : Le rôle du système judiciaire*, 26 janvier 2018, p. 34.

91 Élodie BENAROUSSE, « Terrorisme : comment repérer les signes de radicalisation chez l'ado ? », *Le Journal des Femmes*, 13 novembre 2018.

nelles sont fortement limitées, d'autant plus si celles-ci peuvent mener à des stigmatisations et des représailles.

§ 2. Une nécessaire réforme des mécanismes de réinsertion professionnelle

Afin de diminuer le taux de criminalité et de récidive dans une société, deux possibilités sont habituellement proposées. En effet, il s'agit soit d'augmenter le coût des activités criminelles pour ceux qui en sont à l'origine, soit de rendre plus attractives les autres options, tel le fait d'avoir un emploi honnête[92].

A. Des réformes successives insuffisantes

De longue date, les pouvoirs publics demeurent incapables de résoudre la crise qui affecte le service public pénitentiaire. En effet, les facteurs de cette crise ne cessent de s'intensifier, notamment la surpopulation carcérale, les risques de radicalisation en détention mais également le vieillissement des structures pénitentiaires.

Certaines avancées ont néanmoins été réalisées pour garantir l'effectivité des droits et libertés des détenus, telles que la création du Contrôleur général des lieux de privation de liberté[93] et de l'Agence du travail d'intérêt général et de l'insertion professionnelle[94]. Pourtant, l'augmentation des moyens alloués reste « *insuffisante pour répondre à la crise du monde pénitentiaire* »[95]. De plus, ces avancées ne prennent que rarement en considération les spécificités que présentent les détenus radicalisés, et notamment les femmes et les mineurs.

Ainsi, des changements en profondeur restent à réaliser. La récente loi de programmation et de réforme pour la justice[96], qui souhaite refonder le dispositif de la sanction, ne parvient pas à remettre fondamentalement en cause la place de la détention au sein du système pénal répressif. Par ailleurs, les récentes débâcles constitutionnelles ne permettent pas de garantir une prise en charge adaptée des détenus libérés pré-

---

[92] Cyril HÉDOIN, « Un lien entre taux d'incarcération et marché du travail », *Le Nouvel Observateur*, 7 novembre 2016.

[93] « Loi n° 2007-1545 du 30 octobre 2007 instaurant un Contrôleur général des lieux de privation de liberté », publiée au *Journal officiel* n° 253 du 31 octobre 2007, texte n° 1.

[94] « Décret n° 2018-1098 du 7 décembre 2018 portant création d'un service à compétence nationale dénommé Agence du travail d'intérêt général et de l'insertion professionnelle des personnes placées sous main de justice », publié au *Journal officiel* n° 285 du 9 décembre 2018.

[95] Alain MARC, *Avis n° 146 relatif au projet de loi de finances pour 2020 : Administration pénitentiaire*, Commission des lois, 21 novembre 2019.

[96] « Loi n° 2019-222 du 23 mars 2019 de programmation et de réforme pour la justice », publiée au *Journal officiel* n° 71 du 24 mars 2019, texte n° 2.

sentant une dangerosité caractérisée par un risque élevé de récidive. Ainsi, « *ces libérations nombreuses d'individus condamnés pour des faits de terrorisme constituent un enjeu majeur et inédit de sécurité publique, face auquel les pouvoirs publics sont insuffisamment outillés* »[97].

B. Repenser le coût de la détention et de la réinsertion

Les coûts sociaux et économiques d'une réinsertion manquée constituent l'une des plus grandes préoccupations des décideurs politiques, puisque celle-ci entraîne « *des coûts directs et indirects pour la collectivité* »[98]. Pourtant, les coûts de la détention sont bien plus importants pour la collectivité, d'autant plus que la détention présente des effets négatifs sur la capacité des détenus à se réinsérer en société. Par ailleurs, ce coût augmente sensiblement avec l'augmentation de la population carcérale et les évolutions de la radicalisation en détention, nécessitant la création de nouvelles structures pénitentiaires adaptées.

Actuellement, le coût moyen journalier de la détention est de 106 euros par détenu, et peut atteindre près de 200 euros en maison centrale[99]. De plus, le coût de construction d'une cellule de détention varie entre 150 000 et 190 000 euros[100].

A contrario, les régimes particuliers de détention à l'extérieur de la prison présentent des coûts allégés pour la collectivité, tout en affichant des résultats intéressants pour prévenir le risque de récidive et de radicalisation des détenus. Ainsi, un placement en extérieur et une surveillance électronique présentent respectivement un coût moyen journalier de 31 euros et de 11 euros[101].

Il s'agit ainsi de repenser le coût de la détention par la réintroduction des moyens alloués au service public pénitentiaire au sein de mesures alternatives à la peine, dont des mesures d'insertion et de réinsertion professionnelles.

---

97 Jacqueline EUSTACHE-BRINIO, *Suivi des terroristes libérés de prison : la Commission des lois adopte des mesures de sûreté contre la récidive et organise un encadrement individuel pour la déradicalisation*, Sénat, 15 juillet 2020.

98 Maria BORZYCKI et Toni MAKKAI, Prisoner reintegration post-release, *Australian Institute of Criminology*, mars 2007.

99 Caroline PIQUET, « Combien coûte un détenu en France ? », *Le Figaro*, 5 décembre 2014.

100 Observatoire international des prisons, « Combien coûte la prison ? Quel est le coût comparé des alternatives à la prison », 16 février 2020.

101 Conférences de consensus sur la prévention de la récidive, *Combien coûte la prison ?*, 20 février 2013.

Conclusion

« *L'accompagnement, comme forme contemporaine du lien à l'usage en tant que sujet responsable et sujet de droit, pousse aux limites la contradiction entre l'autonomie et la responsabilité du sujet* »[102]. En effet, cette réflexion sur les intérêts et les dangers d'une réinsertion professionnelle des détenus radicalisés ou condamnés pour infraction terroriste conduit à une contradiction entre les notions de responsabilité et d'accompagnement.

Ainsi, il peut sembler illégitime de proposer une réflexion sur le développement et la systématisation des mécanismes de réinsertion, notamment à l'égard d'individus ayant porté atteinte à l'intégrité matérielle et morale de la collectivité. De plus, il est incontestable que les détenus libérés présentent des risques de récidive importants, notamment en l'absence de mesures de préparation et d'accompagnement adaptées à une réinsertion au sein de la collectivité.

Pourtant, nul ne peut demeurer éternellement en détention. À ce titre, il est nécessaire de repenser le système répressif pénal afin d'apporter une solution concrète à la crise du service public pénitentiaire, et notamment aux risques que pose la réinsertion des détenus radicalisés. Cette réflexion doit ainsi mettre en perspective les mesures d'insertion et de réinsertion, notamment professionnelles, ainsi que les spécificités que représentent les détenus radicalisés, et plus particulièrement les femmes et les mineurs.

---

102 Paul MAELA, « L'accompagnement comme posture professionnelle spécifique », *Recherche en Soins infirmiers*, 2021/3, n° 110, p. 13.

Les enfants associés aux groupes terroristes sous le prisme du droit international : la question de leur dangerosité et de leur insertion

Anne-Laure BAULIEU
Doctorante en droit international à la Faculté des sciences juridiques, politiques et sociales de l'Université de Lille

Dans le cadre de la lutte contre le terrorisme au niveau international, les enfants[1] associés à des groupes terroristes sont souvent considérés comme des menaces sécuritaires[2]. Les filles et garçons peuvent être associés à de tels groupes terroristes de manières différentes : en combattant, en soutenant les personnes participant aux hostilités, en étant exploités, notamment sexuellement, en commettant ou en participant à des infractions[3]. La notion d'« enfants associés aux combattants terroristes étrangers »[4], récemment introduite par le Conseil de sécurité des Nations Unies (CSNU), ajoute cependant une autre dimension à l'association des enfants aux groupes terroristes. D'après le CSNU, les enfants peuvent non seulement être considérés comme associés du fait de la commission d'un acte terroriste ou de leur participation à un tel acte, mais également du fait de leurs liens familiaux avec des combattants terroristes étrangers

1 D'après l'article 1 de la Convention internationale des droits de l'enfant, adoptée à New York le 20 novembre 1989, un enfant est « tout être humain âgé de moins de dix-huit ans, sauf si la majorité est atteinte plus tôt en vertu de la législation qui lui est applicable ».

2 Committee on the Rights of the Child, Global study on children deprived of liberty, A/74/136, 11 July 2019, § 93.

3 CAPONE (F.), "Worse than Child Soldiers? A Critical Analysis of Foreign Children in the Ranks of isil", *International Criminal Law Review*, vol. 17, n° 1, 2017, p. 161-164.

4 Résolution 2396 (2017), adoptée par le Conseil de sécurité le 21 décembre 2017, § 31.

avec qui ils voyageraient[5]. Sur une présomption, les enfants représenteraient le même degré de dangerosité que les adultes.

Bien que le lien entre protection de l'enfance et maintien de la paix ait été consacré par le CSNU[6], les mesures de lutte contre le terrorisme tendent à faire perdre aux enfants associés aux groupes terroristes leur spécificité de personnes en développement ayant besoin de protection. Il y a une grande méfiance à leur égard[7] et certains médias les désignent comme une « *ticking bomb issue* »[8]. Les mesures de prévention et de répression prises à l'encontre des personnes soupçonnées d'être des terroristes – adultes comme enfants – se justifieraient par le fait que le terrorisme représente l'une des menaces les plus graves contre la paix et la sécurité internationales[9].

Dans ces conditions, la question se pose de savoir comment la notion de dangerosité des personnes est définie et évaluée par les conventions internationales relatives au terrorisme et par le CSNU. La question se pose également de savoir s'il existe une dangerosité spécifique des enfants associés aux groupes terroristes en droit international et si celle-ci est présumée ou avérée. Enfin, il convient de se demander s'il existe des mesures de prise en charge et de réinsertion sociale adaptées aux filles et garçons et à leur expérience vécue au sein des groupes.

Afin de répondre à ces questions, nous allons nous intéresser dans un premier temps à la notion de dangerosité relative au terrorisme (Section 1-§ 1) et nous tenterons d'établir s'il existe une dangerosité spécifique des enfants associés aux groupes terroristes en droit international (Section 1-§ 2). Dans un second temps, nous analyserons les mesures existantes pour faciliter la prise en charge et la réinsertion sociale des enfants associés aux groupes terroristes (Section 2-§ 1), puis nous nous demanderons si la réinsertion sociale des enfants associés aux combattants terroristes étrangers détenus dans des camps au nord-est de la Syrie est possible (Section 2-§ 2).

---

5 *Ibid.*

6 Résolution 1314 (2000), adoptée par le Conseil de sécurité des Nations Unies le 11 août 2000.

7 BARANGER (T.), BONELLI (L.), et PICHAUD (F.), « La justice des mineurs et les affaires de terrorisme », *Les Cahiers de la Justice, Dalloz*, 2017/2, p. 254-256.

8 JORGENSEN (N.), "Children associated with terrorist groups in the context of the legal framework for child soldiers", *QIL*, 30 June 2019, p. 21.

9 Voir notamment les résolutions suivantes du CSNU : Résolution 1535 (2004), adoptée par le Conseil de sécurité le 26 mars 2004 et Résolution 1373 (2007), adoptée par le Conseil de sécurité le 5 mars 2007.

Section 1. L'évaluation de la dangerosité des enfants associés aux groupes terroristes au niveau international

§ 1. La notion de dangerosité relative au terrorisme d'après les conventions internationales et le Conseil de sécurité

Tout d'abord, il est nécessaire de rappeler qu'il n'existe pas de convention internationale définissant de manière universelle la notion de terrorisme du fait d'un manque de consensus autour de l'identification des auteurs d'actes terroristes et de leurs motivations[10], ainsi que de la volonté des États d'organiser eux-mêmes la répression pénale[11]. Toutefois, des conventions internationales dites « sectorielles »[12] ont été adoptées et répriment des actes ou des comportements particuliers, tels que le détournement d'aéronef ou les prises d'otages[13], pouvant compromettre la sécurité des personnes, des biens, des moyens de transport ou des représentants de l'État[14]. Le terme *dangerosité* n'est pas mentionné mais il est fait référence à la « menace »[15] ou au « risque »[16] d'actes terroristes pouvant provoquer la mort ou des dommages corporels et matériels.

Par ailleurs, le CSNU a indiqué que « le terrorisme sous toutes ses formes et dans toutes ses manifestations constitu[ait] l'une des menaces les plus graves contre la paix et la sécurité »[17]. Le CSNU a ainsi justifié son action en vertu du chapitre VII de la Charte des Nations Unies

---

10 BOURGUES HABIF (C.) (dir.), « Le terrorisme international », *in* ASCENSIO (H.), DECAUX (E.) et PELLET (A.), *Droit international pénal*, Pedone, 2000, p. 457-459.

11 MAISON (R.), *Justice pénale internationale*, PUF, 2017, p. 108.

12 MARTIN (J.-C.) (dir.), « Le terrorisme », *in* ASCENSIO (H.), DECAUX (E.) et PELLET (A.), *Droit international pénal*, Pedone, 2012, p. 280.

13 Par exemple, la Convention pour la répression d'actes illicites dirigés contre la sécurité de l'aviation civile, adoptée à Montréal le 23 septembre 1971 et la Convention sur la prévention et la répression des infractions contre les personnes jouissant d'une protection internationale, y compris les agents diplomatiques, adoptée à New York le 14 décembre 1973.

14 KLEIN (P.), « Le droit international à l'épreuve du terrorisme », *Collected Courses of the Hague Academy of International Law*, vol. 321, first published online : 2007, p. 270-278.

15 Par exemple, la Convention sur la répression des actes illicites dirigés contre l'aviation civile internationale de 2010 fait référence à la menace de provoquer la mort ou des dommages corporels et/ou matériels graves, voir article 1(i)(1) de la Convention.

16 Par exemple, la Convention sur la protection physique des matières nucléaires de 1980 fait référence au risque découlant de l'obtention et de l'usage illicites de matières nucléaires, voir préambule de la Convention.

17 Il s'agit notamment des résolutions suivantes du CSNU : Résolutions 1535 (2004) et 1373 (2007) précitées.

(CNU)[18] et pris des mesures pour prévenir et lutter contre le terrorisme telles que des sanctions financières ou une interdiction de voyager à l'encontre de personnes soupçonnées de préparer des actes terroristes[19]. Bien que ces résolutions aient été fortement critiquées parce qu'elles apparaissaient « comme une sorte de législation internationale »[20] et que le chapitre VII de la CNU ne donne pas un tel pouvoir législatif au CSNU[21], des listes de personnes physiques[22] et de personnes morales représentant une menace contre la paix et la sécurité internationales – et pouvant être considérées comme dangereuses – ont été établies[23]. Le processus d'inscription sur ces listes est décrit par les résolutions du CSNU. Par exemple, pour la liste relative aux sanctions contre *Daech* et *Al-Qaïda*, les critères d'inscription sont les suivants : a) le fait de concourir à financer, organiser, faciliter, préparer ou exécuter des actes ou activités de *Daech* et *Al-Qaïda*, en association avec ceux-ci, sous leur nom ou pour leur compte, ou le fait de les soutenir ; b) le fait de fournir, vendre ou transférer des armements et matériels connexes à *Daech* et *Al-Qaïda* ; c) le fait de recruter pour le compte de *Daech* et *Al-Qaïda* ou de soutenir, de toute autre manière, des actes ou activités de *Daech Al-Qaïda* ou de toute cellule, filiale ou émanation ou tout groupe dissident de ceux-ci[24]. D'après ces critères, la menace ou dangerosité représentée par les personnes physiques ou morales est évaluée en fonction d'actes ou de comportements permettant de préparer, mener et soutenir des actes terroristes. Toutefois, des auteurs soulignent le caractère arbitraire de la

---

18 Le chapitre VII de la CNU est relatif aux actions en cas de menace contre la paix, rupture de la paix et d'acte d'agression et confie la responsabilité principale du maintien de la paix et de la sécurité internationales au CSNU. Le chapitre VII de la CNU permet d'avoir recours à des procédés autoritaires de maintien de la paix imposés aux États.

19 ONUDC, « Le cadre juridique universel contre le terrorisme, Module 2, Programme de formation juridique contre le terrorisme », Nations Unies, New York, 2010, disponible sur : <https://www.unodc.org/documents/terrorism/Publications/Training_Curriculum_Module2/French.pdf>, consulté le 20 octobre 2021.

20 MARTIN (J.-C.) (dir.), « Le terrorisme », *op. cit.*, p. 283.

21 *Ibid.*

22 Rien n'indique dans les textes des résolutions et les comptes rendus de séances conduites par le CSNU que les personnes physiques comprennent ou non les enfants. Le terme générique « personnes physiques » est utilisé.

23 Il s'agit, par exemple, des résolutions suivantes du CSNU : Résolution 1267 (1999), adoptée par le Conseil de sécurité le 15 octobre 1999 ; Résolution 1333 (2000), adoptée par le Conseil de sécurité le 19 décembre 2000 ; Résolution 1526 (2004), adoptée par le Conseil de sécurité le 30 janvier 2004 ; Résolution 1617 (2005), adoptée par le Conseil de sécurité le 29 juillet 2005 ; Résolution 1735 (2006), adoptée par le Conseil de sécurité le 22 décembre 2006 ; Résolution 1989 (2011), adoptée par le Conseil de sécurité le 17 juin 2011 ; Résolution 2170 (2014), adoptée par le Conseil de sécurité le 15 août 2014 ; Résolution 2199 (2015), adoptée par le Conseil de sécurité le 12 février 2015 et Résolution 2253 (2015), adoptée par le Conseil de sécurité le 17 décembre 2015.

24 Résolution 2253 (2015), adoptée par le Conseil de sécurité le 17 décembre 2015, § 1 et 3.

procédure d'inscription et de radiation sur une telle liste et rappellent que le CSNU ne motive pas ses décisions[25]. Il n'est donc pas possible de savoir si les critères énoncés par les résolutions du CSNU sont effectivement utilisés pour inscrire les personnes physiques et morales sur les listes et si la dangerosité de ces personnes est avérée ou présumée.

Malgré l'absence d'évaluation claire de la dangerosité des personnes inscrites sur les listes du CSNU, il convient de s'interroger quant à une dangerosité spécifique des enfants associés aux groupes terroristes dans les conventions internationales sectorielles et les résolutions du CSNU.

§ 2. La question de l'existence d'une dangerosité spécifique des enfants associés aux groupes terroristes en droit international

Les conventions internationales sectorielles ne contiennent pas de dispositions spécifiques relatives aux enfants, le terme générique « personne »[26] étant utilisé. Rien n'indique dans les textes de ces conventions que les enfants soient inclus ou exclus de ces dispositions.

S'agissant du CSNU, la résolution 2178 (2014) marque un tournant dans la prise en compte des enfants dans la lutte contre le terrorisme. En effet, le CSNU demande « aux États membres de coopérer, conformément à leurs obligations, au regard du droit international, à l'action menée pour écarter la menace que représentent les combattants terroristes étrangers, notamment en prévenant la radicalisation pouvant conduire au terrorisme et le recrutement de combattants terroristes étrangers, y compris des enfants, en empêchant lesdits combattants de franchir leurs frontières, en faisant cesser et en bloquant l'aide financière qui leur est destinée et, s'agissant des combattants terroristes étrangers qui retournent dans leur pays de départ, en élaborant et appliquant des stratégies de poursuites, de réinsertion et de réintégration »[27]. Ainsi, avec la résolution 2178 (2014), le CSNU envisage pour la première fois la possibilité que des filles et garçons puissent être recrutés et utilisés par des groupes terroristes et être considérés comme des combattants terroristes étrangers, c'est-à-dire « des individus qui se rendent dans un État autre que leur État de résidence ou de nationalité, dans le dessein de commettre, d'organiser ou de préparer des actes de terrorisme, ou afin d'y participer

25 BIAYI (P. M.), « Le Conseil de sécurité des Nations unies et les droits de l'homme », *Revue québécoise de droit international*, vol. 32, n° 2, 2019, p. 200.

26 Par exemple, la Convention sur la répression des actes illicites dirigés contre l'aviation civile internationale de 2010 fait référence à « toute personne » qui commet illicitement ou intentionnellement des actes particuliers sans indiquer l'âge ou le genre de la personne, voir article 1 de la Convention.

27 Résolution 2178 (2014), adoptée par le Conseil de sécurité le 24 septembre 2014.

ou de dispenser ou recevoir un entraînement au terrorisme, notamment à l'occasion d'un conflit armé »[28]. Le CSNU précise que les combattants terroristes étrangers représentent une « menace considérable pour les États » et justifie son action en vertu du chapitre VII de la CNU[29]. Bien que la résolution mentionne les enfants, aucune distinction n'est établie par rapport aux adultes-combattants terroristes étrangers, et enfants comme adultes semblent représenter la même menace ou le même degré de dangerosité.

La résolution 2396 (2017) du CSNU va apporter plus de précisions concernant le rôle des enfants en matière de terrorisme en indiquant que des combattants terroristes étrangers voyagent avec des membres de leur famille qu'ils ont emmenés dans les zones de conflit, avec des familles qu'ils y ont fondées ou des membres de la famille qui y sont nés et qu'il est nécessaire de distinguer ces membres de la famille puisqu'ils peuvent ne pas avoir commis des infractions[30]. Le CSNU demande aux États de prendre des mesures pour, d'une part, engager des poursuites à l'encontre des personnes participant au financement, à l'organisation, à la préparation ou à la perpétration d'actes de terrorisme ou qui leur apportent un appui, et d'autre part, permettre la réadaptation et la réinsertion sociale des combattants terroristes étrangers, de leurs conjoints et de leurs enfants[31]. Le CSNU ajoute que « les femmes et les enfants associés revenant d'un conflit ou se réinstallant peuvent avoir joué de nombreux rôles différents et notamment avoir appuyé, facilité et commis des actes de terrorisme, et nécessitent une attention particulière pour ce qui est d'élaborer des stratégies concernant les poursuites, la réadaptation et la réinsertion, et qu'il importe d'aider les femmes et les enfants associés aux combattants terroristes étrangers, qui peuvent être victimes de terrorisme, en tenant compte des sensibilités propres à leur sexe et à leur âge »[32].

Plusieurs points sont à relever : tout d'abord, la résolution 2396 (2017) confirme que l'association à un groupe terroriste comprend la perpétration, le financement, la préparation, l'organisation et le soutien d'actes terroristes. Elle apporte ensuite un élément radicalement différent en indiquant que l'association peut concerner les membres de la famille des combattants terroristes étrangers et en particulier leurs enfants. Le CSNU distingue alors deux catégories d'enfants. D'une part, le Conseil

28 Résolution 2178 (2014) précitée, préambule.
29 *Ibid.*
30 Résolution 2396 (2017) précitée, § 4.
31 Résolution 2396 (2017) précitée, § 30.
32 Résolution 2396 (2017) précitée, § 31.

de sécurité envisage la possibilité que des enfants puissent être associés à des combattants terroristes étrangers en jouant un rôle direct ou indirect en appuyant, en facilitant, voire en commettant eux-mêmes des actes terroristes. La résolution 2396 (2017) confirme ainsi la disposition de la résolution 2178 (2014) et le fait que des filles et garçons puissent être considérés comme des combattants terroristes étrangers du fait de leurs actes ou de leurs comportements. Les enfants sont assimilés aux adultes-combattants terroristes étrangers et semblent représenter un degré analogue de menace ou de dangerosité. D'autre part, le CSNU indique que les femmes et les enfants de combattants terroristes étrangers peuvent ne pas avoir commis d'infraction pénale, sont associés uniquement par leurs liens familiaux aux combattants terroristes étrangers et peuvent même avoir été victimes du terrorisme. Le CSNU met l'accent sur l'importance d'une prise en charge adaptée et de la réinsertion sociale des enfants associés aux combattants terroristes étrangers, conformément aux discussions ayant eu lieu lors de l'adoption de la résolution 2396 (2017)[33]. Ces dispositions semblent exclure de la catégorie de combattants terroristes étrangers les enfants membres de la famille n'ayant commis aucun acte terroriste ou participé à aucun acte de ce type. Or, le reste des dispositions de la résolution 2396 (2017) tend à estomper cette distinction car les mesures relatives à l'échange d'informations, l'évaluation des risques, les enquêtes et les poursuites concernent non seulement les combattants terroristes étrangers mais aussi les membres de leur famille, dont les enfants, sans chercher à savoir si ces derniers ont bien commis des actes terroristes ou y ont participé[34]. La menace ou dangerosité représentée par les enfants des combattants terroristes étrangers semble donc être présumée, même en l'absence de commission d'un acte terroriste ou de participation à un tel acte.

Il convient de noter que ce raisonnement s'inscrit dans une évolution de la perception des enfants par le CSNU dans le cadre de la lutte contre le terrorisme. En effet, jusqu'aux années 2010, les enfants étaient avant tout considérés comme des victimes, notamment de meurtres, d'enlèvements et de violences sexuelles perpétrés par des groupes terroristes[35]. Puis, le CSNU a indiqué que les filles et garçons pouvaient être

---

[33] Compte rendu de séance, doc. Off. NU CS S/PV.8148, 8148e séance, 21 décembre 2017.

[34] Résolution 2396 (2017) précitée, § 5, 22 et 29.

[35] Voir notamment la Résolution 1193 (1998), adoptée par le Conseil de sécurité le 28 août 1998 ; Résolution 1267 (1999), adoptée par le Conseil de sécurité le 15 octobre 1999 ; la Résolution 1333 (2000), adoptée par le Conseil de sécurité le 19 décembre 2000 et la Résolution 2170 (2014), adoptée par le Conseil de sécurité le 15 août 2014.

recrutés et utilisés dans les hostilités par des groupes terroristes[36] et être eux-mêmes considérés comme des combattants terroristes étrangers[37]. Le terme « jeunes »[38] a commencé à être employé au sujet de personnes recrutées par des groupes terroristes, sans que ce terme soit défini et en gommant la distinction entre adulte et enfant. Enfin, la résolution 2396 (2017) confirme l'évolution de la conception d'enfant-victime du terrorisme vers celle d'enfant assimilé à l'une des menaces les plus graves contre la paix et la sécurité internationales, sans toutefois définir de manière précise les contours de la notion d'enfants associés aux combattants terroristes étrangers et confirmer l'existence d'une dangerosité spécifique de ces enfants. Par conséquent, la dangerosité de ces derniers est présumée et les mêmes mesures de prévention et de répression que celles prises à l'encontre des adultes peuvent être prises à leur encontre.

Dans ce contexte, la réinsertion sociale des enfants associés aux groupes terroristes apparaît complexe et sa difficulté est accentuée par l'absence de prise en charge adaptée ainsi que par le refus de certains États de rapatrier leurs ressortissants mineurs et leurs parents partis rejoindre des groupes terroristes et détenus à l'étranger.

Section 2. La complexe réinsertion des filles et des garçons associés aux groupes terroristes au niveau international

§ 1. L'absence de prise en charge adaptée aux enfants associés aux groupes terroristes

La Convention internationale des droits de l'enfant (CIDE) met à la charge des États parties une obligation de moyens visant à faciliter la réadaptation physique, psychologique et sociale des enfants affectés par les conflits armés, dont les enfants associés à des forces ou des groupes

36 Voir notamment la Résolution 2082 (2012), adoptée par le Conseil de sécurité le 17 décembre 2012 ; la Résolution 2170 (2014), adoptée par le Conseil de sécurité le 15 août 2014 et la Résolution 2178 (2014), adoptée par le Conseil de sécurité le 24 septembre 2014.

37 Résolution 2178 (2014) précitée, § 4.

38 Voir notamment la Résolution 2354 (2017), adoptée par le Conseil de sécurité le 24 mai 2017 et la Résolution 2395 (2017), adoptée par le Conseil de sécurité le 21 décembre 2017.

armés[39][40]. Le Protocole facultatif concernant l'implication d'enfants dans les conflits armés met en outre à la charge des États parties une obligation de moyens pour démobiliser ou libérer de leurs obligations militaires les enfants ayant été recrutés puis utilisés dans les hostilités et prévoit la possibilité d'une assistance accordée en vue de leur réadaptation physique et psychologique et de leur réinsertion sociale[41]. Des textes à valeur juridique non contraignante mais bénéficiant d'une reconnaissance au niveau international tels que les Principes de Paris de 2017 recommandent que la démobilisation des enfants fasse l'objet d'un processus parallèle à celui des adultes et que des certificats de démobilisation soient délivrés pour aider les enfants à (re)prendre une identité civile[42]. Les Principes de Paris contiennent également des dispositions spécifiques pour la réinsertion sociale des filles, en particulier si elles ont subi des violences sexuelles[43]. L'ensemble de ces dispositions met l'accent sur le besoin d'une prise en charge adaptée à l'âge, au genre et à l'expérience vécue par les filles et les garçons au sein des forces ou des groupes armés.

Par ailleurs, des rapports de l'Organisation des Nations Unies (ONU), dont celui de Graça Machel, présentent la démobilisation et la réinsertion sociale des enfants associés aux forces ou aux groupes armés comme une priorité en soulignant que les accords de paix devraient reconnaître l'existence de ces enfants et contenir des dispositions spéciales relatives à leur démobilisation[44]. Sur la base de ces rapports, le CSNU a adopté plusieurs résolutions demandant expressément aux États de faciliter le désarmement, la démobilisation et la réintégration de ces filles et garçons, avec le soutien de la représentante spéciale du Secrétaire général pour les enfants et les conflits armés, du Fonds des Nations Unies pour

---

39 Les Principes directeurs relatifs aux enfants associés aux forces armées ou aux groupes armés (Principes de Paris) du 21 février 2017, texte à valeur juridique non contraignante mais néanmoins considéré comme une référence sur cette question par certains États, l'Organisation des Nations Unies et les organisations non gouvernementales définissent un enfant associé à une force armée ou à un groupe armé comme « toute personne âgée de moins de 18 ans qui est ou a été recrutée ou employée par une force ou un groupe armé, quelle que soit la fonction qu'elle y exerce. Il peut s'agir, notamment mais pas exclusivement, d'enfants, filles ou garçons, utilisés comme combattants, cuisiniers, porteurs, messagers, espions ou à des fins sexuelles. Le terme ne désigne pas seulement un enfant qui participe ou a participé directement à des hostilités ».

40 Article 39 de la CIDE.

41 Article 6(3) du Protocole facultatif concernant l'implication d'enfants dans les conflits armés, adopté à New York le 25 mai 2000.

42 Il s'agit des paragraphes 3.11-3.13, 7.17 et 7.58.0 des Principes de Paris.

43 Il s'agit des paragraphes 7.59-7.67 des Principes de Paris.

44 "Impact of armed conflict on children", Report of the expert of the Secretary General, Ms. Graça Machel, submitted pursuant to General Assembly resolution 48/157, A/51/306, 26 August 1996, § 49.

l'enfance (UNICEF) et d'autres organisations internationales spécialisées[45]. Il convient de rappeler que les premiers programmes de Désarmement, Démobilisation et Réintégration (DDR) ont été développés à la suite de conflits armés non internationaux en Amérique latine et en Afrique[46]. L'ONU a ensuite précisé que les programmes DDR étaient mis en œuvre dans le cadre d'un processus plus large de maintien et de construction de la paix[47]. Le désarmement est la première étape du processus et correspond à la collecte, la documentation, le contrôle et l'élimination des armes des « combattants » et, souvent également, de la population civile[48]. La démobilisation correspond à la deuxième étape et peut être définie comme « la libération officielle et contrôlée des combattants actifs de forces armées ou d'autres groupes armés [et] comprend la fourniture de moyens d'appui aux démobilisés, que l'on appelle la réinsertion »[49]. La réintégration est la dernière étape et permet aux anciens combattants d'acquérir un statut civil et d'être réinsérés dans la société[50].

S'agissant des enfants associés aux groupes terroristes, dans son *Handbook on children recruited and exploited by terrorist and violent extremist groups : the role of the justice system*, l'Office des Nations Unies contre la drogue et le crime (ONUDC) recommande le développement de programmes DDR adaptés et d'y inclure un volet de « déradicalisation »[51]. Or, en pratique, peu de programmes DDR sont proposés aux enfants[52]. Les rares programmes existants ne comportent pas tous de volet de déradicalisation et ne sont pas adaptés à l'expérience vécue par les enfants au sein des groupes terroristes[53]. Par exemple, en Afghanistan, un programme DDR a été organisé avec la collaboration du gouvernement afghan, le soutien de l'UNICEF et de la Mission d'Assistance des Nations Unies en Afghanistan. Il a permis à des enfants âgés de 14 à 18 ans

45 Résolution 1261 (1999), adoptée par le Conseil de sécurité le 25 août 1999.

46 STEENKEN (C.), *Désarmement, démobilisation et réintégration : tour d'horizon pratique*, Institut de formation aux opérations de la paix, Harvey J. Langholtz éditeur, p. IX.

47 Report of the Secretary General, Disarmament, demobilization and reintegration, A/60/705, 2 March 2006, § 9-27.

48 *Ibid.*

49 *Ibid.*

50 *Ibid.*

51 UNODC, "Handbook on children recruited and exploited by terrorist and violent extremist groups: the role of the justice system", 2017, p. 109-116.

52 LA ROSA (A.), « Le concept d'enfant soldat et la Cour pénale internationale », thèse pour obtenir le grade de docteur en droit public, Université Lille 2 Droit et Santé, présentée et soutenue publiquement le 21 mai 2013, p. 169.

53 CAPONE (F.), "Worse than Child Soldiers? A Critical Analysis of Foreign Children in the Ranks of isil", *op. cit.*, p. 183.

recrutés et utilisés par les talibans[54] d'être démobilisés[55]. Toutefois, aucune information n'est disponible concernant un volet de déradicalisation et les services proposés sont similaires à ceux de n'importe quel programme DDR pour des enfants associés aux forces ou aux groupes armés[56]. Par ailleurs, au Nigeria, un programme DDR a été lancé par le gouvernement avec le soutien de l'UNICEF et de l'Organisation internationale pour les migrations pour démobiliser les « *low risk associates* » de *Boko Haram*[57], dont des enfants[58]. Il n'est pas possible de savoir quels sont les critères permettant d'évaluer un faible risque sécuritaire et comment la distinction est établie entre les filles et garçons représentant un faible risque sécuritaire et ceux représentant un fort risque sécuritaire[59]. Le programme DDR nigérian comporte un volet de déradicalisation avec des cours de rééducation religieuse, une formation professionnelle, du sport et un soutien psychosocial, mais seuls certains enfants associés à *Boko Haram* ont pu bénéficier de ce programme. Cependant, ce volet de déradicalisation n'a pas été mis en œuvre dans toutes les régions du pays[60].

L'absence de prise en charge adaptée aux enfants associés aux groupes terroristes rend leur réinsertion sociale complexe et celle-ci peut même s'avérer impossible dans le cas particulier des enfants associés aux combattants terroristes étrangers et détenus dans des camps au nord-est de la Syrie.

---

54 Les talibans sont considérés comme un groupe terroriste par le CSNU, voir notamment la résolution suivante : Résolution 1193 (1998), adoptée par le Conseil de sécurité le 28 août 1998.

55 "Child Soldiers International, Child Soldiers Global Report 2004 Afghanistan", disponible sur <https://www.refworld.org/docid/4988067dc.html>, consulté le 13 octobre 2021.

56 Il s'agit principalement de services psychosociaux et éducatifs, voir : "Child Soldiers, Global Report 2004 Afghanistan" précité.

57 Le groupe Boko Haram est considéré comme un groupe terroriste par le CSNU, voir notamment la résolution suivante : Résolution 2349 (2017), adoptée par le Conseil de sécurité le 31 mars 2017.

58 "Individual measure in favour of the Federal Republic of Nigeria to be financed from the 11th European Development Fund, Support for reintegration and reconciliation of former armed non-state combatants and Boko Haram associates", disponible sur <https://www.gtai.de/resource/blob/45564/3d568d08d7389ab98ebb9c0272c47690/pro201904095002-data.pdf>, consulté le 13 octobre 2021.

59 BRECHENMACHER (S.), "Stabilizing Northest Nigeria After Boko Haram", disponible sur <https://carnegieendowment.org/2019/05/03/stabilizing-northeast-nigeriaafter-boko-haram-pub-79042>, consulté le 13 octobre 2021.

60 Rapport du Secrétaire général sur le sort des enfants en temps de conflit armé au Nigeria, S/2017/304, 20 avril 2017, § 39.

§ 2. Le refus de certains États de rapatrier leurs ressortissants mineurs et leurs parents partis rejoindre des groupes terroristes et détenus à l'étranger

Des dizaines de milliers de personnes considérées comme des combattants terroristes étrangers ont rejoint, seules ou accompagnées de leur famille, les rangs de *Daech* en Syrie et en Irak[61]. Plusieurs milliers d'enfants étrangers sont actuellement détenus dans des camps au nord-est de la Syrie placés sous l'autorité de l'Administration autonome du Nord-Est syrien[62]. D'après des rapports d'organisations non gouvernementales, ces camps seraient surpeuplés, les conditions de détention déplorables et il n'y aurait pas de durée définie pour la détention des personnes[63]. Malgré cette situation, certains États s'opposent au rapatriement de leurs ressortissants, adultes comme enfants[64]. Par exemple, le Royaume-Uni refuse de rapatrier ses ressortissants mineurs partis rejoindre *Daech* tels que Shamina Begum, 15 ans, de nationalité britannique, recrutée via Internet et partie avec deux amies en Syrie[65]. Shamina a vécu quatre ans au sein du groupe et s'est mariée avec un « combattant » de nationalité hollandaise avec qui elle a eu trois enfants, tous décédés. Le décès du troisième enfant a eu lieu alors que Shamina était détenue dans un des camps du nord-est de la Syrie. Elle avait demandé à être rapatriée au Royaume-Uni avec son fils nouveau-né mais sa demande a été rejetée et elle a ensuite été déchue de sa nationalité. Son appel a récemment été rejeté et les juges britanniques ont considéré qu'elle pouvait faire une demande d'acquisition de nationalité auprès du Bangladesh, pays d'origine de ses parents, bien qu'elle n'y ait jamais vécu[66].

---

61 « Enfants impliqués dans l'EIIL : un retour conforme aux droits de l'enfant », disponible sur <https://www.tdh.ch/sites/default/files/fr_child_returnees_position_paper_ok.pdf>, consulté le 13 octobre 2021.

62 Rapport du Secrétaire général des Nations Unies, « Le sort des enfants en temps de conflit armé », A/73/907–S/2019/509, 20 juin 2019, § 13.

63 Human Rights Watch, Syrie : Les familles des membres présumés de l'EI sont détenues dans des conditions déplorables, disponible sur <https://www.hrw.org/fr/news/2019/07/23/syrie-les-familles-des-membres-presumes-de-lei-sont-detenues-dans-des-conditions>, consulté le 13 octobre 2021.

64 CAPONE (F.), "Worse than Child Soldiers? A Critical Analysis of Foreign Children in the Ranks of isil", *op. cit.*, p. 183.

65 BBC News, "Three UK schoolgirls 'travelling to Syria'", disponible sur <https://www.bbc.com/news/uk-31554844>, consulté le 13 octobre 2021.

66 *The Guardian*, "Shamima Begum says her 'world fell apart' after losing UK citizenship", disponible sur <https://www.theguardian.com/uk-news/2020/feb/17/shamima-begum-says-her-world-fell-apart-after-losing-uk-citizenship>, consulté le 13 octobre 2021.

La France fait également partie des pays refusant de rapatrier ses ressortissants détenus en Syrie. Les autorités ont invoqué la mise en jeu de leurs intérêts de sécurité et de ceux de leurs partenaires et rappelé leur « position constante en faveur d'une détention sûre et durable de tous les combattants de Daech, y compris les ressortissants français qui ont rejoint cette organisation et leur judiciarisation au plus près des lieux où ces hommes et ces femmes ont commis leurs crimes »[67]. S'agissant du rapatriement de ses ressortissants mineurs, le Ministère de l'Europe et des Affaires étrangères (MEAE) a adopté une approche « au cas par cas »[68] et, en mai 2019, le Conseil d'État a rejeté la requête de parents de Françaises détenues avec leurs enfants dans les camps syriens d'enjoindre au MEAE d'organiser leur rapatriement[69]. Conformément à sa jurisprudence relative aux actes de gouvernement[70], la haute juridiction a estimé que la décision du MEAE de ne pas les rapatrier concernait la conduite des relations internationales de la France et ne pouvait donc pas faire l'objet d'un contrôle juridictionnel[71]. En mai 2019, le Défenseur des droits a indiqué que la détention des enfants et de leurs mères dans les camps syriens constituait une violation de la CIDE, et notamment de leur droit à la survie et au développement, leur droit d'être protégés contre toute forme de violence, leur droit à ne pas être détenus arbitrairement, etc., ainsi qu'une violation de la Convention de sauvegarde des droits de l'homme et des libertés fondamentales (Convention européenne des droits de l'homme) et en particulier de l'article 3 interdisant les traitements inhumains et dégradants[72] et dans l'article 5 garantissant le droit de ne pas être détenus arbitrairement. Par ailleurs, le Comité des droits de l'enfant[73], saisi de réclamations de familles demandant le rapa-

---

67 Sénat, « Gestion du retour des djihadistes français en Irak et en Syrie », disponible sur <https://www.senat.fr/questions/base/2019/qSEQ191113093.html>, consulté le 13 octobre 2021.

68 Commission nationale consultative des droits de l'Homme, « La France doit rapatrier les enfants français retenus en Syrie et les Français condamnés à mort en Irak », disponible sur <https://www.cncdh.fr/fr/publications/la-france-doit-rapatrier-les-enfants-francais-retenus-en-syrie-et-les-francais>, consulté le 13 octobre 2021.

69 CE, 23 avril 2019, *M. C. A. et Mme D. A.*, Lebon 429701.

70 Les actes de gouvernement sont des actes émanant d'autorités de l'État, dont les juridictions tant administratives que judiciaires se refusent à connaître et qui en général soit concernent les relations du Gouvernement et du Parlement, soit mettent directement en cause l'appréciation de la conduite des relations internationales par l'État, et pour la jurisprudence du Conseil d'État sur cette question, voir notamment : CE 11 juillet 1975, *Paris de la Bollardière et autres*, Lebon 92381.

71 Arrêt du CE précité, *M. C. A. et Mme D. A.*

72 « Avis du Défenseur des droits n° 2019-129, 22 mai 2019 », disponible sur : <https://juridique.defenseurdesdroits.fr/doc_num.php ?explnum_id =18912>, consulté le 21 octobre 2021.

73 Le Comité des droits de l'enfant est composé de 18 experts indépendants chargés de surveiller la mise en œuvre de la CIDE et ses protocoles facultatifs par les États parties.

triement d'enfants français et de leurs mères détenus en Syrie, a estimé que la France avait une responsabilité extraterritoriale concernant la protection de ces enfants et que la CIDE était applicable[74]. Puis le 29 septembre dernier, une audience a eu lieu à la Cour européenne des droits de l'homme (CEDH) à la suite d'une requête déposée contre la France pour son refus de rapatrier ces familles[75]. La Grande Chambre de la CEDH va devoir se prononcer sur la question de savoir si l'État français exerce sa « juridiction » sur les filles et les petits-enfants des requérants, au sens de l'article 1 de la Convention européenne des droits de l'homme. Si les juges reconnaissent la juridiction de la France, ils devront alors se prononcer sur la question de savoir si le refus de rapatrier ces Françaises et leurs enfants les expose à des traitements inhumains et dégradants et viole également leur droit d'entrer sur le territoire national. La réponse de la Grande Chambre est attendue prochainement.

Conclusion

La dangerosité des personnes soupçonnées d'être des terroristes n'est pas clairement définie et évaluée par les conventions internationales sectorielles relatives au terrorisme et le CSNU. En outre, l'existence d'une dangerosité spécifique des enfants n'est pas confirmée. Pourtant, les enfants associés aux groupes terroristes sont « inévitablement soupçonnés d'être aussi des terroristes »[76] et semblent représenter le même degré de dangerosité que les adultes. Leur réinsertion sociale est particulièrement problématique. Alors que les enfants associés aux forces ou aux groupes armés ont accès à des programmes DDR, les filles et garçons associés aux groupes terroristes ne bénéficient pas de prise en charge systématique et adaptée à leur expérience vécue au sein des groupes et notamment d'un volet de déradicalisation. La difficulté de leur réinsertion sociale est accentuée par le refus de certains États de rapatrier leurs ressortissants mineurs et leurs parents partis rejoindre des groupes terroristes et détenus à l'étranger. Le traitement des enfants associés aux groupes terroristes permet de déduire que l'accent est surtout mis sur

---

74 Committee on the Rights of the Child, Decision adopted by the Committee under the Optional Protocol to the Convention on the Rights of the Child on a communications procedure, concerning communications No. 79/2019 and No. 109/2019, CRC/C/85/D/79/2019–CRC/C/85/D/109/2019, 2 November 2020.

75 CEDH, *H.F. et M.F. c. France et J.D. et A.D. c. France*, n° 24384/19 et 44234/20.

76 BRETT (R.), « La question des enfants dans le cadre de la justice pour mineurs et de la lutte contre le terrorisme », *Forum du désarmement*, n° 3, 2002, p. 36.

leur dangerosité présumée et les mesures de prévention et de répression prises à leur encontre.

Par ailleurs, la question de l'efficacité des volets de déradicalisation peut se poser et en particulier celle de la rééducation religieuse proposée. À cet égard, des auteurs recommandent plutôt de « déconstruire » l'idéologie de groupes tels que *Daech* et de promouvoir un esprit critique. Le partage des expériences de « combattants » ayant regretté leur choix et de témoignages de victimes serait sans doute mieux accepté et considéré comme plus crédible par les personnes ayant été endoctrinées[77]. Ces mêmes auteurs proposent que ce type d'activités soit prévu pour les enfants comme pour leurs parents car des familles entières ont rejoint des groupes terroristes et l'endoctrinement des enfants peut avoir eu lieu au sein même des familles[78]. L'ONUDC recommande également une approche multidimensionnelle et restaurative prenant en compte la santé, l'éducation, la famille et la communauté des filles et des garçons associés aux groupes terroristes qui doit être préférée à une approche répressive[79]. Enfin, lors de l'audience de l'affaire opposant la France aux parents des ressortissantes françaises détenues avec leurs enfants en Syrie ayant eu lieu à la CEDH, la Commissaire aux droits de l'homme du Conseil de l'Europe a rappelé que « *children should not bear the burden of their mother's choice* »[80] et demandé leur rapatriement et celui de leurs mères, à la fois dans l'intérêt supérieur des enfants et dans l'intérêt de la justice[81].

[77] CAPONE (F.), "Worse than Child Soldiers? A Critical Analysis of Foreign Children in the Ranks of isil", *op. cit.*, p. 183.

[78] CAPONE (F.), "Worse than Child Soldiers? A Critical Analysis of Foreign Children in the Ranks of isil", *op. cit.*, p. 179-180.

[79] UNODC, "Handbook on children recruited and exploited by terrorist and violent extremist groups: the role of the justice system", 2017, p. 109-116.

[80] Expression utilisée par la Commissaire aux droits de l'homme du Conseil de l'Europe lors de l'audience tenue par la Cour européenne des droits de l'homme le 29 octobre 2021 dans l'affaire *H.F. et M.F. c. France et J.D. et A.D. c. France*, n° 24384/19 et 44234/20.

[81] « Intervention de la Commissaire aux droits de l'homme du Conseil de l'Europe en qualité de tierce partie devant la Cour européenne des droits de l'homme en vertu de l'article 36, paragraphe 3, de la Convention européenne des droits de l'homme, affaire *H.F. et M.F. c. France et J.D. et A.D. c. France* », n° 24384/19 et 44234/20, disponible sur : <https://rm.coe.int/hearing-of-the-grand-chamber-of-the-europeancourt-of-human-rights-in-/1680a3f935>, consulté le 20 octobre 2021.

La protection des enfants de retour de la zone irako-syrienne

Élodie CARTIER
Doctorante en droit privé et sciences criminelles,
Institut de recherche en droit européen, international et comparé (IRDEIC),
Université Toulouse I Capitole

Le 29 septembre 2021, la Grande Chambre de la Cour européenne des droits de l'homme examinait les requêtes concernant le refus de la France de rapatrier deux familles retenues dans le camp d'*Al-Hol* situé dans le nord-est de la Syrie[1]. Depuis 2014, deux cent dix-neuf enfants partis avec leurs parents ou nés dans la zone de combats irako-syrienne sont arrivés en France, soit après un retour volontaire, soit après une opération de rapatriement[2]. Eu égard à leur vulnérabilité, il est nécessaire de les protéger dès l'arrivée sur le territoire français. Cette situation est inédite, et ce, malgré les parallèles pouvant être effectués avec d'autres profils d'enfants tels que les enfants soldats, les mineurs non accompagnés et les enfants eurasiens de l'ex-Indochine[3]. Du fait de la pluralité de profils (enfants partis avec leur famille, enlevés par l'un de leurs parents

[1] Audience de la Grande Chambre de la Cour européenne des droits de l'homme, affaires *H.F. et M.F. c. France*, requête n° 24384/19 et *A.D. et J.D. contre France*, requête n° 44234/20.

[2] Chiffres datant du 5 juillet 2022 : V. GONZALES (P.), « La France rapatrie 16 femmes et 35 enfants de Syrie », *Le Figaro*, 5 juillet 2022, disponible sur : la-france-a-rapatrie-35-mineurs-et-16-meres-de-camps-syriens-20220705, consulté le 16 juillet 2022.

[3] V. DENECHERE (Y.), « Les « rapatriements » en France des enfants eurasiens de l'ex-Indochine », *Revue d'histoire de l'enfance « irrégulière »*, mis en ligne le 30 décembre 2014 et consulté le 18 avril 2021.

ou partis seuls)[4], leur identification est complexe. Certains critères cumulatifs peuvent être établis : il s'agit d'enfants, ayant un lien de proximité avec la France du fait de leur propre lieu de naissance, de celui de leurs parents, de retour ou rapatriés d'un territoire non contrôlé par les États irakien et syrien et ayant été embrigadés en raison de l'éducation reçue. Ainsi, une fois sur place, les enfants ont été exposés à des degrés de radicalisation différents. Certains d'entre eux ont reçu une éducation religieuse délivrée par les écoles de *Daesh*[5]. Les enfants de plus de dix ans ont également pu participer à des entraînements militaires[6]. Tous présentent des facteurs de vulnérabilité, résultant pour certains de l'absence d'actes civils, mais surtout et pour la majorité en raison des carences et des conditions de vie dégradées sur place[7].

Du fait de la moyenne d'âge des enfants arrivés sur le territoire français[8], cette contribution se focalisera sur le danger qu'ils peuvent représenter s'ils ne sont pas intégrés[9] et non sur l'opportunité des poursuites

---

4 Le Centre de lutte contre le terrorisme des Nations Unies distingue différents profils « d'enfants touchés par le phénomène de combattants étrangers » sans toutefois s'y limiter : « *les enfants accompagnant des membres de leur famille partis rejoindre à l'étranger des groupes désignés comme terroristes ; les enfants se rendant dans des zones de conflit pour se joindre à ces groupes ; les enfants enlevés à l'étranger par ces groupes ; les enfants participant directement aux hostilités ; les enfants nés dans des zones de conflit ou des régions touchées par le phénomène des combattants étrangers et les enfants considérés par les autorités comme étant liés à ces groupes du fait de leurs relations familiales (même s'ils n'ont jamais voyagé à l'étranger)* ». Centre de lutte contre le terrorisme des Nations Unies, « Guide sur les enfants touchés par le phénomène des combattants étrangers : assurer l'adoption d'une approche fondée sur les droits de l'enfant », § 24, p. 7, disponible en ligne :
<https://www.un.org/counterterrorism/sites/www.un.org.counterterrorism/files/19-15761-f-dpa-ftf_handbook_web.pdf>, consulté le 20 octobre 2021.

5 Il s'agit de l'abréviation de *Al-Dawlah al-Islāmiyyah fī al-'Irāq wa al-Shām.*

6 Pour plus d'informations sur l'entrainement militaire de ces enfants : Quilliam Foundation, *Les enfants de Daech*, traduit et édité par Dernière marge, DL 2016.

7 Lors de l'arrivée, les professionnels relèvent des carences liées à la malnutrition et les enfants présentent des troubles du sommeil (V. Baranger (T.), Eliacheff (C.), « Les enfants de retour de la zone irako-syrienne, un défi pour la société », *Le débat*, mars 2019, p. 153-162, p. 159).

8 En 2019, on estimait que 70 % des enfants présents sur zone avaient moins de sept ans. V. Rafsandjani (H.-M.), « Enfants de djihadistes mais enfants de la République », *La Semaine juridique Édition générale*, n°s 30-35, 29 juillet 2019, 827.

9 Référence aux propos de Monsieur le Procureur de la République François MOLINS, le 23 janvier 2018, dans l'émission « L'invité de RTL ». Il indiquait au sujet des enfants arrivés sur le territoire français après un séjour sur la zone irako-syrienne que « *ce sera un des gros enjeux des années à venir, [il faut] assurer la prise en charge suffisamment spécifique et sur le long cours, pour que l'on s'assure que ces petits, qui sont peut-être des bombes à retardement compte tenu de ce qu'ils ont vu, soient véritablement éduqués et traités comme il faut pour retrouver un semblant de vie normale* » disponible sur :
<https://www.rtl.fr/actu/politique/francois-molins-est-l-invite-de-rtl-7791944518>, consulté le 19 octobre 2021.

judiciaires pour des actes passés[10]. Cette situation pose à notre société « *des questions complexes, auxquelles nous devons apporter des réponses exemplaires et compréhensibles pour eux, mais aussi pour nos concitoyens* »[11].

Pour ces raisons et en conformité avec les résolutions des Nations unies[12], la mise en place d'une prise en charge spécifique et l'élaboration de stratégies au sujet des poursuites, la réadaptation et la réinsertion[13], prenant en compte le cadre de protection de l'enfance existant s'avèrent donc indispensables.

Dès lors, il est pertinent de se demander comment le droit français réagit face à la réinsertion des enfants arrivés en France après un séjour sur la zone irako-syrienne et si les mécanismes mis en place sont adaptés.

Des mesures (Section 1) et des pratiques professionnelles spécifiques (Section 2) ont été mises en œuvre afin de réinsérer ces enfants.

Section 1. La spécificité des mesures quant au suivi de ces enfants

Face à cette situation inédite, afin d'intégrer les enfants dans la société française, il est nécessaire d'édicter des mesures spécifiques. L'adaptation du cadre juridique est donc bienvenue (§ 1). Cependant, au vu des problématiques posées par cette situation et des difficultés rencontrées par les professionnels de la protection de l'enfance, il paraît indispensable de renforcer ce cadre juridique (§ 2).

§ 1. L'adaptation bienvenue du cadre juridique

Daesh, en raison des valeurs véhiculées et de l'éducation religieuse et militaire des enfants, a posé des bases identitaires et le groupe terroriste a

---

[10] Ici, référence aux enfants ayant été scolarisés dans les écoles de Daesh et ayant suivi un entraînement militaire. Concernant l'éducation de ces enfants : V. Quilliam Foundation, *op. cit.* En 2019, Léonor SAUVAGE indiquait dans son article « Le dispositif gouvernemental de prise en charge des enfants combattants » que huit enfants de retour de la zone irako-syrienne ont fait l'objet de poursuites pénales à leur arrivée (SAUVAGE (L.), « Le dispositif gouvernemental de prise en charge des enfants combattants », *Le genre humain*, Seuil, 2019/2, p. 219 à 224, p. 220).

[11] OPPENHEIM (D.), « Considérations sur les mineur.e.s de retour de zones de guerre », *Le genre humain*, 2019/2, Seuil, p. 231 à 234, p. 231.

[12] Les États doivent apporter « *une assistance rapide et adéquate aux fins de réinsertion et de réadaptation des enfants associés aux combattants terroristes étrangers qui reviennent d'une zone de conflit ou sont relocalisés notamment en leur donnant accès à des soins de santé, à un soutien psychosocial et à des programmes d'éducation contribuant à leur bien-être et à l'instauration durable de la paix et de la sécurité* », résolution 2396 (2017) adoptée par le Conseil de sécurité à sa 8148e séance, le 21 décembre 2017, § 36.

[13] NATIONS UNIES, Résolution 2396 (2017) adoptée par le Conseil de sécurité à sa 8148e séance, 21 décembre 2017.

ainsi pu remplacer en quelque sorte la famille biologique[14]. Afin d'intégrer les enfants dans la société française, il est nécessaire de mettre en œuvre des mesures en matière civile et d'assistance éducative.

Les mesures en matière civile. L'identité civile est indispensable pour l'identification de l'enfant. Sans cela, il serait en état de mort civile, c'est-à-dire dépourvu d'existence juridique. L'identité civile étant une notion à géométrie variable, il est apparu nécessaire de la circonscrire à la filiation, le nom patronymique, le prénom, le sexe et la nationalité[15]. La filiation et la nationalité sont des liens juridiques entre la mère et l'enfant d'une part et l'enfant et l'État d'autre part ayant pour origine la naissance. Après la naissance, l'enfant doit être déclaré aux services de l'état civil afin qu'un acte de naissance soit dressé par l'officier d'état civil selon les règles prévues par la législation nationale[16].

Toutefois, l'absence de déclaration de naissance est une problématique récurrente puisque deux cents millions d'enfants dans le monde ne l'ont pas été, puisque deux cents millions d'enfants dans le monde n'ont pas été déclarés. En effet, nous constatons que les enfants nés dans un territoire contrôlé par un groupe terroriste dans la zone irako-syrienne ne disposent pas d'un acte de naissance[17].

Ensuite, *Daesh* n'étant pas reconnu comme un État par la communauté internationale, les actes délivrés par l'organisation terroriste n'ont pas de valeur probatoire. La fermeture des services consulaires français[18] ainsi que le dysfonctionnement des services publics en raison de la situation politique en Irak et de la guerre en Syrie sont également des obstacles pour déclarer la naissance dans les délais prévus par le droit français et les droits locaux[19].

---

14 BOUZAR (D.), « Les enfants de Daech », *Les Cahiers de l'Orient*, 2019/2, n° 134, p. 67 à 102, p. 95.

15 GUTMANN (D.), *Le sentiment d'identité, Étude de droit des personnes et de la famille*, LGDJ, Bibliothèque de droit privé, tome 327, 1996, 520 p., p. 66.

16 Commission internationale de l'état civil, Secrétariat général, « Les personnes dépourvues de documents d'état civil et d'identité (les "sans-papiers") », Strasbourg, octobre 2010, p. 17, disponible sur :
<http://www.ciec1.org/SITECIEC/PAGE_Etudes/_CQAAItSca5Xc3NtYlV1c1l6fgQ>, consulté le 30 septembre 2021.

17 Résolution du Parlement européen du 11 mars 2021 sur les droits de l'enfant dans la perspective de la stratégie de l'Union européenne (2021/2523(RSP)).

18 L'ambassade de France en Syrie est fermée depuis 2012.

19 L'article 55 du Code civil en son quatrième alinéa indique « *qu'en pays étranger, les déclarations aux agents diplomatiques ou consulaires sont faites dans les quinze jours de l'accouchement. Toutefois, ce délai peut être prolongé par décret dans certaines circonscriptions consulaires* ». La procédure de déclaration de naissance en Irak est prévue par la loi d'amendement 65 de 1972. En Syrie, il faut se référer aux articles 22, 26 et 37 du Code civil.

À leur arrivée sur le territoire national, certains enfants ne disposent donc pas d'acte d'état civil. Le lien de filiation n'étant pas établi entre ces enfants et un ressortissant français, la nationalité française ne peut pas leur être attribuée. Ils sont apatrides, ce qui constitue un obstacle à l'exercice de leurs droits fondamentaux. En effet, lorsque le délai de déclaration a expiré ou que l'événement devait être vérifié par l'officier d'état civil et ne pouvait plus l'être, il n'est pas possible de faire une déclaration tardive, un jugement déclaratif est donc nécessaire. Il tiendra lieu d'acte d'état civil et sa transcription sera effectuée sur les registres[20]. La procédure d'acte civil provisoire n'est pas spécifique au cas des enfants pris en charge à la suite de leur arrivée sur la zone irako-syrienne[21] puisqu'elle fut utilisée dans différents cas, notamment pour les amnésiques[22].

Puisque le lien de filiation n'est pas établi, l'enfant n'est pas rattaché à une famille. L'établissement de la filiation de l'enfant s'avère hasardeux.

Pour l'établir, il est nécessaire que l'enfant mineur soit représenté par ses parents, titulaires de l'autorité parentale, ou à défaut par son tuteur lors de l'action aux fins d'établissement de la filiation. Cependant, cela pose des difficultés puisque certaines mères, dépositaires de l'autorité parentale, sont incarcérées et ne peuvent donc pas représenter l'enfant. Face à ce constat, il fut donc nécessaire de s'adapter.

Hormis les questions relatives à l'identité civile, au vu des vulnérabilités de ces enfants et du danger qu'ils peuvent représenter, il est nécessaire de mettre en place des dispositifs spécifiques en assistance éducative.

Les mesures d'assistance éducative. L'instruction du 23 février 2018 prévoit les grandes orientations du suivi des enfants arrivés en France après un séjour sur la zone irako-syrienne[23]. Le cadre juridique existant est renforcé afin de l'adapter aux nouvelles problématiques rencontrées. Cette démarche est indispensable pour éviter la marginalisation des enfants et assurer leur réinsertion. Dans ce contexte, le juge des en-

---

20 FAVIER (Y.), « Jugements en matière d'état civil », § 89, *Répertoire de droit civil*, *Dalloz*, novembre 2020.

21 Cette procédure fut utilisée pour la quinzaine d'enfants arrivés sur le territoire et pris en charge par le tribunal judiciaire de Bobigny. V. BARANGER (T.), ELIACHEFF (C.), « Les enfants de retour de la zone irako-syrienne, un défi pour la société », *Le Débat*, mars 2019, p. 153-162, p. 155.

22 TGI Lille, 28 septembre 1995, *Dalloz*, 1997, n° 29, LABBÉE (X.) ; *Répertoire Defrénois* 1997, art. 36591, n° 61 et *LPA*, 1997, n° 95, note MASSIP (J.), MIRABAIL (S.) sous l'arrêt commenté : *D.*, 1997, p. 431 à 433.

23 Instruction relative à la prise en charge des mineurs de zones d'opérations de groupements terroristes (notamment la zone irako-syrienne) du 23 février 2018, n° 5995/SG.

fants peut ordonner une Mesure judiciaire d'investigation éducative (MJIE)[24] qui permettra d'obtenir des éléments relatifs aux conditions de vie de l'enfant et à l'exercice de l'autorité parentale[25].

S'il ne s'agit pas d'une nouvelle mesure, elle apparaît toutefois indispensable en raison de l'ambivalence du rôle des parents. Il est en effet difficile de jauger la résilience des parents de retour sur le territoire français, qui peuvent être tant un facteur d'intégration qu'une source de radicalisation pour les enfants. Dans certains cas, la vie sur place n'étant pas en adéquation avec leurs idéaux et leur conception du califat, le retour, qu'il soit volontaire ou non, n'est donc pas synonyme de repentance mais plutôt d'une déception vis-à-vis de *Daesh*. L'appréciation des valeurs véhiculées par la famille restée en France est hasardeuse et doit faire l'objet d'une évaluation approfondie.

Pour autant, la famille constitue un ancrage précieux[26] et doit donc être associée au suivi de ces enfants.

En raison des problématiques spécifiques posées par le terrorisme, la MJIE a évolué, voire s'est particularisée[27]. Le dispositif a été renforcé par la création de deux équipes prenant en charge l'enfant et la famille, ce qui permet d'avoir une vision globale sur les dynamiques familiales. Ensuite, le projet d'attentats prévu par un groupe de femmes à la cathédrale Notre-Dame de Paris a mis fin au traitement spécifique de ces femmes. Depuis fin 2016, elles sont poursuivies et jugées pour les faits commis[28], ce qui a pour corollaire le placement des enfants.

Du fait du caractère exceptionnel de cette situation, l'instruction du 23 février 2018 prévoit de nouvelles modalités quant au placement, « *les*

---

24 Pour plus d'informations sur la mesure judiciaire d'investigation éducative, v. Note de la Direction de la protection judiciaire de la jeunesse du 23 mars 2015 relative à la mesure judiciaire d'investigation éducative, NOR : JUSF1507871N (publiée au *BOMJ* n°2015-04 du 30 avril 2015 – JUSF1507871N).

25 BERNAND (Y.), « Le suivi éducatif des mineurs de retour de zone irako-syrienne », *Gaz. Pal.*, n° 35, 15 octobre 2019, p. 17.

26 OPPENHEIM (D.), « Considérations sur les mineur.e.s de retour de zones de guerre », préc., p. 233.

27 LIEVAUX (C.), « Terrorisme, autorité parentale et droit pénal », *in* Catherine MÉNABÉ et Julie LEONHARD (dir.), *Femmes, mineurs et terrorisme*, actes de colloque organisé par l'Institut François Géry de l'Université de Lorraine, les 5 et 6 décembre 2019, L'Harmattan, Bibliothèques de droit, 2021, 311 p., 265 à 294, p. 292.

28 « *Le ministère public modifie également parallèlement son regard sur les femmes liées au djihadisme armé. Les magistrats se rendent compte qu'elles peuvent être très radicalisées et ne sont pas des "victimes" comme elles étaient perçues auparavant. Cette prise de conscience conduit le ministère public à modifier la politique pénale à l'égard de ces femmes qui, depuis le dernier trimestre 2016, sont poursuivies et jugées* ». Rapport final de recherche de la mission de recherche Droit et Justice, « Les filières djihadistes en procès, approche ethnographique des audiences criminelles et correctionnelles (2017-2019) », dir. BESNIER Christiane et WEILL Sharon *et alii.*

enfants seront placés en priorité dans des établissements, des services de placement familial ou chez des assistants familiaux volontaires et formés pour l'accueil des enfants de retour de zones d'opérations terroristes. L'orientation des fratries sur un même lieu de placement est à prioriser, sauf intérêt contraire de l'enfant, en évitant toutefois de regrouper les mineurs de retour de zones de conflits en une même structure »[29].

Lorsque ces enfants sont placés dans des familles d'accueil, le juge des enfants peut prononcer l'anonymat du lieu d'accueil, si l'intérêt de l'enfant le nécessite ou en cas de danger[30]. En raison des difficultés inhérentes à la situation familiale de ces enfants, cela semble être parfaitement adéquat[31].

De plus, afin de renforcer le suivi de ces enfants, l'enfant placé à l'aide sociale à l'enfance peut également faire l'objet d'une mesure éducative en milieu ouvert. Cette double mesure, et notamment l'intervention de la protection judiciaire de la jeunesse permet de « *croiser les regards et multiplier les angles d'attaque* »[32]. Cette expérimentation s'étant montrée probante, elle a été codifiée[33].

Différentes dispositions ont été prises pour réinsérer ces enfants. Pour autant, certaines interrogations subsistent dans la pratique, ce qui nécessite le renforcement du cadre juridique.

§ 2. Le renforcement souhaitable du cadre juridique

Renforcement du suivi lors de la mesure d'assistance éducative. Malgré les dispositions prévues par l'instruction du 23 février 2018[34], les professionnels de la protection de l'enfance sont confrontés à de nom-

29 Instruction relative à la prise en charge des mineurs de zones d'opérations de groupements terroristes (notamment la zone irako-syrienne) du 23 février 2018, préc.

30 Article 375-7 du Code civil. L'anonymat du lieu de placement fut prononcé par le juge dans des différents cas, par exemple, lors de menaces proférées par le père lors de l'audience à l'égard de la famille d'accueil et les services de protection de l'enfance (CA de Rouen, Chambre spéciale des mineurs, 30 mai 2017, n° 17/00869) ou encore lors de conflits familiaux concernant la sortie d'un enfant de l'hôpital malgré l'avis contraire des médecins. En raison de la situation de danger, la juge a demandé l'anonymat du placement (CA de Limoges, Chambre spéciale des mineurs, 3 juillet 2014, n° 14/00005).

31 V. L'émission de France culture « Les pieds sur terre » portant sur « Le retour des enfants de djihadistes », du 15 avril 2021, disponible sur : <https://www.franceculture.fr/emissions/les-pieds-sur-terre/les-retour-des-enfants-de-djihadistes>, consulté le 7 octobre 2021.

32 BERNAND (Y.), « Le suivi éducatif des mineurs de retour de zone irako-syrienne », *Gaz. Pal.*, n° 35, 15 octobre 2019, p. 17.

33 L'article 241 de la loi n° 2019-1479 du 30 décembre 2019 a modifié l'article 375-4 du Code civil en ajoutant en son deuxième alinéa qu'« *à titre exceptionnel et sur réquisitions écrites du ministère public, le juge des enfants peut placer un mineur à l'aide sociale à l'enfance et charger un service de protection judiciaire de la jeunesse d'apporter aide et conseil auquel l'enfant est confié et d'exercer une mesure d'aide éducative en milieu ouvert lorsque la situation et l'intérêt le justifient* ».

34 Instruction relative à la prise en charge des mineurs de zones d'opérations de groupements terroristes (notamment la zone irako-syrienne) du 23 février 2018, *op. cit.*

breuses problématiques concernant le suivi de ces enfants quant à sa spécificité ou encore à sa durée. En effet, l'unité familiale est primordiale et « *si le regroupement des familles non incarcérées a été légitimement proscrit, d'autres questions se posent sur les orientations des enfants : faut-il les confier à leur mère si celle-ci est mise sous contrôle judiciaire, ou à la famille élargie qui les réclame – mais alors, à quelles conditions ? –, ou les confier à des structures institutionnelles ? Et dans cette dernière hypothèse, à quels types de structures et pour combien de temps ?* »[35]. Lorsque les enfants sont placés, le maintien des liens familiaux peut s'avérer hasardeux. En effet, en raison de l'éloignement géographique entre le centre de détention et les lieux de prise en charge des enfants, les visites médiatisées demandent aux services de protection de l'enfance une certaine logistique[36]. La crise sanitaire due à la Covid-19 fut un obstacle supplémentaire puisque « *c'est en assistance éducative, autrement dit au civil, que les magistrats naviguent le plus à vue. Naturellement, la quasi-totalité des droits de visite et d'hébergement ont été suspendus surtout ceux qui doivent être médiatisés* »[37].

Face à ces différentes limites, il serait intéressant de réfléchir à l'élaboration d'un protocole de protection des enfants arrivés de la zone irako-syrienne, en complément du cadre normatif existant. Par ailleurs, la codification semble opportune et permettrait de renforcer le cadre général de la protection de l'enfance[38] et s'inscrirait dans la continuité du projet de création d'un code de l'enfance[39].

Renforcement de l'accompagnement après la clôture de la mesure d'assistance éducative. Au moment du passage à la majorité ou si le juge des enfants constate l'absence de danger, la procédure d'assistance éducative est clôturée. Pour autant, l'accompagnement de ces enfants va s'effectuer sur le long terme afin de les soutenir dans les différentes étapes de leur vie[40]. L'instruction du 23 février 2018, par la continuité du suivi effectuée par la cellule de prévention de la radicalisation et d'accompagnement des familles permet « *au dispositif*

---

35 BARANGER (T.), « Le rôle du juge des enfants dans la prise en charge des enfants de retour de la zone irako-syrienne », *Le genre humain*, Seuil, 2019/2, n° 61, p. 205 à 212, p. 210.

36 BOUZAR (D.), « Les enfants de Daech », préc., p. 103.

37 BLOCH (A.), « Coronavirus : crise existentielle chez les juges des enfants », *D. Actu*, 30 avril 2020.

38 « *On peut néanmoins espérer que s'ils bénéficient de "bonnes pratiques", celles-ci profiteront aux milliers d'enfants qui, vivant en France, subissent des traumatismes graves, ainsi qu'aux mineurs isolés qui sont environ quinze mille.* » BARANGER (T.) et ELIACHEFF (C.), « Les enfants de retour de la zone irako-syrienne, un défi pour la société », *op. cit.*, p. 162.

39 « Proposition de loi visant à créer un code de l'enfance », n° 704, *Doc. Sénat*, présentée par M. Arnaud de BELENET, enregistrée à la présidence du Sénat le 23 juin 2021.

40 OPPENHEIM (D.), « Considérations sur les mineur.e.s de retour de zones de guerre », préc., p. 234.

d'accompagnement de s'inscrire dans la durée, en prenant en compte à la fois le caractère exceptionnel de ces situations et l'absence objective de recul sur leur potentielle évolution »[41]. Des points réguliers sont effectués entre les différents acteurs jusqu'à la levée de cette action de veille et d'accompagnement. Une coordination avec le groupe d'évaluation départemental est également prévue afin de prendre en considération les éventuels enjeux sécuritaires pouvant survenir, du fait de la radicalisation susceptible de constituer une menace à l'ordre public.

Outre la mise en place d'un accompagnement spécifique, l'insertion, voire la réinsertion passe par la connaissance de l'histoire personnelle et familiale. En effet, l'enfant a besoin de savoir qui étaient ses parents, « *vivants ou morts : ce qu'ils voulaient pour eux-mêmes, leurs engagements, leurs références, leurs points d'appui, leurs actes, les raisons pour lesquelles ils l'ont fait venir avec eux ou naître en zone de combat* »[42].

À ce titre, l'accès au dossier d'assistance éducative s'avère primordial pour l'enfant afin de comprendre les enjeux de la prise en charge ainsi que les mesures décidées par les professionnels. Cependant, la doctrine et la pratique soulignent les insuffisances quant à la communication et à l'accessibilité du dossier d'assistance éducative[43]. Ayant pris conscience des problématiques soulevées, les autorités ont élaboré une stratégie nationale de prévention et de protection de l'enfance tendant à la modification du sort final des dossiers d'assistance éducative[44]. Dans l'objectif de faciliter les recherches ultérieures, différents changements ont été effectués notamment concernant la modalité de communication des dossiers aux enfants après la clôture du dossier d'assistance éducative. Dès lors, ils pourront consulter leur dossier dès leur majorité ou s'ils sont mineurs et capables de discernement accompagnés de leurs parents ou de leurs avocats.

---

41 *Ibid.*

42 OPPENHEIM (D.), « Considérations sur les mineur.e.s de retour de zones de guerre », préc., p. 232.

43 L'article 1187 du Code de procédure civile, modifié par le décret n° 2002-361 du 15 mars 2002, fut critiqué par la doctrine : V. RUBELLIN-DEVICHI (J.), « Les enjeux actuels de l'assistance éducative », *Journal du droit des jeunes*, 2003/5, n° 225, p. 28 à 31 ; FAVIER (Y.) « L'assistance éducative après le décret du 15 mars 2002 », *Journal du droit des jeunes*, 2003/5, n° 225, p. 15 à 24. Cet article fut modifié par l'article 1 du décret n° 2013-429 du 24 mai 2013. Au sujet des difficultés inhérentes à l'accès du dossier d'assistance éducative : V. ELIACHEFF (C.), « Dans le bureau du juge », *Le genre humain*, Seuil, 2019/2, n° 61 ; BARANGER (T.) et ELIACHEFF (C.), « Les enfants de retour de la zone irako-syrienne, un défi pour la société », préc.

44 Mise en œuvre de la stratégie nationale de prévention et de protection de l'enfance 2020-2022, modification du sort final des dossiers d'assistance éducative n° 134 TGI (engagement n° 3), DGP/SIAF/2020/04, ministre de la Culture, Direction générale des patrimoines, Service interministériel des archives de France, ministère de la Justice, 28 décembre 2020.

La situation inédite des enfants arrivés sur le territoire français après un séjour sur la zone irako-syrienne modifie quelque peu les démarches en raison de l'implication des parents dans un groupe terroriste. Elles pourront être effectuées à la majorité ou pendant la minorité avec l'avocat qui serait alors « *un tuteur de résilience* »[45].

Cependant, la mise en œuvre des mesures est conditionnée par l'établissement d'un maillage renforcé entre les intervenants ayant des logiques professionnelles différentes.

Section 2. La spécificité des pratiques professionnelles

Cette situation inédite « *commande à tous une exigence professionnelle et éthique, de l'empathie et de la lucidité sur ces enfants, un grand sentiment de responsabilité envers eux* »[46].

L'aménagement des pratiques professionnelles fut donc nécessaire (§ 1). Malgré ces bouleversements, il faut constater quelques difficultés imposant le renforcement de la coordination entre les intervenants tant au niveau national qu'au niveau de l'Union européenne (§ 2).

§ 1. L'aménagement des pratiques professionnelles

La mise en œuvre de pratiques professionnelles inédites. Cette situation bousculant les cadres de protection de l'enfance[47], les acteurs ont dû s'adapter à de nouvelles problématiques, parfois très éloignées de leurs logiques professionnelles.

Tout d'abord, en raison de ces enjeux, les acteurs intervenant auprès de ces familles ont été formés sur le processus de radicalisation et sur les incidences de la violence[48].

Par ailleurs, cette situation « *bouscule les cadres institués ainsi que les pratiques de tous les professionnels et appelle, sans doute, à un renouvellement des rôles traditionnels dévolus aux services sociaux et à la protection de la jeunesse* »[49]. En raison de son expertise dans le contexte judiciaire, la protection judiciaire

---

45 BARANGER (T.) et ELIACHEFF (C.), « Les enfants de retour de la zone irako-syrienne, un défi pour la société », préc., p. 161.

46 BERNAND (Y.), « Le suivi éducatif des mineurs de retour de zone irako-syrienne », préc., p. 17.

47 *Ibid.*, p. 17.

48 Instruction relative à la prise en charge des mineurs à leur retour de zone d'opérations de groupements terroristes (notamment la zone irako-syrienne) du 23 février 2018, *ibid.*

49 BERNAND (Y.), « Le suivi éducatif des mineurs de retour de zone irako-syrienne », préc., p. 17.

de la jeunesse, cantonnée depuis quelques années à un rôle dans le cadre pénal, est un pilier dans le suivi de ces enfants. La coopération étroite avec l'aide sociale à l'enfance permet de mettre en œuvre les doubles mesures d'assistance éducative et sera fondamentale pour la réinsertion des enfants dans la société française.

Le deuxième alinéa de l'article 388-1 du Code civil, en conformité avec les dispositions prévues par la Convention internationale des droits de l'enfant[50], prévoit que l'enfant capable de discernement peut être entendu seul, avec son avocat ou la personne de son choix. L'article 375-1 du Code civil, récemment modifié par la loi du 9 février 2022, prévoit en son alinéa 4 la représentation de l'enfant dans la mesure éducative puisque « *le juge des enfants peut demander au bâtonnier la désignation d'un avocat capable de discernement, lorsque son intérêt l'exige. À la demande du service départemental de l'aide sociale à l'enfance, le juge des enfants saisit le bâtonnier afin qu'il désigne un avocat pour l'enfant capable de discernement* »[51]. Ainsi, dans les procédures d'assistance éducative, l'enfant est représenté à partir de ses sept ans. Les juges des enfants de Bobigny ont estimé que les intérêts de l'enfant, divergeant de ceux des parents, doivent être défendus, et ce, même s'il n'est pas capable de discernement[52].

La mise en place de coordinations interdisciplinaire et intradisciplinaire. De même, du fait des différents enjeux tenant aux considérations d'ordre public, au maintien de l'unité familiale et à l'intérêt de l'enfant, la mise en place d'un maillage territorial et national est un jalon dans la réinsertion des enfants arrivés sur le territoire français après un séjour sur la zone irako-syrienne.

Dès 2017[53], le gouvernement a donné des orientations quant à la coopération transdisciplinaire ainsi que la transmission d'informations confidentielles dans le cadre du suivi de ces enfants. L'échange de données

---

[50] Référence à l'article 12 de la Convention internationale des droits de l'enfant : « *Les États parties garantissent à l'enfant qui est capable de discernement le droit d'exprimer librement son opinion sur toute question l'intéressant, les opinions de l'enfant étant dûment prises en considération eu égard à son âge et à son degré de maturité. À cette fin, on donnera notamment à l'enfant la possibilité d'être entendu dans toute procédure judiciaire ou administrative l'intéressant, soit directement, soit par l'intermédiaire d'un représentant ou d'un organisme approprié, de façon compatible avec les règles de procédure de la législation nationale.* »

[51] Alinéa ajouté à l'article 375-1 du Code civil.

[52] BARANGER (T.) et ELIACHEFF (C.), « Les enfants de retour de la zone irako-syrienne, un défi pour la société », préc., p. 161.

[53] Instruction relative à la prise en charge des mineurs à leur retour de zone d'opérations de groupements terroristes (notamment la zone irako-syrienne) du 23 février 2018 se substituant à l'instruction du 23 mars 2017 relative à la prise en charge des mineurs à leur retour de zone irako-syrienne. Cette instruction fut reconduite le 15 mars 2019 avec le rapatriement. V. *Revue du Centre de recherche de l'École des officiers de la gendarmerie nationale*, n° 153, avril 2019, rédaction : D. SCHOENHER.

est central « *puisqu'il conditionne la réussite de la prise en charge et permet à chaque acteur de compléter sa pratique par une vision globale et interdisciplinaire*[54]. » Pour ce faire, un maillage a été mis en place à l'échelle locale et nationale.

Localement, le parquet territorialement compétent informe le conseil départemental et le préfet de l'arrivée imminente d'enfants sur le territoire français. Une fois présents à l'aéroport, les forces de l'ordre peuvent placer les parents en garde à vue et le procureur de la République prononcer une ordonnance provisoire de placement. En cas d'urgence médicale, les enfants sont orientés vers les hôpitaux référencés par l'Agence régionale de santé. Dans les quinze jours, le juge des enfants est saisi sur réquisition du parquet.

Lorsque le juge des enfants ordonne une mesure d'assistance éducative, du fait des différentes problématiques posées par cette situation, la coopération interdisciplinaire est nécessaire entre les services médicaux, judiciaires et la protection de l'enfance.

Il fut également primordial de la concilier avec le suivi judiciaire de la mère. Dès lors, lorsque les femmes sont incarcérées, les relations entre le juge des enfants et les services pénitentiaires sont essentielles, notamment d'un point de vue organisationnel.

En parallèle des coopérations entre les différents secteurs, la coordination intradisciplinaire est également renforcée. La mise en place de dispositifs spécifiques tels que la double mesure d'assistance éducative induit le renforcement des rapports entre l'aide sociale à l'enfance et la protection judiciaire de la jeunesse, ce qui constitue un véritable défi en matière civile. De même, une coopération a dû se mettre en place entre les différents magistrats, que ce soit avec le parquet civil concernant le jugement déclaratif de naissance ou le juge d'instruction afin de concilier le suivi de la mère et celui de l'enfant. Dans ce second cas, ils doivent apprendre à travailler ensemble afin d'articuler les prises en charge de la mère et de l'enfant, et ce, malgré le « *déséquilibre observable entre les logiques terroristes et celle de la justice*[55] ».

Le suivi de la prise en charge et l'effectivité des coopérations interdisciplinaires et intradisciplinaires sont assurés au niveau national par le secrétaire général du Comité interministériel de la prévention de la délinquance et de la radicalisation[56].

---

54 GRAVEL (C.), « Prendre en charge les mineurs de retour de zones d'opération de groupement terroriste », *Soins pédiatrie puériculture*, janvier/février 2021, n° 318, p. 18.

55 BARANGER (T.), BONELLI (L.) et PICHAUD (F.), « La justice des mineurs et les affaires de terrorisme », *Les cahiers de la Justice,* 2017/2, p. 253 à 264, p. 259.

56 GRAVEL (C.), « Prendre en charge les mineurs de retour de zones d'opération de groupement terroriste », préc., p. 18.

Les dispositifs mis en place permettent un suivi des enfants favorisant leur réinsertion. Pour autant, il faut constater certaines difficultés résultant de la pluralité d'intervenants, du manque de moyens[57] et de l'éloignement entre le lieu d'incarcération des parents et celui de prise en charge des enfants. Au vu de ces différentes problématiques, il semble opportun de renforcer les coopérations tant au niveau national que supranational.

§ 2. Vers le renforcement de la coordination entre les professionnels

La création d'un pôle spécialisé près du tribunal des enfants. Le juge des enfants, pierre angulaire de la protection de l'enfance, est le pivot dans le suivi des enfants arrivés en France après un séjour sur la zone irako-syrienne. À la fois décisionnaire et coordinateur, ce magistrat, dont la double compétence n'est plus à remettre en cause[58], statuera seul. Malgré les échanges constants avec ses collègues sur ces dossiers et la mise en place dans certaines juridictions d'un soutien par des psychologues[59], le recours au juge unique interroge au regard des différentes problématiques soulevées par cette situation.

En raison de l'adoption de la loi n° 2022-140 du 7 février 2022 relative à la protection des enfants, merci de modifier ces deux paragraphes de la manière suivante :

Conscient des difficultés rencontrées par le juge des enfants dans certaines affaires, le législateur a récemment prévu le renvoi des affaires à la formation collégiale lorsque la complexité le justifie.

En effet, l'article L. 252-6 du Code de l'organisation judiciaire, ajouté par la loi du 7 février 2022 relative à la protection des enfants, prévoit « *qu'en matière d'assistance éducative, si la particulière complexité le justifie, le juge*

---

[57] ELIACHEFF (C.), « Dans le bureau du juge », *Le genre humain*, Seuil, 2019/2, n° 61, p. 216 : « *La prise en charge ultérieure de ces enfants et de leur famille se fait selon les moyens du bord, avec, d'un côté, un intérêt et un dévouement des instances chargées des enquêtes et des mesures d'assistance éducative et, de l'autre, un manque de moyens de la pédopsychiatrie et des services sociaux qui freine l'élaboration de modes de prise en charge qui tiendraient compte de tout ce que l'on sait aujourd'hui des psycho-traumatismes dans les premières années de la vie. L'appel au secours de juges pour enfants de Bobigny ne peut qu'inciter les services sociaux et la pédopsychiatrie à leur emboiter le pas.* »

[58] Cass. Crim. 7 avril 1993, n° 9284725, *Bull crim.* n° 152, commenté par NIVOSE (L.-M.), Cass. Crim. 8 novembre 2000, n° 00-80377. Dans le rapport dit « Varinard », l'importance de la double compétence du juge des enfants est affirmée de nouveau (V. « Adapter la justice pénale des mineurs. Entre modifications raisonnables et innovations fondamentales : 70 propositions », rapport de la Commission présidée par le recteur André VARINARD, *Rapport au ministre de la Justice,* La Documentation française, Collection « Des rapports officiels », 2008, p. 87).

[59] À Bobigny, une psychanalyste assiste les juges des enfants qui le souhaitent lors des audiences (V. ELIACHEFF Caroline, « Dans le bureau du juge », préc., p. 216.)

des enfants peut ordonner son renvoi à la formation collégiale du tribunal judiciaire qui statue comme juge des enfants. La formation collégiale est présidée par le juge des enfants saisi de l'affaire »[60].

Au vu de la complexité des affaires d'enfants arrivés sur le territoire après un séjour dans la zone irako-syrienne, cet article pourra être mobilisé par le juge, ce qui est une première étape.

Pour autant, si la question du recours au juge unique semble réglée, celle du dessaisissement du tribunal des enfants de Bobigny se pose en raison du nombre important de dossiers. Il est donc opportun de s'interroger sur la légitimité de cette procédure. La majorité des enfants étant arrivés à l'aéroport de Roissy Charles-de-Gaulle, les juges des enfants de Bobigny ont été saisis dès 2015. C'est par ailleurs ce qu'indiquait Monsieur le Magistrat Thierry Baranger, « *le tribunal de Bobigny est un véritable "laboratoire". Il paraît légitime de souhaiter que le tribunal de Bobigny reste le pôle spécialisé pour les enfants de retour de zone de guerre, quel que soit le lieu où les familles débarqueront en France*[61] ».

La mise en place d'un pôle spécialisé près du tribunal des enfants semble être opportune et permettrait ainsi un renforcement de la coordination entre les différents intervenants et l'établissement d'un collège de magistrats formés sur ces problématiques. Même si le choix du tribunal de Bobigny est cohérent eu égard à son expertise sur ces questions, quelques réserves peuvent toutefois être formulées, notamment en raison de la dégradation des dispositifs de protection de l'enfance en Seine-Saint-Denis[62].

Il faut se demander s'il est préférable d'établir un pôle spécialisé à compétence nationale ou régionale. La mise en place d'un pôle régional[63] permettrait un suivi renforcé des enfants. Cependant, en raison du nombre de dossiers et du lieu d'arrivée des enfants, il ne semble pas cohérent de mettre en place un pôle spécialisé dans chaque juridiction.

---

[60] Article L. 252-6 du Code de l'organisation judiciaire.

[61] BARANGER (T.) et ELIACHEFF (C.), « Les enfants de retour de la zone irako-syrienne, un défi pour la société », préc., p. 161.

[62] Concernant la question du manque de financement : v. BARANGER (T.), AGUDO (A.), ASTRUC (A.-F.), CHAPELLIER (V.), DELERIS (E.) *et alii*, « Mineurs délinquants, mineurs en danger : le bateau coule » *Enfances & Psy*, 2018/4, (n° 80), p. 6 à 8 ; ELIACHEFF (C.), « Dans le bureau du juge », préc.

[63] Le pôle régional spécialisé dans l'arrivée des enfants sur le territoire français après un séjour sur la zone irako-syrienne pourrait se structurer comme le pôle régional en matière d'atteintes de l'environnement, v. Décret n° 2021-1305 du 7 octobre 2021 modifiant la liste des pôles régionaux spécialisés en matière d'atteintes à l'environnement fixée aux articles D. 47-5-1 du Code de procédure pénale et D. 211-10-4-1 du Code de l'organisation judiciaire, NOR : JUSB2128805D, *JORF* n° 0235 du 8 octobre 2021, texte n° 20).

En raison de l'existence d'une communication entre les juges des enfants de Bobigny avec le pôle de l'instruction spécialisé dans la lutte contre le terrorisme, la mise en place d'un pôle à compétence nationale[64] près du tribunal judiciaire de Paris semblerait donc judicieuse. Il est également nécessaire de renforcer la coopération au niveau de l'Union européenne.

La mise en place d'une coopération au niveau de l'Union européenne. Certains dossiers d'enfants arrivés en France après un séjour sur la zone irako-syrienne peuvent présenter un élément d'extranéité tenant à la nationalité des parents[65], du lieu de résidence de la famille élargie ou encore au lieu de prise en charge des enfants dans un autre État que le lieu de détention des parents. Ces hypothèses laissent poindre des difficultés quant à la mise en place des droits de visite et d'hébergement pour les membres de la famille à l'étranger. En outre, l'articulation de la prise en charge peut s'avérer hasardeuse puisque les intervenants peuvent avoir des logiques professionnelles différentes. Pour ces raisons, il est nécessaire de mettre en place une coopération judiciaire plus étroite dans les affaires transfrontalières afin de protéger les droits de l'enfant. Dès lors, lorsque les juridictions « *ont connaissance d'un lien étroit entre l'enfant et un autre État membre, des mesures appropriées devraient être envisagées le plus tôt possible pour garantir ces droits*[66] ».

Au vu de leurs missions et des progrès significatifs réalisés en matière civile depuis l'entrée en vigueur du traité d'Amsterdam[67], les magistrats de liaison pourraient faciliter la communication entre les instances en charge du suivi de ces enfants et également mettre en place de coopérations multilatérales.

Les institutions européennes ont pris conscience de l'importance de la coopération entre les États membres en matière de protection de l'enfance. Dans une résolution relative aux droits de l'enfant[68], le Parlement européen insiste sur le respect des obligations qui incombent aux

---

64 Concernant la mise en place d'un pôle à compétence nationale, il est possible de se tourner vers le pôle d'instruction à compétence nationale du tribunal judiciaire de Paris.

65 Il peut s'agir de la double nationalité de la mère ou de la nationalité du père différente de celle de la mère.

66 « Communication au Parlement européen, au Conseil, au Comité économique et social européen et au Comité des régions, stratégie de l'UE sur les droits de l'enfant », COM (2021) 142 final, p. 16.

67 « Traité d'Amsterdam modifiant le traité de l'Union européenne, les traités instituant les communautés européennes et certains actes connexes (97/C 340/01) », *JO* n° C340 du 10/11/1997, p. 0001-0144, signé le 2 octobre 1997 et entré en vigueur le 1er mai 1999.

68 Résolution du Parlement européen du 11 mars 2021 sur les droits de l'enfant dans la perspective d'une stratégie de l'Union européenne (2021/2523(RSP)).

États membres au titre du règlement dit « Bruxelles II bis »[69], sur l'importance de la coopération au niveau de l'Union européenne et sur la communication entre les différents intervenants tant au niveau national que local qui jouent un rôle dans les procédures de placement de l'enfant[70]. La mise en œuvre de cette stratégie de l'Union européenne pourrait permettre l'élaboration d'un plan d'action spécifique à la situation de ces enfants.

Pour conclure, la protection mise en place à la suite de l'arrivée des enfants sur le territoire français, après un séjour sur la zone irako-syrienne, est donc un premier jalon, devant être renforcée au vu des lacunes constatées dans la pratique. En raison de l'évolution du terrorisme, des politiques pénales et du cadre de protection de l'enfance, leur prise en charge doit être perpétuellement adaptée face à cette situation, qui « *est sans conteste un défi pour la société* »[71].

69 Règlement (CE) n° 2201/2003 du Conseil du 27 novembre 2003 relatif à la compétence, la reconnaissance et l'exécution des décisions en matière matrimoniale et en matière de responsabilité parentale abrogeant le règlement (CE) n° 1347/2000. Dans cette résolution, le Parlement européen fait explicitement référence au règlement Bruxelles II bis. À partir du 1er août 2022, le règlement Bruxelles II ter entrera en vigueur.

70 Point 22 de la résolution du Parlement européen du 11 mars 2021 sur les droits de l'enfant dans la perspective d'une stratégie de l'Union européenne (2021/2523(RSP)).

71 BARANGER (T.) et ELIACHEFF (C.), « Les enfants de retour de la zone irako-syrienne, un défi pour la société », préc., p. 162.

Les *blastphèmés.* Pour une anthropologie du désengagement d'un acte lié à une violence extrême[1]

David PUAUD
Anthropologue (IIAC-CNRS/EHESS),
Formateur-chercheur

Ce chapitre est lié à un travail de recherche mené entre 2017 et 2020 en tant que chercheur au sein du programme expérimental Recherche et Intervention sur les Violences extrémistes (RIVE) mis en place par l'administration pénitentiaire dans le plus grand secret, un dispositif unique au monde de prise en charge des personnes placées sous main de justice, suivies en milieu ouvert au titre d'une mise en examen pour actes de terrorisme ou identifiées comme radicalisées, qui avait pour finalité de favoriser le désengagement de la violence extrémiste et la réinsertion sociale[2].

Je me baserais sur l'étude de la situation biographique et de prise en charge pluridisciplinaire d'une jeune femme renommée, ici Karima, représentative de ces individus se ressentant « blastphèmés ». Les « blast-

[1] Je reprends des éléments issus de mon ouvrage *Les Surgissants. Ces terroristes qui viennent de nulle part*, Éditions Rue de Seine, 2022.

[2] Le dispositif RIVE avait pour mission d'offrir aux personnes placées sous main de justice, en milieu ouvert, une « prise en charge sanitaire, sociale, éducative ou psychologique », dans le but de permettre leur « réinsertion et l'acquisition des valeurs de la citoyenneté ». Cette enquête a donné lieu à un rapport référencé aujourd'hui au sein du Réseau européen (Radicalisation Awareness Network (RAN)). David Puaud, « Spécificités du travail mené au sein du dispositif RIVE (Recherche et intervention sur les violences extrémistes). État des lieux et approches pluridisciplinaires de type mentorat auprès de personnes placées sous main de justice pour des faits de terrorisme, ou condamnées pour des faits de droit commun, mais identifiées par l'administration pénitentiaire comme radicalisées », Rapport d'étude pour l'Association de Politique Criminelle Appliquée et de Réinsertion sociale (APCARS), Paris, mai 2018, 314 p.

phèmés » condensent des motivations subjectives liées à une perception d'humiliation ressentie tel un blast viscéral à celle du blasphème relié à une dimension communautaire et sociologique.

Nous nous apercevrons ici qu'en termes de techniques de désengagement, les professionnels mirent en place des techniques relationnelles « rusées » visant à susciter chez elles un doute méthodologique progressif, notamment en travaillant à partir de support de sorties lié à l'histoire mémorielle permettant de travailler en retour des questions identitaires et de reconnaissance sociale.

Karima, âgée de seize ans, tente à deux reprises de partir en Syrie. Elle est arrêtée en Hongrie, puis écrouée, en détention provisoire, au Centre pénitentiaire de Lille-Loos. Elle y est incarcérée durant onze mois consécutifs, puis placée sous contrôle judiciaire dans une Unité éducative de milieu ouvert dépendant de la Protection judiciaire de la jeunesse.

Elle est l'épouse religieuse d'Abdoul Hakim Anaiev, la cérémonie a eu lieu en présence d'un ami d'enfance de celui-ci, Khamzat Azimov, qui fut abattu après une attaque au couteau meurtrière à Paris en mai 2018.

Karima est incarcérée à la prison de Lille. Elle sait pertinemment qu'elle doit collaborer avec les agents du binôme de soutien notamment dans l'expectative d'obtenir un aménagement de sa peine. Elle a bien conscience de sa situation, son histoire a été particulièrement reprise par les médias en raison de son jeune âge. De plus, par l'intermédiaire des réseaux sociaux, elle a été en lien avec différents acteurs notoires de la sphère djihadiste.

Ce jour-là, elle reçoit la visite de la psychologue du binôme qui la félicite de sa reprise d'un baccalauréat littéraire en détention : « Oui, je souhaite devenir puéricultrice pour aider les mères et enfants en détresse. » La psychologue lui demande si les informations personnelles concernant sa situation sont exactes : « Tes parents sont d'origine tunisienne et se sont installés en France alors que ta mère était âgée de 18 ans. Ton père est devenu propriétaire d'un bar. Tu as trois frères et tu es née suite à trois fausses couches de ta mère. Ton frère travaille comme géomètre. Au niveau de ta scolarité, cela a été compliqué, et au fur et à mesure du temps, tu te disputais de plus en plus avec ta mère et avec ton père, vous ne parliez plus… »

Karima coupe la praticienne : « Non, ça a toujours été compliqué avec mon père, mais avec ma mère, on s'engueulait à cause de lui mais on était proches ! Dans ma famille, j'avais une place bizarre, en même temps j'en faisais partie, mais pas toujours. Comment dire ? Ils m'ont élevée avec des valeurs et des principes, mais j'ai aussi mes convictions… Je ne partageais pas toujours ce que mon père me disait notamment par rapport à la religion.

Si vous voulez tout savoir, je me suis radicalisée à 14 ans, je me suis toujours posé beaucoup de questions sur le sens de la vie, qu'est-ce qu'il y a après la mort, et puis la politique, les guerres. En gros l'Islam m'aide à trouver des réponses. »

Karima habite chez sa tante, malgré son assignation à résidence sous surveillance électronique, elle a débuté une école de préparation privée aux concours infirmiers, ceci, dans l'objectif de devenir puéricultrice.

Elle réactive son compte Twitter, à différentes reprises, ne respecte pas les zones d'interdiction de son assignation à résidence. Karima s'offusque des remontrances des professionnels qui notent qu'elle s'avère manipulatrice, égocentrée, immature et candide. Il est décidé au regard des « aspects inquiétants de sa personnalité », qu'elle fera désormais l'objet d'une surveillance sociale intensive.

Hakim éducateur spécialisé, rencontre Karima. Il perçoit qu'elle est rodée au système de la contrainte judiciaire.

Karima appréhende la rencontre avec Abdelkader, le référent cultuel. Arrivé avec trente minutes d'avance, elle évoque sans filtre les conditions de son interpellation ainsi que sa garde à vue avec un certain enthousiasme. Abdelkader coupe le monologue : « De quel courant pensez-vous que Daech se revendique ? Adhérez-vous totalement à leur principe ? »

Karima se fige, puis répond : « Le salafisme djihadiste. Je suis déçue par Daech, pas à cause de leur violence, mais plutôt parce que je les trouve indulgents, car ils excusent l'ignorant ».

Abdelkader précise ses questions : « Quels sont pour vous les cinq piliers de l'Islam ? Qui sont les destinataires de la *zakat* ? Avez-vous appris l'art de la psalmodie coranique (*tajwid*) ; connaissez-vous la période après la mort du prophète Muhammad appelée la "Grande Fitna" (*al-fitnanu l-kubra*)... ». Karima Khamsa est déconcertée, elle s'engage à ramener les réponses après avoir cherché chez elle.

Pour Karima, l'attentat terroriste à Paris à l'arme blanche de Khamzat Azimov, proche de son mari et témoin de son mariage vint bousculer la situation[3]. Son époux religieux se retrouve impliqué dans l'attentat et surtout le nom de Karima Khamza sort dans la presse. Elle décide de

---

[3] Né en Tchétchénie et naturalisé en 2010, Khamzat Azimov est arrivé en France en 2000 avec ses parents. Fiché S en 2016 après avoir fréquenté à Strasbourg un groupe radical qui prône le départ en Syrie, Azimov avait ensuite rejoint Paris. Le 12 mai 2018, il poignarde plusieurs passants dans le quartier de l'Opéra à Paris, tuant un homme de 29 ans et blessant quatre personnes avant d'être abattu. Une vidéo d'allégeance à sa cause a ensuite été publiée par l'État islamique mais le jeune homme qui accuse la France d'avoir bombardé l'EI n'est pas vraiment reconnaissable.

contacter sa référente sociale qui lui conseille de prendre les devants et se mettre d'elle-même en lien avec les autorités judiciaires et/ou policières compétentes afin d'éviter toute intervention imprévue et impactant au domicile de « sa tante ».

6 heures du matin, Karima entend plusieurs coups de semonce assourdissants à la porte d'entrée du domicile de sa tante. Des uniformes cagoulés finissent de défoncer la porte d'entrée, armés, ils l'interpellent violemment en la menottant contre le mur. À sa sortie de sa garde à vue prolongée, elle retourne au domicile de ses parents ce qui engendre le déclenchement de la sonnerie de son bracelet électronique.

À la lecture du rapport trimestriel du centre RIVE, Karima s'offusque : « ça veut dire quoi que mes liens amicaux sont loyaux, mais inadaptés à la situation ! Pourquoi je ne peux pas communiquer avec certaines de mes amies ? ». La psychologue lui rappelle son interpellation récente due à ses relations avec Khamzat Azimov abattu par les policiers juste après son attaque au couteau à Paris.

Karima acquiesce : « Bon, c'est vrai que j'ai également eu des liens avec des filles qui connaissent des filles au courant de l'attentat raté de Notre-Dame en 2016 avant qu'il ne se produise. Elles sont connues par la DGSI. Mais moi, j'ai eu connaissance de tout ça après l'attentat ! »

Karima coupe court la conversation : « J'ai passé trois concours en vue d'accéder au métier d'infirmière, cependant, je ne l'ai pas eu. Mais je vais le repasser ! »

D'un point de vue idéologique, Karima tient des propos liés à l'idéologie extrémiste tels que la nécessité de tuer l'apostat, l'homosexuel, et l'adultérin malgré des connaissances religieuses modérées selon Abdelkader, remarque qui l'a fait sortir de ses gonds, cernée par les arguments, les remarques contradictoires de l'intervenant cultuel qui la déstabilisent.

Karima est en stress devant le psychiatre, cependant, elle fait tout pour conserver sa prestance habituelle. Le praticien note :

« Ce qui frappe chez elle, c'est son élégance naturelle, ainsi que sa grande acuité intellectuelle, elle semble en effet construite pour le débat d'idées. Ces qualités sont cependant le revers d'une mise à distance des affects exprimés et de leurs manifestations qui pourraient s'apparenter, peut-être pour elle, à des faiblesses. Si la chronologie de son cheminement radical est assez finement restituée dans le récit et reste en mémoire, les motivations à ses départs réitérés semblent finalement plus floues, sinon la recherche d'un espace, d'un lieu où vivre un Islam pur. Mais ce lieu est-il vraiment géographique ? Ne semble-t-il pas finalement plus idéalisé que réel, puisqu'elle ne l'a pas trouvé, c'est elle-même qui le dit, Daesh l'a déçue.

Ce qui domine dans son discours et sa quête, c'est la recherche d'une Vérité absolue qui permettrait une objectivation totale de l'existence, existence où le doute est vécu non pas dans sa temporalité, comme une nécessaire dialectique du libre arbitre, mais comme un élément de malaise et d'instabilité. Elle ne ment pas sur ses croyances, sur son désir d'Absolu, et étale sa radicalité (plutôt que radicalisation) au grand jour. Il est malaisé de trouver les racines d'un tel fonctionnement qui donne, si jeune, un tel statut à la Vérité. On ne peut s'empêcher de penser ici à la mort de Dieu et à Zarathoustra, qui fit les belles pages de Nietzsche notamment sur les écueils de la violence suite à la mort de Dieu, dénoncé par le philosophe.

Bien sûr, il y a quelque chose de l'ordre du rite de passage qui se déploie avec l'adolescence en parallèle et les transformations du corps et de l'esprit ; puisque c'est vers 14/15 ans qu'elle rencontre des *hadiths*, sur des forums, grâce à une amie (de son âge ?) et qu'elle se lance dans une construction autodidactique, d'un système de vie et de pensée. On ne sait pas vraiment si elle fait des rencontres importantes, si des mécanismes d'emprise morale ont été à l'œuvre dans son parcours, ou bien si tout le cheminement s'avère solitaire, car répondant à un seul idéal. »

Au regard de ces différents éléments, le praticien se demande si elle n'était pas une enfant à haut potentiel : « cette possibilité expliquerait la prégnance des enjeux de pensée et du désir de savoir, comme mécanisme de pure excitation. » Il note également sa difficulté à trouver sa place dans sa famille qui intrigue et inquiète Karima. À l'idée d'une rencontre familiale, elle acquiesce. Celle-ci permettrait, selon le médecin, de lever un certain nombre d'incompréhensions et d'interrogations de la part des uns et des autres : « Il reste une question difficile : à ce stade, il est impossible de savoir au cours de ce seul entretien, la distance mentale qui existe chez elle entre la pensée et un possible passage à l'acte, dès lors que ce dernier se trouverait légitimé par la pensée : quels garde-fous de "réalité" viendraient y faire obstacle ? Le centre semble un exercice imposé auquel elle se prête, puisqu'elle se trouve actuellement dans un monde global, bordé par les contraintes (bracelet, interdictions, Conseiller pénitentiaire d'insertion et de probation, etc.) En même temps, ce cadre assez contraint vient faire résonance avec un cadre tout aussi contraint, mais choisi celui-là, qu'elle appelait de ses vœux. Les deux ont pourtant le point commun de réduire la place du doute et donc du choix. L'accompagnement peut l'aider à dialectiser, à se confronter au désaccord et au compromis, qui en est un dépassement et qui surtout permet de n'être pas toute seule en son monde intérieur. Il y a chez cette jeune fille, une tentation paranoïaque, sur la ligne « idéalisme passionné », mais qui ne peut encore se révéler symptomatiquement en vertu de son jeune âge, car la débauche d'énergie liée à sa jeunesse la protège encore des symptômes ? C'est la raison pour laquelle, d'ailleurs, la paranoïa est la pathologie mentale la plus tardive dans le parcours humain. Il y a peut-être quelque chose de traumatique non élaboré à l'échelon de la mère, ou de traumatisant à l'échelon du père, pour que sa fille se soit fait, aussi jeune, la vestale de la Vérité, cherchant à faire éclater cette vérité et évacuer toute forme de doute tout en réprimant ses manifestations affectives. Elle semble occuper dans cette famille une fonction spécifique, caricaturale de pouvoir et d'ordonnancement, qui a tous les atouts d'une fonction thérapeutique au sein du système, mais que doit-elle donc soigner chez les siens par sa radicalité ? Du coup, en vertu du type de personnalité, les points d'accroche individuels à la prise en charge dans ce type de profil, sont très lisses, et pour cause, puisque c'est ici une ébauche de pathologie de la solitude du pouvoir, comme impossibilité du lien. Il faut donc ici utiliser son acuité intellectuelle et cette quête du pouvoir sur autrui, comme support et prétexte au lien, puisque c'est l'absence résultante de lien qui crée la souffrance et entraîne la radicalité. Les portes d'entrée préférentielles sont donc à mon sens, cultuelles, philosophiques (éthiques) et familiales.

Le monde radical dans lequel elle ambitionne de baigner est effrayant, dans le sens où il évacue toute forme d'affects et de doutes, et où l'amour serait forcément absent, un monde où l'existence serait réduite à l'observance programmée de règles et de fonctions dévitalisées. Finalement, la pureté invoquée finit par la mort des êtres vivants, remplacés par des objets fonctionnels dans un univers mécanique, ces morts ou ces disparitions étant par ailleurs légitimées par la Règle, comme dans tout univers totalitaire. On touche ici la racine inconsciente et traumatique de la paranoïa, où la sortie du traumatisme ne peut s'envisager que par la réduction du sujet à un objet, ce qui crée une boucle sans fin, puisque cette réduction est justement traumatique.

Elle a néanmoins pour elle sa plasticité psychique personnelle (19 ans) et le maintien de son appartenance familiale qui peuvent permettre un travail implicite et collectif sur d'éventuelles transmissions traumatiques. »

Karima reçoit pour une visite à domicile (VAD), des agents du SPIP qui constatent la relation « toxique » de Karima avec sa mère. Selon eux, elle domine sa mère et décide qui est un bon musulman dans la famille. Un placement en foyer ne semble pas possible au vu de sa force de manipulation (sur les jeunes, pas sur les professionnels). Karima Khamsa évoque des violences de la fratrie (coup de ceinture). Elle perçoit les membres de sa famille comme des mécréants. Elle ajoute que c'est elle qui les a initiés à l'Islam. Elle pense également pouvoir avoir un enfant avec son mari tchétchène. Selon la psychologue qui suspecte de possibles abus sexuels de la part du père, Karima montre des distorsions empathiques fulgurantes.

Début septembre, Karima apprend la fin de l'accompagnement par l'équipe du centre.

Elle exprime avec une grande émotion son angoisse de devoir recommencer un accompagnement avec d'autres personnes. Pour la première fois, elle exprime ses doutes, une remise en question de ses convictions par rapport à son mode de pensée quant à ses croyances spirituelles et au monde qui l'entoure.

Avec émotion, quelques semaines plus tard, elle acquiesce à la lecture du rapport de clôture du suivi par l'équipe du centre qui aura duré cinq mois : « [...] « Contrairement à toute attente de ma part, Karima m'a fait part, sur un ton très ému, des doutes auxquels elle est sujette concernant la doctrine qu'elle avait pu adopter. Mme Khamsa affichait ses idées avec beaucoup de convictions et certitude. Il apparaît que les débats que nous avons eus et qui ont alimenté sa capacité naturelle à la réflexion ne l'ont pas laissée indifférente. Karima est constamment en quête de cadres et de limites [...] Le doute émergeant est significatif des prémices d'un changement, il est fragile et perturbant, car il est compliqué pour Karima d'accepter le doute. Karima met des mots sur son cheminement interne. Elle fait part de sa perception nouvelle de sa situation, estimant que l'accompagnement lui a ouvert des portes vers des objectifs qu'elle ne pensait pas jusque-là pouvoir atteindre. Elle indique "croire à nouveau à un avenir possible pour la première fois de sa vie". Une vigilance devra être portée sur la médiatisation du nom Khamsa qui apparaît dans plusieurs articles de presse, mais également dans Wikipédia. Son nom est effectivement mentionné parmi ceux d'un certain nombre de personnes ayant commis des attentats en France, particulièrement médiatisées et fichées S. Or, pour l'équipe, Karima n'est pas, à leur connaissance, mise en cause pour des projets d'attentats sur le sol français.

Cette visibilité médiatique peut constituer un frein majeur, d'une part dans l'insertion professionnelle de Madame et d'autre part dans son rapport à l'image en pleine construction (réseaux sociaux, adolescence, place de la femme, etc.).

Pour conclure, l'émergence de ses doutes et l'expression de sa fragilité montrent des avancées insoupçonnées jusqu'alors, qu'il est primordial de préserver et d'encourager. Elle présente une certaine angoisse du doute, qui se conçoit aisément au regard des convictions arrêtées et manichéennes qu'elle a pu adopter par le passé pendant de nombreuses années, à un âge où la personnalité est en pleine construction. La complexité et les enjeux de cet accompagnement, conjugués à sa sensibilité et fragilité nécessitent de créer les conditions d'une interaction pour apprendre à mieux se connaître et instaurer un climat de confiance. Il revient à son prochain dispositif d'insertion de prendre ces éléments en considération. »

Section 1. Radicalité rituelle

Dans la situation de Karima, le désir d'idéal est poussé au paroxysme, même si, suite à son incarcération, elle perçoit la perspective du *Shâm* (grande Syrie) comme la recherche d'un espace, un lieu fantasmé où elle pourrait vivre un Islam pur.

Ces désirs absolus ne peuvent que la conduire à imaginer un univers totalitaire où l'idéalité paroxystique est synonyme de violence totale. Dans son cas, cette institution d'un imaginaire totalitaire s'est construite progressivement de manière paradoxale en liaison avec une hypersensibilité. Cette impressionnabilité excessive à un facteur ou à un agent extérieur, on la retrouve dans maints cas dans les précocités d'attentions aux conflits sociopolitiques internationaux, le ressentiment d'une injustice globale ou l'étude obsessionnelle de textes ou vidéos aux idées extrémistes.

Karima se retrouve déçue par cette quête d'un absolu impossible et irréalisable en un territoire même dans les pires univers concentrationnaires. Cet espace où il serait possible de vivre un Islam pur s'avère plus idéalisé que réel.

Née suite à trois fausses couches de sa mère, dès sa prime adolescence, elle ne parle plus à son père et entretient des rapports très conflictuels avec sa mère notamment liés à cette absence de lien affectif paternel. Non désirée, elle se ressent en décalage avec les valeurs et croyances familiales ayant ses propres convictions : « Dans ma famille, j'avais une place bizarre, en même temps j'en faisais partie, mais pas toujours. »

Dès l'âge de quatorze ans, l'Islam l'aida à trouver des réponses existentielles quant au sens de la vie, la vie après la mort, la politique, la guerre. Son adhésion précoce à l'idéologie violente et ses liaisons avec un réseau d'extrémistes d'origine tchétchène n'ont fait qu'ancrer identitairement et moralement ses convictions. Elle souhaitait combattre le régime de Bachar el-Assad tout en rêvant de devenir puéricultrice, projet qu'elle conservera en France.

Section 2. Le mythe d'Ulysse

Ulysse ou *Odysseus* est l'un des héros les plus connus de la mythologie grecque. Il est notamment renommé pour sa *mètis* (ruses de l'intelligence), qui rend son conseil apprécié durant la guerre de Troie et dans un long voyage qu'il entreprit. Il est le personnage principal du poème de l'Odyssée.

Par certains aspects notamment physiques et moraux, l'histoire de Karima et de bien d'autres « blastphèmés » peut être comparée au voyage d'Ulysse décrit par Homère. D'ailleurs le psychiatre ne s'y trompe pas, pour lui, son désir précoce puis ses velléités de départ en direction de la Syrie sont tout à la fois initiatiques et liés à une forme d'errance-fuite. Dans son cheminement biographique, on comprend aisément que pour Karima, le désir d'exil est lié à une quête identitaire, à des ressorts psychosociaux liés à l'expression émotionnelle, à une phase transitionnelle de vie, à un sentiment d'inutilité, et le fait miroité de s'occuper d'enfants en Syrie victimes du régime de Bachar el-Assad. De son cheminement biographique point également des ressorts sociaux, cultuels entre désir d'autonomie, recherche d'un idéal de pureté et difficultés à se situer culturellement.

Ayant franchi le pas du départ de cette odyssée, on ressent également que pour Karima, ce périple s'avère être un véritable rite de passage au sens d'un changement de lieu, d'état. Le cheminement de vie de l'adolescente permet de distinguer trois phases du rite, une séparation par rapport à un état antérieur lorsqu'elle souligne qu'elle s'est « radicalisée à l'âge de quatorze ans », puis son mariage avec un proche du terroriste tchétchène Khamzat Azimov, une période de latence significative avant ses tentatives de rejoindre la Syrie et une phase d'agrégation totale par rapport à un nouvel état ou au nouveau collectif renforcé dans sa situation de par son incarcération et le statut judiciaire de coupable d'« association de malfaiteurs en relation avec une entreprise terroriste ».

Section 3. Stratégies de civilité : entre ruse et doute méthodologique

Ulysse *polymétis* était l'homme de toutes les ruses, de tous les tours, de toutes les feintes, le débrouillard, qui sait se tirer d'affaire, et pas toujours de façon très franche, ni loyale.

Dans son parcours judiciaire et le suivi par RIVE, la jeune femme fit preuve d'une mise en œuvre certaine de ruses intelligentes notamment avec les professionnels du centre (jeux de séduction relationnelle, tentatives d'entourloupe ou mensonges pour repousser des rendez-vous…).

L'intelligence de la ruse peut également être mise en perspective par les techniques et stratégies de civilité au sens d'outils, méthodes, pratiques de terrain (existantes et novatrices) mises en place par les professionnels visant au désengagement de l'idéologie violente à la prévention du risque de violence tout en tentant de favoriser l'inclusion sociale.

On perçoit dans cette situation, la nécessité pour les professionnels de ruser pour notamment développer ce qu'ils nomment « mentorat », c'est-à-dire le fait d'être présent pour créer un environnement sécurisant entre la personne prise en charge et le professionnel. Pour cela, comme on le perçoit, le professionnel doit développer une technique conjuguant bricolage, sagacité, flair, débrouillardise relationnelle. On peut relever globalement trois phases relationnelles qui ne sont pas forcément linéaires, celle d'approche, d'accroche et dans certains cas, celle de l'instauration d'une relative relation de confiance. Par exemple, lors de plusieurs rencontres, Karima se contente de répondre brièvement aux questions de son interlocuteur, réduisant ce dernier à un rôle d'interrogateur ou bien elle s'affirme radicalement de par son allégeance totale à l'idéologie de *Daech*. L'éducateur spécialisé s'évertue à mettre en place un cadre relationnel synonyme d'épanouissement, en valorisant notamment les capacités réflexives de la jeune femme et en menant les entretiens dans des lieux familiers pour ce dernier.

La phase d'accroche avec Karima passa par de menus gestes telle la remise d'un présent lors du jour de son anniversaire ou la réalisation de différentes sorties ludiques, supports à la relation. À ce moment de l'accompagnement, les professionnels ressentent alors « sa disponibilité pour comprendre les mécanismes qui l'animent, cette posture étant une ressource essentielle et un levier intéressant pour poursuivre sa démarche de questionnement et d'ouverture. »

À partir de l'ancrage relationnel et d'une certaine relation de proximité, on perçoit qu'il est dès lors possible pour les professionnels de développer le sens critique, la curiosité de Karima pour qui, selon la directrice, l'équipe RIVE était devenue une ressource qui lui permettait de travailler une certaine « flexibilité cognitive ».

Les accompagnements « hors les murs » sont également des temps privilégiés pour les professionnels pour identifier le cadre de vie de la personne, mais également, dans la situation de Karima d'identifier des personnes-ressources dans son entourage pouvant lui apporter de la « plus-value ».

Durant ces temps en milieu ouvert, Farhad, l'éducateur, entretient avec Karima des rapports laissant beaucoup de place à l'humour, dans le respect de la personnalité de chacun. Ce mode de communication, tacitement établi entre eux, leur permet de poser plus facilement des mots sur des situations ou des concepts sans risquer un affrontement stérile. L'enjeu pour l'éducateur est de pouvoir confronter leurs points de vue, sans a priori, sans retenue, sans jugement : « l'accompagnement vise à enrichir les sources d'informations de Karima en lui donnant accès à un contenu raisonné, objectif et structurant. Il s'agit de travailler à l'éducation d'une pensée autonome, et non de proposer un contre-discours ou un savoir-être clés en main. Ce lien et ce liant sont essentiels pour la conduire hors d'une vision du monde reposant, en partie, sur des approximations, voire des mensonges et des manipulations. Je pense tendre aujourd'hui vers la réussite de cet objectif. »

Section 4. Le doute méthodologique progressif

Même si la dimension de prise en charge religieuse n'était pas stipulée il y a quelques années par rapport aux dispositifs de désengagement de l'idéologie violente, elle est désormais plus que préconisée, en parallèle des accompagnements d'ordres sociaux et psychologiques. Dès 2017, le réseau européen RAN conseillait le recours pour ce type de dispositif à un « expert en théologie ».

Le cahier des charges stipulait : « Lorsque la radicalisation est en lien avec la religion, la prise en charge devra inclure cette dimension, notamment avec des spécialistes de la radicalité et des théologiens. L'objectif des entretiens individuels sera de déconstruire "théologiquement", "scientifiquement", "spirituellement" et "émotionnellement" le discours radical et de veiller à la mise en place d'un accompagnement clinique permettant ensuite à la personne d'être accompagnée dans la perte de repère qui s'ensuivra nécessairement. »

Le travail du référent cultuel, par ailleurs aumônier à Fleury-Mérogis, s'avère essentiel, ce dernier ne pratiquait pas frontalement le contre-discours, mais tendait, selon lui, à construire l'autonomie intellectuelle de la personne, en même temps qu'à déconstruire ses croyances « erronées ».

Abdelkader a recours, selon ses propos, à la technique de la maïeutique socratique qui consiste à suggérer progressivement des doutes : « L'objectif est de proscrire toute lecture absolutiste des textes. Montrer que deux hadiths [commentaires religieux du Coran, considérés comme "la tradition du Prophète", N.D.L.R.] se contredisent, c'est montrer qu'il y avait déjà des divergences chez les anciens, donc qu'il peut y en avoir d'autant plus dans notre modernité ».

Ce travail peut être synthétisé en six phases :

§ 1. Évaluer le degré des connaissances religieuses

Premièrement, dans la situation de Karima, le référent cultuel discute avec cette dernière en abordant des thèmes vraiment classiques, pour avoir un aperçu sur leur degré, l'aspect qualitatif et quantitatif de ses connaissances religieuses. Ces échanges qui peuvent se dérouler sur plusieurs séances permettent à Abdelkader d'appréhender les degrés ainsi que l'assiduité des pratiques cultuelles, mais également ses références et sources de connaissances.

§ 2. Évaluer le courant

Suite aux discussions, et dans ces cas au passage d'un questionnaire sur la religiosité[4], le référent cultuel note que son attitude consiste à vouloir s'assurer de l'authenticité de l'information religieuse et de ne pas « gober » sans examen tout ce qui lui est dit ; ceci est pour le professionnel les prémices de la constitution d'un filtre critique faisant apparaître un questionnement face à certaines représentations.

§ 3. Relever les incohérences et les contradictions

Au fur et à mesure des rencontres, le référent social propose à Karima des lectures différentes des évènements par rapport à ses sources personnelles (amis, littérature, Internet) notamment concernant les sujets de la vie en Syrie, le rôle de la France dans le conflit, les interactions géopolitiques : « l'idée est de favoriser le débat pour mieux amener des références complémentaires et solliciter les schémas de pensée de Madame. »

---

[4] Ce dernier comprend quatre dimensions : 1- Les connaissances religieuses, 2- L'acceptation de l'historicité, 3- L'aptitude à l'autonomie, 4- L'ouverture à l'altérité.

Il lui propose de continuer avec lui ce travail intellectuel sur les fondements de la religion afin de mettre à sa disposition un discours alternatif loin de toute vocation extrême. Afin de susciter sa participation, il lui propose de choisir les thèmes religieux à traiter lors de la prochaine rencontre.

§ 4. Susciter un état de critique ou déconstruire le discours radical

Pour le référent cultuel, avec Karima, il s'agit de « débattre dans un cadre bienveillant et non jugeant afin de créer des passerelles et non de chercher à convaincre. Notamment autour du sujet de l'aveuglement du don de soi, pour qui et pourquoi mourir ? »

§ 5. Ouvrir un canal de discussion

À la fin de l'accompagnement de Karima, cette dernière n'hésite pas à contacter le week-end Abdelkader pour échanger sur des textes à partir de points précis. L'équipe constate qu'il a développé une véritable méthodologie de recherche comme le souligne le référent cultuel : « désormais elle évoque son vécu, ses émotions, échange sur des thématiques auparavant taboues et a, selon l'équipe, une meilleure connaissance d'elle-même et des ressorts qui l'animent. »

§ 6. Fournir des réponses et une éthique de la connaissance

Cette étape est fondamentale en ce qui concerne la question de la relativité des croyances, telle en témoigne la fin du suivi de Karima constate qu'il ne s'accroche plus à des convictions qu'il pouvait avoir par le passé lorsque le référent lui oppose des arguments solides les contestant : « cette éthique de la connaissance est très positive et importante pour la suite [...] Cela constitue un facteur primordial dans le travail de réajustement de ses représentations et par voie de conséquence, pour la pérennisation de son insertion sociale. À la fin du suivi, afin de préparer la sortie, il lui donne également un panel d'outils nécessaires selon lui pour comprendre et analyser les textes, ceci, dans l'objectif de contribuer à son autonomie cultuelle.

Les attentats récents de « blastphèmés » sur le sol français démontrent que la plupart de ces sujets se sentaient profondément offensés comme dans le cas de l'assassinat de Samuel Paty où le djihadiste indiqua vouloir venger le prophète, un parent d'élève s'étant plaint de l'enseignant coupable selon lui d'avoir présenté des caricatures du Prophète Mahomet. Suivant la propagande djihadiste décrivant la France comme « blasphématrice » et « islamophobe[5] », il se ressentait comme d'autres « surgissants » pourrait-on dire comme « blastphèmé » au sens de l'alliage entre la définition du concept de *Blast* : de lésions psychologiques et organiques ressenties provoquées par des ondes de choc d'une « explosion » émotionnelle laissant le passage à l'acte irréversible à surgir[6], allié au terme grec *phèmé* qui correspond à la déesse des rumeurs et de la renommée dans l'Antiquité, rendant l'auteur.e d'un acte, immortel (héros) et permettant la perpétuation de sa mémoire ici-bas et au-delà…

Une forme de radicalité relativement assez commune se retrouve dans ces situations rencontrées : rituelle au sens où le rite est perçu comme l'accomplissement d'une tâche visant à produire un effet de statut et de rôles. Bien souvent, il se déroule en trois temps : une phase de séparation où l'individu sort de son état antérieur, une phase de latence où l'individu est entre deux statuts, et une phase d'agrégation où la personne acquiert un nouvel état. L'évènement est bien souvent connexe à des problématiques de reconnaissance sociale et identitaire. Le désir de l'acte radical s'avère pour la personne relever (dans cette situation), à l'image du voyage d'Ulysse, d'une volonté de vivre une expérience extraordinaire relative à un passage vers une transformation identitaire fantasmée et fantasmagorique.

---

5 Ce sempiternel message était de nouveau relayé en juillet 2021 par une vidéo d'Al-Qaïda, puis en août par Al-Qaïda au Maghreb islamique ou dans les colonnes de *Manhattan Wolves*, un magazine affilié à Al-Qaïda appelant ses partisans à profiter des manifestations en France pour commettre un attentat.

6 Ce terme permet de faire ressentir les dégâts, lésions internes psychosociologiques au cœur du désir d'une décharge émotionnelle violente.

3e partie
L'étiquetage « dangereux » et la vigilance (« La mémoire dans la peau »)

L'appréhension par le droit pénal de la dangerosité des femmes et mineurs radicalisés

Marie-Christine SORDINO
Professeur à l'Université de Montpellier, directrice de l'Équipe de droit pénal et sciences forensiques de Montpellier (EDPFM), Univ. Montpellier, Montpellier, France.

Pauline HERRARD
Doctorante contractuelle à l'Université de Montpellier, Équipe de droit pénal et sciences forensiques de Montpellier (EDPFM), Univ. Montpellier, Montpellier, France

Dangerosité. Le terme « *dangerosité* » est employé à plusieurs reprises dans le Code pénal ainsi que dans le Code de procédure pénale, sans qu'aucune véritable définition n'en soit donnée[1]. Dans son sens courant, la dangerosité renvoie à ce qui est dangereux et donc à ce qui crée un danger pour autrui. La criminologie a tenté de définir cette notion sans s'accorder sur une unique définition. En effet, la dangerosité est protéiforme. Elle renvoie à plusieurs types de comportements[2]. Dans le cadre de cette contribution, il sera uniquement question de la dangerosité « *criminologique* », définie comme « *un phénomène psychosocial caractérisé par les indices révélateurs de la grande probabilité de commettre une infraction contre les personnes ou les biens* », ainsi que comme le « *risque pour une personne condamnée de commettre une nouvelle infraction après sa libération* »[3]. Cette facette de la dange-

[1] FIECHTER-BOULVARD F., « Des liens entre la criminologie et le droit pénal : propos autour de la notion de "dangerosité" », *Archives de politique criminelle*, 2009/1, p. 263 et s. ; RAGNOLO S., « *Le traitement pénal de la dangerosité* », Thèse Université Côte d'Azur, 2016.

[2] Dangerosité criminologique, dangerosité psychiatrique, dangerosité carcérale…

[3] Haute autorité de Santé, Rapport sur l'expertise psychiatrique pénale, Ministère de la Santé et des Solidarités – Paris, 25 et 26 janvier 2007 p. 7.

rosité implique le recours au calcul d'une probabilité, soit de commettre une première infraction, soit d'en commettre une à nouveau, à l'issue d'une condamnation. Or, la probabilité de commettre une infraction vise une infinité de comportements, d'où la difficulté de l'appréhension de la dangerosité par le droit[4]. La doctrine s'accorde pour affirmer que la dangerosité est une notion floue et difficile à appréhender juridiquement[5].

Radicalisation. La radicalisation a pu être définie comme « *un processus d'identification personnelle ou collective à des idées politiques ou politico-religieuses extrêmes qui impliquent la volonté de transformer la société par la violence* »[6]. Elle est la traduction violente d'une idéologie religieuse, visant à la transformation de la société par la violence. Lorsqu'il est utilisé par les pouvoirs publics au cours de ces dernières années, le terme de radicalisation renvoie à la radicalisation islamiste. Cette notion n'était pas appréhendée par le droit jusqu'aux attentats terroristes perpétrés depuis quelques années en Europe[7]. La radicalisation est elle aussi interprétée de manière très large. Elle est susceptible de recouvrir « *un spectre très large d'agissements allant d'un changement vestimentaire ou pileux, à un projet d'attentat* »[8]. Certains auteurs pensent qu'elle constitue un « *terme polysémique et flou prêtant à la fois aux confusions et aux amalgames stigmatisants* »[9]. Il s'agit, en effet, d'une notion peu précise qui peut englober un grand nombre de comportements, plus ou moins violents. Il est difficile de savoir où placer le curseur, de manière à déterminer à quel stade un comportement devient inquiétant. Il est vrai que les pensées radicales et la pratique rigoriste d'une religion ne sont constitutives d'aucune infraction. La notion de radicalisation va

4 Difficile à appréhender par le droit, la dangerosité est désormais approchée par des disciplines scientifiques utilisées au service du procès, afin de tenter de mieux la cerner, v. not., M.-C. SORDINO, « Neurosciences et appréciation de la dangerosité, entre fascination et craintes », in *Neurosciences et pratiques judiciaires,* Actes du colloque des 18 et 19 mai 2021, Mission de recherche Droit et Justice et l'ENM, p. 27 à 32, septembre 2021.

5 V. not., DANET J., « La dangerosité, une notion criminologique, séculaire et mutante », *Champ pénal,* vol. V, 2008 ; GIUDICELLI-DELAGE G. et LAZERGES Ch., *La dangerosité saisie par le droit pénal,* PUF, coll. Les voies du droit, 2011 ; TALEB A., « La judiciarisation de la notion de dangerosité », *La revue de médecine légale,* 2012, p. 13 ; DANET J., « Que faire de la dangerosité en droit pénal ? », *in* États généraux de la recherche sur le droit et la justice, Mission de Recherche Droit et Justice, CNRS, LexisNexis 2018, p. 603 ; MARGAINE C., « De la "Dangerosité de la dangerosité" en droit de la peine. Des faiblesses de l'évaluation de la dangerosité au risque d'une dénaturation du droit pénal », *in* dossier Dangerosité et droits fondamentaux, *RDLF* 2020 chron. n° 70.

6 « Sécurité pénitentiaire et action contre la radicalisation violente ». Plan d'action de Jean-Jacques Urvoas, garde des Sceaux, ministre de la Justice, Paris, Ministère de la Justice, 2016, p. 3.

7 CRETTIEZ X., « Penser la radicalisation. Une sociologie processuelle des variables de l'engagement violent », *Revue française de science politique,* vol. 66, n° 5, 2016, p. 709-727.

8 CNCDH, Avis sur la prévention de la radicalisation, 18 mai 2017.

9 De GALEMBERT C., « Le "radical", une nouvelle figure de dangerosité carcérale aux contours flous », *Critique internationale,* 2016.

permettre d'expliquer les causes et le contexte idéologique entourant les infractions à caractère terroriste. Cependant, fort heureusement, la radicalisation religieuse ne mène pas toujours à l'acte terroriste. Xavier Crettiez affirmait à ce propos que « *Tout comportement radical n'est pas forcément violent et établir un lien d'automaticité entre conduite religieuse stricte (le salafisme) et activisme violent (le jihadisme) relève d'un dangereux raccourci* »[10]. L'objectif des pouvoirs publics consistera alors à détecter les radicalisations pouvant basculer dans la violence. Ainsi, ont pu être avancés plusieurs indicateurs de ce basculement, permettant de qualifier cette « *radicalisation* » dont le contenu n'est pas déterminé avec certitude[11]. Il est cependant nécessaire de distinguer entre la radicalisation violente, qui sera susceptible de pénalisation et la radicalisation idéologique, qui pourra être l'objet d'une pénalisation lorsqu'elle intègrera un certain degré de violence ou un projet infractionnel. L'entrée de la radicalisation sur la scène juridique s'est réalisée au moment où les pouvoirs publics ont voulu mettre en œuvre une politique de prévention du terrorisme[12]. En effet, le législateur s'est appuyé sur cette notion, comprise de manière extrêmement large, afin de pouvoir développer des mécanismes de prévention du passage à l'acte, englobant un grand nombre de comportements *ante delictum.*

Du lien entre la radicalisation et la dangerosité. D'emblée, un lien est possible entre radicalisation et dangerosité. Si la radicalisation religieuse ne constitue pas en elle-même une source d'actes de violence, elle peut en être un indicateur. Ainsi, la dangerosité étant évaluée au moyen d'une probabilité, la radicalisation peut être considérée comme l'un des éléments révélateurs d'une dangerosité potentielle. Le flou, tant juridique que linguistique, entourant les notions de dangerosité et de radicalisation tend à complexifier le travail d'analyse.

Spécificités de la radicalisation des femmes et des mineurs. Cette étude se concentre sur le cas des femmes et des mineurs radicalisés. Cela recouvre la situation des femmes parties faire le djihad, qu'elles soient ou non de retour sur le territoire français, mais aussi de celles qui ont été poursuivies en France pour une infraction ou un projet d'infraction pénale à caractère terroriste. Les mineurs radicalisés sont les personnes âgées de moins de dix-huit ans[13], qui partagent l'idéologie radicale islamiste. Il peut s'agir de mineurs nés en Syrie, de ceux de retour sur le territoire français, de mineurs combattants et de ceux poursuivis au

---

10 *Ibid.*, p. 711.

11 CNCDH, Avis sur la prévention de la radicalisation, 18 mai 2017, *op. cit.*, p. 9.

12 ALIX J., « Radicalisation et droit pénal », *RSC*, 2020, p. 769.

13 Article 414 du Code civil fixant la majorité à l'âge de dix-huit ans.

titre d'infractions à caractère terroriste sur le territoire français[14]. Pour comprendre l'importance actuelle de la question du sort des femmes et des mineurs radicalisés, il est nécessaire de faire un bref rappel du contexte dans lequel celle-ci a émergé. En 2016, la France comptait plus de 700 de ses ressortissants actifs en Syrie et Irak, parmi lesquels 280 femmes et 420 enfants[15] dont 200 seraient nés sur place[16]. Depuis 2019 et la chute de l'État islamique, de nombreux civils se sont retrouvés isolés dans des conditions sanitaires intolérables dans les camps du Rojava[17], sous contrôle des forces démocratiques syriennes. Dès lors, 80 femmes et 200 enfants français se retrouvent enfermés dans ces camps et réclament leur rapatriement en France[18]. La question de leur retour s'oppose à celle de leur dangerosité. Les autorités françaises, appuyées par l'opinion publique, ont alors préféré, pour l'instant, adopter une stratégie prudente, décidant le retour au « *cas par cas* » des seuls mineurs. Plusieurs autorités plaident cependant pour que la France rapatrie ces mineurs, au nom de la protection de leurs droits et libertés fondamentaux[19].

La question de la prise en charge, par le droit pénal, des femmes et des mineurs radicalisés est nécessairement complexe. Elle convoque de nouvelles figures, inédites, liées à des actes de terrorisme, qui n'ont été appréhendées que très récemment, engendrant d'importantes difficultés juridiques.

Problématique. Toutes ces réflexions conduisent à s'interroger sur la manière dont le droit pénal tente d'appréhender la spécificité de la dangerosité des femmes et des mineurs radicalisés. La dangerosité permet de

---

14 « *Début mars 2017, 56 mineurs étaient poursuivis pour association de malfaiteurs en relation avec une entreprise terroriste* », BONELLI L. et CARRIÉ F., « Radicalité engagée, radicalités révoltées. Enquête sur les jeunes suivis par la protection judiciaire de la jeunesse (PJJ) », Université de Paris Nanterre, Institut des sciences sociales du politique, janvier 2018, p. 6.

15 THOMSON D., *Les revenants. Ils étaient partis faire le Jihad, ils sont de retour en France,* Seuil, 2016, p. 198.

16 BONELLI L. et CARRIÉ F., « Radicalité engagée, radicalités révoltées. Enquête sur les jeunes suivis par la protection judiciaire de la jeunesse (PJJ) », *op. cit.* p. 6.

17 Région contrôlée par les autorités kurdes (parti de l'union démocratique) depuis 2013, autoproclamée indépendante, mais non reconnue sur la scène internationale. Le parti de l'union démocratique a participé à combattre l'État islamique. Pour plus d'informations : <https://www.monde-diplomatique.fr/2020/02/COURT/61311, date de consultation : 30 octobre 2021.

18 <https://www.ouest-france.fr/monde/syrie/syrie-des-deputes-francais-refoules-des-camps-ou-femmes-et-enfants-de-djihadistes-sont-detenus-7174174>, date de consultation : 30 octobre 2021.

19 CNCDH, Avis urgent sur le rapatriement des mineurs français retenus dans les camps du Nord-Est syrien, Assemblée plénière, *JORF* n° 0006 du 8 janvier 2022 ; CNCDH, Avis sur les mineurs français retenus dans les camps syriens, Assemblée plénière, 25 septembre 2019, *JORF* n° 0237 du 11 octobre 2019 ; Défenseur des droits, Communiqué de presse : « La Défenseure des droits demande au gouvernement le rapatriement, dans les plus brefs délais, de tous les enfants français retenus dans les camps au nord-est de la Syrie », 28 avril 2022.

fonder le prononcé de mesures *ante delictum*, détachées de toute imputabilité d'une infraction. Cette dangerosité va permettre de soumettre la personne à des mesures post-peine de surveillance très longues, voire potentiellement perpétuelles. Il est alors nécessaire de s'attacher, d'abord, à la dangerosité spécifique des femmes et des mineurs radicalisés, la radicalisation apparaissant comme un facteur de cette dangerosité (Section 1), laquelle justifiera, ensuite, leur surveillance au long cours (Section 2).

Section 1. La radicalisation des femmes et des mineurs, facteur de dangerosité

La croyance persistante en l'idéologie radicale violente peut constituer un indice de dangerosité des femmes et des mineurs radicalisés (§ 1). Cette persistance dans l'idéologie radicale après l'exécution de la peine est le signe d'une difficulté d'appréhension du processus de radicalisation des femmes et des mineurs, qui questionne l'idée même de dangerosité (§ 2).

§ 1. Un indice de dangerosité : la persistance de la croyance dans l'idéologie radicale

Du lien entre la radicalisation et la dangerosité. Les notions de radicalisation et de dangerosité ne sont pas définies de manière claire, tant dans leur contenu, que dans leurs conséquences. Le terme de « *dangerosité* » n'a intégré le Code de procédure pénale qu'en 2008 à l'occasion de la loi relative à la rétention de sûreté et à la déclaration d'irresponsabilité pour trouble mental[20]. Avant cette date, la dangerosité n'était appréhendée qu'en criminologie, renvoyant aux recherches de l'école positiviste sur l'état dangereux[21]. Bien qu'appréhendée par le Code de procédure pénale, cette notion n'est pas véritablement définie, ledit Code renvoyant simplement à une « *probabilité très élevée de récidive* »[22]. La dangerosité a la particularité de se trouver à mi-chemin entre l'infraction

[20] Loi n° 2008-174 du 25 février 2008 relative à la rétention de sûreté et à la déclaration d'irresponsabilité pénale pour cause de trouble mental.
[21] DELAGE P.-J., « La dangerosité comme éclipse de l'imputabilité et de la dignité », *RSC*, 2007 p. 797 ; PRADEL J., « Une double révolution en droit pénal français avec la loi du 25 février 2008 sur les criminels dangereux », *Recueil Dalloz*, p. 100 ; DANET J., « La dangerosité, une notion criminologique, séculaire et mutante », *Champ pénal*, vol. V, 2008, *op. cit.*
[22] Par exemple, l'article 706-53-13 du Code de procédure pénale.

réalisée et l'infraction redoutée[23]. Elle repose sur la probabilité plus ou moins importante de commission d'une infraction future, révélée par la condamnation d'une infraction passée[24]. Renvoyant à une probabilité que le sujet commette une infraction, la dangerosité est subjective[25].

Son évaluation est aussi extrêmement complexe, car elle ne repose sur aucun véritable fondement scientifique. Il s'agit là encore de déceler un risque, une probabilité, de manière incertaine. Cependant, c'est sur la base d'un constat de dangerosité qu'un ensemble de mesures restrictives et/ou privatives de liberté pourront être prononcées. La CNCDH a déjà dénoncé l'ensemble de ces difficultés, rappelant que « *le système judiciaire français se fonde sur un fait prouvé et non sur la prédiction aléatoire d'un comportement futur* »[26].

La radicalisation comme indicateur de dangerosité. La radicalisation est une notion qui ne trouve aucune résonance juridique. Elle n'est pas présente en tant que telle dans le Code pénal, ni dans le Code de procédure pénale. La loi n° 2021-998 du 30 juillet 2021 relative à la prévention d'actes de terrorisme et au renseignement constitue la première illustration de la prise en compte de la radicalisation dans le Code de procédure pénale. Elle est venue ajouter à l'arsenal des mesures de sûreté existantes, la mesure judiciaire de prévention de la récidive terroriste et de réinsertion, spécifique au contexte terroriste. Il s'agit d'une mesure de sûreté pouvant être prononcée à l'issue de la peine lorsque l'individu présentera une particulière dangerosité caractérisée par « *une probabilité très élevée de récidive et par une adhésion persistante à une idéologie ou à des thèses incitant à la commission d'actes de terrorisme* ». Le lien entre récidive et dangerosité n'est certes pas nouveau, mais cette loi vient donner un nouvel indicateur de dangerosité : la persistance dans l'idéologie terrorise. Le choix a été fait de ne pas utiliser directement le terme de « *radicalisation* », mais l'expression utilisée y renvoie de manière certaine. La radicalisation devient donc un véritable indice de dangerosité permettant de caractériser la probabilité de récidive. Il s'agit d'un indice subjectif, lié au compor-

---

[23] CNCDH, Avis relatif à la proposition de loi instaurant des mesures de sûreté à l'encontre des auteurs d'infractions terroristes à l'issue de leur peine, 23 juin 2020.

[24] FIECHTER-BOULVARD F., « Des liens entre la criminologie et le droit pénal : propos autour de la notion de "dangerosité" », *Archive de politique criminelle*, 2009/1, p. 263 et s., *op. cit.*

[25] *Ibid.*

[26] Cette loi reprend en substance les idées de la loi du 27 juillet 2020 instaurant des mesures de sûreté à l'encontre des auteurs d'infractions terroristes à l'issue de leur peine, censurée par le Conseil constitutionnel dans sa décision du 7 août 2020 et publiée le 10 août 2020 au *Journal officiel* amputée des dispositions relatives à la mesure de sûreté ; SAFI F., « La loi du 30 juillet 2021 relative à la prévention d'actes de terrorisme et au renseignement. Entre pérennisation et extension de l'exception… », JCP éd. G, 2021, p. 1768.

tement de l'individu. Le législateur présume l'existence d'un lien entre la radicalisation ou la persistance dans l'idéologie terroriste et les velléités criminelles. Cependant, le comportement évoqué est tout aussi nébuleux que la dangerosité. En effet, comme il s'agit de renvoyer à l'idéologie d'une personne, il est nécessaire de se plonger dans ses croyances. Cela renverra alors certainement à une présomption, fondée sur un faisceau d'indices défini de manière plus ou moins précise. Ces critères, non véritablement définis, laissent une part non négligeable à l'interprétation de la personne qui les évalue, ce qui laisse subsister des incertitudes. Ainsi, pour certains, de faibles indices comme le port d'une tenue vestimentaire spécifique (Voile, Qamis...), une pratique religieuse stricte (respect des cinq prières), suffisent pour caractériser la persistance de la radicalité[27] et donc la dangerosité de la personne. Ce comportement ne constitue pourtant aucune infraction pénale. Ainsi, même avec cette adjonction d'un nouveau critère, la dangerosité d'une personne ne devient pas plus aisée à établir. Là encore, elle reposera sur une analyse subjective.

Femmes et enfants, nouvelles figures de dangerosité. Depuis quelques années, se développent de nouvelles figures du terrorisme : les femmes et les enfants. Leur prise en compte dans la lutte contre le terrorisme est relativement récente, puisqu'ils étaient jusqu'alors présentés comme des victimes d'un embrigadement pour rejoindre les zones de guerre[28]. Cependant, depuis quelques années, le djihadisme féminin se développe, ainsi que les tentatives de retour de Syrie. La question de l'implication de ces femmes et mineurs, ainsi que leur rôle dans le terrorisme se pose, dès lors, avec acuité. En effet, les femmes qui ont décidé soit de partir rejoindre la Syrie ou qui ont commis des actes de terrorisme sur le territoire français, présentent une adhésion à l'idéologie extrémiste[29]. La persistance de leur croyance religieuse pendant et à l'issue de leur peine sera perçue le plus souvent comme un signe de persistance de la radicalisation et donc de dangerosité par les autorités.

Les enfants, quant à eux, ont été baignés dans l'extrémisme et la violence dès leur plus jeune âge. Ils se sont donc construits sur cette seule base de socialisation[30]. Les femmes et les mineurs radicalisés deviennent également, à ce titre, des figures inédites de la dangerosité. Il s'agit de

---

27 DE GALEMBERT C., « Le "radical", une nouvelle figure de dangerosité carcérale aux contours flous », *Critique internationale*, 2016.

28 THOMSON D., *Les revenants. Ils étaient partis faire le Jihad, ils sont de retour en France*, *op. cit.*, p. 182.

29 CAZEAU B. et GOY-CHAVENT S., Rapport (n° 639) fait au nom de la commission d'enquête sur l'organisation et les moyens des services de l'État pour faire face à l'évolution de la menace terroriste après la chute de l'État islamique, enregistré à la Présidence du Sénat le 4 juillet 2018.

30 BOUZAR D., « Les enfants de Daech », *Les cahiers de l'Orient*, 2019.

l'apparition de figures d'un nouveau genre, qui, jusqu'alors, demeuraient insoupçonnées ou trop souvent négligées, l'attention se concentrant classiquement sur les combattants de sexe masculin. Leur dangerosité est d'autant plus redoutable qu'elle était relativement indétectable et échappait à la surveillance des autorités.

§ 2. La dangerosité questionnée par la difficile appréhension du processus de radicalisation des femmes et mineurs

La violence des femmes au sein des organisations terroristes. La prise en compte de la dangerosité des femmes djihadistes est récente. La plupart des spécialistes de la question s'accordent pour la dater de l'année 2016. Jusqu'à cette date, le rôle des femmes au sein de l'État islamique se limitait à des tâches ménagères, à la procréation et à l'éducation des futurs combattants. Elles avaient l'interdiction de combattre et de prendre les armes[31]. En 2014, le Califat fut proclamé par Abou Bakr Al Baghdadi, dans l'espoir de créer un État djihadiste. Dès lors, il y eut un appel massif à l'immigration en Syrie. De nombreuses jeunes femmes recrutées sur Internet dans le but de les marier à un combattant, immigrèrent en Syrie[32].

Il n'y a pas de profil de la femme radicalisée[33], mais il est possible de déceler des similitudes dans les parcours menant à la radicalisation[34]. Dans le discours des femmes parties en Syrie, est souvent avancé le fait qu'elles ressentaient un sentiment de stigmatisation en France, ainsi que des freins à l'exercice de leur religion notamment par l'interdiction du voile intégral dans l'espace public[35]. D'autres expliquent avoir voulu rejoindre leur conjoint ou un futur mari rencontré en ligne. Dans la plupart des témoignages, une vision idéalisée du djihad et des combats, ainsi

---

31 THOMSON D., *Les revenants. Ils étaient partis faire le Jihad, ils sont de retour en France, op. cit.*, p. 202.

32 *Ibid.*, p. 182.

33 Colloque « Femmes et radicalisation », Paris, 10 mars 2017, <http://www.prefectures-regions.gouv.fr/ile-de-france/content/download/40552/272520/file/Actes%20Femmes%20et%20Radicalisation.pdf> ; KHOSROKHAVAR F., « Les femmes djihadistes et la question féministe », in *Femmes, mineurs et terrorisme*, sous la dir. de LEONHARD J. et MÉNABÉ. C., L'Harmattan, coll. Bibliothèques de droit, 2021, p. 97 et s.

34 Pour une analyse approfondie du processus spécifique de radicalisation ainsi que des causes spécifiques de la radicalisation liés aux femmes et aux mineurs, v. l'éclairante contribution de C. MÉNABÉ, « Approche criminologique des femmes et des mineurs dans le terrorisme », *in Femmes, mineurs et terrorisme*, sous la dir. de LEONHARD J. et MÉNABÉ. C, L'Harmattan, coll. Bibliothèques de droit, 2021, p. 83 et s.

35 INHESJ, « Radicalisation islamiste et filières djihadistes. Prévenir, détecter et traiter », 26e Session nationale « Sécurité et Justice », 2014-2015.

qu'une vision dégradée de la France, sont perceptibles[36]. La pression sociale paraissant être un vecteur important de radicalisation, le sentiment d'appartenance à un groupe est mis en exergue par certaines personnes en quête de repères[37]. Pour toutes ces raisons et sûrement d'autres, les femmes peuvent adhérer à une idéologie djihadiste préconisant le recours à l'acte violent. Cette propension à la violence constitue un facteur préoccupant de dangerosité.

Depuis peu, les femmes tiennent un véritable rôle de combattante au sein de l'organisation terroriste. Face au déclin de l'influence de l'État islamique en Syrie et à ses défaites successives, un besoin massif de combattants s'est fait sentir. Ainsi, en 2016, le journal *Al-Naba* affirme un possible appel aux armes pour les femmes djihadistes. En 2017, l'État islamique diffuse des vidéos de propagande mettant en scène des femmes combattantes et appelant plus généralement les femmes à prendre les armes[38]. Cette participation effective au combat traduit un degré extrême de radicalisation. Elles participent de manière volontaire aux actions violentes, ce qui illustre leur dangerosité qui était jusqu'alors insoupçonnée. Cet appel a eu un retentissement dramatique sur le territoire français, puisque, le 3 septembre 2016, une tentative d'attentat organisé par un commando exclusivement féminin a été déjouée à Paris[39]. À partir de ce moment-là, la dangerosité des femmes radicalisées a nécessairement été prise en compte. Une judiciarisation immédiate est ainsi organisée dès leur entrée sur le territoire français[40]. L'un des facteurs d'inquiétude consiste dans le fait que l'idéologie peut persister après le retour sur le territoire français et même après la peine. Il est donc très important de tenir compte de la dangerosité présentée par les femmes lors de la détermination des mesures de surveillance.

Les enfants, avenir de l'idéologie radicale. L'objectif du Califat instauré par l'État islamique était de créer un véritable État djihadiste

---

36 CASTEL DE BERGERAC C. F., « Rupture jihadiste. Les jeunes femmes de la prison de Fleury-Mérogis », *in* BERNAS ROUBIER F., *Les territoires conquis de l'islamisme*, PUF, 2021, p. 295-342.

37 SEZE R., *Prévenir la violence djihadiste. Les paradoxes d'un modèle sécuritaire*, Seuil, 2019.

38 CAZEAU B. et GOY-CHAVENT S., « Menace terroriste : pour une République juste mais plus ferme », Rapport (n° 639) fait au nom de la commission d'enquête sur l'organisation et les moyens des services de l'État pour faire face à l'évolution de la menace terroriste après la chute de l'État islamique, enregistré à la Présidence du Sénat le 4 juillet 2018, p. 52-53.

39 SEELOW S., « Derrière l'affaire de l'Essonne, l'importance du djihad des femmes », *Le Monde*, 10 septembre 2016.

40 CAZEAU B. et GOY-CHAVENT S., Rapport (n° 639) fait au nom de la commission d'enquête sur l'organisation et les moyens des services de l'État pour faire face à l'évolution de la menace terroriste après la chute de l'État islamique, enregistré à la Présidence du Sénat le 4 juillet 2018.

dont l'idéologie serait partagée par tous. Afin de réaliser cet objectif, les enfants étaient éduqués à l'extrémisme dès leur plus jeune âge via l'endoctrinement des familles, mais aussi par l'enseignement dispensé par l'organisation (manuels djihadistes, écoles spécifiques, enseignement de la religion…). L'objectif était de créer une génération future de soldats totalement endoctrinés. L'embrigadement des enfants n'est pas une idée nouvelle. Il fut l'apanage de tous les régimes totalitaires, qu'il s'agisse des très jeunes enfants initiés selon l'idéologie du parti nazi ou de la jeunesse communiste en URSS. L'objectif de tous les régimes totalitaires est de créer un monde nouveau façonné selon une certaine idéologie. Le rôle des générations futures est prépondérant. Celles-ci intègrent les règles et les transmettent à leur tour, permettant ainsi leur pérennisation.

Certains enfants étaient recrutés par l'État islamique pour devenir des combattants. Ils faisaient l'objet d'une formation au maniement des armes et au combat dans un centre d'entraînement[41]. Ces mineurs sont éduqués dans l'extrémisme. Malheureusement, par l'intégration du seul modèle et de l'unique manière de penser qu'ils connaissent et par leur acceptation aisée en raison de leur jeune âge, ils se trouvent radicalisés très tôt. Ainsi, certains y voient un signe important de dangerosité, les comparant à des « *bombes à retardement* »[42], nécessitant une véritable prise en charge individuelle sur le long terme.

La dangerosité persistante des Returnees[43]. Face aux conditions de vie difficiles en zones de guerre, ainsi qu'en raison de la chute de l'État islamique[44], un certain nombre de femmes et d'enfants sont revenus sur le territoire français. David Thomson dans son livre, *Les revenants*, a recueilli plusieurs témoignages de femmes de retour en France. Si certaines estiment en avoir fini avec l'idéologie terroriste et la recherche d'un Califat, d'autres femmes affirment toujours partager cette idéolo-

---

41 THOMSON D., *Les revenants. Ils étaient partis faire le Jihad, ils sont de retour en France*, *op. cit.*, p. 198 ; DANDOIS T., TREGAN F. X., « Ashbal, les lionceaux du califat », ARTE, 2017 (52 min).

42 Propos de Monsieur François MOLINS, recueillis par SEELOW S., PASCUAL J. et JACQUIN J.-B., « Le procureur de Paris François Molins : "Le risque d'attentat est renforcé" », *Le Monde*, 2016.

43 Expression utilisée pour désigner les individus de retour sur le territoire français suite à une immigration en Syrie, *in* CAZEAU B. et GOY-CHAVENT S., Rapport (n° 639) fait au nom de la commission d'enquête sur l'organisation et les moyens des services de l'État pour faire face à l'évolution de la menace terroriste après la chute de l'État islamique, enregistré à la Présidence du Sénat le 4 juillet 2018.

44 La chute de l'État islamique a eu lieu en mars 2019 suite aux défaites dans les villes de Raqqa et Mossoul. Le groupe n'a désormais plus de territoire dédié dans cette région. Cependant, son influence continue de rayonner de manière sporadique en Syrie et s'étend désormais à d'autres territoires, tels que le Sahel.

gie[45]. Certaines expliquent même vouloir repartir vers d'autres terres de djihad. D'autres expliquent vouloir commettre des actions violentes sur le territoire français[46]. Ainsi, ces femmes toujours radicalisées, parfois très radicalisées et n'ayant jamais changé d'idéologie, présentent un degré certain de dangerosité que les pouvoirs publics cherchent à neutraliser.

Les enfants, lors de leur retour sur le territoire français, sont, dans la plupart des cas, séparés de leur mère. Celle-ci est placée directement en garde à vue[47] et les enfants confiés au service social à l'enfance. Cette séparation peut être très mal vécue par les enfants, entraînant un rejet des institutions. L'adaptation de ces enfants est difficile. Plusieurs sont nés en Syrie et n'ont connu que la guerre, tandis que d'autres sont partis dès leur plus jeune âge. Ils ont vécu de nombreux traumatismes, ont été socialisés sur la base d'une idéologie guerrière et entrainés au combat. Lors de leur éducation radicale, ils ont pu intégrer le rejet des institutions occidentales et des systèmes démocratiques laïcs[48] et présentent alors une dangerosité latente, qui est une source de danger pour la société.

Les camps syriens, véritables poudrières propices à la radicalisation. Les camps dans lesquels sont détenus des centaines de femmes et d'enfants de nationalité française en Syrie constituent un problème d'une grande importance, qui semble pourtant éludé par les autorités. En effet, depuis la chute de l'État islamique et la perte de son territoire, de nombreuses familles de djihadistes ont été retenues dans des camps sous autorité kurde[49]. Les femmes et enfants représentent 80 % de la population totale de ces camps[50]. Les conditions de vie y sont déplorables : des milliers de personnes sont entassées dans des tentes, les conditions sanitaires sont insoutenables et la violence est courante. *Human Rights Watch* a qualifié les conditions dans lesquelles ces personnes étaient détenues de tortures, appelant les autorités à rapatrier leurs ressortissants[51].

---

45 THOMSON D., *Les revenants. Ils étaient partis faire le Jihad, ils sont de retour en France*, *op. cit.*, p. 189.
46 *Ibid.*, p. 209.
47 CAZEAU B. et GOY-CHAVENT S., Rapport (n° 639) fait au nom de la commission d'enquête sur l'organisation et les moyens des services de l'État pour faire face à l'évolution de la menace terroriste après la chute de l'État islamique, enregistré à la Présidence du Sénat le 4 juillet 2018.
48 *Ibid.*
49 Notamment les camps d'Al-Hol et Roj en Syrie.
50 Site de l'ONU, « Syrie : des experts de l'ONU exhortent 57 pays à rapatrier des femmes et enfants bloqués dans les camps », 2021.
51 *Human Rights Watch*, « Syrie : Des milliers d'étrangers détenus illégalement dans le nord-est du pays », en ligne 2021 :
<https://www.hrw.org/fr/news/2021/03/23/syrie-des-milliers-detrangers-detenus-illegalement-dans-le-nord-est-du-pays>.

Cette situation est particulièrement dangereuse pour la France, et ce, à plusieurs titres.

D'abord, les conditions de vie sont telles que de nombreuses femmes tentent de s'évader et beaucoup y parviennent. Mais, dans ces camps ou aux abords, se trouvent des membres de filières terroristes dormantes, récupérant les évadées. Ces femmes retournent ainsi sous l'influence directe d'organisations terroristes. Il est possible de citer en exemple le cas de l'épouse d'Amedy Coulibaly, l'un des auteurs des attentats de 2015 à Paris, qui s'est échappée du camp d'Al-Hol et demeure pour l'instant introuvable[52]. Bien que géographiquement éloignées du territoire français, ces évasions posent un problème direct aux autorités françaises. Il est possible que ces femmes cherchent à revenir sur le territoire français par le biais de filières et d'itinéraires détournés, échappant au contrôle des autorités. Elles risquent donc de revenir en France sans que les autorités n'en soient informées et ne puissent les placer sous surveillance. Certaines de ces femmes partagent encore l'idéologie radicale islamiste et présentent tous les signes de l'existence d'une dangerosité. En 2020, 10 % des Françaises retenues dans les camps syriens étaient en fuite[53].

Ensuite, l'idéologie islamiste est toujours particulièrement forte dans les camps ; plus de 90 % des personnes détenues partageraient encore la doctrine de l'État islamique[54]. Il semble ainsi que des pressions idéologiques de la part des femmes extrêmement radicalisées, la plupart du temps membres des hautes sphères djihadistes, soient monnaie courante, ce qui permet d'asseoir la doctrine radicale au sein des camps.

Enfin, certaines femmes sont détenues sur le fondement de motifs peu clairs depuis plusieurs années, sans avoir pu bénéficier d'un procès équitable. Les autorités françaises refusent, pour l'instant, de rapatrier les femmes. Seuls les enfants peuvent rentrer au cas par cas et doivent pour cela se séparer de leur mère. Bien évidemment, il s'agit d'un choix cornélien pour les pouvoirs publics français, qui doivent garder la tête froide face au sort de leurs nationaux qui désirent revenir sur le sol français, tout en anticipant la menace future que ce retour pourrait engendrer.

Toutefois, ce refus affirmé par les autorités françaises ne risque-t-il pas de conforter le sentiment de rejet et de stigmatisation, sentiment même qui a pu les pousser à la radicalisation ? De plus, les conditions de

---

52 JOLY G., « Attentats de janvier 2015 : Hayat Boumediene, condamnée à 30 ans de réclusion, reste introuvable », *France Info*, 2020.

53 CHATREAU J., « 13 Françaises du groupe État islamique, dont l'ex-compagne de Coulibaly, sont en cavale », *Euronews*, 2020.

54 MABILLARD B., « Dans les camps syriens, ces poudrières djihadistes », *Le Temps*, 2020, <https://www.letemps.ch/video/monde/camps-syriens-poudrieres-djihadistes>.

détention dans les camps sont très dures et ce sentiment d'abandon et d'injustice peut avoir une influence sur le maintien de leur adhésion à l'idéologie et sur leur dangerosité subséquente[55]. Les traitements infligés aujourd'hui à ces femmes et enfants risquent d'accroître leur dangerosité de demain. Le refus de rapatriement de la part des autorités, alors qu'il aurait été possible depuis 2019 de mettre en place des dispositifs spécifiques de prise en charge de ces personnes, ne fait que reculer le problème à un moment où le rapatriement devra être réalisé de manière impérative et massive. Il sera alors difficile de développer des politiques raisonnées de prise en charge.

Opinion publique et insuffisance des politiques publiques. Le terrorisme est présenté comme la plus grande menace actuelle et crée au sein de la population une peur irraisonnée. Selon un sondage réalisé en 2019, la majorité des Français se prononçaient contre le retour des enfants détenus dans les camps en Syrie, témoignant d'une peur de toute forme de radicalisation, même infantile[56]. Dès lors, toutes les évolutions législatives nées en réaction aux attaques terroristes ayant eu lieu sur le territoire français sont tournées vers la prévention et surtout la répression à l'extrême des personnes condamnées. L'idée sous-jacente est que la pénalisation à long terme ou la mise en place de mesures de sûreté vont permettre la mise à l'écart des personnes radicalisées[57]. Cependant, ce n'est peut-être pas la seule manière de prévenir la radicalisation au sein du groupe social. La radicalisation violente est l'objet de difficultés de compréhension. Il s'agit d'un processus complexe et interne aux individus, qu'il est difficile de déceler et encore davantage de traiter. La difficulté d'appréhender la radicalisation, pour le droit pénal, s'illustre au niveau temporel. Le droit pénal est un droit punitif qui a pour vocation de répondre à des actes accomplis dans le passé de manière instantanée et la radicalisation, quant à elle, s'inscrit en tant que processus, dans la durée. Il est donc difficile de l'appréhender via les mécanismes classiques du droit pénal. Il est, en conséquence, nécessaire d'établir des dispositifs de suivi psychologique et social sur le long terme, plus efficaces que ceux qui ont déjà pu être mis en place, afin d'aboutir à une véritable rupture idéologique. Cependant, l'équilibre avec le respect des droits et libertés

---

[55] Sur ce point : Faculté de droit – Université Grenoble Alpes – Conférence, « Quel sort pour les femmes et enfants de djihadistes français ? », 7 mai 2020.

[56] VON RICHTHOFEN L., « Politique. Laissez rentrer les Françaises de Daech ! », *Courrier international* n° 1787, avril 2021.

[57] ALIX J., « Radicalisation et droit pénal », *RSC*, 2020, p. 769 ; ALIX J., CAHN O., « Mutations de l'antiterrorisme et émergence d'un droit répressif de la sécurité nationale », *RSC*, 2017/4, p. 845.

fondamentaux qui doit être garanti pour tous les citoyens, nécessite une articulation délicate.

Dangerosité criminologique persistante. La radicalisation est un processus, qui se développe sur le long terme, afin d'aboutir à une totale adhésion du sujet à l'idéologie extrême. Les femmes et les mineurs radicalisés font l'objet d'un traitement judiciaire spécifique, tendant à les « *déradicaliser* ». Il faut cependant faire une distinction entre la déradicalisation et le désengagement. Si la radicalisation renvoie à un processus visant à sortir de la pratique rigoriste de la religion, le désengagement, lui, vise un processus de sortie de la violence[58]. Aujourd'hui, la pratique pénitentiaire souhaite déradicaliser les détenus radicalisés ou en voie de radicalisation. Or, cette pratique peut être perçue par les détenus comme une volonté de nier ou de rejeter leur religion[59]. Cela entraine chez eux un sentiment de rejet et de stigmatisation, peu propice à la sortie de l'engagement violent[60]. Il est donc nécessaire de repenser le cadre de la prise en charge des personnes radicalisées, notamment les femmes et les mineurs, afin d'axer la priorité sur une sortie de l'engagement violent. Un suivi sur le long terme est envisageable. Puisque la radicalisation violente est un processus, il est nécessaire de traiter celle-ci par un processus inverse plus ou moins long. Ce suivi devra être réalisé de manière individuelle, afin de s'adapter à chaque type de radicalisation.

Comment appréhender l'après-peine ? L'idéologie islamiste et la radicalisation qu'elle engendre sont source d'une particulière dangerosité. Les personnes radicalisées sont perçues comme dangereuses par les institutions, mais surtout par l'opinion publique. À ce titre, elles feront l'objet de mesures de surveillance ou d'enfermement dans une visée sécuritaire. Or, tout enfermement doit comprendre un début, mais aussi une fin, dans un pays qui respecte le droit. Comment le droit peut-il justement agir afin d'éviter que ces personnes « *endoctrinées* » ne persistent dans leur idéologie et passent à nouveau à l'acte ?

---

58 Note n° Nor : JUSF1821611N, de la protection judiciaire de la jeunesse, relative à la prise en charge des mineurs radicalisés ou en danger de radicalisation violente, 1er août 2018, ALIX J., « Radicalisation et droit pénal », *RSC*, 2020, p. 769.

59 KHOSROKHAVAR F., *L'islam dans les prisons*, éd. Balland, 2004.

60 CASTEL DE BERGERAC, « Rupture jihadiste. Les jeunes femmes de la prison de Fleury-Mérogis », *in* BERNAS ROUBIER F., *Les territoires conquis de l'islamisme*, PUF, 2021, p. 295-342.

Section 2. Une vigilance au long cours face à la dangerosité radicale

L'insuffisance de la déradicalisation carcérale. Les sanctions envers les femmes et les enfants sont source d'interrogations. En effet, la prison peut être vecteur d'une radicalisation supplémentaire et d'une mise à l'écart de la société, entrainant des difficultés de réinsertion. En prison, les programmes de déradicalisation sont très complexes à mettre en œuvre et non adaptés, car ils sont calqués sur le modèle de l'homme adulte. L'administration pénitentiaire se heurte aussi aux comportements de dissimulation de la part des détenues, rendant la détection de la dangerosité difficile. Pour les mineurs incarcérés, les mêmes difficultés se posent en termes de déradicalisation et d'évaluation (§ 1). L'administration pénitentiaire essaie de s'adapter aux spécificités de ces détenus radicalisés.

La nécessité d'un suivi post-peine. Puisque les sanctions prononcées ne permettent pas réellement de rompre avec l'idéologie radicale, il a été nécessaire de développer des dispositifs post-peine pour surveiller les personnes à l'encontre desquelles des doutes subsistent. Des mécanismes extra-judiciaires d'alerte et d'éducation ont aussi été mis en place pour combler les lacunes d'une approche exclusivement judiciaire (§ 2).

§ 1. Les difficultés de sanctionner les femmes et les mineurs radicalisés

La nécessaire adaptation des sanctions. Les femmes et les enfants sont de nouveaux acteurs dans le monde du terrorisme. L'ensemble des dispositifs de lutte contre le terrorisme ont été adoptés sur le modèle d'auteurs auxquels l'administration pénitentiaire a été classiquement confrontée. La figure du terroriste est donc celle d'un homme adulte. Les dispositifs existants sont de fait appliqués aux femmes et aux enfants, mais sont-ils pour autant adaptés ?

Le développement d'infractions indirectes. La pratique radicale d'un culte et les pensées radicales ne constituent pas une infraction pénale. Il s'agit d'une manifestation de la liberté religieuse[61]. La radicalisation peut cependant parfois renvoyer à la violence idéologique et donc être source de danger pour la société. À ce titre, elle peut légitimer le prononcé de mesures de surveillance ou de sanction. Dans cette volonté de protection de la société contre l'extrémisme religieux, nous assistons à

---

61 ALIX J., « Radicalisation et droit pénal », *RSC*, 2020, p. 769.

une transformation du droit pénal, qui permet de trouver des moyens de sanctionner ces déviances dans un souci de prévention (délit de consultation habituelle de sites djihadistes, apologie…)[62]. Ainsi, a d'abord été développée l'infraction d'association de malfaiteurs terroriste permettant de sanctionner des actes antérieurs au commencement d'exécution, qui peuvent se traduire par la simple participation « *à un groupement formé ou à une entente établie en vue de la préparation* » d'un acte de terrorisme[63]. Le lien entre l'acte terroriste redouté et le fait incriminé est relâché, permettant ainsi une répression anticipée de la simple idéologie radicale[64]. Les personnes parties en Syrie tomberont sous le coup de cette infraction[65]. Dès lors, les femmes de retour en France pourront être condamnées lourdement sur le fondement de cette infraction, dont la peine a été augmentée en 2016[66]. Ensuite, il est possible de les poursuivre sur le fondement de l'article 421-2-4-1 alinéa 1 du Code pénal[67] pour avoir conduit des mineurs à participer à un groupement terroriste. Cependant, la peine encourue pour cette infraction étant moindre que celle de la participation à une association de malfaiteurs terroriste, il semble que les poursuites pour association de malfaiteurs soient privilégiées. Face au danger présenté par le terrorisme et la radicalisation, le législateur a développé des infractions connexes qui permettent de prendre en compte le cas des femmes et des mineurs, ayant ou non commis des attaques terroristes. En pénalisant le départ pour la Syrie, via l'association de malfaiteurs terroriste, le législateur assure un rôle de prévention en raison de la dangerosité que peuvent présenter ces personnes de retour en France. Face au danger présenté par la radicalisation, le droit pénal se transforme en un droit sécuritaire, préférant la précaution face à tous les individus de re-

62 SAAS C., « Radicalisation : répression et "sécurisation" », *AJ pénal*, 2018, p. 116 ; SORDINO M.-C., « Les apports du nouveau cadre législatif de lutte contre le terrorisme en droit pénal », in *Le nouveau cadre législatif de lutte contre le terrorisme à l'épreuve des droits fondamentaux*, LGDJ, coll. Colloques et essais, décembre 2017, p. 21 et s.

63 MASSÉ M., « La criminalité terroriste », RCS 2012, p. 89.

64 PONCELA P., « Les Naufragés du droit pénal », *Archives de politique criminelle*, 2016/1 n° 38.

65 STURM F., TELLIER M., « "Association de malfaiteurs terroriste" : une infraction qui pose question », France Culture, 2020 ; Propos de François Molins, recueillis par SEELOW S., PASCUAL J. et JACQUIN J.-B., « Le procureur de Paris, François Molins : "Le risque d'attentat est renforcé" », préc.

66 Loi n° 2016-987 du 21 juillet 2016 prorogeant l'application de la loi n° 55-385 du 3 avril 1955 relative à l'état d'urgence et portant mesures de renforcement de la lutte antiterroriste.

67 « *Le fait, par une personne ayant autorité sur un mineur, de faire participer ce mineur à un groupement formé ou à une entente établie en vue de la préparation, caractérisée par un ou plusieurs faits matériels, d'un des actes de terrorisme mentionnés aux articles 421-1 et 421-2 est puni de quinze ans de réclusion criminelle et de 225 000 € d'amende* ».

tour sur le territoire français, présentés comme dangereux[68]. La création de ces infractions prend place dans le souhait d'élaborer une politique pénale d'anticipation, axée davantage sur la dangerosité que sur la responsabilité *stricto sensu*[69].

Durcissement des sanctions et surveillance. Pour lutter contre le terrorisme, le législateur a initié un mouvement de durcissement des peines et suppression des aménagements de peines (suppression des CRP, de la suspension et du fractionnement de peine, durcissement des conditions de la libération conditionnelle)[70]. Les délais des périodes de sûreté ont aussi été augmentés. Par ce durcissement de la répression et l'allongement des peines, la volonté des pouvoirs publics était d'écarter de la société les individus condamnés en raison de leur dangerosité. Les peines ayant été allongées et les possibilités d'aménagement de peine réduites, les individus radicalisés voient leur possibilité de réinsertion amoindrie, d'autant plus si le régime carcéral n'est pas adapté à leur spécificité.

Les difficultés du traitement carcéral des femmes radicalisées. La radicalisation et la prison sont source d'abondantes réflexions[71]. Un certain nombre d'études considèrent que la prison est un facteur d'aggravation de la radicalisation et redoutent un phénomène de « *contagion* »[72]. En effet, de nombreux détenus parviennent à se radicaliser en prison en raison du prosélytisme et des pressions exercées de la part des détenus les plus radicaux[73]. Cependant, des dispositifs sont mis en place afin de lutter contre la radicalité, comme le déplacement des détenus radicalisés dans des quartiers spécifiques[74]. Ces quartiers de prévention et

---

68 BARANGER T., BONELLI L., PICHAUD F., « La justice des mineurs et les affaires de terrorisme », *Les cahiers de la justice*, 2017/2, p. 253 et s.

69 DELMAS-MARTY M., *Vers une justice pénale prédictive, in Humanisme et Justice, Mélanges offerts au Professeur G. Giudicelli-Delage,* Dalloz, décembre 2016, p. 57.

70 ALIX J., « Radicalisation et droit pénal », *RSC*, 2020, p. 769 ; OLECH V., « Exécution des peines : regards sur les mineurs et les femmes condamnés pour des infractions terroristes ou radicalisés », *in Femmes, mineurs et terrorisme*, sous la dir. de LEONHARD J. et MÉNABÉ. C, L'Harmattan, coll. Bibliothèques de droit, 2021, p. 131 et s.

71 V. not., DE GALEMBERT C., « Le "radical", une nouvelle figure de dangerosité carcérale aux contours flous », *Critique internationale*, 2016 ; HABOUZIT F., « L'usage de la notion de radicalisation dans le champ pénitentiaire », *RSC*, 2017, p. 587, CASTEL DE BERGERAC, « Rupture jihadiste. Les jeunes femmes de la prison de Fleury-Mérogis », préc.

72 DE GALEMBERT C., « Le "radical", une nouvelle figure de dangerosité carcérale aux contours flous », préc. ; CIOTTI É. et MENNUCCI P., Rapport fait au nom de la commission d'enquête sur la surveillance des filières et des individus djihadistes, présenté à l'Assemblée nationale le 2 juin 2015.

73 CASTEL DE BERGERAC, « Rupture jihadiste. Les jeunes femmes de la prison de Fleury-Mérogis », préc.

74 CGLPL, Rapport sur la prise en charge pénitentiaire des personnes « radicalisées » et respect des droits fondamentaux, janvier 2020.

d'évaluation de la radicalisation se sont développés depuis 2018. Il en existe plusieurs sur le territoire, réservés aux hommes. Ils permettent d'évaluer le degré de radicalisation des personnes surveillées et une mise à l'écart stricte afin d'éviter tout prosélytisme. Ils mettent aussi en place des dispositifs visant à la sortie de l'engagement violent. Les détenus radicalisés en raison de la dangerosité qu'ils présentent, bénéficient d'un régime carcéral spécifique, développé afin de lutter au mieux contre la contagion radicale et faisant de ces détenus une « *nouvelle catégorie de population pénale* »[75]. Il n'existe cependant aucun dispositif de ce type pour la prise en charge de la radicalisation des femmes. Elles subissent pour l'instant un régime de détention « *normal* », au contact des autres détenues. Or, avec le nombre croissant de condamnations de femmes pour des faits de radicalisation, les pouvoirs publics ont décidé d'étendre ce dispositif afin de leur permettre une sortie de la radicalisation. Le premier quartier de prévention de la radicalisation pour femmes a ouvert à la prison de Rennes en septembre 2021, prévoyant d'accueillir dans un premier temps six détenues et d'étendre ce chiffre à trente d'ici la fin de l'année 2022[76]. Il y a donc encore une véritable différence dans la prise en charge des hommes et femmes radicalisés, témoignant de la sous-estimation de la violence radicale féminine. Cela devra être modifié. Les autorités se trouvent, en effet, confrontées aux mêmes difficultés que celles qu'elles avaient rencontrées lors de l'emprisonnement des premiers détenus radicaux de sexe masculin, nécessitant l'adaptation de quartiers spécifiques en détention.

L'échec des dispositifs de déradicalisation. L'objectif affiché des dispositifs de déradicalisation était la lutte contre la radicalisation et la réinsertion des détenus. Cependant, le contrôleur général des lieux privatifs de liberté[77] a mis en lumière leurs effets pervers et même contre-productifs. Les quartiers de prévention de la radicalisation visent à isoler les détenus radicalisés afin d'éviter tout risque de contagion. Or, par ce placement à l'isolement, les détenus radicaux sont privés de l'accès au travail carcéral ou aux formations permettant de favoriser la réinsertion[78].

Le contrôleur des lieux privatifs de liberté rendait en 2015 un rapport dans lequel ressortait l'inefficacité de ces dispositifs n'ayant eu aucun

---

75 HABOUZIT F., « L'usage de la notion de radicalisation dans le champ pénitentiaire », *RSC*, 2017, p. 587.

76 GONZALÈS P., « En prison, des unités spéciales pour femmes terroristes », *Le Figaro*, mars 2021.

77 CGLPL, Rapport sur la prise en charge pénitentiaire des personnes « radicalisées » et respect des droits fondamentaux, janvier 2020, préc.

78 BROCARD V., *Les sortants*, Les Arènes, 2020 p. 24.

« *effet apaisant sur le reste de la détention* »[79]. Le rapport met en lumière la production d'un effet inverse. Les détenus radicaux sont regroupés sans distinction entre les degrés d'endoctrinement. Certains peuvent subir des pressions de la part des autres, entrainant un durcissement dans la radicalisation. Les détenus sont également mis à l'écart, ce qui les désigne comme dangereux, sans qu'ils puissent véritablement se défaire de cette image. L'administration pénitentiaire est aussi confrontée à la pratique de la dissimulation de la part des détenus. Celle-ci vise à « *cacher la sincérité de leur engagement djihadiste par l'affichage, plus ou moins ostentatoire, d'un comportement extérieur trompeur* »[80]. Le flou de la notion même de radicalisation oblige à l'évaluer par rapport à des indices de l'intensité de l'engagement religieux. L'administration pénitentiaire pourrait être induite en erreur par la pratique de la dissimulation, faisant penser à une sortie de l'engagement violent. Dès lors, les détenus pourront être évalués comme non dangereux alors que la réalité est tout autre. Les dispositifs de déradicalisation étant peu efficaces, les individus condamnés sortent de détention confortés dans leur radicalité et présentent toujours la même dangerosité qu'au moment de leur condamnation.

L'ambivalence de la situation des enfants : entre victimes et terroristes en puissance. Les enfants ayant immigré avec leurs parents en Syrie sont souvent présentés comme les victimes de ces derniers. Cependant, certains ont pris directement part aux combats sur zones ou ont été entrainés au combat, créant un contact prolongé avec la violence. Les autorités sont confrontées à la dualité de la situation de ces mineurs, tantôt victimes, tantôt combattants. Il est donc nécessaire d'établir une distinction entre les situations, celle-ci pouvant se faire notamment au regard de l'âge de ces mineurs, capables ou non de discernement[81].

La primauté du répressif sur l'éducatif. Depuis quelques années, une augmentation croissante du nombre de mineurs judiciarisés pour des faits liés au terrorisme[82] est perceptible. Les juridictions sont alors confrontées à une question qu'il convient de trancher. Puisqu'il s'agit de juger des mineurs pour des faits de terrorisme, deux régimes juridiques

---

79CGLPL, Avis du 11 juin 2015 sur la prise en charge de la radicalisation islamiste en milieu carcéral, publié au *Journal officiel* le 30 juin 2015.

80 CASTEL DE BERGERAC, « Rupture jihadiste. Les jeunes femmes de la prison de Fleury-Mérogis », préc.

81 Article 122-8 du Code pénal.

82 BENCASSA E. et TROENDLÉ C., Rapport d'information n° 633 fait au nom de la commission des lois constitutionnelles, de la législation, du règlement et de l'administration générale, sur le désendoctrinement, le désembrigadement et la réinsertion des djihadistes en France et en Europe, enregistré à la Présidence du Sénat le 12 juillet 2017, p. 63.

spéciaux entrent en concurrence[83] : le régime applicable spécifiquement aux mineurs[84] et celui applicable aux terroristes. Ces deux régimes relèvent d'inspirations antagonistes, dès lors que le premier poursuit une visée principalement éducative, alors le second a une finalité répressive. Les juridictions ont plutôt fait le choix de la logique sécuritaire en raison de la dangerosité présentée par ces futurs adultes[85]. En effet, les mineurs capables de discernement peuvent faire l'objet de poursuites au même titre que les majeurs, selon une procédure aménagée. Dans la majorité des cas, les juges privilégient une mise en examen. La CNCDH dénonce ainsi un recours massif à l'enfermement et une inadaptation de la procédure à la spécificité des mineurs[86]. Ils pourront être poursuivis au titre de l'association de malfaiteurs terroriste (retour sur le territoire français) ou d'autres infractions terroristes (apologie, incitation, homicides…), s'il est possible de déterminer les faits commis. Plusieurs mineurs ont déjà été condamnés à des peines privatives de liberté de plusieurs années au nom de la sécurité publique. Il n'existe cependant aucun régime de détention particulier applicable aux mineurs radicalisés, leur prise en charge ne pouvant donc être tournée vers le volet éducatif tel que le prévoit le régime applicable aux mineurs[87]. Sur le modèle des adultes condamnés pour terrorisme, la crainte de la « *contamination* » des autres détenus favorise une restriction des sorties de ces jeunes détenus, leur empêchant tout exercice d'une activité carcérale[88]. Un rapport du Sénat a mis en évidence une insuffisance de prise en charge des mineurs dans les établissements pénitentiaires par manque de personnel, mais il n'est toujours pas question de les placer dans des établissements pour mineurs en raison de leur

---

83 Article 706-17 al. 2 du Code de procédure pénale : « *En ce qui concerne les mineurs, le procureur de la République antiterroriste, le juge d'instruction, le juge des enfants, le tribunal pour enfants et la cour d'assises des mineurs de Paris exercent une compétence concurrente à celle qui résulte de l'application des dispositions de l'ordonnance n° 45-174 du 2 février 1945 relative à l'enfance délinquante* ».

84 Ordonnance n° 45-174 du 2 février 1945 relative à l'enfance délinquante et Ordonnance n° 2019-950 du 11 septembre 2019 portant partie législative du code de la justice pénale des mineurs ratifiée par la loi n° 2021-218 du 26 février 2021, le Code de justice pénale des mineurs étant entré en vigueur le 30 septembre 2021.

85 BARANGER Th., BONELLI L., PICHAUD F., « La justice des mineurs et les affaires de terrorisme », *Les cahiers de la justice*, 2017, p. 253 et s.

86 CNCDH, Avis sur la privation de liberté des mineurs, adopté en Assemblée plénière, le 27 mars 2018, p. 32.

87 GALLARDO E., *Le statut du mineur détenu*, L'Harmattan, Coll. Bibliothèque de droit, 2008 ; v. aussi GALLARDO E, « Le mineur terroriste, à la recherche d'une spécificité », *in* CIMAMONTI S. (dir.), *Les nouveaux Problèmes actuels de sciences criminelles*, Dossier mineur et justice, vol. XXIX, Aix-Marseille Université, LDPSC et ISPEC, 2019 p. 53.

88 CNCDH, Avis sur la privation de liberté des mineurs, préc., p. 34.

dangerosité[89]. Le principal écueil de cette vision de la répression des mineurs est que ce sont des individus en construction, qui vont se socialiser au sein de la prison et vont être confrontés à des personnes adultes parfois extrêmement radicalisées, ce qui peut jouer un rôle prépondérant dans le développement de leur propre processus de radicalisation. Dès lors, la dangerosité présentée par ces mineurs à l'issue de leur peine pourrait, potentiellement, renforcer leur radicalisation. Dans la nouvelle législation applicable aux mineurs, entrée en vigueur le 30 septembre 2021, la question n'est pas non plus réglée. Lorsque l'on se trouve face à la question du régime applicable à un mineur, l'interrogation demeure souvent la même : faut-il toujours les soumettre à un régime plus protecteur que celui des majeurs ou, lorsqu'ils sont dans des situations particulières telles qu'un âge proche de la majorité ou une dangerosité, ne serait-il pas opportun de les soumettre au régime des majeurs ? S'il est évident que la première proposition doit l'emporter, la situation du mineur présentant une dangerosité liée à la radicalisation conduit à une réflexion sur la réponse sociale face à cette menace, dans une perspective conséquentialiste de protection du groupe social.

Dans le prolongement de la nécessaire adaptation du dispositif relatif aux mineurs radicalisés, leur passage à la majorité constitue une difficulté nouvelle dans leur prise en charge, puisqu'ils seront soumis au régime des majeurs. Certains auteurs militent pour une extension de la protection judiciaire au-delà de la majorité[90].

Le suivi judiciaire et social des mineurs. Aucune mesure spécifique à la radicalisation des mineurs n'est prévue par le législateur et il a donc fallu développer une prise en charge sociale[91]. Les mineurs poursuivis pour des infractions terroristes peuvent faire l'objet d'une mesure spécifique, comme la mesure judiciaire d'investigation éducative ou la mesure d'assistance éducative en milieu ouvert. Ce sont des dispositifs spéciaux qui vont permettre une évaluation pluridisciplinaire de leur degré de radicalisation par les services de la protection judiciaire de la jeunesse. Ensuite, il s'agira de développer un suivi éducatif individuel afin

89 CAZEAU B. et GOY-CHAVENT S., Rapport (n° 639) fait au nom de la commission d'enquête sur l'organisation et les moyens des services de l'État pour faire face à l'évolution de la menace terroriste après la chute de l'État islamique, enregistré à la Présidence du Sénat le 4 juillet 2018, p. 249.

90 GALLARDO E., « Le mineur terroriste à la recherche d'une spécificité », *in* CIMAMONTI S. (dir.), *Les nouveaux Problèmes actuels de sciences criminelles*, Dossier mineur et justice, vol. XXIX, Aix-Marseille Université, LDPSC et ISPEC, 2019 p. 53 ; BARANGER T., BONELLI L., PICHAUD F., « La justice des mineurs et les affaires de terrorisme », *Les Cahiers de la justice*, Dalloz, 2017, Dossier : À l'épreuve du terrorisme, p. 253-264.

91 GALLARDO E., « Le mineur terroriste à la recherche d'une spécificité », préc., p. 5.

de les conduire vers une sortie de l'engagement violent[92]. Ces mesures d'évaluation vont permettre au juge des enfants de déterminer la meilleure réponse à apporter aux faits qui lui sont soumis, en raison de la personnalité du mineur. La mesure judiciaire d'investigation éducative est également mobilisée dans le cadre du retour des enfants de Syrie, afin d'évaluer leur dangerosité et l'opportunité des suites judiciaires à donner[93]. Ces mesures ont l'avantage de permettre une évaluation et un suivi au plus près du mineur, afin de favoriser les chances de désengagement. Cependant, ce dispositif reste insuffisant, car limité dans le temps. Le Sénat préconisait déjà en 2018 de renforcer l'évaluation de la radicalisation et de développer un « *programme spécifique de prise en charge de la radicalisation pour les mineurs, en détention comme un milieu ouvert* »[94]. Monsieur François Molins expliquait aussi la nécessité d'étendre le suivi de ces mineurs sur le long terme[95], un suivi sur le court terme n'étant pas suffisant pour permettre un véritable désengagement.

Le rôle de l'aide sociale à l'enfance. Les mineurs en bas âge ne peuvent faire l'objet de poursuites ou mesures éducatives. Il s'agira ici de la question des mineurs nés ou emmenés par leurs parents en Syrie, de retour sur le territoire français. Ils font l'objet d'une prise en charge par les services de la protection sociale à l'enfance et de l'aide sociale à l'enfance dès leur sortie de l'avion. Ils sont directement séparés de leurs parents et sont soumis à une évaluation psychologique et médicale approfondie avant d'être placés par les services sociaux dans des familles d'accueil. Là encore, le dispositif de suivi gagnerait à être renforcé. Les familles d'accueil dans lesquelles ces enfants sont placés ne sont pas, pour la plupart, formées pour accueillir des enfants traumatisés par la guerre et par des situations psychologiquement très douloureuses. Les relations peuvent devenir rapidement difficiles[96]. Le suivi social et psychologique assuré par les services sociaux, une fois les enfants placés,

---

[92] DJPP, « Note du 1er août 2018 relative à la prise en charge éducative des mineurs radicalisés ou en danger de radicalisation violente », *BOMJ* n° 2018-10, 31 octobre 2018, <https://www.legifrance.gouv.fr/circulaire/id/44067>.

[93] *Ibid.*

[94] CAZEAU B. et GOY-CHAVENT S., Rapport (n° 639) fait au nom de la commission d'enquête sur l'organisation et les moyens des services de l'État pour faire face à l'évolution de la menace terroriste après la chute de l'État islamique, enregistré à la Présidence du Sénat le 4 juillet 2018, p. 248.

[95] Propos de François Molins, recueillis par SEELOW S., PASCUAL J. et JACQUIN J.-B., « Le procureur de Paris François Molins : "Le risque d'attentat est renforcé" », préc.

[96] KRONLUND S., « Le retour des enfants djihadistes », podcast France Culture, 15/04/2021.

peut s'avérer insuffisant[97]. Le Sénat rappelle que « *la situation de ces mineurs impliquera un suivi à long, voire à très long terme, ainsi qu'un ajustement continu des réponses apportées en fonction de l'évolution de leur profil social et psychologique* »[98]. Le processus enclenché devra donc être dynamique et évolutif et impliquera l'affectation de moyens spéciaux.

Des dispositifs à parfaire. L'ensemble des dispositifs proposés pour la prise en charge des femmes et des mineurs radicalisés pourrait être amélioré. Les femmes ne bénéficient d'aucune mesure spécifique tendant à leur sortie de l'idéologie radicale. Les mineurs font l'objet, pour les plus âgés, d'une répression, ne permettant pas de prise en charge psychologique et sociale efficace. Pour les plus jeunes, le suivi social et psychologique mis en place n'est pas suffisant, car il s'inscrit dans un temps trop court. La radicalisation, analysée comme un processus, suppose, en miroir, un suivi social et psychologique évolutif sur le long terme, capable de déconstruire les mécanismes de la radicalisation. Les pouvoirs publics ne sont pas encore en mesure d'assurer un suivi efficace pour les femmes et les mineurs, face à la nouveauté et à la brutalité de survenance du phénomène. Toutefois, la prise en compte de l'importance de ce suivi fait évoluer le droit, vers une intégration du processus de désengagement.

§ 2. Les dispositifs de prévention, une surveillance post-peine nécessaire

La prévention appliquée aux femmes et aux mineurs. La lutte contre le terrorisme suit une logique inévitable de prévention. L'objectif des pouvoirs publics est de prévenir au plus tôt la commission d'actes terroristes. Pour cela, il est nécessaire d'identifier et de surveiller les personnes suspectées de radicalisation violente. Cette logique va être appliquée aux femmes et aux mineurs, qui constituent les nouvelles figures de la dangerosité en raison de leur endoctrinement. La dangerosité qu'ils présentent, une fois identifiée par une commission pluridisciplinaire d'évaluation[99], justifiera le prononcé de mesures restrictives ou privatives de liberté, dans un objectif sécuritaire. Des mesures de sûreté pourront être prononcées. Un suivi par les services de renseignements avant, pen-

---

[97] POLETTI B., Proposition de résolution n° 4372 tendant à la création d'une commission d'enquête visant à identifier les dysfonctionnements de la politique sociale de l'aide à l'enfance chez les « enfants de djihadistes » rapatriés sur le sol français depuis 2017 et visant à proposer une approche plus adaptée, enregistrée à la Présidence de l'Assemblée nationale le 13 juillet 2021.

[98] CAZEAU B. et GOY-CHAVENT S., Rapport (n° 639) fait au nom de la commission d'enquête sur l'organisation et les moyens des services de l'État pour faire face à l'évolution de la menace terroriste après la chute de l'État islamique, préc.

[99] Articles R61-7 à R61-11 du Code de procédure pénale.

dant et après la peine, sera également un outil efficace dans la prévention des actes terroristes. En 2021, une nouvelle mesure de sûreté spécifique au terrorisme a été développée afin de pallier toutes les difficultés rencontrées avec les mesures de sûreté générales appliquées aux terroristes. Les difficultés issues de la complexité du processus de radicalisation ont aussi conduit au développement d'une coopération entre les règles pénales et administratives, dans un souci d'efficacité. Le volet juridique n'étant pas toujours suffisant, des dispositifs extra-juridiques ont été développés pour prévenir au plus tôt les risques de radicalisation violente, notamment chez les enfants.

Les mesures de sûreté, outils de prévention indispensables. Les mesures de sûreté ont pour objectif de prévenir la commission d'actes infractionnels par le prononcé de mesures restrictives ou privatives de liberté en raison de la dangerosité présentée par l'individu. Ce sont des mesures préventives, utilisées en amont de la commission d'un acte infractionnel[100]. Elles se distinguent des peines, qui veillent à sanctionner un acte passé. Les mesures de sûreté sont tournées vers l'avenir, visant à neutraliser un individu présenté comme dangereux, alors que les peines sont tournées vers le passé[101]. De nombreuses mesures de sûreté existent et sont applicables en matière de terrorisme comme la surveillance judiciaire[102], la surveillance de sûreté[103], la rétention de sûreté[104]. Depuis la loi du 3 juin 2016[105], le suivi socio-judiciaire est lui aussi applicable aux auteurs d'infractions terroristes et il permet d'astreindre la personne à de nombreuses obligations et interdictions[106], pour une durée de dix ans en cas de délit et vingt ans en cas de crime. Le suivi socio-judiciaire permet d'imposer ces obligations durant une longue durée à l'issue de la peine, assurant une surveillance quasiment perpétuelle. Depuis l'entrée en vigueur de la loi du 10 août 2020, le suivi socio-judiciaire est systématiquement prononcé en matière d'infraction terroriste, sauf motivation

---

100 BEAUVAIS P., « Le régime constitutionnel des mesures de sûreté », Cons. const. 7 août 2020, n° 2020-805 DC, sur la loi instaurant des mesures de sûreté à l'encontre des auteurs d'infractions terroristes à l'issue de leur peine, *RSC*, 2020, p. 619.

101 CE ass., avis (n° 399857) sur la proposition de loi instaurant des mesures de sûreté à l'encontre des auteurs d'infractions terroristes à l'issue de leur peine, du 11 septembre 2020.

102 Articles 723-29 à 723-37 Code de procédure pénale : condamnation à une peine privative de liberté supérieure ou égale à sept ans. Cela est de fait compatible avec l'infraction d'association de malfaiteurs terroriste.

103 Article 706-53-19 du Code de procédure pénale.

104 Articles 706-53-13 et suivants du Code de procédure pénale : mesures applicables aux personnes présentant à l'issue de leur peine une particulière dangerosité.

105 Loi n° 2016-731 du 3 juin 2016 renforçant la lutte contre le crime organisé, le terrorisme et leur financement, et améliorant l'efficacité et les garanties de la procédure pénale.

106 Prévues aux articles 132-44 et 132-45 du Code pénal.

spéciale[107]. Dès lors, l'ensemble des auteurs d'infractions terroristes pourra être soumis à cette mesure particulièrement contraignante, les femmes et les mineurs sont donc concernés. Le non-respect des obligations du suivi socio-judiciaire est sanctionné d'une peine d'emprisonnement[108]. Le prononcé du suivi socio-judiciaire permet de faire peser une menace sur l'individu radicalisé afin qu'il ne récidive pas, mais aussi de permettre aux autorités une possibilité réincarcération de la personne avant toute commission d'infraction.

Le FIJAIT. En matière de terrorisme, un fichier spécialisé a été développé sur le modèle du fichier des auteurs d'infractions sexuelles violentes[109]. Il s'agit du fichier des auteurs d'infractions terroristes, créé par la loi du 24 juillet 2015, dans l'objectif de prévenir la récidive et le faciliter l'identification des auteurs[110]. Ce fichier recense plusieurs informations : l'identité de la personne, sa domiciliation, les faits générateurs de l'infraction en cause, obligations auxquelles la personne est soumise[111]. La personne est aussi inscrite au fichier des personnes recherchées permettant une surveillance accrue des autorités[112]. Les femmes et les mineurs à partir de treize ans peuvent faire l'objet d'une inscription, s'ils ont commis une des infractions à caractère terroriste, à l'exception de l'apologie ou de la provocation[113]. L'inscription au fichier des auteurs d'infractions terroristes permet de soumettre la personne à l'issue de sa peine à plusieurs mesures destinées à sa surveillance (indication de la domiciliation, interdiction de paraitre, interdiction de sortie du territoire…)[114]. Les informations contenues dans le fichier sont supprimées au décès de l'individu ou dans un délai de vingt ans pour les majeurs et dix ans pour les mineurs[115]. Les femmes et les mineurs radicalisés vont alors pouvoir faire l'objet de ce type de suivi sur une longue période à l'issue de leur peine, et ce, en raison du danger qu'ils représentent pour la société. En effet, la radicalisation justifie selon le législateur, le prononcé des mesures sur le long terme destinées à prévenir leur potentiel passage à l'acte. Ces mesures de sûreté post-carcérales pour les auteurs d'infractions terroristes traduisent une volonté sécuritaire, le législateur

107 Loi n° 2020-1023 du 10 août 2020 instaurant des mesures de sûreté à l'encontre des auteurs d'infractions terroristes à l'issue de leur peine.

108 Article 131-36-1 du Code pénal : 3 ans en cas de délit et 7 ans en cas de crime.

109 Article 706-53-1 du Code de procédure pénale.

110 THOMAS-TAILLANDIER D., « Le nouveau fichier national des auteurs d'infractions terroristes », *AJ pénal*, 2015, p. 523.

111 Article 706-25-4 du Code de procédure pénale.

112 Article 706-25-7 du Code de procédure pénale.

113 Article 706-25-4 du Code de Procédure pénale.

114 Article 706-25-7 du Code de procédure pénale.

115 Article 706-25-6 du Code de procédure pénale.

souhaitant que les personnes condamnées pour terrorisme demeurent suivies à l'issue de leur peine. Cela révèle un objectif de vigilance longue, voire perpétuelle, de la part des pouvoirs publics à l'encontre des personnes radicalisées, notamment les femmes et les mineurs, objet de cette étude.

Difficultés. Le législateur a prévu un arsenal assez complet de mesures post-peine applicables aux auteurs d'infractions terroristes, majeurs ou mineurs. Ces mesures permettent un suivi sur le long terme. Cependant, les lois des 3 juin et 21 juillet 2016 ont développé un droit spécial de la sanction pénale en matière de terrorisme, entrainant notamment l'exclusion du bénéfice des crédits de réduction de peine[116], ainsi que des aménagements de peine pour les auteurs d'infractions terroristes. Cela favorise le phénomène des « *sorties sèches* ». Or, comme nous l'avons expliqué dans les développements précédents, les conditions d'incarcération ne permettent pas toujours le succès du désengagement des personnes radicalisées, les sorties d'incarcération sans aucune préparation pouvant favoriser un retour dans l'extrémisme radical. La suppression des crédits de réduction de peine illustre la volonté du législateur d'assurer un emprisonnement sur le long terme. Cependant, cela peut engendrer un effet pervers, puisque cette suppression se répercute sur la durée des mesures post-libération ou de surveillance judiciaire, déterminées en fonction de la durée des crédits de réduction de peine. Le législateur a ainsi créé un obstacle au prononcé des mesures post-peine en matière de terrorisme. Dès lors, il était nécessaire de développer une nouvelle mesure de sûreté prenant en compte ces difficultés.

Développement d'un suivi spécifique au terrorisme. La loi du 30 juillet 2021[117], succédant à la loi de 2020 instaurant des mesures de sûreté pour les auteurs d'infractions terroristes, crée une nouvelle mesure de sûreté spécialement applicable en matière de terrorisme : la mesure judiciaire de prévention de la récidive terroriste et de réinsertion[118]. Cette mesure pourra être prononcée à l'encontre des personnes condamnées à une peine privative de liberté supérieure ou égale à cinq ans pour une infraction terroriste. Le prononcé de cette mesure sera soumis à la démonstration d'une « *particulière dangerosité caractérisée par une probabilité très élevée de récidive et par une adhésion persistante à une idéologie ou à des thèses incitant à la commission d'actes de terrorisme* ». Elle pourra s'appliquer aux femmes et mineurs radicalisés dont la dangerosité et la persistance dans

116 Article 721-1-1 du Code de procédure pénale.

117 Loi n° 2021-998 du 30 juillet 2021 relative à la prévention d'actes de terrorisme et au renseignement.

118 Article 706-25-16.-I du Code de procédure pénale.

l'idéologie radicale ne font aucun doute. Cependant, le législateur a tempéré cette disposition en exigeant que la personne ait été mise en mesure de bénéficier, pendant l'exécution de sa peine, de mesures de nature à favoriser sa réinsertion. Or, comme il a été démontré dans les développements précédents, les mesures destinées à favoriser la réinsertion sont très difficilement mises en œuvre à l'égard des femmes et des mineurs, puisqu'aucun dispositif spécifique n'a encore été mis en place. La création de cette nouvelle mesure de sûreté laisse donc à penser que le législateur souhaite la création de variables dispositifs de réinsertion efficaces en matière de radicalisation. Elle peut donc être perçue comme une invitation à réfléchir sur le processus de désengagement au sein même des établissements pénitentiaires. La mesure judiciaire de prévention de la récidive terroriste et de réinsertion est prononcée pour une durée maximale d'un an, renouvelable pour un maximum de cinq ans. Elle soumet la personne à une prise en charge sanitaire et sociale. Elle peut lui imposer d'exercer une activité professionnelle, de suivre un enseignement ou une formation professionnelle ou le lui interdire, lui astreindre de communiquer au service pénitentiaire d'insertion et de probation, les renseignements ou documents ainsi que son lieu de résidence. Ces obligations sont prononcées pour une durée moins importante que les autres mesures de sûreté, mais elles ont pour objectif une réinsertion de la personne dans la société par le biais d'une prise en charge individuelle, ainsi que par l'exercice d'une activité professionnelle. Elle comporte aussi des dispositifs de surveillance, mais elle paraît davantage tournée vers la sortie de la radicalisation par un biais plutôt éducatif et professionnel. Il reste maintenant à attendre de voir les véritables effets de cette nouvelle disposition qui paraît, au premier abord, adaptée à la situation des femmes et mineurs radicalisés.

Coopération pénale et administrative. Puisque le terroriste ou le radical est « *la figure absolue du mal* » dans les sociétés contemporaines[119], les dispositifs pénaux classiques peuvent rapidement s'avérer insuffisants. En effet, la nécessaire protection des droits et libertés fondamentaux des citoyens dans le cadre des États démocratiques rend difficile leur application dans ces situations particulières. Dès lors, s'est développée, dans un souci d'efficacité, une coopération entre le droit pénal et le droit admi-

---

119 DELAGE P.-J., « La dangerosité comme éclipse de l'imputabilité et de la dignité », *RSC*, 2007, p. 797.

nistratif, ce dernier venant en complément des dispositifs pénaux[120]. Ainsi, les mesures individuelles de contrôle administratif et de surveillance (MICAS)[121] visent à prévenir la commission d'infractions terroristes commises par des personnes qui manifestent leur « *adhésion à l'idéologie exprimée ou à des thèses incitant à la commission d'actes de terrorisme ou faisant l'apologie de tels actes* »[122]. Ces mesures sont prononcées par le ministre de l'Intérieur et entrainent l'interdiction de se déplacer en dehors d'un périmètre déterminé, l'obligation de se présenter régulièrement aux services de police et déclarer son lieu d'habitation[123]. Ces mesures sont prononcées pour trois mois, renouvelables dans la limite d'un an. Elles sont de plus en plus utilisées à l'issue des peines d'emprisonnement[124]. Cependant, leur bénéfice n'est que relatif en raison de leur insuffisance temporelle, mais aussi de l'absence de prise en charge spécifique de la radicalisation. Ce sont des mesures de pure surveillance qui n'auront aucun effet sur le processus de radicalisation et sur la dangerosité de l'individu.

D'autres mesures administratives se sont développées au soutien du droit pénal comme l'interdiction de sortie du territoire[125], qui permet d'éviter le départ en territoires contrôlés par les djihadistes. Les femmes et mineurs de retour en France font souvent l'objet de telles mesures pour prévenir un nouveau départ[126]. Tous ces dispositifs de suivi, non purement pénaux, sont sanctionnés pénalement en cas de non-respect. Cela permet d'assurer l'effectivité de la surveillance post-sentencielle, mais aussi une facilité de répression en cas de violation. Une répression par des mécanismes détournés est alors mise en place, permettant à tout moment de sanctionner le comportement dangereux[127].

---

120 DAUBRESSE M.-P., Rapport d'information (n° 348) fait au nom de la commission des lois constitutionnelles, de législation, du suffrage universel, du règlement et d'administration générale sur le contrôle et le suivi de la loi n° 2017-1510 du 30 octobre 2017 renforçant la sécurité intérieure et la lutte contre le terrorisme, enregistré à la Présidence du Sénat le 26 février 2020.

121 Développées par la loi SILT du 30 octobre 2017 à titre expérimental et pérennisées par la loi du 31 juillet 2021 relative à la prévention du terrorisme et au renseignement.

122 Article L. 228-1 du Code de la sécurité intérieure.

123 Article L. 228-2 du Code de la sécurité intérieure.

124 DAUBRESSE M.-P., Rapport d'information n° 348, préc., p. 41.

125 Tout Français peut faire l'objet d'une interdiction de sortie du territoire lorsqu'il existe des raisons sérieuses de penser qu'il projette :
1° Des déplacements à l'étranger ayant pour objet la participation à des activités terroristes ;
2° Ou des déplacements à l'étranger sur un théâtre d'opérations de groupements terroristes, dans des conditions susceptibles de le conduire à porter atteinte à la sécurité publique lors de son retour sur le territoire français.

126 THOMSON D., *Les revenants. Ils étaient partis faire le Jihad, ils sont de retour en France*, *op. cit.*, p. 195.

127 SAAS C., « Radicalisation : répression et "sécurisation" », *AJ pénal*, 2018, p. 116.

Le suivi des femmes et mineurs par les services de renseignements. Que ce soit durant la peine (renseignements pénitentiaires) ou après la peine (DGSI), les femmes et mineurs incarcérés pour des faits de terrorisme font l'objet d'une surveillance par les services de renseignements. Les mineurs de retour de Syrie font l'objet d'un suivi[128]. Ils ont été baignés dans l'idéologie violente des djihadistes depuis le plus jeune âge, parfois, ils ont été pris en charge par les « *organes d'éducation de l'État islamique* » (éducation religieuse extrême et violente, école de formation au combat[129]). Ils ont même pu prendre part aux combats ou à des exécutions. Les services de renseignements expliquent que la dangerosité des enfants revenus de zones et de théâtres d'opérations de ce type ne s'exprimera qu'après plusieurs années. Pour cette raison, ces enfants font l'objet d'un suivi sur le long terme par les services de renseignements. Ils estiment que la « *dangerosité potentielle des mineurs (qu'ils soient ou non returnees) ne doit pas être minimisée* »[130]. Ils peuvent faire l'objet d'une fiche S, au sein du fichier des personnes recherchées, contenant leurs renseignements personnels, leur photographie, ainsi que les motifs de la recherche[131]. Les fiches S concernent les personnes potentiellement menaçantes pour la sûreté de l'État[132] et peuvent donc comprendre les personnes radicalisées. Pour être fiché S, il n'est pas nécessaire que l'individu ait été condamné, ni même poursuivi et, dans la plupart des cas, les personnes ne savent même pas qu'elles en font l'objet[133]. Le fichage est potentiellement indéfini. Ainsi, tant que la personne présente un certain degré de dangerosité, le fichage demeure[134]. Les fiches S sont à 70 % émises par les services de renseignement (DGSI). Il s'agit d'un outil de renseignements afin de prévenir la commission d'actes terroristes[135]. Les femmes et mineurs radicalisés font souvent l'objet de fiche S, permettant une surveillance potentiellement indéfinie des services de

128 CAZEAU B. et GOY-CHAVENT S., Rapport (n° 639), préc., p. 55.
129 Voir sur ce point les reportages de DANDOIS T., TREGAN F.-X., « Ashbal, les lionceaux du califat », ARTE, 2017 (52 min) ; DELORME F., « Des lionceaux de Daech aux jeunes Yézidis : une génération perdue ? », Podcast, émission Cultures monde, France Culture 2019 : <https://www.franceculture.fr/emissions/cultures-monde/culturesmonde-du-lundi-04-mars-2019>.
130 CAZEAU B. et GOY-CHAVENT S., Rapport (n° 639), préc.
131 Article 3 Décret n° 2010-569 du 28 mai 2010 relatif au fichier des personnes recherchées.
132 GAUTRON V., MONNIAUX D., « De la surveillance secrète à la prédiction des risques : les dérives du fichage dans le champ de la lutte contre le terrorisme », *Archives de politique criminelle*, 2016/1 n° 38.
133 DAADOCUH C., « Vers un fichage généralisé des mineurs ? », AJ fam, 2019, p. 492.
134 *Ibid.*
135 PILLET F., Rapport d'information au nom de la commission des lois constitutionnelles, de législation, du suffrage universel, du règlement et d'administration générale par le groupe de travail sur l'amélioration de l'efficacité des fiches S, Sénat, 19 décembre 2018.

renseignements, justifiée par la dangerosité qu'ils présentent pour la sûreté de l'État.

Des outils de prévention extra-pénaux. La réponse purement juridique, répressive et préventive, ne suffit pas à traiter l'ensemble de la radicalisation. Les dispositifs juridiques sont à eux seuls insuffisants. Une complémentarité des politiques publiques est nécessaire pour venir au soutien de l'action judiciaire. Des dispositifs de signalement ont été mis en place par le plan national de lutte contre la radicalisation[136], permettant le signalement des personnes soupçonnées de radicalisation, sur Internet[137].

L'école a également un rôle à jouer dans la prévention de la radicalisation. Elle est perçue comme un enjeu central, notamment par le développement de l'éducation à la non-violence, à la tolérance et à la laïcité dès le plus jeune âge. L'école est une instance de socialisation primaire qui pourrait permettre d'éviter la radicalisation ou bien de la déceler et de la signaler[138]. Les personnels enseignants ou encadrants peuvent signaler les comportements laissant apparaître une radicalisation de l'enfant. Toutefois, le dispositif reste peu utilisé en raison de la réticence des professionnels à la dénonciation, et du risque d'erreur. En effet, le flou laissé par le manque de définition légale de la notion de « *radicalisation* » et l'absence de critères de reconnaissance, ne permettent pas à ces professionnels de déceler avec certitude les comportements traduisant un véritable risque de radicalisation. La dramatique décapitation du professeur Samuel Paty ayant marqué brutalement et sauvagement les esprits, de véritables débats sont à l'œuvre à tous les niveaux des responsables du secteur éducatif, afin de soutenir et aider les personnels de l'Éducation nationale, acteurs de la prévention.

Les pouvoirs publics ont aussi impulsé une politique visant à la déconstruction de la propagande radicale. De nombreuses vidéos éducatives sont mises en ligne sur le site internet stop-djihadisme[139], dans une volonté d'éducation et de sensibilisation de la population, surtout des plus jeunes citoyens qui sont très présents sur les réseaux. Des dispositifs de signalement, ainsi que des explications sur le phénomène de radicalisation, ont aussi été développés. Les pouvoirs publics ont donc pris en compte le fait qu'une réponse seulement juridique à ce problème social

---

136 <https://www.cipdr.gouv.fr/prevenir-la-radicalisation/mise-en-oeuvre-du-pnpr/>.

137 <https://www.interieur.gouv.fr/Dispositif-de-lutte-contre-les-filieres-djihadistes/Assistance-aux-familles-et-prevention-de-la-radicalisation-violente/Votre-signalement>.

138 DOMET C., « Les signalements pour "risque de radicalisation" dans les établissements scolaires en France, nouvel outil de régulation de l'Islam », *Déviance et société*, 2020.

139 <http://www.stop-djihadisme.gouv.fr>.

ne suffit pas. Il est nécessaire de mettre en place une coopération de l'ensemble des acteurs sociaux[140], dans un objectif d'alerte et d'information de la population.

Conclusion

La dangerosité des sortants. La prise en compte de la dangerosité des femmes et des mineurs radicalisés est très récente et cela se perçoit à l'examen des dispositifs mis en place. Les pouvoirs publics sont actuellement confrontés à une difficulté supplémentaire : d'ici 2023, 250 personnes condamnées pour association de malfaiteurs terroriste seront libérées, comprenant des femmes et des mineurs. Il est donc nécessaire de développer urgemment des dispositifs spécifiques de suivi pour éviter la récidive[141].

Processus. La radicalisation étant un processus étendu dans le temps, la sortie de cette radicalisation doit aussi emprunter un processus s'inscrivant dans le temps. Cependant, cette prise en compte temporelle n'est pas encore intégrée dans les dispositifs de prise en charge. La justice pénale s'attache à punir l'acte, voire à prévenir l'acte, mais il est très difficile d'intégrer une dimension temporelle dans la réflexion. La demande des membres du groupe social est forte dans un désir d'immédiateté et cela passe par une mise à l'écart des individus dangereux. Or, cette réponse immédiate ne dure qu'un temps et ne fait que reculer le traitement du problème. Il est important de raisonner en termes de processus.

Une socialisation radicale ne s'efface pas par la peine, l'emprisonnement ou l'éloignement. Il s'agit d'une opération complexe consistant à déconstruire totalement les croyances et la perception du monde de la personne concernée.

Les mineurs radicaux. Ces mineurs se sont socialisés sur la base d'une idéologie radicale violente dès leur plus jeune âge. Comme le soulèvent plusieurs rapports parlementaires et émanant de la protection judiciaire de la jeunesse, il est nécessaire d'inscrire le processus de déradicalisation dans un suivi pluridisciplinaire sur le long terme[142]. Ce

140 SEZE R., *Prévenir la violence djihadiste*, *op. cit.*, p. 116-122. ; SAFI F., « Terrorisme et loi d'exception », colloque Des actes de terreur aux politiques de terreur – Usages et sanctions du terrorisme, ICES Institut catholique d'enseignement supérieur ; ICP Institut de criminologie et de droit pénal, Univ. Paris 2 Panthéon-Assas, janv. 2020, p. 119.

141 BROCARD V., *Les sortants*, Les Arènes, 2020, p. 9.

142 Note n° Nor : JUSF1821611N, de la protection judiciaire de la jeunesse, relative à la prise en charge des mineurs radicalisés ou en danger de radicalisation violente, 1er août 2018.

suivi devrait d'ailleurs se poursuivre au-delà de la majorité pour les individus qui présenteraient toujours des velléités radicales. Les mineurs de retour de zone de guerre sont des enfants traumatisés qui demandent un suivi psychologique long et important, même pour les plus jeunes.

Le droit pénal doit trancher entre appliquer le droit des mineurs et celui des infractions terroristes. Cela demeure une interrogation majeure, puisque ces enfants risquent d'être condamnés à des peines très longues dans la seconde situation. Dans les établissements pénitentiaires, la prise en charge de la déradicalisation est très complexe à mettre en place. Les mineurs risquent de ressortir confortés dans la radicalisation et cela sera source de grand danger.

Il est important de noter également que le poids de l'opinion sur le sort des mineurs retenus dans les camps en Syrie, ainsi que la politique publique du cas par cas qui en découle ne font qu'éloigner l'inévitable, voire augmenter les risques de passage à l'acte. La perception que la société a de ces mineurs radicalisés n'est peut-être pas adaptée. Il est nécessaire de prendre en compte leur vulnérabilité, ainsi que le rôle de la famille et des adultes dans leur radicalisation. Les considérer comme des « *bombes à retardement* » participe de leur sentiment de rejet, poussant parfois à la radicalisation violente ou, à tout le moins, ne la stoppant pas.

L'opinion est peut-être en train d'évoluer. Un sondage effectué en 2019 démontrait que 67 % des Français se déclaraient hostiles au rapatriement des mineurs détenus dans les camps en Syrie[143], mais le 21 juin 2021, une pétition a été lancée, réclamant le rapatriement de ces mineurs. Elle a été signée par 110 personnes, dont des personnalités telles que des chercheurs spécialisés dans le terrorisme[144].

Les femmes radicales. Leur rôle a été pendant longtemps sous-estimé, tant par les groupements terroristes que par les autorités françaises. Or, il est nécessaire de prendre en compte son importance, tant quantitative (cela concerne un grand nombre de femmes ou de jeunes filles), que qualitative (elles passent tout autant à l'acte que les hommes, leur rôle étant donc primordial pour les terroristes). Il y a une certaine ambivalence entre la perception de la femme par la société (perception en tant que victime et en tant que mère, ne pouvant pas faire de mal) et son rôle au sein des organisations terroristes. Cependant, depuis

---

143 VON RICHTHOFEN L., « Politique. Laissez rentrer les Françaises de Daech ! », *Courrier international* n° 1787, avril 2021.

144 AYAD Ch., « Mobilisation inédite pour les enfants français de djihadistes détenus dans le Nord-Est syrien », *Le Monde* (en ligne), juin 2021, <https://www.lemonde.fr/societe/article/2021/06/19/mobilisation-inedite-pour-les-enfants-francais-de-djihadistes-detenus-dans-le-nord-est-syrien_6084821_3224.html>, date de consultation : 30 octobre 2021.

quelques années, les autorités prennent en charge l'ensemble des femmes de retour sur le territoire. Elles font désormais l'objet de poursuites, si elles présentent une dangerosité pour l'ordre public.

Un positionnement difficile du droit. Face à ces deux « *nouveaux* » types de figures radicales, la justice peine à se positionner. Leur spécificité doit être considérée afin d'adapter les peines et les dispositifs post-peine en vue d'assurer une meilleure réinsertion dans la société et ainsi prévenir le risque de récidive. Si la menace terroriste la plus anciennement connue, celles des hommes, pose encore des difficultés d'appréhension, ces nouvelles formes de radicalisation, moins perceptibles à première vue, relancent encore la nécessité d'une réflexion globale. Les pouvoirs publics se trouvent divisés entre deux objectifs qui sont, d'une part, garantir la sécurité de la société dans son ensemble et, d'autre part, favoriser le désengagement des personnes radicalisées de manière individualisée. Le premier permet une sécurisation rapide de la société sur le court terme, l'autre engage un processus plus long, mais qui aboutira à une sécurisation sur le long terme, par une sortie de la radicalisation.

Finalement, peut-être que la sécurité et le suivi individualisé devraient être pensés de manière complémentaire. Pour garantir la sécurité, il faut commencer par prendre en compte la nécessité d'un processus individuel et adapté de désengagement. Dès lors, cela reviendrait à ne plus prendre en compte seulement l'acte, mais le processus. Si la méfiance face à la radicalisation semble encore trop vive pour qu'une réflexion sur l'importance d'un traitement raisonnable et réaliste, applicable aux femmes et aux mineurs, soit menée de manière plus sereine, l'existence d'éléments que nous avons évoqués ouvre néanmoins la voie à un certain espoir d'amélioration…

Une récente avancée. Depuis 2019, la CNCDH réclamait le retour des enfants détenus en Syrie[145]. En février 2022, un nouvel avis a confirmé sa position, lequel réitérait la volonté de rapatriement de ces derniers[146]. Le 23 février 2022, le Comité des droits de l'enfant estimait que la France avait « violé les droits des enfants français détenus en Syrie en

145 CNCDH, Avis sur les mineurs français retenus dans les camps syriens, Assemblée plénière, 25 septembre 2019, *JORF* n° 0237 du 11 octobre 2019.

146 CNCDH, Avis urgent sur le rapatriement des mineurs français retenus dans les camps du Nord-Est syrien, Assemblée plénière, *JORF* n° 0006 du 8 janvier 2022.

omettant de les rapatrier »[147]. Le Comité dénonçait l'absence de prise en compte de l'intérêt supérieur de l'enfant, et expliquait que la France avait « la responsabilité et le pouvoir de protéger les enfants français dans les camps syriens contre un risque imminent pour leur vie »[148]. À l'issue de nombreuses demandes de la part des familles de femmes et enfants détenus dans les camps de Roj et de Al-Hol, le Défenseur des droits a demandé au gouvernement français de rapatrier dans les plus brefs délais les enfants. Pour donner suite à l'ensemble de ces demandes, le gouvernement français a décidé de rapatrier 35 enfants et 16 femmes au début du mois de juillet 2022[149]. La France semble donc aujourd'hui infléchir sa doctrine du retour au cas par cas. Il ne reste plus qu'à voir quand aura lieu le rapatriement des derniers ressortissants français se trouvant encore sur le territoire syrien et quelles en seront les conditions.

---

147 Comité des droits de l'enfant, communiqué : « La France a violé les droits des enfants français détenus en Syrie en omettant de les rapatrier, selon un comité de l'ONU », 24 février 2022 ; Comité des droits de l'enfant, Constatations adoptées par le Comité au titre du Protocole facultatif à la Convention relative aux droits de l'enfant établissant une procédure de présentation de communications, concernant les communications n° 77/2019, 79/2019 et 109/2019, 23 février 2022, § 6.7 et s.

148 *Ibid.*

149 Communiqué du ministère des Affaires étrangères, 5 juillet 2022 : <https://www.diplomatie.gouv.fr/fr/dossiers-pays/syrie/evenements/actualites-2022/article/rapatriement-d-enfants-et-de-meres-du-nord-est-syrien-05-07-22>.

La surveillance judiciaire des terroristes mineurs

Estelle PROST
Doctorante en droit privé et sciences criminelles, Équipe de recherche Louis Josserand, Université Jean Moulin Lyon 3

Diane HUMBERT
Doctorante et ATER en droit privé et sciences criminelles, Équipe de recherche Louis Josserand, Université Jean Moulin Lyon 3

À l'issue de leur condamnation, que ce soit à une mesure éducative, une sanction éducative[1] ou une peine, les mineurs ayant commis une infraction à caractère terroriste[2] peuvent, en théorie, de la naissance à la majorité, faire l'objet d'un suivi judiciaire[3], au même titre que les majeurs. Loin de toute considération éducative, la prorogation de la contrainte pénale au-delà de la peine[4] se justifie par l'objectif constitutionnel de prévention des atteintes à l'ordre public dont la lutte contre le terrorisme fait désormais partie intégrante[5]. Il en résulte inévitablement une rupture dans l'équilibre des objectifs de la justice pénale des mineurs[6]. En ce sens, l'adaptation des mesures de suivi post-pénales en raison de l'âge et de la personnalité des condamnés est très limitée, voire inopérante. De

---

[1] Supprimée avec l'entrée en vigueur du Code de la justice pénale des mineurs (CJPM), le 30 sept. 2021.

[2] Infractions prévues par les articles 421-1 à 421-6 du Code pénal (CP).

[3] V. en ce sens J. ALIX, « Radicalisation et droit pénal », *Rev. sc. crim.*, n° 3, 2020, p. 769-786.

[4] J. ALIX, O. CAHN, « Au tournant de la punitivité en matière terroriste. À propos de la loi n° 2020-1023 du 10 août 2020 instaurant des mesures de sûreté à l'encontre des auteurs d'infractions terroristes à l'issue de leur peine et de la décision n° 2020-805 DC du 7 août 2020 », *Lexbase pénal*, n° 31, 2020.

[5] Cons. const. n° 2020-805 DC du 7 août 2020.

[6] Art. L. 11-2 du CJPM : « Les décisions prises à l'égard des mineurs tendent à leur relèvement éducatif et moral ainsi qu'à la prévention de la récidive et à la protection de l'intérêt des victimes ».

surcroît, la spécialisation des juridictions compétentes ou l'aménagement de la procédure présentent, lorsque celles-ci existent, d'importantes lacunes.

Parmi les mesures judiciaires de suivi applicables théoriquement aux terroristes mineurs se trouvent la mesure de surveillance judiciaire, la surveillance de sûreté et la rétention de sûreté. Pour autant, eu égard à la condition de leur prononcé tenant à la durée de peine privative de liberté[7] et à l'âge à partir duquel un mineur peut subir une peine[8], ces mesures de surveillance perpétuelle ne s'appliquent qu'aux délinquants les plus dangereux majeurs, et ce, même si l'infraction a été commise pendant leur minorité. Dès lors, celles-ci seront exclues du champ de l'étude.

La surveillance post-sentencielle des terroristes mineurs sera alors étudiée à travers trois mesures emblématiques du suivi des délinquants : la peine de suivi socio-judiciaire, l'inscription au fichier judiciaire national automatisé des auteurs d'infractions terroristes (FIJAIT) et la mesure de prévention de la récidive terroriste et de réinsertion. Malgré leur contenu hétéroclite, imposant des développements distincts pour plus de clarté, ces mesures se fondent toutes sur la dangerosité révélée par le passage à l'acte terroriste et poursuivent, *in fine*, le même but : assurer une surveillance renforcée des condamnés terroristes, mineurs comme majeurs. Les quelques vestiges de la spécificité du droit pénal des mineurs, se dressent, dans le champ de l'après-peine, comme des remparts, plus ou moins efficaces, contre la logique sécuritaire de la justice antiterroriste.

La surveillance post-sentencielle se décline en fonction de la place réservée au particularisme des terroristes mineurs : tantôt hybride dans le suivi socio-judiciaire (Section 1), tantôt limitée dans le FIJAIT (Section 2), cette surveillance apparaît également inadaptée dans la nouvelle mesure judiciaire de prévention de la récidive terroriste et de la réinsertion (Section 3).

Section 1. Le suivi socio-judiciaire, une surveillance hybride

Prononcé par la juridiction de jugement, le suivi socio-judiciaire des terroristes mineurs présente un caractère hybride aussi bien en ce qu'il allie peine et mesure de surveillance, d'une part (§ 1), et surveillance et éducation, d'autre part (§ 2).

---

[7] 7 ans pour la surveillance judiciaire et 15 ans pour la surveillance et la rétention de sûreté.
[8] 13 ans.

§ 1. Une surveillance par la peine

Une surveillance de nature ambivalente[9] – Figurant au rang des peines complémentaires[10], voire des peines principales[11], le suivi socio-judiciaire a récemment été rendu applicable à tous les auteurs d'infraction terroriste[12], majeurs comme mineurs. À l'analyse, cette mesure se révèle d'une nature ambivalente, entre peine et mesure de sûreté post-sentencielle[13] mais son application dans le temps – non rétroactive – confirme sa nature de peine[14]. Néanmoins, au regard de sa temporalité, ce « suivi » se poursuit bien souvent au-delà de la peine qu'il complète. Lorsqu'il accompagne une peine privative de liberté sans sursis, le suivi socio-judiciaire débute à la fin de cette dernière[15], constituant alors une peine après la peine, une peine « pour plus tard »[16]. Par ailleurs, sa durée est très extensive – jusqu'à 10 ans en cas de condamnation pour un délit, 20 ans en cas de condamnation pour un crime et au-delà dans certains cas, atteignant même la perpétuité[17]. Autrement dit, le suivi des mineurs terroristes est possible pendant de nombreuses années, et ce, après l'exécution de leur peine privative de liberté, allant même jusqu'à une durée parfois plus longue que la peine initiale[18]. Le suivi socio-judiciaire entre donc dans la catégorie des mesures de surveillance post-sentencielles. Sa nature équivoque apparaît, ensuite, lorsque l'on considère son fondement inavoué. Applicable aux délinquants les plus dangereux[19], le suivi socio-judiciaire est une mesure pour l'avenir. En effet, son objectif général est de prévenir la récidive[20], c'est-à-dire empêcher la commission d'une nouvelle infraction terroriste, ce qui justifie un contrôle accru des individus à risque. Cet objectif implique donc de considérer la dangerosité présumée des terroristes plus que l'infraction commise.

---

9 P. COUVRAT, « Le suivi socio-judiciaire, une peine pas comme les autres », *Rev. sc. crim.*, n° 2, 1999, p. 376-383.

10 Art. 131-36-1 du CP.

11 Art. 131-36-7 du CP.

12 Art. 421-8 du CP introduit par la loi n° 2016-731 du 3 juin 2016 renforçant la lutte contre le crime organisé, le terrorisme et leur financement, et améliorant l'efficacité et les garanties de la procédure pénale.

13 E. BONIS, V. PELTIER, *Droit de la peine*, 3e éd., 2019, p. 33, § 65.

14 Crim., 2 sept. 2004, n° 04-80.518, D., 2006, « Panorama du droit pénal », p. 1649, obs. G. ROUJOU DE BOUBEE ; E. FORTIS, « Non-rétroactivité des peines », *Rev. sc. crim.*, 2005, n° 1, p. 67.

15 Art. 131-36-5 du CP.

16 P. COUVRAT, « Le suivi socio-judiciaire, une peine pas comme les autres », p. 376-383.

17 Art. 131-36-1 du CP.

18 En ce sens, l'art. 131-36-1 du CP prévoit qu'en matière correctionnelle, la durée du SSJ peut être portée à vingt ans par décision spécialement motivée de la juridiction de jugement.

19 Le SSJ est applicable aux délinquants sexuels, aux délinquants violents et aux terroristes.

20 Art. 131-36-1 du CP.

Néanmoins, le législateur a affiché un sous-objectif, spécifique aux quelques mesures d'assistance[21] applicables au condamné au titre du suivi socio-judiciaire, lesquelles « ont pour objet de seconder ses efforts en vue de sa réinsertion sociale »[22]. La juxtaposition de ces deux objectifs – prévention de la récidive et réinsertion – participe à l'ambivalence du suivi socio-judiciaire. Enfin, le contenu de ce dernier met en lumière sa parenté avec les mesures de sûreté[23]. En effet, outre les mesures de surveillance renforcées et d'accompagnement[24], une injonction de soins est imposée, par principe, au condamné dès lors qu'il est « susceptible de faire l'objet d'un traitement »[25]. Le terrorisme est désormais « sous le regard de la loi pénale, une pathologie accessible au soin »[26]. Autrement dit, le terroriste mineur est considéré comme un malade à soigner, voire[27] un déviant à traquer perpétuellement.

Une surveillance rendue obligatoire – Les filets de la surveillance consécutive au prononcé d'un suivi socio-judiciaire se sont considérablement resserrés avec la loi du 10 août 2020[28]. En vertu de la seule disposition de la loi ayant survécu à la censure du Conseil constitutionnel[29], le juge a désormais l'obligation de prononcer, par principe, un suivi socio-judiciaire à l'encontre des individus ayant commis une infraction terroriste. Sont visées toutes les infractions terroristes, que ce soient les infractions matérielles dérivées du droit commun ou les infractions formelles et obstacles en soutien au terrorisme[30]. Ainsi, le suivi socio-judiciaire est systématique pour tous les terroristes, majeurs comme mineurs, sauf décision spécialement motivée de la juridiction, « en considération des circonstances de l'infraction et de la personnalité de son auteur »[31]. Une telle modification législative introduit une présomption

---

21 Art. 132-45 du CP.

22 Art. 131-26-3 du CP.

23 P. PONCELA, « Finir sa peine : libre ou suivi ? », *Rev. sc. crim.*, n° 4, 2007, p. 883-894.

24 Art. 132-44 et 132-45 du CP.

25 Art. 131-36-4 du CP.

26 J. ALIX, O. CAHN, « Au tournant de la punitivité en matière terroriste. À propos de la loi n° 2020-1023 du 10 août 2020 instaurant des mesures de sûreté à l'encontre des auteurs d'infractions terroristes à l'issue de leur peine et de la décision n° 2020-805 DC du 7 août 2020 », *op. cit.*

27 P. SALVAGE, « La grande délinquance est-elle une maladie ? », *Dr. pén.*, n° 2, 2010, étude n° 3, p. 5-9.

28 Loi n° 2020-1023 du 10 août 2020 instaurant des mesures de sûreté à l'encontre des auteurs d'infractions terroristes à l'issue de leur peine.

29 Cons. const., décision n° 2020-805 DC du 7 août 2020.

30 J. ALIX, *Terrorisme et droit pénal. Étude critique des incriminations terroristes*, Dalloz, 2010, p. 63, § 74.

31 Art. 421-8 al. 2 du CP : « Toutefois, la juridiction peut, par une décision spécialement motivée, décider de ne pas prononcer cette peine, en considération des circonstances de l'infraction et de la personnalité de son auteur ».

légale de dangerosité à l'encontre des terroristes, sans considération d'âge ni de gravité objective de l'infraction. Certes, cette présomption est réfragable, mais, en pratique, son renversement paraît difficile au vu des infractions concernées. Par ailleurs, l'obligation de motivation formulée de la sorte est inhabituelle[32] et constitue un contresens flagrant. En effet, par cette obligation, le législateur entend rendre exceptionnel le pouvoir d'individualisation du juge ; seule une décision spécialement motivée lui permettra de retrouver une liberté d'appréciation dans le prononcé du suivi socio-judiciaire[33]. De surcroît, l'instauration d'une peine complémentaire obligatoire est en opposition flagrante avec les objectifs constitutionnellement consacrés de la justice pénale des mineurs dont l'individualisation des mesures : l'automaticité du suivi socio-judiciaire met nécessairement en échec l'individualisation de la mesure, principe contribuant pourtant au relèvement éducatif des mineurs[34]. Enfin, cette nouveauté législative est d'autant plus inquiétante qu'à travers le prononcé obligatoire du suivi socio-judiciaire, c'est l'injonction de soins qui est généralisée, alors même qu'elle est considérée comme inadaptée au terrorisme[35]. Quel traitement médical proposer au condamné pour enrayer son adhésion à une idéologie terroriste ? Si la question de l'efficacité et de la pertinence de la prise en charge médicale se pose[36], il n'en est pas de même concernant le contrôle accru du condamné que permet le suivi socio-judiciaire, et ce, malgré les quelques spécificités réservées aux mineurs.

§ 2. Une surveillance éducative ?

Des particularités du SSJ des mineurs – Si le suivi socio-judiciaire s'applique aussi bien aux majeurs qu'aux mineurs, quelques spécificités

---

32 G. BEAUSSONIE, « Une goutte de sûreté dans un océan de sécurité », *D.*, n° 33, 2020, p. 1869-1874.

33 L'obligation de motivation est « normalement » une garantie du principe d'individualisation de la peine.

34 « La nécessité de rechercher le relèvement éducatif et moral des enfants délinquants par des mesures adaptées à leur âge et à leur personnalité » est une composante du principe fondamental reconnu par les lois de la République en matière de justice des mineurs, selon Cons. const., n° 2002-461 DC du 29 août 2002.

35 En ce sens, v. Rapport n° 2754 sur la proposition de loi instaurant des mesures de sûreté à l'encontre des auteurs d'infractions terroristes à l'issue de leur peine, par Yaël BRAUN-PIVET, 17 juin 2020.

36 Sauf pour le Conseil constitutionnel qui ne soulève même pas la question de la conformité aux principes constitutionnels de cette nouvelle peine complémentaire obligatoire. En ce sens, v. J. ALIX, O. CAHN, « Au tournant de la punitivité en matière terroriste. À propos de la loi n° 2020-1023 du 10 août 2020 instaurant des mesures de sûreté à l'encontre des auteurs d'infractions terroristes à l'issue de leur peine et de la décision n° 2020-805 DC du 7 août 2020 », *Op. cit.*

ont été progressivement octroyées à ces derniers. Concernant la juridiction compétente, d'abord, le contrôle de l'exécution du suivi socio-judiciaire est effectué par le juge des enfants, en tant que juge de l'application des peines des mineurs[37]. S'agissant ensuite du contenu du suivi socio-judiciaire, en plus des diverses et nombreuses mesures de contrôle[38] et d'assistance des articles 132-44 et 132-45 du Code pénal[39], ainsi que de l'injonction de soin[40], ont été adjointes, par la loi Perben II[41], des mesures spécifiques aux mineurs[42]. Il s'agit d'obligations aux objectifs variés[43] dont certaines font doublons, mais dont le contenu est incontestablement à dominante éducative : placement éducatif, suivi d'une scolarité ou d'une formation professionnelle et exécution d'un contrat de service en établissement public d'insertion de la défense. En outre, leur exécution est confiée aux services de la protection judiciaire de la jeunesse, réel garant de l'action éducative. Il en résulte, pour le suivi socio-judiciaire des mineurs, une plus-value éducative. Véritable aveu de son échec à atteindre, en l'état, l'objectif de réinsertion sociale[44], le suivi socio-judiciaire est définitivement un moyen supplémentaire pour encercler le délinquant dangereux d'obligations afin de le contrôler et de le limiter. Si l'aspect très contraignant du suivi socio-judiciaire semble ainsi compensé pour les terroristes mineurs[45], il n'en demeure pas moins que son contenu est élargi et que les combinaisons possibles – mesures spécifiques éducatives avec mesures du droit commun de surveillance – n'en sont que plus lourdes de conséquences pour le condamné. Dans le même sens, l'injonction de soins connaît quelques particularités lorsqu'elle s'applique aux mineurs, dictées davantage par pragmatisme que par considération du particularisme de la minorité. S'agissant du choix du médecin et, le cas échéant, du psychologue traitant, celui-ci est effectué par les titulaires de l'autorité parentale ou, à défaut, par le juge des tutelles, voire par le juge des enfants, le consentement du mineur étant

---

37 Art. L. 611-2 du CJPM.
38 Exclusion faite du placement sous surveillance électronique mobile, en vertu de l'art. L. 122-3 al. 2 du CJPM.
39 Art. 131-36-2 du CP.
40 Art. 131-36-4 du CP.
41 Loi n° 2004-204 du 9 mars 2004 portant adaptation de la justice aux évolutions de la criminalité.
42 V. ancien art. 20-10 al. 3 de l'ordonnance n° 45-174 du 2 février 1945 relative à l'enfance délinquante renvoyant aux mesures éducatives de l'art. 16 et à la liberté surveillée de l'art. 19 ; désormais art. L. 122-3 du CJPM.
43 Des « mesures de protection, d'assistance, de surveillance et d'éducation », art. L. 122-3 1° du CJPM.
44 V. *supra*.
45 En ce sens, V. P. Bonfils, A. Gouttenoire, *Droit des mineurs*, Dalloz, 3e éd., 2021, § 2052.

seulement « recherché », ou son avis recueilli[46]. L'implication du mineur se trouve ici restreinte alors même que son consentement est requis au stade du prononcé et de la mise en œuvre du traitement[47]. Cette différence apparaît encore plus incohérente que la liberté de consentir du mineur semble réduite à néant, du fait de son manque de maturité et de la menace de l'emprisonnement encouru en cas de refus des soins[48]. L'inadaptation de l'injonction de soins à la fois au terrorisme et à la minorité plaide en faveur de l'exclusion des mineurs de son champ d'application, au même titre que le placement sous surveillance électronique mobile[49], d'autant plus qu'un module santé existe au titre de la mesure éducative judiciaire[50]. Pour autant, le caractère coercitif de l'injonction de soins et, plus généralement, du suivi socio-judiciaire est un levier non négligeable dans la logique de contrôle, voire d'exclusion des terroristes.

Vers une déspécialisation du SSJ – En cas de non-respect des obligations imposées au titre du suivi socio-judiciaire, le condamné encourt un emprisonnement. Sanction d'une peine après la peine, cette privation de liberté peut durer jusqu'à trois ans en cas de condamnation pour délit et sept ans en cas de condamnation pour crime. Si les mineurs pouvaient jusqu'alors échapper à l'emprisonnement avec la possibilité pour le juge des enfants d'opter, à la place, pour un placement en centre éducatif fermé[51], cet aménagement n'a pas été repris par le Code de la justice pénale des mineurs. Au vu des nombreuses obligations auxquelles les condamnés mineurs peuvent être astreints, l'emprisonnement est loin d'être l'exception pour eux, véritable « peine de secours ». Ainsi, les mineurs, dont la particulière dangerosité est révélée par le non-respect de leurs obligations, sont désormais traités comme les majeurs. La lutte contre le terrorisme prend le pas sur la justice pénale des mineurs, faisant ainsi reculer ses principes directeurs.

En définitive, le suivi socio-judiciaire permet un contrôle renforcé et systématique des terroristes mineurs, lequel contrôle a vocation à se

---

46 Art. R3711-12 al. 2 et s. du Code de la santé publique.

47 Art. 131-36-4 du CP et art. R61 du Code de procédure pénale (CPP).

48 Art. 131-36-4 du CP : « S'il refuse les soins qui lui seront proposés, l'emprisonnement prononcé en application du troisième alinéa de l'article 131-36-1 pourra être mis à exécution ».

49 Art. L. 122-3 al. 2 du CJPM.

50 V. art. L. 112-11 et s. du CJPM.

51 Ancien art. 20-10 al. 3 de l'ordonnance n° 45-174 du 2 février 1945 relative à l'enfance délinquante, toujours en vigueur pour les poursuites engagées avant le 30 septembre 2021, date d'entrée en vigueur du CJPM, selon l'art. 10 de l'ordonnance n° 2019-950 du 11 septembre 2019 portant partie législative du Code de la justice pénale des mineurs.

transformer en une mise à l'écart quasi perpétuelle des terroristes les plus dangereux.

Section 2. L'inscription au FIJAIT, une surveillance limitée

L'inscription au fichier judiciaire national automatisé des auteurs d'infractions terroristes (FIJAIT) permet également un suivi des mineurs ayant déjà commis une infraction à caractère terroriste. Pour autant, cette surveillance est limitée aux mineurs les plus dangereux, d'une part (§ 1), et est encadrée en raison de leur minorité, d'autre part (§ 2).

§ 1. Une surveillance limitée par la dangerosité

Une surveillance préventive par le fichage – Instaurée dans le double but de prévenir le renouvellement des infractions terroristes et de faciliter l'identification de leurs auteurs[52], l'inscription au FIJAIT constitue, sans conteste, une mesure de sûreté applicable aux mineurs[53]. Concrètement, il s'agit de recenser dans un fichier les données nominatives (identité et adresse) et judiciaires (nature de l'infraction et décision judiciaire) des mineurs mis en examen ou ayant fait l'objet d'une condamnation, même non encore définitive, ou d'une déclaration de culpabilité assortie d'une dispense ou d'un ajournement de la peine, ou encore d'une décision, même non encore définitive, prononçant une mesure éducative, une dispense de mesure éducative ou une déclaration de réussite éducative, voire d'une décision d'irresponsabilité pénale pour cause de trouble mental ou, enfin, d'une décision étrangère dont la France est avisée ou qui est exécutée en France, pour toutes les infractions terroristes[54], les violations d'interdiction de sortie du territoire, les non-restitutions de passeport et carte nationale d'identité suite à une interdiction de sortie de territoire[55], ainsi que les non-respects des obligations du contrôle administratif des retours sur le territoire national[56]. Il ressort du champ d'application tentaculaire de ce fichier, que toutes les situations terroristes ou, du moins, à risque terroriste, sont répertoriées, dès que la jus-

---

52 Art. 706-25-3 du CPP.

53 En ce sens, Cass. Crim., 6 févr. 2018, n° 17-90.024 ; Cass. Crim., 6 févr. 2018, n° 17-90.027 (à propos de la rétroactivité de la mesure).

54 Le champ infractionnel a été élargi au détour de la loi n° 2021-1109 du 24 août 2021 confortant le respect des principes de la République, art. 8.

55 Art. L. 224-1 du CSI.

56 Art L. 225-7 du CSI.

tice en a connaissance, quitte à les retirer si une décision de non-lieu, de relaxe ou d'acquittement est prononcée définitivement[57]. De plus, ces informations sont consultables par un nombre important d'autorités et de personnes. Outre les autorités judiciaires, officiers de police judiciaire, agents habilités des renseignements, des greffes pénitentiaires, du bureau du renseignement pénitentiaire et du ministère des Affaires étrangères, les autorités administratives, services et agents administratifs de l'État peuvent avoir accès aux données personnelles recensées dans le FIJAIT[58]. Ces consultations administratives ont vocation à intervenir pour de nombreuses décisions administratives (recrutement, affectation, autorisation, agrément, habilitation, renouvellement d'emploi), concernant une multitude d'activités et d'emplois[59], de telle sorte que l'absence d'inscription au bulletin n° 2 du casier judiciaire des mineurs se trouve contournée[60]. Plus encore, il ressort de ce dispositif une volonté d'exclure les terroristes, majeurs comme mineurs, d'un certain nombre de domaines tels que la fonction publique, la sécurité, l'enseignement, l'éducation et les transports. Toute la logique antiterroriste se déploie ici, au détriment des objectifs de la justice pénale des mineurs. Quelle insertion professionnelle, et à plus forte raison, sociale, peut-on promettre à un mineur ayant commis une infraction terroriste dont le passif sera porté à la connaissance de ses employeurs ? En définitive, la mesure d'inscription au FIJAIT apparaît lourde de conséquences pour les mineurs, véritable « fer rouge moderne »[61], alors même que celle-ci est fondée sur une dangerosité potentielle.

Une surveillance par des « sur-mesures » de sûreté – De plus, au-delà de la logique du fichage, le FIJAIT entraîne, pour les individus concernés, « à titre de mesure de sûreté »[62], des obligations de présentation, de justification de domicile et de déclaration des déplacements à l'étranger, à visée répressive. Autrement dit, de la mesure de sûreté d'inscription au FIJAIT découlent d'autres mesures de sûreté, instaurant une surveillance très intense des déplacements géographiques des terro-

---

57 Art. 706-25-6 du CPP.

58 Art. 706-25-9 du CPP.

59 V. R50-52 ; alors même que la CNIL préconisait de restreindre les consultations aux activités et professions en lien avec les infractions donnant lieu à inscription au FIJAIT dans sa délibération n° 2015-119 du 7 avril 2015 portant avis sur un projet de dispositions législatives visant à créer un fichier national des auteurs d'infractions terroristes.

60 Art. 775 du CPP.

61 C. DAADOUCH et C. BRUGGIAMOSCA, *Le fichage des mineurs. Entre ordre public et libertés individuelles*, éd. Berger-Levrault, 2019, p. 21.

62 Art. 706-25-7 du CPP.

ristes, dont le non-respect permet de les poursuivre géographiquement[63] et pénalement[64]. De surcroît, l'inscription automatique au fichier des personnes recherchées (FPR), le temps de l'exécution des obligations[65], permet un contrôle supplémentaire garantissant une plus grande effectivité des obligations[66]. Malgré l'exorbitante contrainte inhérente à ces différents dispositifs de contrôle, le Conseil constitutionnel considère, sans grande surprise, que « l'atteinte à l'exercice de la liberté d'aller et de venir doit être regardée comme nécessaire, adaptée et proportionnée à l'objectif poursuivi par le législateur », soit la prévention du terrorisme[67]. Par ailleurs, la portée de cette surveillance peut être relativisée dans la mesure où les obligations qui découlent de l'inscription ne sont pas applicables aux personnes inscrites dans le fichier pour des faits de provocation ou d'apologie du terrorisme ou d'entrave au blocage de site internet reproduisant ces infractions ou pour les infractions prévues par L. 224-1 et L. 225-7 du CSI[68]. Or, la provocation et l'apologie au terrorisme font partie des infractions majoritairement commises par les mineurs, aux côtés de l'association de malfaiteurs en vue d'une entreprise terroriste[69]. Une partie des terroristes mineurs, en l'occurrence, les moins dangereux, échappe donc *de facto* à cette surveillance renforcée[70].

Une surveillance à la coercition variable – Une différence d'intensité du contrôle résultant de l'inscription FIJAIT existe aussi, exclusivement en faveur des mineurs, au niveau de la coercition dont sont assorties les obligations déclaratives. Concernant les justifications d'adresse ou de ses changements, ce sont les représentants légaux du mineur ou les personnes auxquelles la garde est confiée qui sont en charge d'effectuer les démarches[71]. Par conséquent, le non-respect de ces obligations n'étant imputable ni à ces derniers, ni au mineur, aucune sanction n'est prévue[72]. Une solution cohérente mais qui réduit considé-

---

63 La géolocalisation est possible selon l'art. 230-32 du CPP, lequel renvoie à l'art. 74-2 du même code.

64 « Sur-délit » prévu à l'art. 706-25-7 du CPP.

65 *Ibid.*

66 En ce sens, CE, avis relatif au projet de fichier judiciaire des auteurs d'infractions de terrorisme, 7 avril 2015, n° 389.851.

67 Cons. const., n° 2021-936 QPC du 7 oct. 2021, § 14.

68 Art. 706-25-7 du CPP.

69 B. MAZABRAUD, « Le difficile équilibre de la contrainte et de l'éducatif dans la prise en charge judiciaire des adolescentes terroristes », *in* C. MÉNABÉ ; J. LEONHARD (dir.), *Femmes, mineurs et terrorisme,* L'Harmattan, 2021, p. 174.

70 Sur les conséquences du régime différencié de l'inscription FIJAIT v. CNIL, Délibération 24 novembre 2020, n° 2020-112, portant avis sur l'article 3 du projet de loi confortant les principes républicains.

71 Art. R. 50-49 du CPP.

72 Circulaire du 30 juin 2016 relative à la mise en place et au fonctionnement du FIJAIT, p. 12-13.

rablement l'effectivité de ces obligations ; d'autant plus que celles-ci sont très astreignantes dans leurs modalités. Les délais impartis pour les accomplir sont brefs, 15 jours, et la durée des obligations, même si abrégée pour les mineurs, reste conséquente, 5 ou 3 ans en fonction des infractions commises. Dès lors, la surveillance des mineurs est, en partie, tributaire du bon vouloir de leurs parents ou éducateurs, mais aussi de leur sincérité en ce que la présence du mineur n'est pas imposée lors des démarches[73]. En revanche, concernant les déclarations des déplacements à l'étranger du mineur, aucune précision réglementaire n'aménage la démarche. Logé à la même enseigne que les terroristes majeurs, il semblerait que le mineur doive lui-même se présenter aux autorités compétentes, pour effectuer sa déclaration, éventuellement accompagné de ses représentants légaux[74]. En cas de violation de son obligation de déclaration de ses départs à l'étranger, le mineur encourt une peine de deux ans d'emprisonnement et de 30 000 € d'amende[75]. Une telle disposition écarte les règles d'exceptionnalité et d'atténuation des peines des mineurs[76], lesquelles découlent du principe directeur de spécificité de la justice pénale des mineurs, pourtant constitutionnellement consacré[77]. « Erreur d'écriture » pour certains[78], il pourrait bien s'agir là aussi d'un recul de la spécificité du droit pénal des mineurs justifié par la dangerosité de la situation. En effet, un déplacement à l'étranger d'un mineur ayant déjà commis une infraction terroriste présente davantage de risque que son changement d'adresse, ce qui justifierait un traitement différencié des obligations déclaratives du mineur et le recours à la coercition pour rendre effectives les obligations les plus à même de prévenir la récidive.

En définitive, le suivi que permet le fichage des terroristes mineurs est à géométrie variable. En plus de l'enregistrement des situations terroristes dans le fichier et de leur consultation élargie, il peut en résulter des obligations pour les mineurs ayant commis des infractions terroristes d'une certaine gravité, lesquelles obligations permettent un contrôle différencié de la liberté d'aller et venir desdits mineurs, selon que leurs déplacements sont considérés ou non à risque. Malgré cette gradation dans le suivi des terroristes mineurs, il n'en demeure pas moins que tous les inscrits sont assujettis à une surveillance, excluant toute préoccupation

---

[73] *Ibid.*

[74] *Ibid.*

[75] Art. 706-25-7 du CPP.

[76] Art. L. 121-5 et L. 121-6 du CJPM.

[77] Cons. const. n° 2002-461 DC du 29 août 2002 ; *RDP* 2002, p. 1734, note J. ROUX.

[78] C. DAADOUCH et C. BRUGGIAMOSCA, *Le fichage des mineurs. Entre ordre public et libertés individuelles*, *op. cit.*, p. 173.

d'éducation ou d'insertion sociale[79]. Heureusement pour eux et pour la conformité de la mesure aux exigences constitutionnelles[80], des aménagements spécifiques permettent de limiter l'effectif des mineurs fichés.

§ 2. Une surveillance limitée par la minorité

Une surveillance érigée en exception – Le recours au FIJAIT pour les mineurs a été instauré par le législateur comme une mesure relativement exceptionnelle. En effet, l'inscription n'est pas applicable aux mineurs de moins de 13 ans[81] et, pour les mineurs de plus de 13 ans, le principe est leur non-inscription, « sauf si cette inscription est ordonnée par décision expresse »[82] de la juridiction ou du procureur de la République, selon les cas. Pour autant, si la non-automaticité de l'inscription au FIJAIT des mineurs apparaît aujourd'hui comme une spécificité en comparaison à l'inscription « de plein droit » des majeurs, celle-ci n'a pas été pensée comme telle à l'origine[83]. Dès lors, il ne faudrait pas se méprendre sur cette différence de traitement. Il ne s'agit pas d'un aménagement favorable aux mineurs mais d'une conséquence du durcissement du régime d'inscription des majeurs[84]. Espérons que les prochaines réformes laisseront intacte cette disposition relative aux mineurs, sans quoi le bien-fondé de leur surveillance ne serait plus débattu. Il s'agit là d'une garantie de l'individualisation de la réponse extra-pénale, quoique faible en ce qu'aucune exigence de motivation n'est imposée à la juridiction prononçant la mesure.

Une surveillance abrégée – Outre cette spécificité toute relative du régime d'inscription des mineurs au FIJAIT, la surveillance que celle-ci induit est temporellement réduite pour les mineurs. Ainsi, les délais d'effacement automatique des informations sont modulés, outre selon la dangerosité, en fonction de l'âge du terroriste[85]. La durée d'inscription des mentions au fichier est réduite à dix ans pour les infractions terro-

---

79 « Le « fiché » ne dispose notamment d'aucun référent, ni magistrat, ni policier, ni conseiller d'insertion et de probation. », J. Alix, « Prévention ? (À propos des sortants de prison en matière terroriste) », *Lexbase pénal*, n° 11, 2018, Éditorial.

80 En ce sens, délibération de la CNIL n° 2015-119 du 7 avril 2015 portant avis sur la création du fichier des auteurs d'infractions terroristes (FIJAIT) et avis du CE n° 389.851 du 7 avril 2015 relatif au projet de fichier judiciaire des auteurs d'infractions de terrorisme.

81 Art. 706-25-4 du CPP.

82 Art. 706-25-4 du CPP.

83 En ce sens, la circulaire du 30 juin 2016 précise que « la volonté du législateur n'a pas été de créer un régime spécifique pour les mineurs de 13 à 18 ans imposant une motivation particulière de la décision d'inscription. », p. 5.

84 Avant la loi n° 2021-1109 du 24 août 2021, l'inscription des majeurs se faisait sur décision de la juridiction ou du procureur de la République selon les cas.

85 Art. 706-25-6 du CPP.

ristes dites matérielles (contre vingt ans pour les majeurs) et à trois ans (contre cinq ans pour les majeurs) pour les autres infractions de moindre gravité. Nous retrouvons ici un allègement de la surveillance pour les terroristes mineurs considérés comme les moins dangereux. Par ailleurs, la durée des obligations qui découlent de l'inscription au FIJAIT est réduite pour les mineurs à cinq ans (contre dix ans pour les majeurs)[86]. À l'issue de ce même délai abrégé, l'accès des mentions inscrites FIJAIT est réservé à un cercle plus restreint d'autorités et de personnes[87]. Le FIJAIT se limite alors un rôle de conservation des données, plus en adéquation avec sa double finalité. Si de telles restrictions temporelles de la surveillance des mineurs sont louables, il n'en demeure pas moins que ces délais sont peu adaptés aux temporalités de la minorité. En effet, l'inscription au FIJAIT et les obligations qui en découlent perdureront bien souvent au-delà de la minorité, dans la mesure où celles-ci ne sont envisageables qu'à partir de 13 ans. Les délais encadrant le FIJAIT apparaissent d'autant plus longs qu'ils ne commencent à courir qu'à compter de la libération, en cas de peine privative de liberté sans sursis prononcée à l'encontre du mineur[88]. Par conséquent, la surveillance que permet le fichage des délinquants terroristes continue largement après l'exécution des mesures éducatives ou des peines, instaurant ainsi une méfiance quasi perpétuelle à leur encontre. Une sortie de secours est tout de même prévue par la loi avec la possibilité de demander, de manière anticipée, l'effacement des mentions du FIJAIT, si cette mesure « n'apparaît plus nécessaire compte tenu de la finalité du fichier, au regard de la nature de l'infraction, de l'âge de la personne lors de sa commission, du temps écoulé depuis lors et de la personnalité actuelle de l'intéressé »[89]. Cette demande ne connaît aucune spécificité pour les mineurs, mais celle-ci apparaît très en adéquation avec notre catégorie de fichés. En effet, les terroristes ayant commis une infraction terroriste lors de leur minorité pourront plus facilement faire valoir l'évolution de leur personnalité, arguant d'un suivi éducatif renforcé du fait de leur prise en charge judiciaire. Pour autant, aucun critère objectif n'est listé pour guider les magistrats dans leur décision et un large pouvoir d'investigation leur est accordé en amont[90], la consultation des autres fichiers (FPR et fichier des

86 Art. 706-25-7 du CPP.
87 L'art. 706-25-9 du CPP vise le service gestionnaire du fichier, les autorités judiciaires, les officiers de police judiciaire et les agents individuellement désignés et habilités des services de renseignements. Exit ainsi les consultations dans le cadre d'enquêtes administratives.
88 Art. 706-25-6 du CPP.
89 Art. 706-25-12 du CPP.
90 *Ibid.*

signalements pour la prévention de la radicalisation à caractère terroriste) pourra aiguiller la décision. Nous pouvons douter que la justice antiterroriste, laissée dans sa discrétion et mue par sa logique du risque zéro, réponde favorablement aux demandes d'effacement des mentions du FIJAIT[91]. Les adaptations du régime du FIJAIT aux mineurs ne tendent donc pas tant à éviter leur stigmatisation mais à la limiter *a minima*.

Section 3. La mesure judiciaire de prévention de la récidive terroriste et de réinsertion : une surveillance inadaptée

La mesure judiciaire de prévention de la récidive terroriste et de réinsertion est la version allégée des « mesures de sûreté applicables aux auteurs d'infractions terroristes »[92] lui permettant de passer sans censure l'examen de constitutionnalité[93]. Poursuivant la même dynamique, ce nouveau dispositif s'ajoute à l'arsenal des mesures de sûreté post-sentencielles. Si son applicabilité aux mineurs se révèle rarissime car inadaptée à la minorité (§ 1), ces derniers sont pourtant expressément mentionnés, ce qui les soumet à une surveillance en opposition flagrante à la justice pénale des mineurs (§ 2).

§ 1. Une surveillance inadaptée à la minorité

Une extension du suivi post-sentenciel – La mesure judiciaire de prévention de la récidive terroriste et de réinsertion a été pensée pour faire face à une nouvelle menace dite endogène constituée par les condamnés terroristes à l'issue de leur peine[94]. Dès lors, malgré le double objectif affiché – prévention et réinsertion –, cette mesure de sûreté[95]

[91] En ce sens, v. D. THOMAS-TAILLANDIER, « Le nouveau fichier national des auteurs d'infractions terroristes », *AJ pénal*, n° 11, 2015, p. 523-525.
[92] Instaurées, en vain, par la loi n° 2020-1023 du 10 août 2020 instaurant des mesures de sûreté à l'encontre des auteurs d'infractions terroristes à l'issue de leur peine.
[93] Cons. const., décision n° 2021-822 DC du 30 juillet 2021.
[94] Projet de loi n° 4104 relatif à la prévention d'actes de terrorisme et au renseignement présenté par M. Jean Castex, Premier ministre, et par M. Gérald Darmanin, ministre de l'Intérieur, enregistré à la Présidence de l'Assemblée nationale le 28 avril 2021, en procédure accélérée.
[95] Terminologie validée par Cons. const., décision n° 2021-822 DC du 30 juillet 2020.

semble surtout être un nouvel outil de contrôle des terroristes[96]. L'objectif de réinsertion, prévu initialement pour les peines, est effectivement à relativiser, dans la mesure où il a été adjoint à celui de prévention de la récidive pour passer le cap du contrôle de constitutionnalité[97]. De plus, le nouvel objectif se concrétise surtout par le prononcé, désormais[98] systématique, d'une prise en charge sanitaire, sociale, éducative ou psychologique[99], dont la portée est limitée en l'absence de précision sur son contenu, si ce n'est sur la possibilité de l'exécuter dans un « établissement d'accueil adapté », à savoir un centre de prise en charge individualisée des personnes radicalisées[100]. En outre, des obligations et interdictions, certes moins nombreuses et moins contraignantes qu'initialement, dénotent une prévalence pour l'objectif de prévention de la récidive terroriste. En ce sens, quatre obligations et interdictions sur six visent à contrôler les déplacements, activités, domiciliations des terroristes, restreignant ainsi considérablement leur liberté personnelle[101]. Par ailleurs, instituée comme un complément aux autres mesures de surveillance post-sentencielles existantes (surveillance judiciaire, surveillance de sûreté, rétention de sûreté, inscription au FIJAIT et SSJ)[102], la mesure judiciaire de prévention de la récidive terroriste et de réinsertion suit la même logique. Celle-ci tend alors à combler les vides de surveillance ou, selon le point de vue, à faire disparaître « les interstices de liberté »[103]. Les autres mesures de sûreté apparaissent souvent inadaptées, tant à cause de

---

96 En ce sens, le projet de loi expose que la « mesure judiciaire de réinsertion sociale antiterroriste [est] destinée à renforcer le suivi des personnes condamnées pour des infractions à caractère terroriste qui ne font l'objet, à leur sortie de détention, d'aucune autre mesure de suivi judiciaire », projet de loi n° 4104 relatif à la prévention d'actes de terrorisme et au renseignement, p. 7. *Contra* v. Rapport n° 4104 sur le projet de loi relatif à la prévention d'actes de terrorisme et au renseignement, par R. GAUVAIN et L. KERVRAN, 20 mai 2021.

97 *Contra* v. P. ROUSSEAU et F. ROUSSEAU, « Prévention d'actes de terrorisme et renseignement. Commentaire de la loi n° 2021-998 du 30 juillet 2021 », *Dr. pén.*, n° 10, 2021, étude 18, p. 10-17.

98 La loi du 10 août 2020 ne prévoyait cette obligation qu'en 12e position dans l'énumération de ses mesures de sûreté.

99 Art. 706-25-16 du CPP.

100 Mis en place dans le programme RIVE (Recherches et interventions sur les violences extrémistes) en 2016, puis pérennisation du Programme dans le Plan national de prévention de la radicalisation du 23 février 2018 qui rebaptisent ce programme PAIRS (programme d'accueil individualisé et de réaffirmation social). Ce plan crée trois nouveaux centres de prise en charge individualisée pour des personnes radicalisées ou en voie de radicalisation (voir la mesure 58 du plan).

101 G. BEAUSSONIE, « Une goutte de sûreté dans un océan de sécurité », préc., p. 1869.

102 Art. 706-25-16 IV du CPP.

103 J. ALIX, O. CAHN, « Au tournant de la punitivité en matière terroriste. À propos de la loi n° 2020-1023 du 10 août 2020 instaurant des mesures de sûreté à l'encontre des auteurs d'infractions terroristes à l'issue de leur peine et de la décision n° 2020-805 DC du 7 août 2020 », *op. cit.*

leur fondement (appréciation médicale de la dangerosité), que de leurs modalités de mise en œuvre, d'une part. Elles sont aussi parfois jugées insuffisantes du fait de leur non-rétroactivité ou de leur contenu, d'autre part.

Outre la nécessité d'instaurer une mesure de suivi des terroristes condamnés plus adéquate, un tel dispositif vise aussi à combler les conséquences paradoxales de la politique de sévérité menée au niveau de l'exécution des peines des terroristes. En effet, les possibilités d'aménagement de peine ont été réduites à peau de chagrin pour cette catégorie d'individus. Étant exclus de la semi-liberté, du placement à l'extérieur, de la suspension et du fractionnement de la peine[104], ils sortent de prison sans préparation et sans suivi. Toutefois, cette considération est balayée par la nouvelle condition introduite dans la loi suite à la décision d'inconstitutionnalité tenant à ce que le condamné ait bénéficié, pendant l'exécution de sa peine, de mesures de nature à favoriser sa réinsertion. Sans autre précision, cette condition nous semble au demeurant bien superflue. Quoi qu'il en soit, le nouveau dispositif n'apparaît plus comme un accompagnement supplétif mais bien comme une surveillance supplémentaire des terroristes après leur peine, renforçant « le principe de liberté surveillée »[105] pour ces derniers.

Une surveillance quasi inapplicable aux mineurs – Si la mesure judiciaire de prévention de la récidive terroriste et de réinsertion s'applique aussi bien aux terroristes majeurs qu'à ceux mineurs, ses conditions d'application semblent pourtant exclure *de facto* ces derniers. En effet, la nouvelle mesure s'applique aux personnes condamnées à une peine privative de liberté, non assortie du sursis, d'une durée supérieure ou égale à cinq ans, ou trois ans en cas de récidive légale[106]. Dans la mesure où une telle peine ne peut être prononcée qu'à partir de 13 ans[107], il y a fort à parier que le mineur ayant commis une infraction terroriste durant sa minorité, aura déjà atteint la majorité au moment du prononcé de la mesure par le tribunal de l'application des peines. Pour autant, par

---

104 Loi n° 2016-987 du 21 juillet 2016 prorogeant l'application de la loi n° 55-385 du 3 avril 1955 relative à l'état d'urgence et portant mesures de renforcement de la lutte antiterroriste. V. E. Bonis-Garçon, « À propos de l'article 8 de la loi n° 2016-987 du 21 juillet 2016 : vers la création d'un droit spécial des aménagements de peine pour les condamnés pour terrorisme », *Dr. pén.*, n° 12, 2016, étude 26 ; V. MalaBat, « Les mutations du droit pénal à l'épreuve de la lutte contre le terrorisme », *in* J. Alix, O. Cahn (dir.), *L'hypothèse de la guerre contre le terrorisme. Implications juridiques*, Dalloz, 2017, p. 173.

105 En ce sens, v. J. Alix, O. Cahn, « Au tournant de la punitivité en matière terroriste. À propos de la loi n° 2020-1023 du 10 août 2020 instaurant des mesures de sûreté à l'encontre des auteurs d'infractions terroristes à l'issue de leur peine et de la décision n° 2020-805 DC du 7 août 2020 », *op. cit.*

106 Art. 706-25-16.-I du CPP.

107 Art. L. 11-4 du CJPM.

le jeu des réductions de peine qui permettent une exécution de la peine plus courte que celle prononcée, la nouvelle mesure aurait vocation à s'appliquer à l'encontre d'un mineur à la fin de l'exécution de sa peine. Toutefois, les crédits de réductions automatiques étant exclus pour les terroristes même mineurs[108], seul le bénéfice des réductions supplémentaires de peine[109] ou exceptionnelles de peine[110] peuvent permettre une sortie de détention anticipée. Or, ces situations marginales révèlent davantage un désengagement de la délinquance qu'une « particulière dangerosité »[111] exigée par la mesure judiciaire de prévention de la récidive terroriste et de réinsertion, ce qui rend encore plus improbable son prononcé. En revanche, une fenêtre d'application s'ouvre en cas de récidive, le quantum de la peine exigé étant diminué à 3 ans. Là encore, la situation sera exceptionnelle puisque seules les condamnations à une peine constituent le premier terme de la récidive. Autrement dit, le terroriste mineur, avant ses 15 ans, devra déjà avoir été condamné à une peine pour être sujet, durant sa minorité, à la nouvelle mesure.

Enfin, dans une moindre mesure, les mineurs échappent aussi à cette surveillance post-sentencielle par la condition relative à la nature de l'infraction ayant donné lieu à condamnation[112]. Sont uniquement visées les infractions terroristes dites matérielles[113], alors que l'apologie et la provocation au terrorisme sont les délits de prédilection des mineurs[114].

En définitive, la seule hypothèse où la mesure judiciaire de prévention de la récidive terroriste et de réinsertion semble pouvoir être prononcée à l'encontre d'un mineur est celle du mineur terroriste récidiviste. Sa dangerosité justifierait qu'il soit soumis au nouveau dispositif de surveillance post-sentencielle, lequel ne connaît pourtant aucun aménagement à même de prendre en compte la spécificité de la minorité.

§ 2. Une surveillance inadaptée à la justice pénale des mineurs

Une surveillance des mineurs sans spécificité – Si les autres mesures de surveillance post-sentencielles connaissent quelques aménagements afin d'être conformes, au moins en apparence, aux exigences constitutionnelles de la justice pénale des mineurs, la mesure judiciaire de

108 Art. 721-1-1 du CPP pour toutes les infractions terroristes à l'exclusion de celles définies aux articles 421-2-5 à 421-2-5-2 CP.
109 Art. 721-1 du CPP.
110 Art. 721-3 du CPP.
111 Art. 706-25-16.-I. du CPP.
112 Art. 706-25-16 du CPP.
113 Il s'agit des infractions mentionnées aux art. 421-1 à 421-6 du CP, à l'exclusion de celles définies aux art. 421-2-5 et 421-2-5-1 du même code.
114 V. *supra*.

prévention de la récidive terroriste et de réinsertion s'en affranchit franchement. En effet, une seule particularité est prévue au régime de la nouvelle mesure lorsque celle-ci s'applique à un mineur et elle concerne la durée pendant laquelle son renouvellement est possible. Décidée pour une période initiale d'un an maximum, la mesure peut faire l'objet d'un renouvellement conditionné à l'existence d'éléments nouveaux ou complémentaires, dans la limite de trois ans pour le mineur, au lieu de cinq ans pour le majeur[115]. Au vu de notre développement précédent, nul doute qu'à l'issue de la mesure prononcée initialement, le mineur sera déjà majeur et que le régime du renouvellement qui lui sera applicable sera celui de droit commun.

Hormis cette spécificité qui ne s'appliquera certainement jamais, aucun aménagement n'est prévu. Au niveau procédural, la compétence en premier ressort du tribunal pour enfants de Paris prévue par la loi du 10 août 2020 a disparu sans autre justification[116]. Ensuite, concernant l'évaluation de la dangerosité, qui implique un placement dans un service spécialisé chargé de l'observation des personnes détenues pour une durée d'au moins six semaines, aucune précision n'est apportée sur le régime applicable au mineur. Enfin, ni le contenu, ni la durée de la mesure ne varient en fonction de l'âge du terroriste. Des questions d'ordre pratique se posent inévitablement mais aussi des interrogations émergent quant à la compatibilité de cette mesure du droit de l'antiterroriste avec le droit pénal des mineurs.

Une surveillance punitive à l'affront de la justice pénale des mineurs – Au-delà de son manque de spécificité pour les mineurs, la mesure judiciaire de prévention de la récidive terroriste et de réinsertion des mineurs contribue à déspécialiser la justice pénale des mineurs. En ce sens, au titre de cette mesure, la juridiction a la possibilité d'interdire au mineur de se livrer à l'activité dans l'exercice ou à l'occasion de laquelle l'infraction a été commise, alors même que la peine d'interdiction d'exercer une activité professionnelle ou sociale n'est pas applicable aux mineurs[117]. Cette exclusion se justifie pleinement en ce que l'accès à un emploi est un levier non négligeable à son intégration sociale, ici, celui-ci se trouve en partie sacrifié sur l'autel de la lutte antiterroriste.

Pire encore, mais sans surprise, le non-respect des obligations et interdictions de la nouvelle mesure constitue une nouvelle « infraction ad-

---

115 Art. 706-25-16 du CPP.

116 Loi du 10 août 2020 instaurant des mesures de sûreté à l'encontre des auteurs d'infractions terroristes à l'issue de leur peine, art. 1.

117 Art. L. 121-1 du CJPM.

ministrativo-pénale »[118], sanctionné de trois ans d'emprisonnement et de 45 000 € d'amende. Sont ainsi contournées, une fois de plus, les règles d'exceptionnalité et d'atténuation des peines pour les mineurs[119]. Cette « sur-peine » vise, comme toutes les mesures de surveillance post-sentencielle punitives, à « faire durer la peine, faire renaître le sentiment de son infinitude et, *in fine*, éliminer »[120]. Dès lors, il apparaît clairement que la nouvelle mesure répond à la logique de la justice antiterroriste, aux dépens de celle de la justice pénale des mineurs.

La méfiance l'emporte définitivement sur l'espérance de voir le mineur se relever et s'insérer dans la société. Gardons toutefois l'espoir que le décret d'application[121], à ce jour non publié, éclaircisse les possibilités d'application de la nouvelle mesure aux mineurs, lui apporte quelques spécificités et règle ses incohérences. Doux rêve.

Conclusion

Que ce soit par le prononcé d'un suivi socio-judiciaire, par l'inscription au FIJAIT ou par la prescription de la mesure judiciaire de prévention de la récidive terroriste et de la réinsertion, le terroriste mineur est soumis à une surveillance judiciaire extensive, tant dans son contenu que dans le temps. Quoi qu'il en soit, le législateur veille à prévoir des aménagements aux dispositifs de surveillance des mineurs, sans arriver toutefois à se départir de la logique antiterroriste – contrôle et neutralisation de la menace. Le particularisme de l'après-peine des mineurs est en demi-teinte. Il ne s'agit effectivement pas tant d'accompagner activement le mineur sur la voie de la réinsertion mais de tenter de limiter sa stigmatisation judiciaire. La défiance envers le potentiel terroriste en devenir que représente le mineur l'emporte sur la confiance en son éducabilité. Consécutivement, le droit pénal des mineurs perd en légitimité. En effet, fondées sur la dangerosité persistante des condamnés, les mesures de surveillance post-sentencielle semblent témoigner de l'échec de la justice pénale des mineurs.

Soustraire les mineurs des mesures judiciaires de surveillance étudiées permettrait alors de restaurer le bien-fondé et l'autonomie du droit pénal des mineurs. Sans tomber dans un angélisme législatif irréaliste, la solution proposée consisterait en l'édiction de mesures post-sentencielles

118 J. ALIX, « Prévention ? (À propos des sortants de prison en matière terroriste) », *op. cit.*
119 V. *supra*.
120 J. ALIX, « Radicalisation et droit pénal », *op. cit.*
121 Art. 706-25-22 du CPP.

propres aux mineurs, alliant surveillance et éducation, adaptées à leur âge et leur personnalité, prononcées par une juridiction spécialisée ou selon des procédures appropriées[122]. Dommage que le législateur n'ait pas saisi l'opportunité que représentait l'adoption du Code de la justice pénale des mineurs…

122 Art. préliminaire du CJPM.

Les mesures de sûreté appliquées aux mineurs terroristes : une réponse pénale à parfaire

Ludivine GRÉGOIRE
Maître de conférences en droit privé et sciences criminelles,
UPPA, Collège SSH, Centre de recherche sur la Justice pénale et pénitentiaire (CRJ2P/IFTJ)

Specialia generalibus derogant. Confronter le terrorisme et la minorité impose le recours à deux lois spéciales, deux lois qui, parce qu'elles s'appliquent à des individus particuliers, dérogent largement au droit commun. La loi relative au terrorisme, parce qu'elle concerne des individus particulièrement dangereux ayant commis des actes parfois remarquablement graves et présentant un fort potentiel de récidive, requiert une extrême sévérité à l'encontre de ceux perçus comme les ennemis de l'État. À l'opposé, la loi relative aux mineurs, parce qu'elle s'applique à des êtres en cours de formation présumés particulièrement vulnérables, privilégie l'éducation sur la répression et appelle les juges à faire preuve de mansuétude à l'égard de nos chères têtes blondes.

Ainsi, ce sont deux lois pénales spéciales, qui semblent elles-mêmes s'opposer, qui viennent déroger à la loi pénale générale. Toute la question réside alors dans l'articulation de ces deux lois, leur opposition ou, au contraire, leur imbrication. Existe-t-il, finalement, une loi spéciale applicable aux mineurs terroristes ?

Les champs d'investigations pour répondre à cette question sont multiples, allant des qualifications infractionnelles aux règles procédurales, jusqu'aux sanctions pénales encourues par le mineur qui commettrait un acte de terrorisme. C'est sur ce dernier aspect, plus précisément sous l'angle des mesures de sûreté applicables aux mineurs terroristes, que la question posée sera traitée, en laissant volontairement de côté le « droit de la peine dérogatoire » ou l'exécution des peines[1] dont les spécificités ont déjà été exposées.

Dès lors, il va s'agir d'identifier si parmi les mesures de sûreté formellement existantes aujourd'hui, toutes sont applicables aux auteurs d'infractions terroristes, aux mineurs terroristes plus spécialement, et dans quelles mesures. Ces problématiques soulèvent en creux la question du caractère satisfaisant de la réponse pénale apportée aux mineurs terroristes par le biais des mesures de sûreté.

Les mesures de sûreté au service de la lutte contre la dangerosité. Les mesures de sûreté peuvent être définies comme des réponses pénales « *déterminées par la loi pénale, prononcées par une juridiction pénale en raison de la dangerosité de l'individu et ordonnées dans le dessein exclusif de prévenir la commission d'une infraction pénale que la dangerosité rend probable* »[2]. Qu'elles soient ou non qualifiées de sanctions pénales[3], les mesures de sûreté présentent des spécificités marquées par rapport aux peines auxquelles elles sont souvent comparées. Leur domaine d'application est particulièrement étendu car elles s'immiscent partout dans le droit pénal, gravitant autour du procès pénal de manière éclatante. Elles peuvent en effet être prononcées *ante sententiam*, en remplacement d'une peine lorsque celle-ci ne peut recevoir application ou encore après l'exécution de cette der-

---

1 V. essentiellement OLECH (V.), « Exécution des peines : regards sur les mineurs et les femmes condamnés pour des infractions terroristes ou radicalisés », *in* MÉNABÉ (C.) et LEONHARD (J.) (dir.), *Femmes, mineurs et terrorisme*, L'Harmattan, 2021, p. 131 et s. ; LEONHARD (J.), « Le colloque singulier "Radicalisation et prison", Focus sur les femmes et les mineurs », *in* MÉNABÉ (C.) et LEONHARD (J.) (dir.), *Femmes, mineurs et terrorisme*, L'Harmattan, 2021, p. 139 et s.

2 GRÉGOIRE (L.), *Les mesures de sûreté. Essai sur l'autonomie d'une notion*, Coll. « Des Thèses », Institut universitaire de Varennes, 2015, spéc. n° 25, p. 48.

3 La qualification de sanction pénale ne fait pas l'unanimité. En effet, si l'on se réfère à la place qu'octroie le législateur aux mesures de sûreté – à certaines d'entre elles au moins – et à une définition simple de la sanction pénale, envisagée comme celle qui découle d'une loi pénale et d'une condamnation pénale prononcée par une juridiction répressive (MERLE (R.) et VITU (A.), *Traité de droit criminel – Problèmes généraux de la science criminelle, Droit pénal général* – tome I, 7e éd., Cujas, 1997, n° 653, p. 823), la mesure de sûreté peut être rattachée à la catégorie des sanctions pénales. *A contrario*, si l'on suit la position du Conseil constitutionnel qui considère de manière constante que ces mesures ne sont ni des peines, ni des sanctions ayant le caractère d'une punition (pour la dernière décision en date rappelant cette solution, Cons. constit., 7 octobre 2021, n° 2021-936 QPC, à propos du FIJAIT), ou encore celle de la Cour européenne des droits de l'homme qui les exclut de la matière pénale (par exemple, pour la jurisprudence relative à la détention de sûreté allemande, notam. CEDH, 17 décembre 2009, n° 19359/04, *M. c/ Allemagne*, *D.* 2010, étude p. 737, note J. Pradel ; *AJ pénal* 2010, p. 129, note J. Leblois-Happe ; *Dr. pén.* 2010, étude 9, L. Grégoire ; *RPDP* 2010, chron. p. 459, obs. J.-P. Céré ; CEDH, 7 janv. 2016, n° 23279/14, *Bergmann c/ Allemagne*, *AJ pénal* 2016, p. 339, obs. L. Grégoire ; *Dr. pén.* 2016, comm. 70, V. Peltier ; CEDH, 4 déc. 2018, req. n° 10211/12 et n° 27505/14, *Ilnseher c/ Allemagne*, *AJ pénal* 2019. 161. obs. L. Grégoire ; *D. actu.* 18 déc. 2018, obs. M. Recotillet ; *Dr. pén.* 2019. comm. 40, V. Peltier), les mesures de sûreté doivent être considérées comme une réponse pénale à part, exclues du domaine de la sanction pénale.

nière, lorsque l'individu condamné demeure dangereux. Elles s'appliquent aux majeurs et aux mineurs, aux personnes pénalement responsables ou irresponsables. Également – et surtout – les mesures de sûreté se distinguent des peines non pas par leur contenu – certaines mesures de sûreté apparaissant sous la dénomination de peine dans le Code pénal[4] – mais par leur fondement et leur objectif[5]. En effet, par la consécration progressive des mesures de sûreté, le législateur pénal français a opéré un changement de paradigme, en abordant les individus plus seulement comme des coupables, mais comme des êtres dangereux, en rupture avec la société. La culpabilité cède alors face à la dangerosité, et les mesures de sûreté, s'inscrivant dans une logique préventive, sont ainsi destinées à traiter la dangerosité, pour la faire cesser.

Leur utilisation dans le cadre de la lutte contre le terrorisme peut dès lors se concevoir – dans une certaine mesure – mais ne devrait-elle pas être différenciée selon que le terroriste est un majeur ou un mineur ? En d'autres termes, doit-on/peut-on appréhender de manière similaire la dangerosité d'un mineur et celle d'un majeur ? Le mineur terroriste peut-il/doit-il réellement être considéré comme l'ennemi de la société, légitimant alors l'application des mesures les plus contraignantes à son encontre ?

Le mineur, ennemi de la société ? L'expression « *droit pénal de l'ennemi* » renvoie à la pensée de Günther Jakobs[6] et désigne un droit d'exception en rupture avec les principes du droit pénal classique[7]. Théorie doctrinale dans un premier temps, le droit pénal de l'ennemi semble aujourd'hui trouver sa traduction dans un « *droit pénal de la dangerosité* » dont les mesures de sûreté sont la principale composante, la dangerosité s'adressant à l'ennemi – menaçant l'ordre social et se plaçant volontairement hors de l'État de droit – et non au citoyen[8]. L'ennemi, c'est bien évidemment le terroriste qui en est l'un des principaux visages, mais est-

---

[4] Par exemple, les mesures de sûreté de l'article 706-136 du Code de procédure pénale, à destination des individus pénalement irresponsables pour cause de trouble mental, qui apparaissent sous la qualification de « *peine* » dans le Code pénal. Pour une critique doctrinale de la confusion des genres, MATSOPOULOU (H.), « Le développement des mesures de sûreté justifiées par la “dangerosité” et l'inutile dispositif applicable aux malades mentaux », *Dr. pén.* 2008. Étude 5, n° 49.

[5] V. en ce sens, DESPORTES (F.) et LE GUNEHEC (F.), *Droit pénal général*, Coll. « Corpus Droit privé », 16e éd., Economica, 2009, spéc. n° 1160, p. 1094.

[6] JAKOBS (G.), « Aux limites de l'orientation par le droit : le droit pénal de l'ennemi », *RSC*, 2009, doctr., p. 7 et s.

[7] Pour cette idée et une présentation récente du « concept » de droit pénal de l'ennemi, MORET-BAILLY (J.) et RUBI-CAVAGNA (E.), *Droit pénal : la contre-révolution silencieuse*, Coll. « Forum », *LGDJ*, 2021, spéc. p. 81 et s.

[8] Pour cette idée et un rejet du droit pénal de l'ennemi, G. Giudicelli-Delage, « Droit pénal de la dangerosité – Droit pénal de l'ennemi », *RSC*, 2010, doctr., p. 69 et s.

ce également le mineur terroriste ? Jusqu'à une époque récente, la réponse aurait été fermement négative tant les mineurs n'étaient que faiblement impliqués dans des affaires liées au terrorisme. Mais plusieurs données chiffrées permettent aujourd'hui de nuancer une réponse trop tranchée. La Commission nationale consultative des droits de l'homme (CNCDH) a ainsi relevé, dans un avis sur la privation de liberté des mineurs que le nombre de mineurs jugés pour des faits de terrorisme a littéralement explosé depuis 2015, passant d'un mineur en 2015 à 18 mineurs à juger avant mai 2018[9]. Plus encore, au début du mois de mars 2017, 56 mineurs étaient poursuivis essentiellement pour associations de malfaiteurs en relation avec une entreprise terroriste[10] et plusieurs dizaines de mineurs ont été signalés par les travailleurs sociaux du secteur associatif habilité ou de la Protection judiciaire de la jeunesse (PJJ) pour manifester des attitudes radicales et poursuivis pour apologie du terrorisme[11]. Il faut en outre relever que le terrorisme n'est plus l'apanage des garçons, puisque des jeunes filles ont également été incarcérées[12]. Enfin, il était fait état en 2018 de plus de 400 mineurs de moins de 15 ans se trouvant en zone irako-syrienne, dont 200 y seraient nés[13] et dont certains seraient déjà de retour sur le territoire national[14].

L'inflation est significative mais ne doit pas être surestimée car depuis 2018, la tendance est à la baisse, comme en témoigne le rapport d'activité 2019 de la Mission nationale de veille et d'information[15]. Il y est notamment mis en évidence la diminution du phénomène de radicalisation sur le territoire national et l'abaissement du nombre de mineurs déférés pour association de malfaiteurs en relation avec une entreprise terroriste[16]. En revanche et parallèlement, l'augmentation exponentielle du nombre de mineurs suivis en protection de l'enfance du fait de la radicalisation de leurs parents est significative, démontrant que les mineurs en lien avec le terrorisme ou le phénomène de radicalisation ne sont pas que les enne-

---

[9] CNCDH, « Avis sur la privation de liberté des mineurs », 27 mars 2018, spéc. p. 32.

[10] *Ibid.*

[11] BARANGER (Th.), BONELLI (L.), PICHAUD (F.), « La justice des mineurs et les affaires de terrorisme », *Les Cahiers de la justice*, 2017, p. 253.

[12] CNCDH, « Avis sur la privation de liberté des mineurs », 27 mars 2018, spéc. p. 32.

[13] BARANGER (Th.), BONELLI (L.), PICHAUD (F.), « *La justice des mineurs et les affaires de terrorisme* », *art. cit.*, p. 253.

[14] V. également en ce sens une instruction n° 5995/SG du Premier ministre relative à la prise en charge des mineurs à leur retour de zone d'opérations de groupements terroristes (notamment la zone irako-syrienne), 23 février 2018, p. 1.

[15] Mission nationale de veille et d'information (MNVI), « Rapport d'activité 2019 », spéc. p. 12 et 13.

[16] Sur ce dernier point, il est signalé que le nombre de déferrements de mineurs pour association de malfaiteurs en relation avec une entreprise terroriste est passé de 27 en 2017 à 6 en 2018 et 5 en 2019 (*Ibid.*, p. 13).

mis de la société, mais sont également – et surtout – des jeunes en danger, qu'il convient avant tout de protéger. La particulière vulnérabilité du mineur due à un contexte social et/ou familial compliqué, à une situation d'échec ou de rupture, la personnalité en construction et donc influençable de jeunes souhaitant plus que tout appartenir à un groupe, le besoin de repères ou encore l'usage des réseaux sociaux sont autant d'indications de la sensibilité des mineurs[17] – y compris de la majorité des mineurs terroristes – qui devraient conduire le législateur et le juge à privilégier la prévention pour soustraire le mineur de toute influence néfaste[18]. Car à quelques rares exceptions près[19], le mineur n'a pas vraiment le visage de l'ennemi social dont il convient de se débarrasser, mais plutôt celui d'un enfant qu'il convient certes de punir pour l'infraction commise, mais également de protéger notamment par des mesures préventives adaptées à sa situation, sa personnalité ou encore sa dangerosité.

Une réponse pénale en manque de spécificité. Pourtant, et parce que la lutte contre le terrorisme semble justifier une rigueur accrue du droit pénal à l'encontre de tous les terroristes – majeurs comme mineurs –, et l'application exacerbée d'un droit pénal de la prévention, la loi pénale spéciale applicable en matière de terrorisme paraît l'emporter sur la

---

17 V. en ce sens, « Note du 1er août 2018 relative à la prise en charge éducative des mineurs radicalisés ou en danger de radicalisation violente », NOR : JUSF1821611N, p. 3-4 ; BARANGER (Th.), BONELLI (L.), PICHAUD (F.), « *La justice des mineurs et les affaires de terrorisme* », *art. cit.*, p. 255-256. V. également BURCHETT (J.), « Le rôle des femmes et des mineurs dans les organisations terroristes internationales : quelle appréhension juridique ? », in *Femmes, mineurs et terrorisme*, *op. cit.*, p. 49 et s., spéc. p. 65 et s.

18 Plusieurs illustrations de cette volonté de protéger le mineur de toute influence négative peuvent d'ores et déjà être apportées. Une volonté législative en premier lieu, par la création par la loi du 30 octobre 2017 (Loi n° 2017-1510 renforçant la sécurité intérieure et la lutte contre le terrorisme) du crime de provocation de mineur à participer à un groupement terroriste pouvant être commis par toute *personne « ayant autorité sur un mineur »* (C. pén., art. 421-2-4-1) et permettant d'aboutir au retrait de l'autorité parentale ou de l'exercice de cette autorité (sur ce délit, v. notam. ROUSSEAU (F.), « L'incitation des mineurs à participer à un groupement terroriste », *RSC*, 2018, p. 533). Une volonté judiciaire en second lieu, par la reconnaissance du délit de soustraction à ses obligations légales pour une mère de six enfants mineurs qui a notamment fait séjourner certains de ses enfants dans des zones de combat en Syrie, les exposant ainsi à un environnement particulièrement dangereux (Crim., 20 juin 2018, n° 17-84.128 ; *D.* 2018, pan. p. 1672, obs. Ph. Bonfils ; *ibid.* p. 2259, obs. Ginestet ; *AJ pénal* 2018, p. 524, obs. E. Gallardo ; *Dr. pén.* 2018, comm. 192, obs. Ph. Conte ; *RSC*, 2018, p. 678, obs. Y. Mayaud). Le danger que représente la mère radicalisée pour ses enfants est incontestable, justifiant une protection accrue des mineurs pour éviter à terme, qu'ils ne tombent eux-mêmes dans une délinquance terroriste et qu'ils basculent de la catégorie des enfants en danger à celle des enfants dangereux.

19 L'on pense essentiellement à Mehdi Nemmouche, jeune majeur radicalisé en détention et auteur de l'attentat du musée juif de Belgique en 2014, ou encore au jeune Ryan, âgé de 11 ans lorsqu'il a été emmené en Syrie par le demi-frère de Mohammed Merah et devenu ensuite « *enfant bourreau* ». Plus récemment, l'on songe bien évidemment aux mineurs de 14 et 15 ans impliqués dans l'assassinat terroriste de Samuel Paty, dont deux ont été mis en examen pour complicité d'assassinat en relation avec une entreprise terroriste.

loi pénale spéciale applicable aux mineurs délinquants. Pour preuve, l'examen du nouveau Code de la justice pénale des mineurs (CJPM) qui, malgré la consécration d'adaptations procédurales réalisées par le passé, demeure malheureusement particulièrement lacunaire s'agissant de la mise en place de dispositifs de suivi ou encore de la prise en charge spécifique des mineurs terroristes[20]. Pour preuve encore, l'application aux mineurs de mesures de sûreté de droit commun ou de mesures de sûreté spécialement dédiées aux auteurs d'actes de terrorisme instituées en vertu d'un principe de précaution orienté bien évidemment vers la protection de la société et l'évitement de la récidive. Partant, avant toute condamnation pénale ou encore après l'exécution de la peine, les mesures de sûreté apparaissent comme l'un des moyens privilégiés au service de la vigilance à l'égard du mineur terroriste étiqueté « *dangereux* ».

Délimitation du domaine d'étude. Il ne sera question dans la présente contribution que des mesures de sûreté formelles, c'est-à-dire de celles désignées comme telles par le législateur pénal. Seront laissées de côté, d'une part, les sanctions pénales substantiellement hybrides, en d'autres termes, celles qui présentent un caractère « *hétéroclite, mixte, croisé ou composite* »[21] et qui, sous certains aspects, peuvent s'apparenter à de véritables mesures de sûreté[22] ; d'autre part, les mesures éducatives dans leur ensemble qui ne sont ni des mesures de sûreté formelles, ni des mesures de sûreté spécifiquement applicables aux mineurs terroristes[23] ; enfin, les mesures administratives, comme les mesures individuelles de contrôle administratif et de surveillance (MICAS) qui ne relèvent pas du champ pénal. De la même manière, nous n'entrerons pas dans les détails de chaque mesure de sûreté abordée car ce qui importe, c'est l'identification de celles qui sont applicables aux mineurs terroristes et l'appréciation de leur pertinence.

Concernant le domaine d'application des mesures de sûreté aux mineurs terroristes, le constat est sans appel : c'est celui de la généralité (Section 1), le mineur pouvant être soumis aux mêmes mesures que le délinquant de droit commun et/ou que le terroriste majeur. Pourtant, lorsque l'on a affaire à des mineurs, l'on peut s'attendre, légitimement

[20] V. en ce sens, GALLARDO (E.), « Le CJPM et le mineur auteur d'une infraction terroriste : quelles adaptations ? », *Dr. famille* n° 3, 2021, Dossier 11.

[21] PIN (X.), « Quelques réflexions sur l'hybridation des peines », in *La cohérence des châtiments, Essais de philosophie pénale et de criminologie*, vol. 10, Dalloz 2012, p. 81-103, spéc. p. 81.

[22] Pour une analyse détaillée de la distinction entre mesures de sûreté formelles et mesures de sûreté substantielles, GRÉGOIRE (L.), *Les mesures de sûreté. Essai sur l'autonomie d'une notion, op. cit.*, n° 242 et s., p. 280 et s.

[23] Par souci de légitimation de l'application des mesures de sûreté aux mineurs terroristes, elles seront simplement abordées rapidement à la fin de cette contribution.

sans doute, à ce que leurs particularités liées à la minorité soient prises en considération. C'est bien là l'expression d'une quête – nécessaire – d'une spécificité (Section 2).

Section 1. Les mesures de sûreté applicables aux mineurs terroristes : le constat d'une généralité

Le constat d'une généralité se dresse à l'issue d'une lecture parallèle du Code de procédure pénale et du CJPM. Qu'il s'agisse des mesures de sûreté pré-sentencielles qui figurent dans les deux codes, ou des mesures de sûreté post-sentencielles qui n'apparaissent que dans le premier, le mineur délinquant n'est absolument pas considéré au prisme des spécificités qui le caractérisent. Plus encore – et l'affirmation peut paraître choquante – l'absence de précisions contraires dans les textes semble permettre de déduire que la dangerosité du mineur doit être appréciée selon les mêmes critères que celle d'un majeur pour le prononcé d'une mesure considérée. Car effectivement, qu'il s'agisse des mesures de sûreté de droit commun (§ 1) ou des mesures spécialement à destination des auteurs d'actes de terrorisme (§ 2), elles sont toutes applicables aux mineurs sans réelle distinction.

§ 1. Les mesures de sûreté de droit commun

Les mesures de sûreté pré-sentencielles. Les premières mesures de sûreté à avoir intégré le Code de procédure pénale sont celles qui peuvent être ordonnées au stade de l'instruction. Dès 1970, le législateur a affirmé que le contrôle judiciaire et la détention provisoire peuvent être prononcés « *à titre de mesure de sûreté* »[24], le dispositif ayant ensuite été complété, par la loi pénitentiaire du 24 novembre 2009[25], d'une nouvelle mesure intermédiaire entre les deux précédentes : l'Assignation à résidence avec surveillance électronique (ARSE). La qualification de mesures de sûreté est d'ailleurs confirmée par le CJPM, qui traite notamment du contrôle judiciaire, de l'ARSE et de la détention provisoire sous l'intitulé « *Des mesures de sûreté* »[26]. Ainsi, sous conditions, ces mesures peuvent être prononcées à l'encontre d'un mineur mis en examen âgé de 13 ans et

---

[24] C. pr. pén., art. 137.
[25] Loi n° 2009-1436 du 24 novembre 2009 pénitentiaire, *JORF* n° 0273 du 25 novembre 2009, p. 20192.
[26] On les retrouve au Titre III du Livre troisième consacré aux « Dispositions communes aux différentes phases de la procédure pénale » et au Chapitre III du Titre III du Livre quatrième dédié à « La procédure préalable au jugement ».

plus, à l'exception de l'ARSE qui ne peut contraindre que les mineurs de 16 ans et plus, sous la forme d'un placement sous surveillance électronique fixe. Elles s'appliquent donc à tout mineur, y compris au mineur terroriste, sans aucune condition ni modalité d'exécution particulière liées à une dangerosité spécifique[27]. Tout au plus, peut-on présumer – espérer – qu'en raison de la hiérarchie de principe entre les trois mesures, de la moins coercitive à la plus contraignante, le juge compétent tiendra compte de la gravité de l'infraction perpétrée, de la personnalité du mineur, de sa situation et de sa dangerosité (bien que ce critère ne soit pas expressément prévu par les textes), pour adapter le degré de surveillance et de contrainte nécessaire. Dans le cadre du contrôle judiciaire ou de l'ARSE, le juge pourra ainsi procéder à cette adaptation par le choix d'une ou de plusieurs obligations et interdictions énoncées par l'article L. 331-2 du CJPM. Si le texte ne fixe pas de modalités particulières pour les mineurs mis en examen pour des faits de terrorisme[28], il contient en revanche une liste limitative de mesures dont certaines peuvent opportunément être appliquées à un mineur terroriste. Par exemple, l'interdiction de rencontrer certaines personnes – parents radicalisés ou membres d'un groupement terroriste –, la remise par le mineur de ces documents d'identité, et notamment de son passeport, pour l'empêcher de fuir dans des zones de guerre ou encore le placement dans un Centre éducatif fermé (CEF) pour entraîner une rupture franche avec un environnement corrupteur, semblent être de bonnes mesures au service de la protection du mineur terroriste et de la fonction préventive propre aux mesures de sûreté. Dans le cadre de la détention provisoire, le juge pourra aller encore plus loin dans la surveillance du mineur terroriste en décidant d'allonger significativement la durée de la privation de liberté imposée, comme l'y autorise l'article L. 433-6 du CJPM. Ce texte, qui reprend l'article 706-24-4 du Code de procédure pénale abrogé à compter du 30 septembre 2021 – énonce des durées de détention provisoire dérogatoires aux règles générales, en matière correctionnelle et en matière criminelle. En matière correctionnelle, si la durée de la détention provisoire ordonnée à l'égard d'un mineur âgé d'au moins 16 ans ne peut normalement pas excéder un an lorsque la peine encourue est supérieure à sept ans[29], l'alinéa 1er de l'article L. 433-6 prévoit qu'il est possible de porter

27 Alors que, rappelons-le, la dangerosité est bien le fondement des mesures de sûreté !

28 Il faut néanmoins saluer cette liste limitative des modalités particulières du contrôle judiciaire et de l'ARSE appliquées aux mineurs, là où l'ordonnance du 2 février 1945 procédait par renvoi au droit commun en les complétant simplement de quatre modalités particulières.

29 Plus précisément, l'alinéa 2 de l'article L. 433-3 précise que la durée de la détention provisoire est dans cette hypothèse de quatre mois maximums, deux prolongations de quatre mois chacune étant possibles.

cette durée à deux ans pour l'instruction du délit de participation à un groupement terroriste. Dans une même dynamique, en matière criminelle et pour l'instruction des crimes terroristes les plus graves[30], le législateur prévoit l'allongement de la durée maximum de la détention provisoire à trois ans, au lieu de deux ans[31]. Il faut noter que l'article L. 433-6 du CJPM fait office d'exception, puisqu'il représente l'unique disposition spécifique relative aux mesures de sûreté pré-sentencielles pouvant être prononcées contre des mineurs mis en examen pour des faits de terrorisme. Il s'inscrit en revanche dans une logique propre à la lutte contre le terrorisme, visant à durcir les contraintes imposées aux auteurs de ce type d'infraction, y compris lorsqu'ils sont présumés innocents et lorsqu'ils sont mineurs.

Les mesures de sûreté post-sentencielles. Présentation. Concernant les mesures de sûreté post-sentencielles, elles sont apparues dans notre législation pénale par l'effet de la loi du 12 décembre 2005[32] sous la forme d'une Surveillance judiciaire des personnes dangereuses (SJPD) et d'un Placement sous surveillance électronique mobile (PSEM). Ce « *renouveau* »[33] des mesures de sûreté s'est ensuite concrétisé par une véritable

---

[30] L'alinéa 2 de l'article L. 433-6 du CJPM vise expressément les crimes prévus au 1er de l'article 421-1 (atteintes volontaires à la vie, à l'intégrité de la personne, enlèvement, séquestration, détournement de navire ou de tout autre moyen de transport) et aux articles 421-5 (direction ou organisation d'un groupement terroriste) et 421-6 (participation à des groupements terroristes violents) du Code pénal.

[31] Plus précisément, l'article L. 433-5 prévoit que la durée de la détention provisoire est dans cette hypothèse d'un an, deux prolongations de six mois chacune étant possibles.

[32] Loi n° 2005-1549 du 12 décembre 2005 relative au traitement de la récidive des infractions pénales, *JORF* n° 289 du 13 décembre 2005, p. 19152. Pour des commentaires de cette loi, v. notam. BUISSON (J.), « Loi "Récidive" », *Procédures* 2006, comm. 35 ; HERZOG-EVANS (M.), « Les dispositions relatives à la récidive dans la loi n° 2005-1549 du 12 décembre 2005 », *D.* 2006, chron., p. 182-189 ; ROBERT (J.-H.), « Les murailles de silicium, Commentaire de la loi n° 2005-1549 du 12 décembre 2005 relative au traitement de la récidive des infractions pénales », *JCP G* 2006, I, 116 ; *Dr. pén.* 2006, étude 2 ; SEUVIC (J.-F.), « Loi n° 2005-1549 du 12 décembre 2005 sur la récidive », *RSC*, 2006, chronique législative, p. 352-359.

[33] Pour cette expression, MATSOPOULOU (H.), « Le renouveau des mesures de sûreté », Études et commentaires, *D.* 2007, chron., p. 1607-1614. Pour une autre formulation, CIMAMONTI (S.), « La résurgence des mesures de sûreté en droit pénal français contemporain », in *Future of Comparative Study in Law, the 60th anniversary of the Institute of Comparative Law in Japan, Chuo University*, Series of the Institute of Comparative Law in Japan, Chuo University Press, Tokyo, 2011, p. 369-395.

consécration desdites mesures par la loi du 25 février 2008[34] portant création de la très controversée rétention de sûreté, de sa « *demi-sœur* »[35], la surveillance de sûreté et de mesures applicables aux individus pénalement irresponsables pour cause de trouble mental. Plusieurs lois se sont ensuite succédé créant çà et là de nouvelles mesures, jusqu'à récemment l'introduction de la mesure judiciaire de prévention de la récidive terroriste et de réinsertion, spécifiquement dédiée à la lutte contre le terrorisme[36].

Toutes ces mesures ont pour points communs d'être fondées sur la dangerosité des individus – une dangerosité d'un degré variable selon les hypothèses – et d'avoir pour finalité une récidive dont la probabilité est élevée. Il faut garder à l'esprit tout de même que l'infraction commise représente en quelque sorte une voie d'entrée pour la majorité de ces mesures, même si, finalement, c'est la dangerosité qui justifie leur prononcé[37]. Cela signifie que, bien que la dangerosité soit la condition d'application privilégiée d'une mesure de sûreté, la nature de l'infraction perpétrée est également parfois prévue par le législateur comme une condition du prononcé de certaines mesures. Par conséquent, toutes les mesures de sûreté ne semblent pas pouvoir contraindre une personne – majeure comme mineure – condamnée pour acte de terrorisme.

Les mesures de sûreté post-sentencielles : l'affirmation d'une subsidiarité. – Des déductions – hâtives peut-être – pourraient pourtant rapidement être opérées. Si l'on se réfère à la décision rendue par le Con-

---

34 Loi n° 2008-174 du 25 février 2008 relative à la rétention de sûreté et à la déclaration d'irresponsabilité pénale pour cause de trouble mental, *JORF* n° 0048 du 26 février 2008, p. 3266. Parmi les nombreux commentaires de cette loi, v. notamment BONFILS (Ph.), « Loi n° 2008-174 du 25 février 2008 relative à la rétention de sûreté et à la déclaration d'irresponsabilité pénale pour cause de trouble mental », *RSC*, 2008, chron. législative, p. 392-403 ; HERZOG-EVANS (M.), « La loi n° 2008-174 du 25 février 2008 ou la mise à mort des "principes cardinaux" de notre droit », *in* « Dossier : La nouvelle rétention de sûreté : éléments d'analyse », *AJ pénal* 2008, p. 161-171 ; MATSOPOULOU (H.), « Le développement des mesures de sûreté justifiées par la "dangerosité" et l'inutile dispositif applicable aux malades mentaux », *Dr. pén.* 2008, étude 5 ; MBANZOULOU (P.), « Quelles incidences possibles de la loi de rétention de sûreté sur les pratiques professionnelles pénitentiaires ? », *in* « Dossier : Le nouveau contexte de l'application des peines », *AJ pénal* 2008, p. 400 et s. ; PRADEL (J.), « Une double révolution en droit pénal français avec la loi du 25 février 2008 sur les criminels dangereux », *D.* 2008, chron., p. 1000-1012. V. également GAUTRON (V.), « De la société de surveillance à la rétention de sûreté », in « Dossier : Loi du 17 juin 1998 : l'obligation de soins, 10 ans après », *AJ pénal* 2009, p. 54-57.

35 Expression empruntée à Jean PRADEL, « Les recommandations de la conférence de consensus sur la prévention de la récidive. Les réponses d'un incrédule », *D.* 2013, chron., p. 725, spéc. n° 15, p. 730.

36 Cf. *infra*, p. 394.

37 En effet, la plupart des mesures de sûreté ne peuvent être prononcées que lorsque l'auteur d'une infraction a exécuté sa peine, ce qui permet de déduire que sans infraction préalable, aucune mesure de sûreté n'aurait pu être envisagée.

seil constitutionnel à propos de la mesure de sûreté antiterroriste avortée[38], et au nouvel article 706-25-16 du Code de procédure pénale dédié à la mesure de sûreté récemment née, il est permis de s'apercevoir que cette dernière ne peut être appliquée que de manière subsidiaire. Pour reprendre simplement le IV de l'article 706-25-16, il y est précisé que la nouvelle mesure à destination des terroristes « *n'est pas applicable si la personne a été condamnée à un suivi socio-judiciaire en application de l'article 421-8 du Code pénal, ou si elle fait l'objet d'une mesure de surveillance judiciaire prévue à l'article 723-29 du présent code, d'une mesure de surveillance de sûreté prévue à l'article 706-53-19 ou d'une rétention de sûreté prévue à l'article 706-53-13* ». Cette formulation laisse donc présumer que le suivi socio-judiciaire, la surveillance judiciaire, la surveillance de sûreté et la rétention de sûreté sont bien applicables aux terroristes.

Une subsidiarité constatée. Pour le suivi socio-judiciaire, aucune difficulté car il s'agit d'une peine[39] qui peut être prononcée contre des auteurs d'actes de terrorisme, plus précisément encore depuis la loi du 10 août 2020 d'une peine complémentaire obligatoire[40]. Concernant la surveillance judiciaire, les conditions énoncées par l'article 723-29 du Code de procédure pénale permettent également de souscrire à son application aux terroristes, puisqu'elle peut être prononcée lorsque la personne a été condamnée pour un crime ou un délit pour lequel le suivi socio-judiciaire est encouru – ce qui est le cas des actes de terrorisme[41] – sous réserve que la personne ait été condamnée à une peine privative de liberté égale ou supérieure à sept ans ou cinq ans pour un crime ou un délit commis une nouvelle fois en état de récidive légale. En outre, la mesure est destinée à être prononcée dans des hypothèses où le suivi

---

[38] Cons. const. 7 août 2020, n° 2020-805 DC, *JORF* n° 0196 du 11 août 2020, texte n° 4. Pour des commentaires, v. notam. PRADEL (J.), « Le législateur foudroyé par les juges constitutionnels. À propos des mesures de sûreté pour des terroristes à l'issue de leur peine », *D.* 2020, p. 1853 ; PELTIER (V.), « Surveillance post-sentencielle des auteurs d'infractions terroristes », *Dr. pén.* 2020, comm. 182 ; BRENAUT (M.), « Mesures de sûreté post-pénales pour les terroristes : retour sur une déclaration d'inconstitutionnalité méritée », *Dr. pén.* 2020, étude 30. Les Sages relèvent en effet que la nouvelle mesure « *s'ajoute à celles existantes visant à prévenir la récidive des infractions les plus graves, telles que le suivi socio-judiciaire, la surveillance judiciaire, la rétention de sûreté, la surveillance de sûreté et l'inscription au fichier judiciaire national automatisé des auteurs d'infractions terroristes…* » (consid. 13).

[39] Et non d'une mesure de sûreté comme on pourrait le déduire au regard de l'énoncé de cette peine aux côtés de la surveillance judiciaire, la surveillance de sûreté ou encore la rétention de sûreté.

[40] Loi n° 2020-1023 du 10 août 2020 instaurant des mesures de sûreté, *JORF* n° 0196 du 11 août 2020, texte n° 2. Pour un commentaire sur cette loi et plus de précisions sur la peine de suivi socio-judiciaire, v. GRÉGOIRE (L.), « Une loi pour rien ? Les mesures de sûreté (in)applicables aux terroristes », *JCP G* 2020, aperçu rapide 1008.

[41] C. pén., art. 421-8.

socio-judiciaire ne peut être appliqué[42]. Il faut simplement que le condamné, pour lequel le placement sous surveillance judiciaire est envisagé, ait été susceptible de faire l'objet d'un suivi socio-judiciaire mais que tel n'ait pas été concrètement le cas. Il faut signaler ici que le PSEM, seconde mesure de sûreté instaurée par la loi du 12 décembre 2005 et qui peut être prononcée en complément notamment d'un suivi socio-judiciaire[43], n'est pas applicable aux mineurs[44].

Une subsidiarité nuancée. Concernant les deux mesures créées par la loi du 25 février 2008, la situation est plus délicate qu'il n'y paraît, car si le condamné fait l'objet d'une « *mesure de surveillance de sûreté prévue à l'article 706-53-19 ou d'une rétention de sûreté prévue à l'article 706-53-13* », ce ne peut être dans le cadre d'une infraction terroriste. En effet, l'article 706-53-13 du Code de procédure pénale fixe les conditions d'application matérielles de la rétention de sûreté, parmi lesquelles des conditions objectives relatives à la durée de la condamnation prononcée et à la gravité des faits poursuivis. En substance, il prévoit que la rétention de sûreté peut être ordonnée à l'encontre des personnes qui ont été condamnées « *à une peine de réclusion criminelle d'une durée égale ou supérieure à quinze ans* » pour des infractions d'une gravité particulière dont la liste est limitativement dressée : il s'agit des crimes d'assassinat ou de meurtre, de torture ou actes de barbarie, de viol, d'enlèvement ou de séquestration lorsque les faits sont commis sur une victime mineure, de ces mêmes crimes aggravés ou perpétrés en récidive lorsque la victime est majeure. Aucune mention des crimes de terrorisme, ce qui permet de déduire que la rétention de sûreté n'est pas applicable aux auteurs – majeurs ou mineurs – de ces crimes qui présenteraient une particulière dangerosité en fin d'exécution de leur peine. Pour preuve d'ailleurs, la proposition de loi formulée au lendemain des attentats de janvier 2015 visant à « *étendre la*

---

42 Il n'y a donc aucune possibilité de cumul entre les deux mesures, comme il n'y a d'ailleurs aucune possibilité de cumul du suivi socio-judiciaire et de l'obligation de soins de l'article 706-136-1 du Code de procédure pénale créée par la loi n° 2014-896 du 15 août 2014 relative à l'individualisation des peines et renforçant l'efficacité des sanctions pénales (*JORF* n° 0189 du 17 août 2014, p. 13647). Effectivement, le législateur précise bien ici encore que lorsqu'une personne a été condamnée alors qu'elle était au moment des faits sous l'emprise de troubles mentaux ayant altéré son discernement ou entravé le contrôle de ses actes, et à la condition qu'elle n'ait pas été condamnée à un suivi socio-judiciaire, elle peut être astreinte à une obligation de soins à sa libération, si son état le justifie et après avis médical.

43 C. pén., art. 131-36-9.

44 CJPM, art. L. 122-3, al. 2.

rétention de sûreté aux individus condamnés pour des faits de terrorisme »[45], jusqu'à ce jour restée lettre morte.

S'agissant de la surveillance de sûreté, elle est destinée à prendre le relai d'autres mesures, puisqu'elle peut être prononcée à la suite d'une rétention de sûreté, d'une surveillance judiciaire ou d'un suivi socio-judiciaire, sous réserve de la dangerosité de l'individu et du risque de commettre « *les infractions mentionnées à l'article 706-53-13* »[46]. Plus précisément, elle ne peut être ordonnée que lorsque la mesure à laquelle elle succède a été prononcée à l'encontre d'une personne condamnée à une peine de réclusion criminelle d'une durée égale ou supérieure à quinze ans pour une infraction entrant dans le champ d'application de la rétention de sûreté[47]. Par conséquent, seules les infractions limitativement énoncées par l'article 706-53-13 sont visées pour circonscrire le domaine d'application de la surveillance de sûreté, ce qui permet légalement d'exclure les auteurs d'actes de terrorisme.

Les mesures de sûreté de droit commun se complètent mais de manière générale, elles ont toutes vocation à s'appliquer au plus grand nombre de délinquants dangereux, majeurs comme mineurs. Dans la lutte contre le terrorisme cependant, et pour compléter un dispositif largement dérogatoire au droit commun, le législateur a mis en place des mesures spécialement consacrées au contrôle et à la surveillance des ennemis de la société.

§ 2. Les mesures de sûreté dédiées à la lutte contre le terrorisme

Présentation. Les mesures de sûreté destinées à répondre à la dangerosité persistante et spécifique des auteurs d'actes terroristes sont de création récente et font écho à une lutte exacerbée contre le terrorisme depuis les attentats de 2015, mêlant étroitement surveillance et répression. L'objectif dans les lignes suivantes n'est pas de décrire avec précision les mesures présentées, mais simplement de relever une application commune aux majeurs et aux mineurs, tout en démontrant, tout de

---

[45] Proposition de loi n° 2573, enregistrée le 11 février 2015, « *visant à étendre la rétention de sûreté aux individus condamnés pour des faits de terrorisme* ». Pour une présentation de celle-ci et des nuances quant à son application, GRÉGOIRE (L.), « Les mesures de sûreté : un moyen au service de la lutte contre le terrorisme ? », *RPDP* 2015, n° 1, p. 57 et s.

[46] C. pr. pén., art. 706-53-19, al. 1.

[47] En effet, que ce soit pour la rétention de sûreté bien évidemment, mais également pour la surveillance judiciaire (C. pr. pén., art. 723-37) ou pour le suivi socio-judiciaire (C. pr. pén., art. 763-8), le législateur renvoie, pour l'application de la surveillance de sureté, aux conditions objectives posées par l'article 706-53-13 du Code de procédure pénale.

même, l'existence de particularités minimes dans leur application aux mineurs.

Le Fichier judiciaire national automatisé des auteurs d'infractions terroristes (FIJAIT). Généralités dans la prévision de la mesure. Il n'est pas étonnant que la première mesure de sûreté spécifique en la matière consiste en l'instauration d'un nouveau fichier, destiné à compléter un dispositif de fichage déjà fourni, visant ici spécialement l'identification et la surveillance des terroristes[48]. Le FIJAIT est ainsi né de la loi relative au renseignement[49] et s'inspire très largement du fichier judiciaire national automatisé des auteurs d'infractions sexuelles ou violentes (FIJAISV) créé par la loi Perben II du 9 mars 2004[50].

Encadrée par les articles 706-25-3 à 706-25-14 du Code de procédure pénale, l'inscription au FIJAIT répond à un double objectif, visant d'une part à prévenir le renouvellement d'infractions à caractère terroriste et d'autre part à faciliter l'identification des auteurs de ces actes. En somme, face à la menace terroriste, il s'agit de permettre « *un suivi effectif, sur une durée significative, des personnes condamnées pour des faits de terrorisme* » afin de remédier aux « *difficultés liées à la localisation et à la domiciliation de personnes pourtant précédemment condamnées pour terrorisme* »[51]. C'est la raison pour laquelle le domaine d'application de ce fichier est particulièrement étendu, tant s'agissant des infractions que des personnes susceptibles d'y être inscrites. Concernant les infractions, l'article 706-25-4 du Code de procédure pénale vise non seulement les actes terroristes des articles 421-1 à

48 Sur ce nouveau fichier, THOMAS-TAILLANDIER (D.), « Le nouveau fichage national des auteurs d'infractions terroristes », *AJ pénal* 2015, p. 523.

49 « Loi n° 2015-912 du 24 juillet 2015 », *JORF* n° 0171 du 26 juillet 2015, texte n° 2.

50 C. pr. pén., art. 706-53-1 à 706-53-12, créés par la loi n° 2004-204 portant adaptation de la justice aux évolutions de la criminalité. Cette promiscuité entre les deux mesures permet d'ailleurs de ne pas s'étonner de la qualification de « *mesure de sûreté* » octroyée au FIJAIT (Crim. 21 avril 2020, n° 19-83.495), du fait qu'il ne constitue « *ni une peine, ni une sanction ayant le caractère d'une punition* » puisqu'il repose sur la dangerosité des personnes et non sur leur culpabilité (Cons. constit., 7 octobre 2021, n° 2021-936 QPC), ou encore de son application immédiate. Les mêmes solutions ont été retenues par le passé pour le FIJAISV (V. notam. Cons. constit. 2 mars 2004, n° 2004-492 DC, *JORF* du 10 mars 2004, p. 4637 consid. 74 ; Crim. 31 octobre 2006, *Bull. crim.* n° 267 ; *D.* 2006, *IR*, p. 2945 ; *Dr. pén.* 2007, comm. 15, obs. M. Véron ; Crim. 12 mars 2008, pourvoi n° 07-86.233, Inédit ; CEDH, 17 déc. 2009, n° 16428/05, *Gardel c/ France*).

51 Exposé sommaire de l'amendement n° 370 déposé à l'Assemblée nationale par le gouvernement le 9 avril 2015, p. 8.

421-6 du Code pénal[52], mais également les infractions mentionnées aux articles L. 224-1 et L. 225-7 du Code de la sécurité intérieure[53]. Concernant le domaine du FIJAIT quant aux personnes, il est également très large puisqu'à différents stades de la procédure pénale, peuvent être inscrits dans le fichier les majeurs comme les mineurs.

Le FIJAIT. Spécificités relatives dans l'application de la mesure. Plusieurs précisions sont apportées par le législateur pour les mineurs, donnant tout de même l'impression d'une prise en compte *a minima* de la particularité de la situation et de la vulnérabilité des terroristes mineurs. Raisonnablement, les décisions concernant les mineurs de moins de 16 ans sont exclues de l'enregistrement dans le fichier[54]. Quant aux décisions concernant les mineurs de 13 à 18 ans, elles ne sont par principe pas enregistrées, sauf décision expresse de la juridiction compétente[55]. Il s'agit donc, pour les mineurs, d'une logique inverse à celle présidant l'application de la mesure pour les majeurs, l'inscription au FIJAIT résultant pour ces derniers de plein droit d'une mise en examen, d'une décision de condamnation ou encore d'une décision d'irresponsabilité pénale pour cause de trouble mental, sauf décision contraire et spécialement motivée de la juridiction compétente[56].

En outre, lorsque les informations relatives au mineur sont enregistrées dans le FIJAIT, le législateur met en place un régime différencié pour l'application de la mesure, essentiellement pour en réduire la durée. Ainsi, il limite d'une part la durée de l'enregistrement, les informations devant être retirées du fichier au décès de l'individu ou après un délai de dix ans à compter du prononcé de la décision[57], ou de trois ans lorsque

---

52 L'article 8 de la loi n° 2021-1109 du 24 août 2021 confortant le respect des principes de la République (*JORF* 25 août 2021, texte n° 1) a supprimé l'exclusion très classique de la provocation directe à des actes de terrorisme, de l'apologie publique de ces actes et de l'entrave au blocage de sites internet (C. pén., art. 421-2-5 et 421-2-5-1). Il a donc élargi le domaine d'application du fichier car depuis l'entrée en vigueur de la loi, tous les actes de terrorisme peuvent légitimer une inscription dans le FIJAIT.

53 Réprimant respectivement le fait de quitter ou de tenter de quitter le territoire français en violation d'une interdiction administrative de sortie du territoire ou de se soustraire à l'obligation de restitution de son passeport et de sa carte nationale d'identité faite à la personne soumise à une telle interdiction (CSI, art. L. 224-1), le fait de se soustraire aux obligations fixées au titre d'une mesure de contrôle administratif des retours sur le territoire national telles que l'obligation de résider dans un périmètre géométrique déterminé, de se présenter périodiquement aux services de police ou aux unités de gendarmerie, de déclarer son domicile et tout changement d'adresse ou encore de ne pas se trouver en relation directe ou indirecte avec certaines personnes (CSI, art. L. 225-7).

54 C. pr. pén., art. 706-25-4, al. 4.

55 *Ibid.*

56 C. pr. pén., art. 706-25-4, al. 1 et 3.

57 Contre vingt ans si la personne concernée par la mesure est majeure : C. pr. pén., art. 706-25-6, al. 1.

les informations concernent une infraction mentionnée aux articles 421-2-5 et 421-2-5-1 du Code pénal et aux articles L. 224-1 ou L. 225-7 du Code de la sécurité intérieure[58]. Il limite d'autre part la durée pendant laquelle le mineur peut être astreint aux différentes obligations de justification et de présentation énumérées à l'article 706-25-7 du Code de procédure pénale. En effet, qu'elle soit majeure ou mineure et à l'exception d'un enregistrement découlant d'une infraction mentionnée aux articles 421-2-5 et 421-2-5-1 du Code pénal et aux articles L. 224-1 et L. 225-7 du Code de la sécurité intérieure, la personne inscrite au FIJAIS peut être tenue, par exemple, de justifier de son adresse périodiquement, de déclarer ses changements d'adresse, tout déplacement à l'étranger ou tout déplacement en France si la personne réside à l'étranger, dans un délai déterminé. La durée maximale de ces obligations est de dix ans pour les majeurs, cinq ans pour les mineurs. Il faut relever enfin que le législateur prévoit la possibilité pour toute personne dont l'identité est inscrite dans le fichier – majeure comme mineure – de demander la rectification ou l'effacement anticipé des informations à l'autorité compétente, au regard notamment « *de la nature de l'infraction, de l'âge de la personne lors de sa commission, du temps écoulé depuis lors et de la personnalité actuelle de l'intéressé* »[59]. L'on retrouve ici l'énoncé de critères classiques d'individualisation de la sanction – mesure – prononcée.

La mesure judiciaire de prévention de la récidive terroriste et de réinsertion. Reflet de l'obstination législative après la censure par le Conseil constitutionnel d'un dispositif quasiment similaire le 7 août 2020[60], la « *mesure judiciaire de prévention de la récidive terroriste et de réinsertion* » est la dernière mesure de sûreté à avoir fait son apparition dans le Code de procédure pénale, par l'effet de la loi n° 2021-998 du 30 juillet 2021 relative à la prévention d'actes de terrorisme et au renseignement. Sans s'attarder sur les réserves émises à l'encontre de cette nouvelle mesure, dans sa version passée comme dans sa version actuellement en vigueur, il faut cependant noter qu'eu égard à ses conditions d'application matérielle, elle ressemble à beaucoup d'autres, et notamment à la rétention de sûreté. L'on retrouve une liste d'infractions limitatives – les actes de terrorisme, à l'exclusion des infractions définies aux articles 421-2-5 et 421-2-5-1 du Code pénal –, l'exigence d'une durée minimale tenant à la privation de liberté imposée – une peine de cinq ans minimum, non assortie du sursis – et surtout des conditions subjectives tenant à la « *particulière*

[58] Contre cinq ans si la personne concernée par la mesure est majeure : C. pr. pén., art. 706-25-6, al. 2, dans sa rédaction issue de la loi n° 2021-1109 du 24 août 2021.
[59] C. pr. pén., art. 706-25-12.
[60] Cons. constit. 7 août 2020, n° 2020-805 DC, *préc.*

dangerosité » de la personne, caractérisée par « *une probabilité très élevée de récidive* »[61]. La nouveauté par rapport aux autres mesures de sûreté existantes réside dans cette condition supplémentaire énoncée par l'article 706-25-16 du Code de procédure pénale, qui exige, pour que la mesure puisse être prononcée, le constat d'une « *adhésion persistante à une idéologie ou à des thèses incitant à la commission d'actes de terrorisme* »[62] faisant obstacle à la réinsertion de la personne. Cette condition originale peut toute à la fois être saluée en ce qu'elle permet de tenir compte des spécificités relatives à la délinquance terroriste, et critiquée car la question peut légitimement se poser : Comment, sur le fondement de quel(s) critère(s), la « *persistance* » de l'adhésion à une idéologie ou à des thèses, quel que soit leur contenu, peut-elle/doit-elle être évaluée[63] ? La question se pose avec plus d'intensité encore pour un jeune mineur : comment apprécier une « *adhésion persistante à une idéologie ou à des thèses incitant à la commission d'actes de terrorisme* » d'un mineur de 13 ans ? Le législateur ne le précise pas, pas plus que le décret d'application du 14 mars 2022[64] qui, s'il porte mention de la dangerosité ou encore de l'objectif de réinsertion, demeure silencieux sur cette condition particulière. En effet, comme à l'accoutumée pour ces mesures de surveillance, la décision relative au prononcé de la mesure doit être précédée d'une « *évaluation de la dangerosité de la personne concernée et de sa capacité à se réinsérer* »[65], dont la réalisation est laissée naturellement à la compétence de la Commission pluridisciplinaire des mesures de sûreté (CPMS) et du Centre national d'évaluation (CNE) de l'administration pénitentiaire. Il faut d'ailleurs relever que lorsque la CPMS doit procéder à l'évaluation de la dangerosité d'un mineur terroriste, sa composition varie puisque l'article R. 50-72 du Code de procédure pénale impose au premier président de la Cour d'appel de désigner un vice-président de la commission choisi parmi les présidents ou conseillers de la chambre spéciale des mineurs de la Cour d'appel dans le ressort de laquelle siège la commission. Dans cette hypothèse, la commission est alors complétée par le directeur interrégional de la PJJ compétent dans le ressort de la Cour d'appel où siège la commission, ou son représentant. Une spécificité procédurale qui s'accompagne – comme pour l'inscription au FIJAIT – d'une limitation de la durée de la mesure

---

[61] C. pr. pén., art. 706-25-16.

[62] *Ibid.*

[63] Pour cette question, SAFI (F.), « La loi du 30 juillet 2021 relative à la prévention d'actes de terrorisme et au renseignement. Entre pérennisation et extension de l'exception… », *JCP G* 2021, aperçu rapide 1012.

[64] Décret n° 2022-358 du 14 mars 2022 relatif à la mesure judiciaire de prévention de la récidive terroriste et de réinsertion, *JORF* 15 mars 2022.

[65] C. pr. pén., art. R. 50-72.

lorsque le condamné est mineur. Effectivement, la mesure judiciaire de prévention de la récidive terroriste et de réinsertion peut être ordonnée pour une durée maximale d'un an, dans la limite de cinq ans pour les majeurs et de trois ans pour les mineurs[66]. Pour le reste, le législateur décrit les modalités d'exécution de la mesure de manière similaire pour les majeurs et pour les mineurs. En effet, il précise que la décision prononçant la mesure, prise par la juridiction parisienne compétente, définit « *les conditions d'une prise en charge sanitaire, sociale, éducative, psychologique ou psychiatrique destinée à permettre la réinsertion de la personne concernée et l'acquisition des valeurs de la citoyenneté* », cette prise en charge pouvant intervenir en milieu fermé, dans un établissement d'accueil adapté[67]. Le TAP de Paris peut également imposer à la personne concernée d'exercer une activité professionnelle ou de suivre un enseignement ou une formation professionnelle, lui interdire de se livrer à l'activité dans l'exercice ou à l'occasion de laquelle l'infraction a été commise ou encore l'astreindre à établir sa résidence en un lieu déterminé[68].

Transition. Bien que certaines spécificités procédurales – minimes – aient pu être mises en lumière, sur le fond, les mesures de sûreté applicables aux mineurs terroristes sont en leur principe et dans leurs modalités d'exécution relativement similaires à celles pouvant être prononcées contre les majeurs terroristes, mais également contre les délinquants de droit commun pour certaines d'entre elles. Cette généralité dans la prévision des mesures de sûreté s'inscrit à la marge d'un droit pénal des mineurs – de tous les mineurs – gouverné par la notion d'intérêt supérieur de l'enfant et par la nécessité de rechercher le relèvement éducatif et moral des mineurs « *par des mesures adaptées à leur âge et leur personnalité, prononcées par une juridiction spécialisée ou selon des procédures appropriées* »[69]. Partant, la réponse pénale apportée aux mineurs terroristes par l'intermédiaire des mesures de sûreté doit impérativement être précisée, afin que la priorité éducative qui confère au droit pénal des mineurs sa spécificité ne soit plus reléguée à l'arrière-plan.

66 C. pr. pén., art. 706-25-16, III.
67 C. pr. pén., art. 706-25-16, I.
68 *Ibid.*
69 CJPM, art. préliminaire.

Section 2. Les mesures de sûreté applicables aux mineurs terroristes : la quête d'une spécificité

L'atrocité des attentats perpétrés en France au cours de la dernière décennie, le visage juvénile de certains terroristes, le sentiment d'insécurité qui découle des actes commis sont autant de facteurs ayant conduit à privilégier en la matière une politique qualifiée de « *sécuritaire* »[70], une politique ayant conduit à étendre la liste des infractions terroristes, à alourdir la répression contre les auteurs de ces actes ou encore à maintenir un contrôle social permanent, bien au-delà de l'expiration de la peine. Pourtant, le tragique des événements passés ne doit pas conduire à occulter le fait qu'un mineur terroriste dangereux est également un mineur en danger. Par conséquent, si des mesures de sûreté doivent pouvoir être imposées aux mineurs – terroristes – c'est à la condition que soit trouvé un équilibre dans la prise en charge du mineur entre sa protection et son éducation d'une part, et la prévention de la récidive d'autre part. Pour ce faire, il est primordial de donner à l'individualisation de la mesure de sûreté une place centrale (§ 1) et de combler les lacunes par une clarification de celle-ci (§ 2).

§ 1. Une réponse pénale à individualiser

Le principe d'individualisation appliqué aux mesures de sûreté. L'individualisation peut se définir de manière générale comme le pouvoir confié au juge – du prononcé et de l'exécution – d'adapter la sanction pénale à la personnalité de chaque délinquant en fonction d'un certain nombre d'éléments, tels l'acte commis, la personnalité, le tempérament, le passé pénal ou encore les chances de réinsertion de l'individu considéré. Théorisée dans les travaux de Saleilles[71] et étroitement associée à la peine, l'idée d'individualisation n'est cependant pas étrangère aux mesures de sûreté. Déjà, les tenants de la doctrine positiviste italienne – à laquelle la naissance des mesures de défense sociale ou mesures de sûreté est rattachée – envisageaient un traitement approprié, différencié selon la catégorie de criminels à laquelle appartenait le délinquant. L'œuvre de Ferri abonde particulièrement en ce sens puisqu'il préconisait de substi-

---

70 Pour l'idée d'une politique actuelle sécuritaire et une tentative d'explication, v. notamment L. Mucchielli (sous la dir. de), *La frénésie sécuritaire – Retour à l'ordre et nouveau contrôle social*, Coll. « Sur le vif », éd. La Découverte, 2008, 138 p. V. également M. Delmas-Marty, *Libertés et sûreté dans un monde dangereux*, Coll. « La couleur des idées », éd. du Seuil, 2010.

71 R. Saleilles, « L'individualisation de la peine. Étude de criminalité sociale », réédition de la 3e édition, in *L'individualisation de la peine. De Saleilles à aujourd'hui*, R. Ottenhof (sous la dir. de), Coll. « Criminologie et sciences de l'homme », éd. Érès, 2001.

tuer aux peines classiques des mesures de défense sociale de nature différente selon la catégorie de criminels à laquelle elles étaient destinées à être appliquées[72]. En outre, il souhaitait adapter chaque mesure à la dangerosité de l'auteur de l'infraction, prônant, dès lors, une véritable individualisation judiciaire de la mesure[73]. Ce traitement approprié, l'adaptation de la mesure à la dangerosité de l'individu concerné sont autant de principes qui doivent trouver écho dans l'application des mesures de sûreté aux mineurs.

Le principe d'individualisation (in)appliqué aux mineurs terroristes. Aujourd'hui, plus encore peut-être depuis l'entrée en vigueur du CJPM, le principe de l'individualisation de la sanction est au cœur de la réponse pénale apportée aux mineurs délinquants, une réponse qui doit être adaptée à la personnalité, à la situation familiale, sociale du mineur poursuivi, à son âge[74], une réponse qui doit privilégier l'éducation sur la répression, le juge compétent ne devant recourir aux peines que si les circonstances et la personnalité du mineur l'exigent[75]. La question se pose alors naturellement : Ces critères d'individualisation de la sanction pénale doivent-ils également être pris en compte dans le prononcé et le maintien des mesures de sûreté applicables aux mineurs terroristes ? Le CJPM demeure silencieux sur ce point et les textes relatifs aux différentes mesures énoncées précédemment le sont tout autant. Pourtant, il est évident que pour que les mesures de sûreté puissent être envisagées comme une réponse satisfaisante et cohérente pour les mineurs terroristes, ces critères doivent s'inscrire dans un tout. Plus précisément, et parce qu'il y va de la logique propre aux mesures de sûreté, ces considérations doivent permettre d'apprécier la dangerosité criminologique qui fonde le prononcé d'une mesure de sûreté, y compris pour un mineur terroriste.

Les critères de l'individualisation de la mesure de sûreté appliqués aux mineurs terroristes. Ainsi, comme il existe des critères d'individualisation de la peine prononcée et exécutée, le législateur doit énoncer clairement des critères d'individualisation de la mesure de sûreté au service de l'appréciation de la dangerosité du mineur et du prononcé d'une mesure de sûreté adaptée au degré de celle-ci. C'est une constante :

---

[72] E. Ferri, *La sociologie criminelle*, traduction française par l'auteur de la 3e édition italienne, Éditions Rousseau 1893, rééditée par Dalloz en 2004, Présentation de Raymond GASSIN, p. 534 et s.

[73] *Ibid.*

[74] Par exemple, le principe de diminution de peine posé par l'article L. 11-5 CJPM peut être écarté à titre exceptionnel pour les mineurs de 16 à 18 ans, au regard des circonstances de l'espèce, de la personnalité et de la situation du mineur (CJPM, art. L. 121-7).

[75] Conformément à l'article L. 11-3 CJPM.

l'évaluation de la dangerosité est un sujet sensible, tant la dangerosité est une notion protéiforme et complexe, un « *concept versatile* »[76] à l'appréciation subjective[77]. Si le législateur ne doit pas se livrer au détail de ces critères dans la loi, il doit cependant les énoncer de manière générale afin de permettre de borner l'évaluation de la dangerosité du mineur terroriste pour lequel le prononcé d'une mesure de sûreté est envisagé. Il lui revient de mettre l'accent sur le primat de l'éducatif, car ces mesures doivent nécessairement être en lien avec l'idée d'une rééducation du mineur terroriste commencée normalement pendant le temps de la peine et appelée à se poursuivre dans la période de l'après-peine. Plus précisément, comme pour les sanctions pénales que représentent les mesures éducatives et les peines[78], le législateur doit préciser dans un texte de portée générale que l'appréciation de la dangerosité qui fonde le prononcé d'une mesure de sûreté doit s'effectuer à l'aune de l'âge du mineur terroriste, mais également de sa situation personnelle, familiale et sociale. Ces considérations sont essentielles non seulement pour évaluer le degré de dangerosité du mineur, mais également pour mesurer le danger qui le menace et ainsi prononcer la mesure de sûreté la plus juste, entendue comme la plus adaptée au mineur dangereux et/ou en danger[79]. Car le mineur terroriste, s'il représente un danger pour la société[80], est également souvent un mineur sous influence, pétri de doutes existentiels et qui endosse une identité radicale/terroriste pour appartenir à un groupe et obtenir une reconnaissance – virtuelle ou réelle – de la part des membres de ce groupe[81]. Cependant, à cette participation des « *révoltés* » aux radicalités dites « *agonistiques, rebelles ou apaisantes* », regroupant des jeunes en rupture avec le milieu scolaire, avec leur famille et souvent bien

---

76 V. dans cet ouvrage LEPOIX (L.), « La dangerosité : concept versatile, objet d'insertion ou de réinsertion » (p. 167 et s.)

77 C'est d'ailleurs là l'une des principales sources de critique à l'endroit des mesures de sûreté : comment admettre, en effet, qu'une mesure de sûreté, privative de liberté parfois, puisse-t-elle reposer sur une notion aussi floue et subjective, ou encore sur la prédiction d'un simple risque ?

78 En effet, l'article L. 111-1 du CJPM précise que les mesures éducatives encourues par un enfant ou un adolescent le sont « *à titre de sanction* ».

79 Car comme le relève le rapport d'activité 2019 de la Mission nationale de veille et d'information (*préc.*), le nombre de mineurs suivis en protection de l'enfance est en nette augmentation, du fait de la radicalisation de leurs parents (p. 12 et s.). Ces enfants relèvent alors peut-être plus de la catégorie des mineurs en danger que des mineurs dangereux, si bien que si une mesure de sûreté est envisagée à leur encontre, elle devra nécessairement être prononcée en considération de ces données, et ses modalités d'exécution devront aussi impérativement être adaptées au regard de la situation du mineur.

80 Quoique l'intensité de ce danger puisse quand même être relativisée au regard des infractions terroristes imputables aux mineurs (comme démontré précédemment, essentiellement des infractions d'association de malfaiteurs en relation avec une entreprise terroriste).

81 En ce sens, BARANGER (Th.), BONELLI (L.), PICHAUD (F.), « *La justice des mineurs et les affaires de terrorisme* », *art. cit.*, p. 262.

connus des magistrats pour d'autres infractions, s'oppose celle des « *engagés* », à la radicalité dite « *utopique* », souvent peu connus des services judiciaires mais souhaitent se dégager, en investissant la cause terroriste, d'un « *contrôle parental fort, parfois teinté d'emprise* »[82].

La substance du danger, le degré de dangerosité du mineur diffèrent très certainement en fonction de la catégorie à laquelle le mineur terroriste peut être rattaché. Plus encore, il résulte de ces quelques données que les causes de cette délinquance terroriste – notamment lorsqu'elle est le fait d'un enfant ou d'un adolescent – sont aussi importantes que leur conséquence pour la compréhension et l'appréhension de la dangerosité du mineur et la recherche d'une réponse adaptée, impérativement individualisée. Des clarifications – améliorations – doivent donc être apportées au système des mesures de sûreté tel qu'il fonctionne actuellement pour les mineurs.

§ 2. Une réponse pénale à clarifier

Les mesures de sûreté : une réponse pénale opportune ? La clarification de la réponse pénale apportée aux mineurs terroristes par l'intermédiaire des mesures de sûreté ne peut se réaliser qu'au prix d'une réorganisation des dispositions législatives applicables, mais également d'une délimitation des frontières entre les différentes mesures susceptibles d'être prononcées à l'encontre du mineur.

En effet, un regard porté à la mesure éducative judiciaire permet de s'apercevoir que le principe d'individualisation trouve sa traduction notamment dans les finalités poursuivies par la mesure qui vise « *la protection du mineur, son assistance, son éducation, son insertion et son accès aux soins* »[83], ou encore dans les conditions de son prononcé et ses modalités d'exécution puisqu'elle consiste « *en un accompagnement individualisé du mineur* » par le biais de différents modules, obligations et interdictions, « *construit à partir d'une évaluation de sa situation personnelle, familiale, sanitaire et sociale* »[84]. En ce sens, la mesure éducative judiciaire – comme les mesures éducatives d'antan – se rapproche étroitement des mesures de sûreté, à un point tel qu'elle peut raisonnablement y être assimilée, comme participant à la lutte contre un état dangereux par l'éducation, les soins et la réinsertion[85].

---

[82] Pour ces éléments, « Note du 1er août 2018 relative à la prise en charge éducative des mineurs radicalisés ou en danger de radicalisation violente », *préc.*, p. 2-3 de la *Fiche thématique* n° 1 dédiée aux « *éléments de connaissance du public* ».
[83] CJPM, art. L. 112-1.
[84] CJPM, art. L. 112-2.
[85] En ce sens, BONFILS (Ph.) et GOUTTENOIRE (A.), *Droit des mineurs*, Coll. « Précis », 3e éd., Dalloz, 2021, spéc. n° 2027, p. 1154-1155.

La proximité est d'autant plus évidente que le régime des mesures éducatives judiciaires présente d'importantes similitudes avec celui des mesures de sûreté, au premier rang desquelles une grande souplesse dans leur exécution, puisqu'à tout moment, le juge des enfants peut « *modifier les modalités et le contenu de la mesure ou en ordonner la mainlevée* »[86]. Par conséquent, de deux choses l'une : soit l'on considère qu'il est inopportun de prévoir pour les mineurs des mesures de sûreté post-sentencielles en plus de la mesure éducative judiciaire, cette dernière semblant pouvoir remplir leur office par les moyens diversifiés au service de sa mise en œuvre, soit l'on considère que le principe des mesures de sûreté doit être maintenu pour les mineurs, car à la différence des mesures éducatives, elles ne sont pas encourues par les enfants ou adolescents « *à titre de sanction* »[87] mais bien de réponse spécifique à une dangerosité particulière. Cette dernière hypothèse mérite d'être retenue car la mesure de sûreté est moins la sanction d'un crime qu'une mesure individuelle de prévention à prendre dans le but d'endiguer la dangerosité d'un individu. Cependant, ce choix se double immédiatement d'un constat : la réponse à la dangerosité des mineurs, et plus précisément des mineurs terroristes, par le prononcé d'une mesure de sûreté est totalement esquivée du nouveau CJPM. Pourtant, comme relevé très justement dans la précédente édition de l'ouvrage *Femmes, mineurs et terrorisme*, il est évident que « *les mineurs terroristes sont sous le coup d'une intensité accrue des mesures de sûreté – par rapport à tout autre enfant délinquant* »[88]. Il faut donc clarifier ces mesures, leur donner de la cohérence en les délimitant, en les précisant afin qu'elles soient soumises aux principes directeurs du droit pénal des mineurs. Par conséquent, afin de mettre en place un système satisfaisant, le CJPM devrait – déjà – être modifié pour être complété.

Des améliorations substantielles à apporter aux mesures de sûreté applicables aux mineurs terroristes. Tout d'abord, s'agissant des mesures de sûreté pré-sentencielles existantes dans le CJPM, et puisqu'elles sont expressément qualifiées comme telles, le législateur devrait ajouter, comme critère d'opportunité de ces mesures, une référence à la dangerosité ainsi très certainement qu'à la vulnérabilité du mineur. Car si le terrain privilégié de ces mesures est la phase de l'instruction, elles peuvent largement la dépasser pour astreindre l'individu entre le

[86] CJPM, art. L. 611-1.

[87] Pour l'emploi de cette expression, CJPM, art. L. 111-1.

[88] MAZABRAUD (B.), « Le difficile équilibre de la contrainte et de l'éducatif dans la prise en charge judiciaire des adolescentes terroristes », in *Femmes, mineurs et terrorisme* (dir. C. Ménabé et J. Leonhard), *op. cit.*, p. 173 et s., spéc. p. 180.

règlement de l'information et l'audience de jugement[89], ou encore pendant la période de mise à l'épreuve éducative avant la décision sur la sanction[90]. Leur exécution peut donc se prolonger sur une période plus ou moins longue, étant précisé que pour être efficace – c'est bien là l'objectif recherché dans le traitement de la dangerosité du mineur terroriste – la mesure prononcée doit répondre à la situation spécifique du mineur. Il faut donc tout à la fois, par les mesures imposées, protéger la société du mineur dangereux, mais également protéger le mineur du danger qu'il court.

Ensuite, le CJPM doit être complété de dispositions relatives aux mesures de sûreté post-sentencielles, en intégrant notamment des mesures spécifiques pour les mineurs terroristes[91]. Cela a pu être constaté précédemment : toutes les mesures de sûreté formellement existantes et venant succéder à l'exécution d'une peine – ou s'appliquer à la marge, telle l'inscription au FIJAIT – sont situées dans le Code de procédure pénale. Or, pour plus de clarté, de lisibilité et dans la quête d'une cohérence et d'une spécificité réelle de la réponse pénale apportée au mineur terroriste par le truchement des mesures de sûreté, elles devraient également figurer dans le CJPM. Y figurer certes, mais pas sous la forme d'une simple reprise de l'existant car pour leurs conditions matérielles d'application, le législateur devrait les préciser afin de les adapter aux particularités qui entourent la minorité. Prenons l'exemple de la nouvelle « *mesure judiciaire de prévention de la récidive terroriste et de réinsertion* ». Comme constaté précédemment, elle est applicable aux terroristes majeurs comme mineurs lorsque plusieurs conditions classiques[92] sont réunies, avec l'ajout d'une condition supplémentaire propre aux auteurs d'infractions terroristes – à tous les auteurs –, et non spécifique aux mineurs. Il faut en effet que le condamné présente « *une particulière dangerosité caractérisée par une probabilité très élevée de récidive* » – conditions classiques – mais également caractérisée « *par une adhésion persistante à une idéologie ou à des thèses incitant à la commission d'actes de terrorisme, faisant ainsi obstacle à sa réinsertion* »[93]. Au-delà de précisions devant être apportées quant à cette dernière condition – voire d'une reformulation nécessaire[94] – la disposition devrait être complétée

89 CJPM, art. L. 434-11.

90 CJPM, art. L. 521-14.

91 Et ainsi des réponses précises pour ces mineurs auteurs d'infractions relevant d'un droit dérogatoire. Le silence du CJPM à propos des mineurs terroristes soulève en la matière un certain nombre d'interrogations. En ce sens, GALLARDO (E.), « Le CJPM et le mineur auteur d'une infraction terroriste : quelles adaptations ? », *art. cit.*, n°s 23 et 24.

92 Classiques pour des mesures de sûreté : la dangerosité et le risque de récidive.

93 C. pr. pén., art. 706-25-16. Également, Cf. *supra*, p. 394-395.

94 Cf. *supra*, p. 394-395.

d'une condition relative à la situation matérielle, familiale ou sociale du mineur condamné susceptible de caractériser sa «*particulière dangerosité*». De la même manière, il est évident que pour le mineur, qui ne présente pas le même degré de dangerosité qu'un majeur, les modalités d'exécution de la mesure méritent également d'être adaptées, par exemple, par une identification plus précise des conditions de la prise en charge sanitaire, sociale, éducative, psychologique ou psychiatrique du mineur destinée à l'écarter du chemin terroriste emprunté. La précision serait d'autant plus opportune qu'elle permettrait d'apprécier si la mesure de sûreté peut/doit permettre de poursuivre le travail débuté dans le cadre de l'exécution de la peine, mais également dans celui d'une mesure éducative judiciaire.

Enfin, pour que soit évaluée la dangerosité du mineur terroriste, le recours à la Mesure judiciaire d'investigation éducative (MJIE) semble le plus opportun. Cette mesure, définie par l'article L. 322-7 du CJPM, consiste en « *une évaluation approfondie et interdisciplinaire de la personnalité et de la situation du mineur, y compris, le cas échéant, sur le plan médical* ». Elle suppose une démarche d'évaluation interdisciplinaire, réalisée par différents professionnels, notamment des psychiatres, psychologues, pédiatres ou encore bien évidemment éducateurs, spécialement compétents pour mettre en lumière les différentes dimensions personnelle, familiale, sociale, scolaire ou encore médicale du mineur. La mesure permet de recueillir un certain nombre d'éléments qui pourront orienter la CPMS dans l'évaluation de la dangerosité du mineur à laquelle elle doit procéder.

En définitive, l'existant peut largement être (ré)utilisé à condition d'être adapté aux exigences et spécificités propres à la minorité. C'est là l'une des conditions *sine qua non* pour que les mesures de sûreté applicables aux mineurs terroristes puissent être considérées comme une réponse pénale satisfaisante.

Mémoire, connaissance et reconnaissance du terrorisme

Bruno Py
Professeur de droit privé et sciences criminelles,
Université de Lorraine – Faculté de droit de Nancy – IFG-EA7301

Action-Réaction. L'histoire mondiale des phénomènes de terrorisme et des réactions législatives subséquentes montre qu'aux cycles de la violence répond systématiquement l'édiction de normes. Après chaque série d'attentats, le législateur, chauffé à blanc par l'opinion publique traumatisée, et encouragé par les médias développe le même réflexe pavlovien : un fait divers, une loi. L'intitulé de ces lois réactionnelles trahit une démarche de l'ordre du marketing politicien. Les lois prétendent « protéger » la société du terrorisme, en créant ou modifiant des infractions pénales. Autrement dit, la loi prétend empêcher des faits (*a priori*), alors même que la loi pénale a pour fonction de réprimer la commission de faits (*a posteriori*). Affirmer que la loi protège relève plus de la pensée magique que du raisonnement juridique. « Depuis 1875, le législateur républicain a, par trois fois, déployé un dispositif répressif spécifique pour combattre cette forme de délinquance : les lois dites « scélérates » de 1893-1894 destinées à réprimer les menées anarchistes ; les lois du 15 janvier 1963 relatives à la Cour de sûreté de l'État pour lutter contre l'OAS puis contre toutes formes de subversion intérieure et extérieure ; enfin, l'arsenal répressif qui s'est constitué depuis la loi du 9 septembre 1986 et que complète les lois du 3 juin 2016 renforçant la lutte contre le crime organisé, le terrorisme et leur financement, et améliorant l'efficacité et les garanties de la procédure pénale et du 21 juillet 2016 portant mesures de renforcement de la lutte antiterroriste »[1].

---

[1] Olivier Cahn, « Cet ennemi intérieur, nous devons le combattre. Le dispositif antiterroriste français, une manifestation du droit pénal de l'ennemi », *Arch. Pol. Crim.* 2016/1, n° 38, p. 89-121.

La fébrilité législative. De nombreux auteurs ont démontré que cette course infinie à la sécurité était vouée à l'échec sur le plan de l'efficacité mais délétère sur le plan des libertés publiques[2]. Pierrette Poncela n'hésite pas à parler de « fébrilité législative » et d'une mer législative et réglementaire déchainée où flotte un radeau de fortune, saturé de rustines, sur lequel « on devine, en partie effacées, quelques déclarations de droits fondamentaux, des bribes de grands principes »[3]. Au-delà de la question des créations de textes nouveaux d'incrimination, du périmètre des immunités[4] et de la procédure répressive, notre contribution vise à étudier les outils de la mémoire, de la connaissance et de la reconnaissance du terrorisme. Ces mécanismes, outils ou méthodes ont pour but la connaissance du passé (Section 1), mais aussi la surveillance du présent (Section 2) dans une perspective d'anticipation de l'avenir (Section 3).

Section 1. La connaissance du passé

Afin de garder la trace des comportements infractionnels, le premier outil inventé fut le casier judiciaire qui garde la mémoire des condamnations (§ 1). Pour mieux repérer les terroristes, y compris indépendamment de toute condamnation, la période contemporaine a développé des analyses génétiques qui exploitent la mémoire de l'ADN (§ 2).

§ 1. Le casier judiciaire

La mémoire des condamnations. En 1848, le procureur Bonneville de Marsangy élabore le système des casiers judiciaires. Ce service d'enregistrement des condamnations pénales est organisé par le Code de procédure pénale en 1959[5]. La multiplication des documents à traiter, due tant à l'inflation des textes répressifs qu'à l'évolution de la délinquance, conduit à mettre en place un service automatisé et centralisé

---

[2] François Saint-Bonnet, « Protéger la Nation ? Autour du projet de loi constitutionnelle de protection de la Nation n° 3381 », *L'arsenal du juriste*, EHESS, 1er février 2016 ; François Sureau, *Pour la liberté : répondre au terrorisme sans perdre raison*, Taillandier 2017 (Face à la menace djihadiste, la tentation est grande pour le pouvoir de piétiner les libertés fondamentales. Comme avocat représentant la Ligue des droits de l'homme, François Sureau a plaidé à trois reprises devant le Conseil constitutionnel la non-conformité à notre Constitution de dispositions législatives relatives à l'état d'urgence : la première pénalisait la consultation de sites terroristes, la seconde créait un « délit d'entreprise individuelle terroriste », la troisième entravait la liberté d'aller et venir. À trois reprises, il a gagné).

[3] Pierrette Poncela, « Les naufragés du droit pénal », *Arch. Pol. Crim.* 2016/1, n° 38, p. 7-26.

[4] Philippe Conte, « Non-dénonciation de crime terroriste », *Dr. pénal*, mai 2022, n° 81.

[5] Christian Elek, *Le casier judiciaire*, Que sais-je ? n° 2419, 1988.

pour conserver la trace des condamnations pénales[6]. La loi du 4 janvier 1980 crée le casier judiciaire national automatisé[7]. Celui-ci, en tant que fichier de données nominatives, est soumis aux dispositions de la loi du 6 janvier 1978, loi Informatique et Libertés qui impose de respecter au mieux les intérêts et les droits des individus, sans toutefois perdre de vue l'enjeu spécifique de ce fichier, rouage essentiel de notre procédure pénale : le prononcé des décisions toujours plus justes et plus efficaces[8]. Le casier judiciaire n'est pas un fichier inerte. D'une part, la mention des condamnations pénales est susceptible d'évoluer dans le temps. D'autre part, les informations font l'objet d'une divulgation à l'institution judiciaire mais aussi au groupe social.

Les limites opérationnelles du casier judiciaire. Les limites de l'outil sont assez aisément repérées. Le casier judiciaire est particulièrement bien conçu pour assurer la mémoire longue des individus condamnés. Les informations ne peuvent y figurer qu'à l'issue du processus judiciaire. Le problème est que le casier judiciaire ne contient aucune information sur les suspects, ni même sur les gardés à vue, les prévenus ou les accusés. Seuls des condamnés y sont mentionnés. Or, la volonté de lutter contre le terrorisme suppose une réactivité beaucoup plus rapide. Le temps du juge est un temps long alors que le temps de l'enquêteur est un temps court. Par ailleurs, une question cruciale se pose régulièrement sur le terrain à l'occasion de la découverte d'un cadavre dont les forces de l'ordre veulent établir l'identité, que la mort soit provoquée par suicide ou action homicide. La dépouille est-elle celle d'un terroriste, et si oui, de quel individu ? Dans certaines hypothèses, l'enjeu est celui de la confirmation de l'identité du défunt.

---

6 « La mémorisation du passé pénal de l'individu est nécessaire à la bonne administration de la justice pénale, tout au long de la procédure pénale. Le paramètre du "déjà condamné" dont la preuve est donnée par la production du casier judiciaire de la personne concernée influe sur l'application de nombreuses dispositions telles que les règles de la détention provisoire, de la détermination de la peine (récidive, sursis…), de l'application de la peine (libération conditionnelle…). Cette mémorisation est également une préoccupation du groupe social lorsqu'il s'agit d'apprécier l'honorabilité de l'individu notamment dans le cadre des pratiques professionnelles. » « Mémoire et oubli : pratique du casier judiciaire », *CNRS info* – décembre 2000 – n° 388.

7 Christian Roque, Daniel Viault, « Informatique et casier judiciaire », in *Informatique et droit pénal*, Journée d'études du 15 novembre 1980, Poitiers, Travaux de l'Institut de sciences criminelles de Poitiers, vol. IV, Cujas, 1983, p. 100-115 ; Christian Elek, « Les dix ans du casier judiciaire national automatisé », *Gazette du Palais*, 21 novembre 1992, p. 874-876.

8 Sylvie Grunvald, « La conservation des condamnations pénales : étude du casier judiciaire », thèse, Poitiers 1993.

§ 2. L'ADN

Le profil génétique des terroristes. Chacun sait l'importance croissante de l'exploitation de l'ADN dans les phases d'enquêtes pour les infractions de droit commun[9], même s'il est essentiel de toujours mettre en garde contre le risque de verser dans un culte de la soi-disant preuve parfaite[10]. Hors terrorisme, l'ADN est souvent utile aux enquêteurs pour analyser une scène de crime, prélever des traces biologiques, établir un profil génétique et comparer avec des banques de données contenant des profils et des traces[11]. En matière de terrorisme, surtout quand il s'agit d'un leader, objet de recherches intenses compte tenu de son rôle décisionnel, les analyses génétiques servent surtout à pouvoir démontrer *post mortem* l'identité du chef terroriste recherché.

L'ADN de Ben Laden. Lorsque le 1er mai 2011, le Président Obama, éclairé par les services de renseignements, a lancé l'opération Ben Laden, la mission était explicitement de l'occire et de rapporter des éléments génétiques apportant la certitude absolue de sa disparition. « On sait que lors de l'opération, une fois la cible tuée, la mission n'était pas terminée : les hommes ont rassemblé documents, disques durs et objets personnels pour les ramener à la base. Lors du transport, un médecin a prélevé sur le corps des échantillons de sang et de moelle épinière. Enfin, à plusieurs reprises, des photos du corps ont été prises. Ce sont ces objets, photographies et échantillons ADN qui constituent le corps du défunt »[12].

L'ADN et l'identification certaine. En France, en 2013, il a été procédé à l'identique au sujet du chef terroriste Abou Zeid, Algérien, âgé de 46 ans, de son vrai nom Mohamed Ghdiri, qui était l'auteur de l'enlèvement des 7 employés d'Areva et de Satom, dont 5 Français, sur le site d'Arlit au Niger, en septembre 2010. « Le Président de la République confirme de manière certaine la mort d'Abdelhamid Abou Zeid survenue lors des combats menés par l'armée française dans l'Adrar des Ifoghas au nord du Mali, à la fin du mois de février, a fait savoir l'Élysée »[13]. Certains médecins légistes souhaiteraient que l'on crée une banque de don-

---

9 Elsa Supiot, *Le procès pénal à l'épreuve de la génétique*, Rapport GIP, 2017 ; Bruno Py, Julie Leonhard, Mathieu Martinelle, Catherine Ménabé, « ADN et justice : l'utilisation de l'empreinte génétique dans les procédures judiciaires », *PUN* 2020.

10 Julie Leonhard, « La place de l'ADN dans le procès pénal », *Cahiers droit, sciences, technologies*, 9/2019, p. 45-56, <https://doi.org/10.4000/cdst.1049>.

11 François-Xavier Laurent *et al.*, « Les nouvelles technologies d'analyses d'ADN au service des enquêtes judiciaires », *Medsci*, vol. 33, nov. 2017, p. 971-978.

12 Jonathan Chalier, « Questions sur la mort de Ben Laden », *Études* 2013/4 (Tome 418), p. 453 à 460.

13 Isabelle Mandraud et Nathalie Guibert, « Des tests ADN confirment la mort d'Abou Zeid », *Le Monde*, 23 mars 2013.

nées spécifique pour aider à la lutte contre le terrorisme. « L'utilisation des empreintes génétiques pourrait être un outil très important dans l'identification des personnes décédées et soupçonnées d'appartenir à un réseau de terrorisme ou bien des personnes qui ont été en contact avec des objets explosifs généralement fabriqués de façon artisanale sans aucune précaution particulière et donc, avec des dépôts probables de cellules d'ADN. L'analyse de l'ADN se doit donc d'être présente pour lutter contre le terrorisme »[14]. Il faut toutefois préciser que si l'analyse de l'ADN peut apporter des éléments de connaissance du passé, la dynamique contemporaine est celle de la surveillance du présent.

Section 2. La surveillance du présent

La création de fiches de surveillance n'est pas une idée neuve. Déjà au XIXe siècle, l'affaire des fiches avait fait vaciller la République[15]. Il faut toutefois souligner que le développement exponentiel des fichiers de police (§ 1) conduit inéluctablement à la mise en place du statut polémique de fiché « S » (§ 2).

§ 1. L'éclosion des fichiers de police

Des fichiers pour surveiller. Michel FOUCAULT l'avait démontré dans *Surveiller et punir* (Gallimard, 1975), le fou et le délinquant sont désormais l'égal objet de la méfiance de la société, donc de la surveillance et de la répression[16]. Le changement radical repose sur le fait qu'auparavant, sous l'Ancien Régime, à travers le supplice, il s'agissait pour le pouvoir d'être visible du plus grand nombre, désormais, l'objectif contemporain est que le plus grand nombre soit visible du plus petit nombre. Foucault développe l'idée d'un système de police et de quadrillage de la population sur le modèle de la surveillance au temps de la peste. Le fou et le délinquant représentent le mal social, le modèle qui en résulte est donc logiquement calqué sur le modèle de l'épidémie. Il faut repérer les porteurs

---

14 Christian Doutremepuich, « ADN et terrorisme », Revue *Défense nationale*, 2016/4, n° 789, p. 97 à 102.

15 Guy Thuillier, « Morale et politique : Péguy et l'affaire des "fiches" en 1905 », *La Revue administrative*, PUF n° 256, juillet-août 1990, p. 310-316 ; « L'affaire des fiches. Quand le Grand Orient de France espionnait l'armée française », entretien avec Emmanuel Thiébot, Propos recueillis par Jean-Marc Binot, *Humanisme* 2008/2 (n° 281), pages 93 à 97.

16 Bruno Py, « Ficher les fous – The judges & the experts are watching you, Au sujet du traitement automatisé de données à caractère personnel dénommé "Redex" (Répertoire des Expertises) », *RDS*, n° 84, juillet 2018, p. 611-614.

du mal pour les surveiller, voire les enfermer. Le terroriste est devenu l'incarnation moderne de cet ennemi à surveiller et à punir[17].

Le numérique et le citoyen : enjeux politiques. La première prise de conscience des enjeux politiques du numérique se manifesta en 1970 à propos du fichier GAMIN (Gestion automatisée de médecine infantile), auquel se sont fermement opposés les professionnels de santé et les travailleurs sociaux. Ce fichier devait créer des profils de normalité ou d'anormalité pour les nouveau-nés à partir du croisement d'informations sanitaires et sociales et sur la base de probabilités statistiques[18]. La contestation s'est étendue à l'ensemble de la société civile lorsque fut révélé dans la presse le projet SAFARI (Système automatisé pour les fichiers administratifs et le répertoire des individus). L'article du *Monde*, « SAFARI, la chasse aux Français »[19], mit en exergue les risques considérables pour la vie privée et les libertés fondamentales qui pourraient résulter du croisement des fichiers médicaux, policiers, bancaires, etc. L'allusion à une dérive fascisante est explicite[20]. Il nous semble important de renvoyer le lecteur sur ce point à la thèse de M. Dubuisson, soutenue à Paris 2 en 1994 et qui étudie en profondeur la question de la numérotation des personnes physiques[21]. « Je ne suis pas un numéro, je suis un homme libre. » L'effroi né de ces deux épisodes suscita les réflexions qui conduisirent à la loi n° 78-17 du 6 janvier 1978 relative à l'informatique, aux fichiers et aux libertés, plus connue sous le nom de loi informatique

---

17 Olivier Cahn, « Cet ennemi intérieur, nous devons le combattre. Le dispositif antiterroriste français, une manifestation du droit pénal de l'ennemi », *Arch. Pol. Crim.* 2016/1, n° 38, p. 89-121.

18 « C'est à partir d'une loi de juillet 1970 qui rendait obligatoire la collecte d'informations sur les nouveau-nés, afin de dépister les handicaps, qu'a été construit progressivement dans le plus grand secret, sur la base de simples circulaires, un énorme système de tri, totalement ignoré des familles. Les capacités de la machine étaient utilisées pour cibler et discriminer une population devant faire l'objet d'un traitement et d'une surveillance particulière », A. Mattelart et A. Vitalis, *Le profilage des populations. Du livret ouvrier au cybercontrôle*, La Découverte, 2014, p. 118.

19 P. Boucher, « Safari ou la chasse aux Français », *Le Monde*, 21 mars 1974, p. 9. Il s'agissait de faire du numéro de sécurité sociale, qui permettait d'identifier l'ensemble des citoyens français, un identifiant unique. Cette identification unique des individus par les différentes administrations et les entreprises devait ensuite permettre l'interconnexion des fichiers notamment médicaux, sociaux, professionnels, bancaires, etc.

20 « Le débat public est alors lancé. La polémique enfle… Qu'adviendrait-il de l'usage d'un tel outil si la France devait remettre son pouvoir un jour, dans le futur, à l'issue d'une crise économique et politique gravissime dans un monde tourmenté, à une administration telle fut celle de Vichy ? Le seul fait d'avoir permis la constitution insouciante d'un tel outil sous un régime démocratique et en temps de paix et de prospérité pourrait ensuite être qualifié de complicité de crime contre l'humanité si nos institutions politiques devaient tomber entre des mains dictatoriales, ou même simplement entre des mains d'une structure complice d'une dictature » (https://www.lemonde.fr/blog/bugbrother/2010/12/23/safari-et-la-nouvelle-chasse-aux-francais/).

21 Étienne Dubuisson, « La numérotation des personnes physiques », thèse droit privé, Paris 2, 1994.

et libertés[22]. Son préambule mentionne explicitement la prohibition de principe de l'interconnexion des fichiers[23].

Des fichiers à l'infini. Si l'interdiction des interconnexions reste un principe, il faut néanmoins déplorer l'explosion exponentielle du nombre des fichiers. Certains fichiers existent de longue date, même si leurs acronymes ont pu changer au fil du temps[24]. Il en va ainsi du Traitement des antécédents judiciaires (TAJ), du Fichier automatisé des empreintes digitales (FAED) et du Fichier national des empreintes génétiques (FNAEG), principalement réservés aux missions de police judiciaire. Après que des parlementaires ont reconnu à demi-mot un accès des services de renseignements par des voies détournées, la loi n° 2015-912 du 24 juillet 2015 relative au renseignement a autorisé la consultation du TAJ pour certains services de renseignements dans le cadre de leur mission de prévention du terrorisme. Dans un cadre initialement temporaire, mais pérennisé en 2014, ceux-ci peuvent également interroger le Fichier national des immatriculations (FNI), les systèmes nationaux de gestion des permis de conduire (SI-FAETON), des cartes nationales d'identité (CNI), des passeports (TES) et des fichiers concernant plus spécifiquement les ressortissants étrangers (AGDREF 2, VISABIO, GESI)[25].

Un fichier de plus : le FIJAIT. Créé par la loi du 24 juillet 2015 relative au renseignement et par le décret du 29 décembre 2015 modifiant le Code de procédure pénale et relatif au fichier judiciaire national automatisé des auteurs d'infractions terroristes, le FIJAIT a pour vocation de faciliter l'identification des personnes et de prévenir le renouvellement des infractions à caractère terroriste[26]. Placé sous l'autorité du ministère de la Justice, ce fichier est géré rigoureusement par une équipe dédiée au sein du Casier judiciaire national. Les infractions donnant lieu à un enregistrement sont les infractions de terrorisme et de violation

---

22 Depuis le 1er juin 2019, la loi du 6 janv. 1978, dite « Informatique et Libertés », est en vigueur dans une nouvelle rédaction. Elle comporte notamment les dispositions relatives aux « marges de manœuvre nationales » autorisées par le Règlement général sur la protection des données (RGPD) que le législateur a choisi d'exercer ainsi que les mesures de transposition en droit français de la directive 95/46/CE sur la protection des données personnelles.

23 Nicolas Ochoa, « Le droit des données personnelles, une police administrative spéciale », thèse, Paris I, 2014 ; Valérie Olech, « Le secret médical et les technologies de l'information et de la communication », thèse, Nancy, 2019.

24 Sébastien Pelle, « Réflexions sur la nature et les fonctions du fichier en droit pénal », in *Le fichier*, dir. Fouad Eddazi, Stéphanie Mauclair, LGDJ, Coll. « Grands colloques », 2017, p. 113-124.

25 Virginie Gautron, David Monniaux, « De la surveillance secrète à la prédiction des risques : les dérives du fichage dans le champ de la lutte contre le terrorisme », *Arch. pol. crim.*, 2016/1 (n° 38), pages 123 à 135.

26 Alice Mornet, « Les fichiers pénaux de l'Union européenne. Contribution à l'étude de la protection des données à caractère personnel », thèse, Toulouse, 2020.

d'interdictions de sortie du territoire. Les personnes enregistrées au FIJAIT le sont automatiquement, également au fichier des personnes recherchées pendant toute la durée de leurs obligations.

Vers une mutualisation européenne des fichiers. « Il apparaît que les institutions européennes défendent l'idée d'une sécurité globale et, à cette fin, encouragent la mutualisation de l'ensemble des fichiers utilisés dans le domaine sécuritaire »[27]. Les premiers échanges véritablement opérationnels concernent les données des dossiers des passagers des transports aériens[28]. Le sens de l'histoire est univoque. Pour les institutions nationales comme européennes, la sécurité suppose le partage d'informations. Faut-il en déduire qu'une politique commune de lutte contre le terrorisme est d'ores et déjà émergente ? L'affirmer serait audacieux et téméraire car il ne s'agit pour l'heure que de mise en commun d'outils de surveillance[29].

§ 2. Le fichage S

Le fichier des personnes recherchées. La question revient inlassablement après chaque attentat : l'auteur était-il « fiché S » ?[30] Pour nombre de nos concitoyens, le « fiché S » serait celui qu'on soupçonne de terrorisme, qu'on surveille. Il serait l'individu dangereux que d'aucuns souhaiteraient voir enfermer, ou au moins expulser. Il serait celui qui n'a

---

27 Une telle politique, réaffirmée plusieurs fois depuis lors, trouve sa source dans la théorie de globalisation de la sécurité défendue par Monsieur Javier Solana et adoptée par le Conseil européen en 2003 : Conseil européen, « Une Europe plus sûre dans un monde meilleur. Stratégie européenne de sécurité », Bruxelles, le 12 déc. 2003, 15 p. ; Alice Mornet, « Les fichiers pénaux de l'Union européenne : instruments d'une politique européenne ? », *Arch. Pol. Crim.*, 2021/1, n° 43, p. 223 à 234.

28 Cf. Décision 2008/615/JAI du 23 juin 2008 relative à l'approfondissement de la coopération transfrontalière, notamment en vue de lutter contre le terrorisme et la criminalité transfrontalière, *JO*, L. 210 du 6 août 2008, p. 1. 22 ; « Directive (UE) 2016/681 du Parlement européen et du Conseil du 27 avril 2016 relative à l'utilisation des données des dossiers passagers (PNR) pour la prévention et la détection des infractions terroristes et des formes graves de criminalité, ainsi que pour les enquêtes et les poursuites en la matière », *JO* L. 119 du 4 mai 2016, p. 132. Emilio de CAPITANI, « La nouvelle directive "terrorisme" et quelques réflexions sur l'évolution institutionnelle en matière policière et judiciaire », in L'Europe de la sécurité et de la justice, Quels enjeux pour la France ? Actes du colloque de l'INHESJ – Paris 14 octobre 2016, *Cahiers de la sécurité et de la Justice* n° 38/2016, La documentation française, p. 190.

29 Mikaël BENILLOUCHE, « La lutte antiterroriste dans l'espace pénal européen », in *L'Europe de la sécurité et de la justice, Quels enjeux pour la France ?*, Actes du colloque de l'INHESJ – Paris 14 octobre 2016, *Cahiers de la sécurité et de la Justice* n° 38/2016, La documentation française, p. 54 ; Thomas HERRAN, « La politique antiterroriste de l'Union européenne : mythe ou réalité ? », in *Les politiques criminelles antiterroristes en Europe*, dir. A. Gogorza, M. Lacaze, *Les colloques de l'ISCJ*, n° 1, juin 2017, p. 49-51.

30 Yoann Nabat, « "Fichés S" et autres fichiers de police : de quoi parle-t-on vraiment ? », *The conversation*, 23 octobre 2020.

pas encore commis d'attentat, mais qui va en commettre. La fiche « S » est en fait une sous-catégorie d'un fichier plus important, le FPR – Fichier des personnes recherchées – créé en France en 1969[31]. Le FPR est l'un des plus importants fichiers policiers français (à la fois quant au nombre d'individus fichés, et quant à l'utilisation quotidienne qui en est faite). Il recense les personnes qui font l'objet d'une « fiche », c'est-à-dire d'un signalement par une décision judiciaire, administrative ou policière[32]. Il est un fichier d'identification, alors que d'autres sont davantage dédiés à l'assistance à l'enquête en elle-même (comme le logiciel Anacrim, tout aussi médiatique) ou que d'autres encore contiennent des empreintes digitales ou ADN.

Des motifs d'être fiché. Il existe un très grand nombre de cas dans lesquels un individu peut être fiché au FPR. On y trouve ainsi, pêle-mêle, les individus ayant fait l'objet d'une interdiction judiciaire quelconque (par exemple, une interdiction de stade), ceux qui ont une dette auprès du fisc, ou encore les déserteurs de l'armée. Les derniers chiffres font état d'environ 620 000 fiches actives[33]. Le FPR fait l'objet d'une alimentation à la fois par les organes judiciaires et administratifs. L'accès y est très régulier, notamment par les forces de l'ordre lors des contrôles sur le bord de la route (via leur mobile ou une tablette). À chaque catégorie de signalement correspondent un type de fichier particulier et une lettre. Les étrangers en situation irrégulière se trouveront ainsi fichés « E », les débiteurs du Trésor public fichés « T » ou encore les enfants fugueurs « M ». Chaque fiche est complétée par le service qui l'a créée : greffes des tribunaux, services de renseignements, direction des finances publiques, police aux frontières, etc. Elle mentionne systématiquement l'identité de la personne, sa photographie, le motif de la recherche ainsi que la « conduite à tenir » (« CAT » en langage policier). Cette dernière peut être variable, de l'arrestation de la personne à l'absence d'action, en passant par le simple signalement à l'autorité émettrice.

« Fiche S » pour « Sûreté de l'État ». Les fiches S concernent « les personnes qui peuvent, en raison de leur activité individuelle ou collective, porter atteinte à la sûreté de l'État et à la sécurité publique par le recours ou le soutien actif apporté à la violence, ainsi que celles entretenant ou ayant des relations directes et non fortuites avec ces personnes »,

---

[31] Samuel Laurent, « Terrorisme : qu'est-ce que la fiche "S" ? », *Le Monde*, 31 août 2015.

[32] Au 11 décembre 2018, 29 973 personnes faisaient l'objet d'une fiche S au sein du Fichier des personnes recherchées (FPR), sur les 580 000 personnes inscrites dans ce fichier. « Conclusions du groupe de travail sur l'amélioration de l'efficacité des fiches S », Sénat, 19 déc. 2018.

[33] Yoann Nabat, « "Fichés S" et autres fichiers de police : de quoi parle-t-on vraiment ? », *The conversation*, 23 octobre 2020.

selon le dernier rapport parlementaire sur la question. Comprendre : les individus considérés comme potentiellement dangereux (sans distinction entre différents degrés de dangerosité), par leurs actes ou leur soutien à des actes, mais aussi les personnes gravitant autour de ces individus. L'individu fiché S n'est pas nécessairement un dangereux radicalisé prêt à passer à l'acte, et tous ceux qui passent à l'acte ou qui sont soupçonnés de le faire ne sont pas fichés S.

Section 3. L'anticipation de l'avenir

La montée des crises et des peurs explique la multiplication des réactions législatives dérogatoires au droit commun. Chaque menace génère un nouvel état d'urgence. La banalisation du recours aux états d'urgence fait craindre le spectre de l'état d'exception permanent, un sinistre oxymore[34]. Concernant la prévention du terrorisme, il est important de montrer l'augmentation des outils du renseignement (§ 1) et la perspective de mise en place imminente de la biométrie (§ 2).

§ 1. Le renseignement

D'autres fichiers plus discrets. Les services de renseignements n'apprécient pas particulièrement la fiche S, dont la publicité (elle est visible par tous les policiers et gendarmes qui consultent le FPR) peut être néfaste à la nécessaire discrétion en la matière. Les sénateurs pointent ainsi dans un rapport de fin 2018 le risque d'éveiller les soupçons chez la personne fichée lors d'un contrôle, si l'attitude du policier ou du gendarme est, même involontairement, modifiée à la lecture de cette information sur sa tablette. « Les fiches S, sous-ensemble du fichier des personnes recherchées, constituent un outil de remontée d'informations essentiel à l'activité des services de renseignements. Elles permettent notamment de détecter les déplacements et les fréquentations d'une personne, par exemple, à l'occasion d'un contrôle routier ou d'un passage frontalier. Les fiches S ne sont pas faites pour rendre compte du niveau de dangerosité ou de radicalisation d'une personne. Elles s'inscrivent dans un ensemble qui forme un continuum de techniques de renseignement ; lorsqu'est détecté un risque de passage à l'acte terroriste, il est fait recours à d'autres techniques, beaucoup plus intrusives »[35]. D'autres fi-

[34] François Saint Bonnet, « De la banalisation des états d'urgence », <https://blog.juspoliticum.com>, 9 janvier 2021.

[35] « Conclusions du groupe de travail sur l'amélioration de l'efficacité des fiches S », Sénat, 19 déc. 2018.

chiers, cette fois parfaitement confidentiels, répondent davantage à leurs besoins : CRISTINA (principal fichier généraliste propre au renseignement) et le FSPRT, spécifique à la problématique de la radicalisation. Ces deux outils font partie d'une liste de dix-sept fichiers « intéressant la sûreté de l'État » et dont le fonctionnement et l'usage sont complètement secrets[36]. Les services de renseignements fouinent allègrement dans la sphère privée[37].

Le renseignement et ses investigations au cadre flou. Aux termes d'une jurisprudence constante, la Cour de cassation retient que le procès-verbal de renseignement est « destiné à guider d'éventuelles investigations sans pouvoir être retenu lui-même comme un moyen de preuve »[38]. Le renseignement est donc lui aussi défini négativement : ce n'est ni une preuve, ni ce qui doit être exclu du débat. Ce qui frappe dans les deux cas, c'est l'importance de la jurisprudence. La loi s'efface pour laisser aux juges une liberté à la mesure de l'objectif à valeur constitutionnelle de sauvegarde de l'ordre public[39]. Enfin, la loi n° 2015-912 du 24 juillet 2015 relative au renseignement ne se risque pas à une définition de celui-ci[40].

Le renseignement et la surveillance des données de connexion[41]. Autorisé à titre temporaire par la loi n° 2006-64 du 23 janvier 2006, l'accès aux données de connexion des citoyens a également été pérennisé par la loi n° 2013-1168 de programmation militaire du 18 décembre 2013, puis largement étendu par la loi n° 2015-912 du 24 juillet 2015 relative au renseignement (art. L. 851-1 à L. 851-7 CSI). Le Premier mi-

36 « Les fichiers secrets sont loin d'être une nouveauté. Dès la création de la DST en 1944, son directeur, Roger Wybot, mit l'accent sur l'exploitation du renseignement en créant un service de documentation chargé d'exploiter les informations recueillies par les policiers sur le terrain pour identifier les résidents étrangers susceptibles de se livrer à des activités d'espionnage ou de terrorisme. À l'identique, les renseignements généraux ont constitué plusieurs bases de données, dont une application « violence-attentat-terrorisme », qui comprenait environ 60 000 références au début des années 1980 ». Virginie Gautron, David Monniaux, « De la surveillance secrète à la prédiction des risques : les dérives du fichage dans le champ de la lutte contre le terrorisme », *Arch. pol. crim.* 2016/1 (n° 38), pages 123 à 135.

37 Jean-Marie Delarue, « Renseignement et sphère privée », *Arch. Pol. Crim.*, 2021/1, n° 43, p. 73-89.

38 Édouard Verny, « Du renseignement à la preuve pénale », in *Les transformations de la preuve pénale*, LGDJ, Lextenso, p. 156. Crim. 9 nov. 2011, n° 09 86.381, D. 2011. 2872 ; *AJ pénal* 2012. 166, obs. Sabrina Lavric ; *RSC*, 2012. 144, obs. Yves Mayaud et 05-87.745, Crim., 9 nov. 2011, n° 05-87.745, D. 2012. 2118, obs. Jean Pradel ; *RSC*, 2012. 144, obs. Yves Mayaud.

39 Cons. const. 27 juill. 1982, n° 82-141 DC, § 5.

40 CSI, art. L. 811-1 : « La politique publique de renseignement concourt à la stratégie de sécurité nationale ainsi qu'à la défense et à la promotion des intérêts fondamentaux de la Nation. Elle relève de la compétence exclusive de l'État. »

41 Tony Ferri, « Du droit intrusif de punir, vers une fonction inaperçue de la peine, à partir du cas de la surveillance électronique », *Arch. pol. crim.*, 2021/1, n° 43, p. 149-161.

nistre peut désormais autoriser le recueil, auprès des opérateurs de communications électroniques, après avis de la Commission nationale de contrôle des techniques de renseignement (CNCTR) sauf urgence absolue, des « informations ou documents traités ou conservés par leurs réseaux ou services de communications électroniques ». Selon l'article L. 851-2 du CSI, un recueil en temps réel peut être individuellement autorisé pour une durée de deux mois renouvelable et pour les seuls besoins de la prévention du terrorisme, au sujet de personnes préalablement identifiées « comme présentant une menace »[42]. Tous les outils modernes d'espionnage, autrefois centrés exclusivement sur les activités des puissances étrangères, sont désormais dirigés contre les individus : susceptibles de présenter une menace terroriste[43]. Sachant que certains activistes sont des individus isolés, qui sont désormais qualifiés de loup solitaire[44], il peut être affirmé sans paranoïa qu'au nom de la prévention du terrorisme, chacun de nous peut être surveillé tout le temps.

§ 2. La biométrie

Demain la biométrie ? La biométrie est la science qui porte sur l'analyse des caractéristiques physiques ou comportementales propres à chaque individu et permettant l'authentification de son identité[45]. Au sens littéral et de manière plus simplifiée, la biométrie signifie la « mesure du corps humain[46] ». Les premières applications concernent les fichiers d'empreintes digitales et les photographies de mineurs migrants isolés, prévus par la loi du 10 septembre 2018, texte non censuré par le Conseil

42 Matthieu Audibert, « La pénétration du droit pénal dans l'espace privé : la captation des données informatiques », *Arch. Pol. Crim.* 2021/1, n° 43, p. 91 à 103.

43 Gildas Roussel, « Le régime des techniques de renseignement », *Actualité juridique pénal*, Dalloz, 2015, p. 520 ; César Ghrénassia et Robin Binsard, « La preuve, le renseignement et le droit », *Dalloz actualité*, 3 juin 2020.

44 Hugues Moutouh, « Loup solitaire », *Dictionnaire du renseignement*, Perrin, 2018, p. 517-518.

45 Marc Sztulman, *La biométrie saisie par le droit public – Étude sur l'identification et la localisation des personnes physiques*, LGDJ, Bibliothèque de droit public n° 305, 2019.

46 Il existe deux catégories de technologies biométriques : les mesures physiologiques et les mesures comportementales. Les mesures physiologiques peuvent être morphologiques ou biologiques. Ce sont surtout les empreintes digitales, la forme de la main, du doigt, le réseau veineux, l'œil (iris et rétine), ou encore la forme du visage, pour les analyses morphologiques. En matière d'analyses biologiques, on trouve le plus souvent l'ADN, le sang, la salive, ou l'urine utilisés dans le domaine médical, pour des investigations criminelles ou même dans le domaine du sport pour des contrôles de dopage. Les mesures comportementales les plus répandues sont la reconnaissance vocale, la dynamique des signatures (vitesse de déplacement du stylo, accélérations, pression exercée, inclinaison), la dynamique de frappe au clavier d'un ordinateur, la façon d'utiliser des objets, la démarche, le bruit des pas, la gestuelle.

constitutionnel[47]. Un détour par le septième art permet d'imaginer les stratégies d'usurpation envisageables. Dans *James Bond, Opération Tonnerre* en 1965, un œil est greffé pour leurrer une analyse rétinienne ; dans *Bienvenue à Gattaca* en 1997, c'est un prélèvement ADN qui fait l'objet d'un échange, dans *La Tour Montparnasse infernale* en 2001, c'est la main de Mme Lanceval qui est détachée de son corps pour ouvrir un coffre-fort[48]. L'article 226-4-1 du Code pénal aurait vocation à s'appliquer indépendamment des qualifications plus sévères comme celle de mutilation !

La reconnaissance faciale et le terrorisme. « Et si la reconnaissance faciale était un moyen supplémentaire d'éviter les attentats ? »[49]. Pour certains députés, la solution est technologique. Ils préconisent de mettre en place un système de reconnaissance faciale permettant de croiser les images des caméras de vidéosurveillance avec les fichiers des individus connus des autorités et figurant dans les bases de données du ministère de l'Intérieur. L'enjeu est évidemment de savoir si l'objectif de sécurité justifie le sacrifice de la notion de vie privée. « Les caméras utilisées pour détecter le port du masque, les bagages abandonnés, les mouvements de foule ou pour établir des données chiffrées des flux de personnes dans un lieu donné, ou encore les caméras thermiques utilisées pour détecter des chutes (depuis un pont, par exemple) ne visent

---

47 J.-M. Pastor, Cons. const. 26 juill. 2019, no 2019-797 QPC, *D. actu.* 30 juill. 2019. Le Conseil constitutionnel valide le fichier biométrique des mineurs isolés. Créé par l'article L. 611-6-1 du Code de l'entrée et du séjour des étrangers et du droit d'asile, dans sa rédaction issue de la loi Immigration du 10 sept. 2018, ce fichier permet au ministère de l'Intérieur d'assister les départements dans l'évaluation de l'âge des jeunes migrants. Julia Pascual, « Le fichier biométrique des "mineurs isolés" déclaré conforme à la Constitution », *Le Monde*, 26 juillet 2019.

48 *Opération Tonnerre (Thunderball)* est un film britannique de Terence Young, sorti en 1965. C'est le quatrième film de la série des James Bond qui y est incarné par Sean Connery. *Bienvenue à Gattaca (Gattaca)* est un film américain d'anticipation et de science-fiction dystopique, écrit et réalisé par Andrew Niccol et sorti en 1997. Gattaca est un centre d'études et de recherches spatiales pour des gens au patrimoine génétique impeccable. Jérôme, candidat génétiquement idéal, voit sa vie détruite par un accident tandis que Vincent, enfant conçu naturellement, donc au capital génétique « imparfait », rêve de partir pour l'espace. Chacun des deux va permettre à l'autre d'obtenir ce qu'il souhaite en déjouant les lois de Gattaca. *La Tour Montparnasse infernale* est une comédie française réalisée par Charles Nemes et sortie en 2001.

49 Marine Brenier, Proposition de loi n° 194 relative à la reconnaissance faciale dans les enquêtes terroristes et la prévention des attentats, *Ass. Nat.*, 27 sept. 2017. « Capables d'identifier des individus en fonction de l'écartement des yeux, des caractéristiques des oreilles ou encore du menton, des arêtes du nez ou de la commissure des lèvres, ces systèmes automatisés sont en constante amélioration. On notera, par exemple, le développement de capteurs 3D, la reconnaissance de visages en mouvement, le traitement de visages vus de profil et la capacité à vieillir un modèle.

L'efficacité de la reconnaissance faciale dépend de plusieurs facteurs clés : la qualité de l'image, la puissance de l'algorithme d'identification et l'accès à une base de données fiable. Toute la difficulté est d'établir des points de correspondance entre la nouvelle image et l'image source, en d'autres termes, les photos d'individus connus ».

qu'à surveiller et appuyer la décision des autorités de police. Elles suivent le régime de la vidéoprotection pour leur implantation et pour le régime des données personnelles qu'elles collectent de manière anonyme, c'est-à-dire sans interconnexion avec un fichier comportant des éléments identifiants. Les caméras "à reconnaissance faciale" ajoutent cette fonctionnalité en se connectant à une base de données identifiantes à partir de la mesure d'éléments du corps, donc "biométriques", qui suivent le régime des données "sensibles". Selon l'article 3 du RGPD, ces données "résultent d'un traitement technique spécifique", et sont "relatives aux caractéristiques physiques, physiologiques ou comportementales d'une personne physique, qui permettent ou confirment son identification unique". Elles permettent tant l'authentification (localisation-certification) d'une personne pour lui permettre l'accès à un lieu ou s'assurer de sa présence en lieu donné, que l'identification (individualisation) d'une personne au sein d'un groupe »[50].

Surveillance et leçons à tirer de la pandémie Covid-19[51]. Parmi les instruments d'intervention sanitaire, le XXe siècle a vu émerger une volonté de repérage et de surveillance des individus potentiellement porteurs d'un agent pathogène. Au XXIe siècle, la lutte contre les maladies infectieuses passe désormais par une recherche d'information sur les malades et leur entourage et des outils technologiques pour ce faire. L'idée d'un repérage des agents à risque relève d'une logique globale visant pour l'État à identifier tous les agents potentiellement dangereux pour la santé publique, donc pour l'ordre public. La Corée du Sud, Taïwan ou la Pologne ont décidé d'utiliser les réseaux de téléphonie mobile pour organiser une surveillance à grande échelle[52]. La Russie utilise la reconnaissance faciale[53]. La Suisse s'apprête à lancer une application[54]. En France, des sondages semblent montrer un soutien de la population[55]. Plusieurs observateurs s'inquiètent[56]. Les plus pessimistes crai-

---

50 Xavier Bioy, « Lutte contre le terrorisme et reconnaissance faciale : concilier sécurité de la Nation et respect de la vie privée », *blog.leclubdesjuristes.com*, 3 nov. 2020.

51 Bruno Py, « De la surveillance des maladies à la surveillance des malades », *Dalloz actualité*, 26 mai 2020.

52 Pascal Grandmaison, « Le tracking mobile, comment ça marche ? », *Le Figaro*, 10 avril 2020.

53 « Confinement : Moscou déploie un système de reconnaissance faciale pour surveiller les citoyens », *Courrier International*, 31 mars 2020.

54 Anouch, Seydtaghia, « L'application pour tracer le virus sera prête le 11 mai en Suisse », *Letemps.ch*, 22 avril 2020.

55 Près de deux personnes interrogées sur trois seraient favorables à ce que l'installation de cette application soit automatique (Martin Untersinger, « Coronavirus : les Français favorables à une application mobile pour combattre la pandémie, selon un sondage », *Le Monde*, 1er avril 2020).

56 Patrice Franceschi, « Accepter le traçage numérique, ce serait s'engager sur une pente fatale », *Nouvel Obs*, 22 avril 2020.

gnent un futur totalitarisme numérique[57]. Le mot anglais « tracking » et sa traduction française « traçage », évoque le spectre d'outils numériques techniquement capable de suivre à la trace un individu où qu'il soit et en permanence. Le droit commun des maladies à déclaration obligatoire vise à surveiller l'émergence d'une maladie pour identifier les patients ainsi que les personnes exposées au risque contagieux, les diagnostiquer et leur proposer un traitement. Ainsi, par exemple, en cas de tuberculose ou de méningite, est-il licite que le médecin signale le cas à l'ARS qui va entrer en relation avec le patient, solliciter des informations sur son entourage pour proposer une prophylaxie. Une information sanitaire – une action préventive ponctuelle – aucun fichier. Le dispositif désormais applicable en France, depuis l'entrée en vigueur de la loi du 11 mai 2020, est d'une tout autre nature[58]. Le médecin informe la CPAM qui enquête sur les contacts du patient. Ceux-ci, appelés cas-contact, ne sont pas testés mais suivis (prise de température, surveillance de l'apparition de signes cliniques, etc.) et mis en isolement. Ces agents contacts ne sont pas des patients, ne le seront peut-être jamais et ne se voient proposer aucune prophylaxie. Leurs données sont stockées[59]. On ne surveille plus des maladies, ni même des malades mais des cas-contact. La prévention d'un risque sanitaire fonde le sacrifice de la vie privée et du secret professionnel[60].

La technologie au service de la transparence : Le panoptique sera-t-il numérique ? Dans un XXIe siècle, réputé siècle de la communication, le fantasme de la transparence est plus que vigoureux. Tant qu'il

57 Mouna El Mokhtari, « Sur Arte, quand la folie sécuritaire rencontre les nouvelles technologies ». Le documentaire *Tous surveillés : 7 milliards de suspects* de Sylvain Louvet met en lumière les dangers de l'utilisation de l'intelligence artificielle en matière de sécurité (*Le Monde*, 21 avril 2020).

58 Le Conseil constitutionnel dans sa décision n° 2020-800 DC du 11 mai 2020 a considéré que le jeu de la santé publique valait bien un sacrifice de la notion de vie privée. « 64. […] La collecte, le traitement et le partage d'informations portent donc non seulement sur les données médicales personnelles des intéressés, mais aussi sur certains éléments d'identification et sur les contacts qu'ils ont noués avec d'autres personnes. Ce faisant, les dispositions contestées portent atteinte au droit au respect de la vie privée. 63. Toutefois, en premier lieu, en adoptant les dispositions contestées, le législateur a entendu renforcer les moyens de la lutte contre l'épidémie de Covid-19, par l'identification des chaînes de contamination. Il a ainsi poursuivi l'objectif de valeur constitutionnelle de protection de la santé ».

59 L'article 11 de la loi n° 2020-546 du 11 mai 2020 prolongeant l'état d'urgence sanitaire prévoit, la mise en place d'un nouveau système d'information. Son fonctionnement s'appuie sur deux bases de données médicales spécifiques : les fichiers Sidep et Contact Covid, dont certains points de fonctionnement seront précisés par des décrets d'application, du 20 mai 2020.

60 Bruno Py, « Fallait-il sacrifier le secret professionnel sur l'autel de la santé publique ? », *Médecine & Droit*, févr. 2021, n° 166, p. 1-2.

reste un rêve d'architecte, le projet de maison de verre est esthétique[61], lorsqu'il devient une démarche politique, la question devient éthique. Progressivement, la transparence devient l'idéologie dominante de la société contemporaine[62]. Puisse la menace terroriste, comme la crise sanitaire, contribuer à nous faire prendre conscience que la part d'intimité que détient un représentant des pouvoirs publics au sujet de son interlocuteur ne lui confère aucun pouvoir mais, au contraire, des devoirs. Si la personne est inviolable, alors l'intimité n'est pas négociable, parce que l'information, c'est un peu de moi détenu par un autre. Le traçage numérique est peut-être un outil parmi d'autres. Il faut douter qu'il soit la solution et se demander si les avantages qu'il procurera peut-être ne seront pas dépassés par les ravages qu'il pourrait générer. En matière scientifique comme en matière politique, il convient toujours de cultiver le doute et de se méfier des propagandes.

Tous suspects. Sur le plan philosophique comme sur le plan politique, l'imploration de la transparence comme condition indispensable à la sécurité publique a un sens particulièrement clair : tout citoyen doit être considéré comme suspect et la sécurité de tous nécessite le sacrifice de la vie privée de chacun[63]. La CNIL s'inquiète « d'un changement de paradigme de la surveillance [...] : le passage d'une surveillance ciblée de certains individus à la possibilité d'une surveillance de tous aux fins d'en identifier certains »[64]. Le terrorisme ayant pour but de modifier le fonctionnement de la société attaquée, il faut veiller à ce que la lutte contre le terrorisme ne génère pas d'effets plus liberticides que le terrorisme lui-même[65].

Conclusion

La fin ne doit jamais justifier tous les moyens. Selon André Vitu : « *Le droit français considère d'une nécessité impérieuse que la recherche des preuves soit conduite selon des procédés corrects en harmonie avec les valeurs morales actuellement*

61 Cf. Les maisons de verre de Pierre Chareau construite en 1928 à Paris, de Philip Johnson construite en 1949 (Glass House) à New Canaan dans le Connecticut et de Ludwig Mies van der Rohe construite en 1951 à Plano dans l'Illinois (Farnsworth House).

62 Mazarine Pingeot, *La dictature de la transparence*, Essai Robert Laffont, « Nouvelles mythologies », 2016.

63 Tony Ferri, « Du droit intrusif de punir, vers une fonction inaperçue de la peine, à partir du cas de la surveillance électronique », *Arch. pol. crim.*, 2021/1, n° 43, p. 149-161.

64 CNIL, « Caméras dites "intelligentes" et caméras thermiques : les points de vigilance de la CNIL et les règles à respecter », 17 juin 2020.

65 Julie Alix, Olivier Cahn (dir.), *L'hypothèse de la guerre contre le terrorisme, Implications juridiques*, Dalloz, Coll. « Thèmes & commentaires », 2017, 288 p.

admises par notre civilisation »[66]. Là réside toute la profondeur de la question en suspens. Faut-il, au nom de la recherche de la vérité judiciaire et de la sécurité publique, valider pour l'avenir toute forme d'interception de communication, d'exploitation de l'ADN humain, de biométrie, etc. ? Autrement dit, la recherche de l'efficacité de la police est-elle soluble dans la notion de Justice ? Nous adhérons pour notre part au propos d'Albert Camus en 1950 : « *On commence par vouloir la justice et on finit par organiser une police* »[67]. Le propre d'un État de droit, c'est que la fin ne justifie pas tous les moyens. Les outils de mémoire, de connaissance et de reconnaissance ne sont, et ne doivent pas être, des outils de décision. Ils sont plutôt des outils d'aide à la décision, parmi d'autres. La décision d'interpeller ou d'enfermer un individu ne peut se prendre que sur la base d'un comportement effectif et constaté, soit par le biais des condamnations pénales, soit par le biais des mesures administratives[68]. « *L'œil de la police est fort utile dans un État, mais ses mains y sont de trop* »[69].

---

66 Roger Merle et André Vitu, *Traité de sciences criminelles*, T. 2 Procédure pénale, Cujas, 4e éd., 1989, n° 130, p. 163.

67 Albert Camus, *Les Justes*, Gallimard 1950, p. 107.

68 Yoann Nabat, « "Fichés S" et autres fichiers de police : de quoi parle-t-on vraiment ? », *The conversation*, 23 octobre 2020.

69 Joseph Augustin Goswin, baron de Stassart, « Pensées, maximes, réflexions, observations – 254 », in *Œuvres complètes*, Firmin Didot, 1855.

Table des matières

Structures éditoriales du groupe L'Harmattan

L'Harmattan Italie
Via degli Artisti, 15
10124 Torino
harmattan.italia@gmail.com

L'Harmattan Hongrie
Kossuth l. u. 14-16.
1053 Budapest
harmattan@harmattan.hu

L'Harmattan Sénégal
10 VDN en face Mermoz
BP 45034 Dakar-Fann
senharmattan@gmail.com

L'Harmattan Congo
219, avenue Nelson Mandela
BP 2874 Brazzaville
harmattan.congo@yahoo.fr

L'Harmattan Cameroun
TSINGA/FECAFOOT
BP 11486 Yaoundé
inkoukam@gmail.com

L'Harmattan Mali
ACI 2000 - Immeuble Mgr Jean Marie Cisse
Bureau 10
BP 145 Bamako-Mali
mali@harmattan.fr

L'Harmattan Burkina Faso
Achille Somé – tengnule@hotmail.fr

L'Harmattan Togo
Djidjole – Lomé
Maison Amela
face EPP BATOME
ddamela@aol.com

L'Harmattan Guinée
Almamya, rue KA 028 OKB Agency
BP 3470 Conakry
harmattanguinee@yahoo.fr

L'Harmattan Côte d'Ivoire
Résidence Karl – Cité des Arts
Abidjan-Cocody
03 BP 1588 Abidjan
espace_harmattan.ci@hotmail.fr

L'Harmattan RDC
185, avenue Nyangwe
Commune de Lingwala – Kinshasa
matangilamusadila@yahoo.fr

Nos librairies en France

Librairie internationale
16, rue des Écoles
75005 Paris
librairie.internationale@harmattan.fr
01 40 46 79 11
www.librairieharmattan.com

Librairie des savoirs
21, rue des Écoles
75005 Paris
librairie.sh@harmattan.fr
01 46 34 13 71
www.librairieharmattansh.com

Librairie Le Lucernaire
53, rue Notre-Dame-des-Champs
75006 Paris
librairie@lucernaire.fr
01 42 22 67 13

www.ingramcontent.com/pod-product-compliance
Lightning Source LLC
LaVergne TN
LVHW011442061026
849535LV00004BA/914